Kerstin Stender-Monhemius
Jürgen Monhemius

Marketing und Recht kompakt

Systematik
Beispiele
Fallstudien mit Lösungen

Bibliografische Information der Deutschen Nationalbibliothek
Die Deutsche Nationalbibliothek verzeichnet diese Publikation in der
Deutschen Nationalbibliografie; detaillierte bibliografische Daten sind
im Internet über http://dnb.d-nb.de abrufbar.

Prof. Dr. Kerstin Stender-Monhemius ist Professorin für Betriebswirtschaftslehre,
Marketing und Schlüsselqualifikationen des Managements an der Fachhochschule
Bielefeld.

Prof. Dr. Jürgen Monhemius ist Professor für Wirtschaftsrecht und Arbeitsrecht an
der Hochschule Bonn-Rhein-Sieg.

Herstellung und Verlag: BoD – Books on Demand, Norderstedt

ISBN 978-3-8482-5862-8

Vorwort

„Marketing und Recht - was soll das denn?"
So oder ähnlich wird der eine oder andere von Ihnen auf den Titel des vorliegenden Buches spontan reagiert haben. Das verwundert nicht, ist die Buch-Landschaft doch vor allem dadurch geprägt, dass Marketing-Werke und Abhandlungen zu marketing-relevanten Rechtsthemen wie Vertriebsrecht oder Wettbewerbsrecht am Bücher-markt stets „getrennt marschieren". Das schließt natürlich nicht aus, dass im Schrift-tum hier und da Hinweise auf zusammenhängende Fragestellungen der jeweils ande-ren Disziplin gegeben werden.

Hinweise allein erscheinen uns aber zu wenig:
Wer Marketingkonzepte entwirft, Vorhaben im Rahmen der Marketingforschung durchführen will oder beabsichtigt, **Entscheidungen im Rahmen des Marketing** zu treffen, sollte unseres Erachtens möglichst frühzeitig die gängigen „**juristischen Fallstricke**" erkennen und in seinen Überlegungen berücksichtigen, zumal durch das Aufkommen des Corporate Compliance-Gedankens in den letzten Jahren die Bedeu-tung einer regelkonformen und haftungsvermeidenden Unternehmensführung ge-wachsen ist.

Infolgedessen haben wir den einzelnen Marketingthemen das jeweils zu berücksich-tigende Recht in seinen Grundlagen zugeordnet, um den Leserinnen und Lesern die Gelegenheit zu geben, ein „Rechtsgefühl" für die gesetzlichen Rahmenbedingungen der Marketingentscheidungen zu entwickeln.

Eine weitere Besonderheit stellen die sorgfältig konzipierten über 50 Marketing-**Fallstudien** dar, die zu einem Großteil auf authentischen Gegebenheiten in der Pra-xis beruhen. Die Fallstudien und **ausführlichen Lösungen** dienen dazu, die theore-tischen Grundlagen praxisbezogen anzuwenden und das eigene Marketing-Know-how zu überprüfen.

Das Buch ist vor allem für Leserinnen und Leser bestimmt, die
• in einem betriebswirtschaftlichen Studiengang mit dem Schwerpunkt Marketing studieren oder
• sich im Rahmen ihrer beruflichen Tätigkeit mit Fragestellungen des Marketing befassen müssen.

Wenn im Text von "dem Käufer", "dem Händler" etc. die Rede ist, sind selbst-verständlich Personen beiderlei Geschlechts gemeint. Dass nicht jedesmal weibliche und männliche Form nebeneinandergestellt sind, geschah ausschließlich, um die Lesbarkeit unserer Ausführungen zu erhalten. Dafür bitten wir unsere Leserinnen um Nachsicht.

§§ ohne Bezeichnung sind solche des Bürgerlichen Gesetzbuches (BGB).

Hinweise, Anregungen und Kritik aus dem Kreis der Leserinnen und Leser sind uns stets willkommen.

Münster und Köln, im März 2013

Kerstin Stender-Monhemius
Jürgen Monhemius

kerstin.stender-monhemius@fh-bielefeld.de
juergen.monhemius@h-brs.de

Inhaltsübersicht

Inhaltsverzeichnis

A. Marketing als Managementaufgabe
I. Begriff und Merkmale des Marketing

Der **Marketingbegriff** hat eine bemerkenswerte Entwicklung seiner Auslegung erfahren (Meffert 1999, S. 5ff.):

- Von Beginn bis Mitte des 20. Jahrhunderts geht es vor allem um die Distribution von Waren. Die Produkte sind vorhanden und das Marketing beinhaltet lediglich die Funktion des Verkaufens dieser Produkte. Die American Marketing Association (AMA) definiert Marketing als die Erfüllung derjenigen Unternehmensfunktionen, die den Fluss von Gütern und Dienstleistungen vom Produzenten zum Verbraucher bzw. Verwender lenken (AMA 1948).

- Anfang der 60er Jahre entsteht die managementorientierte Sichtweise des Marketing, dass ein Unternehmen seine Aktivitäten am Markt ausrichtet. 1964 werden von McCarthy die 4 P's formuliert (Product, Price, Place, Promotion), die bis heute häufig als Stellvertreter der vier Marketing-Mixes genannt werden:
  - Das richtige Produkt (Produktpolitik)
  - zum richtigen Preis (Preispolitik)
  - am richtigen Verkaufsort anbieten (Distributionspolitik) und
  - mit der richtigen Werbung bekanntmachen (Kommunikationspolitik).

- In den 70er und 80er Jahren wandelt sich die Sichtweise des Marketing von einer reinen Funktionsorientierung (Marketing als eine Unternehmensfunktion neben anderen, z.B. Beschaffung und Produktion) zu einer unternehmensbezogenen Denkhaltung und Führungsphilosophie (**dualer Charakter des Marketing**). Das Marketing wird als **marktorientierte Unternehmensführung** interpretiert. Es orientiert sich an den Kundenbedürfnissen und ist eine **Managementaufgabe**: „Marketing ist die Planung, Koordination und Kontrolle aller auf die aktuellen und potentiellen Märkte ausgerichteten Unternehmensaktivitäten. Durch eine dauerhafte Befriedigung der Kundenbedürfnisse sollen die Unternehmensziele im gesamtwirtschaftlichen Güterversorgungsprozess verwirklicht werden." (Meffert 1977). Die marktbezogenen Veränderungen dieser Zeit (wachsende Nachfragemacht des Handels, zunehmender Verdrängungswettbewerb) führen zur verstärkten Berücksichtigung von Handel und Wettbewerb als Marktteilnehmer. Die Marketingwissenschaft beschäftigt sich intensiv mit den Quellen **strategischer Wettbewerbsvorteile**.

- Das moderne Begriffsverständnis des Marketing berücksichtigt neben den Kunden auch jene Anspruchsgruppen (**Stakeholder**), die von der Geschäftstätigkeit des Unternehmens betroffen sein können. Diesen erweiterten Blickwinkel offenbart die Marketingdefinition der AMA aus dem Jahr 2004: „Marketing is an organizational function and a set of processes for creating, communicating, and delivering value to customers and for managing customer relationships in ways that benefit the organization and its stakeholders." (AMA, 2004).

Vor diesem Hintergrund zeichnet sich das Marketing durch bestimmte **Merkmale** aus, die in Abbildung A-1 zusammengefasst sind.

Merkmale des Marketing	
dualer Charakter des Marketing	• **gleichberechtigte Unternehmensfunktion** hierarchische Gleichstellung des Marketing mit anderen Funktionen (zB Beschaffung, Produktion) • **Leitbild des Managements** die Unternehmensführung orientiert sich am Markt und seinen Marktteilnehmern, insbesondere an den Kunden und ihren Bedürfnissen (**marktorientierte Unternehmensführung**)
Informations- und Aktionsorientierung	• **nachfragerorientierte Marketingaktivitäten** Konzeption, Durchführung und Kontrolle (**Management**) der Aktivitäten (Marktforschung, Produktangebot, Preis, Vertrieb, Kommunikation) • **unternehmensbezogene Aktivitäten** unternehmensinterne Koordinationsaufgabe des Marketing (zB mit Forschung & Entwicklung, Produktion, Einkauf, Finanzierung)
einzigartige Kundennutzen bieten	• **Kundenbedürfnisse erfüllen** jedem Nutzen, der durch den Kauf eines Gutes entsteht, geht das Bedürfnis nach diesem Nutzen voraus; dem Kunden entsteht ein positiver Netto-Nutzen (= erwarteter Produktnutzen – Kosten für Kaufentscheidung) • **Einzigartigkeit des Kundennutzens** der angebotene Kundennutzen sollte einzigartig sein, damit er sich vom Konkurrenzangebot abhebt und als **strategischer Wettbewerbsvorteil** profiliert werden kann
Kundenbeziehung aufbauen und pflegen	• **Kundenfindung und Kundenbindung** die Bindung bestehender Kunden ist in der Regel günstiger als die Gewinnung neuer Kunden • **Relationship-Marketing** Bindung des Kunden in der Nachkaufphase sowie Kundenrückgewinnung
Beitrag zur Erreichung der Unternehmensziele	**Kundenstamm als Quelle** ohne Kundenstamm kein Umsatz als Quelle der Gewinnerzielung; die Umsatz-, Gewinn-, Renditeziele sind mit Marketing besser erreichbar
Anspruchsgruppen des Unternehmens berücksichtigen	**Verantwortung gegenüber Stakeholdern** zu den Anspruchsgruppen (Stakeholdern), die von der Geschäftstätigkeit des Unternehmens betroffen sein können, zählen zB Aktionäre, Bürger, Journalisten, Umweltschutzverbände, Verbraucherschutzorganisationen

Abb. A-1: Merkmale des Marketing (Meffert et al. 2012, S. 12-18)

II. Marketing als Managementprozess

Das Marketing als Managementprozess umfasst die **Planung, Durchführung und Kontrolle aller Marketingaktivitäten**. Während dieses Prozesses sind permanent Marketingentscheidungen zu treffen, z.B.: Welche Zielgruppen werden angesprochen? Wie können die Bedürfnisse dieser Zielgruppen zufriedengestellt werden? Welchen einzigartigen Produktnutzen kann das Unternehmen anbieten? Welche Geschäfte sollen das Produkt führen? Zu welchem Preis wird die Leistung angeboten? Wie kann diese bei den Zielgruppen bekannt gemacht werden?

Am Ausgangspunkt jeder Marketingentscheidung steht die Analyse der Marketingsituation. Es geht um die aktuelle Bedingungslage des Unternehmens, der Konkurrenz und des Marktes (Abbildung A-2). Die **Situationsanalyse** ist so gründlich wie möglich vorzunehmen. Denn sie stellt die Grundlage der Marketingkonzeption dar.

Abb. A-2: Situationsanalyse als Grundlage der Marketingkonzeption (Quelle der Konzeptionspyramide: Becker 2013, S. 4)

Die **Marketingkonzeption** beinhaltet Festlegungen auf der Ziel-, Strategie- und Maßnahmenebene. Ausgangspunkt sind die Unternehmens- und **Marketingziele** als zukunftsbezogene Vorgaben. Die **Marketingstrategie** ist ein langfristiger, mehrjähriger Verhaltensplan. Sie kanalisiert und strukturiert die operativen, unterjährigen Maßnahmen innerhalb des **Marketing-Mix**.

Situationsanalyse und Marketingkonzeption sind Gegenstand des Kapitels C. Zuvor werden im Kapitel B die **Grundlagen der Marketingentscheidung** aus den Bereichen
• Marktpsychologie
• Marketingforschung und
• Marktsegmentierung
thematisiert.

| Fallstudien zu |||
| A. Marketing als Managementaufgabe |||
Bezeichnung	*Fallstudie*	*Schwerpunkt/Aufgabe*
A. (1)	Windouklieni	relevanter Markt; Marktvolumen, -potential, Absatzvolumen, -potential, Marktanteil
A. (2)	Quellarius	Marktanteile mit Interpretation

A. (1) Fallstudie „Windouklieni"

Der Fensterputzbetrieb „Windouklieni" hat im letzten Jahr 1,85 Mio. € umgesetzt. Die wesentlichen Konkurrenten im Einzugsgebiet von Windouklieni haben im gleichen Zeitraum folgende Umsätze erwirtschaftet:

Konkurrent A: 1,2 Mio. €
Konkurrent B: 1,6 Mio. €
Konkurrent C: 2,1 Mio. €
Konkurrent D: 2,5 Mio. €

Im Einzugsgebiet von Windouklieni leben 85.305 Einwohner. Laut amtlicher Statistik weist jeder Haushalt pro Jahr einen durchschnittlichen Bedarf an Fensterputzleistungen in Höhe von 680 € auf. Davon werden etwa 60 % in Eigenarbeit erledigt. Die durchschnittliche Haushaltsgröße beläuft sich auf ca. 1,9 Personen. Eine repräsentative Marktforschungsstudie, die die Absatzmöglichkeiten für Fensterputzzubehör analysierte, kam u.a. zu der Erkenntnis, dass die Haushalte, die die Fensterputzleistungen in Eigenarbeit erledigen, auf gewerbliche Anbieter verzichten, weil sie befürchten, dass die Arbeiten nicht sorgfältig genug ausgeführt werden oder zu teuer sind.

Aufgaben:
a) Grenzen Sie den relevanten Markt von „Windouklieni" ab!
b) Wie hoch ist das Marktvolumen im Einzugsgebiet des Fensterputzbetriebs Windouklieni? Gehen Sie bei Ihren Berechnungen davon aus, dass es im betrachteten Einzugsgebiet neben den genannten Konkurrenten A bis D keine weiteren relevanten Anbieter von Fensterputzleistungen gibt.
c) Über welchen Marktanteil verfügt der Fensterputzbetrieb Windouklieni?
d) Wie hoch ist das Marktpotential des Einzugsgebietes?
e) Wie hoch ist der Sättigungsgrad bei Fensterputzdienstleistungen? Interpretieren Sie das Ergebnis.
f) Bestimmen Sie für jeden der fünf Fensterputzbetriebe den relativen Marktanteil und interpretieren Sie die Ergebnisse!

A. (2) Fallstudie „Quellarius"

Die „Quellarius GmbH" ist ein Hersteller von Mineralwasser und Erfrischungsge-
tränken auf Mineralwasserbasis wie z.B. Säfte und Fruchtschorlen (Kurzbezeich-
nung M-und-E-Markt). Das Unternehmen bietet seine Mineralwasserprodukte unter
der Marke „Afrodinaris" zuzüglich der entsprechenden Bezeichnung für den Kohlensäuregehalt an (Afrodinaris gering", „Afrodinaris medium" und „Afrodinaris
classic"). Die Erfrischungsgetränke auf Mineralwasserbasis sind kalorienreduziert
und markiert als „Afroschorl" (Fruchtschorlen, z.B. „Afroschorl Apfel") und „Afronektar" (Fruchtsäfte, z.B. „Afronektar Kirsche"). Mit Afrodinaris erzielte die Quellarius GmbH 2012 einen Umsatz von 156, 8 Millionen €. Dies bedeutet im Vergleich zum Vorjahr einen Rückgang um zwei Prozent. 2009 betrug der Umsatz mit
Afrodinaris 165 Millionen Euro. Der Anteil der Afrodinaris-Umsätze am Gesamtumsatz der Quellarius GmbH beträgt seit Jahren etwa 60 Prozent.

Der deutsche M-und-E-Markt ist seit langer Zeit durch Verdrängungswettbewerb
gekennzeichnet. Im Jahr 2012 lag der Branchenumsatz bei 2,5 Milliarden €. Dies
bedeutet im Vergleich mit 2011 einen Anstieg um einen Prozent. 2009 belief sich
der Branchenumsatz auf 2,3 Milliarden Euro. Die insgesamt als eher stagnierend zu
bezeichnende Umsatzentwicklung steht einer erfreulichen Absatzentwicklung gegenüber. Anhand der Branchendaten des Verbandes Deutscher Mineralbrunnen ist
abzulesen, dass 2012 jeder der 80 Millionen Bundesbürger knapp 127 Liter Mineralwasser und Erfrischungsgetränke auf Mineralwasserbasis getrunken hat, insgesamt 10,143 Milliarden Liter. 2011 lag dieser Wert noch bei 9,849 Milliarden Liter –
ein Anstieg um knapp drei Prozent, obwohl der damalige Sommer und der des nachfolgenden Jahres neben Hitzeperioden teilweise kalt und verregnet waren. Ganz
oben auf der Beliebtheitsskala steht natürliches Mineralwasser mit klassischem
Kohlensäuregehalt. Es erzielte zwei Drittel des Branchenumsatzes.

Die offenkundige Schere zwischen Umsatz- und Absatzentwicklung spiegelt den
Preisverfall angesichts einer Verlagerung des Marktes in Richtung besonders preisgünstiger Mineralwasser wider. Jede dritte Flasche Mineralwasser wird im Handel
bereits über die Discounter verkauft. Die Quellarius GmbH verfolgt mit ihrem Mine-
ralwasserangebot eine konsequente Preispolitik und Markenpflege. Hierzu äußerte
sich kürzlich Herr Wotermän, der Produktmanager von Afrodinaris: „Für uns scheidet der Preis als Mittel des kurzfristigen Mengenwachstums aus." Ein wichtiges
Thema sei für das Unternehmen der Bereich Wellness. Angesichts der Tendenz in
der Bevölkerung zu Übergewicht werde man kalorienreduzierte Getränke fördern,
wobei das kalorienleichteste Produkt zweifellos Mineralwasser sei.

Aufgabe:

Wie hoch sind die Marktanteile von „Afrodinaris" in den Jahren 2009, 2011 und
2012? Interpretieren Sie das Ergebnis vor dem Hintergrund der beschriebenen Um-
satz- und Marktentwicklung für Mineralwasser und Erfrischungsgetränke!

III. Das EU-Recht als rechtlicher Rahmen des Marketing

Die auf den Absatzmarkt ausgerichteten Aktivitäten eines Unternehmens unterliegen einer Vielzahl von nationalen und internationalen Vorschriften: Neben dem für Unternehmen und Konsumenten geltenden nationalen Recht der Bundesrepublik Deutschland verstärkt sich der Einfluss des Rechts der Europäischen Union (Unionsrecht) immer mehr, wobei ein Ende nicht abzusehen ist.

Seit dem Vertrag von Lissabon von 2009 stellt sich das **Unionsrecht** wie folgt dar:
• Zentrale Rechtsquelle der Europäischen Union, das so genannte **Primärrecht**, sind die zwischen den Mitgliedstaaten der EU abgeschlossenen Verträge – der Vertrag über die europäische Union (EUV) sowie der Vertrag über die Arbeitsweise der Europäischen Union (AEUV) – sowie die Charta der Grundrechte der Europäischen Union (GrCh).
• Auf der Grundlage dieses Primärrechts werden die Organe der EU (Rat und Europäisches Parlament) ermächtigt, das so genannte **Sekundärrecht** zusetzen, insbesondere Verordnungen und Richtlinien zu erlassen (so genannte Rechtsakte, vgl. Art. 288 AEUV).

Inhaltlich werden die **Wirtschaftsbeziehungen** innerhalb von Europa vor allem durch zwei Bereiche geprägt:
• Zur Verwirklichung des Binnenmarktes wurden die **vier Marktfreiheiten** festgeschrieben:
 – der freie Warenverkehr
 – die Freizügigkeit der Arbeitnehmer und die Niederlassungsfreiheit der Unternehmen
 – der freie Dienstleistungsverkehr sowie
 – der freie Kapital- und Zahlungsverkehr (Art. 26-66 AEUV).
 Um den Binnenmarkt zu verwirklichen bzw. seine Funktionsfähigkeit zu gewährleisten, darf die Union die erforderlichen Maßnahmen erlassen, vor allem Rechtsvorschriften (Verordnungen und Richtlinien) entwickeln, die die Geschicke der Unternehmen, Konsumenten und Arbeitnehmer in Europa maßgeblich beeinflussen.

• Zudem ist die EU befugt, bei zahlreichen **für die Wirtschaft bedeutsamen Themenfeldern Regelungen** zu setzen, insbesondere in den Bereichen
 – des Wettbewerbs zwischen Unternehmen
 – staatlicher Subventionen an Unternehmen
 – des Schutzes geistigen Eigentums
 – der Wirtschafts- und Währungspolitik

– des Verbraucherschutzes
– der Umwelt und der Energie sowie
– bestimmter Aspekte des Steuerrechts.

Die bereits erwähnten Verordnungen und Richtlinien als Rechtsakte der EU unterscheiden sich vor allem im Hinblick auf ihre **Wirkung** voneinander:

• Eine von der EU erlassene **Verordnung** hat gegenüber den Rechtsubjekten in den Mitgliedstaaten allgemeine Geltung, d.h. sie wirkt insbesondere gegenüber **Unternehmen** und **Menschen** unmittelbar.

• Dagegen richtet sich eine **Richtlinie** an die einzelnen **Mitgliedstaaten**, gibt inhaltliche Ziele vor und regelmäßig auch einen bestimmten Gesetzgebungsrahmen. Die Mitgliedstaaten sind verpflichtet, innerhalb einer bestimmten Frist (von regelmäßig einigen Jahren) die Richtlinie in nationales Recht, insbesondere in ein oder mehrere nationale Gesetze, umzusetzen. Soweit die Richtlinie einen Rahmen vorgibt, sind die Mitgliedstaaten in der Wahl der Form und der Mittel frei, müssen aber das vorgegebene Ziel verwirklichen.

B. Grundlagen der Marketingentscheidung
I. Marktpsychologie

Die Marktpsychologie beschäftigt sich mit dem Erleben und Verhalten der Menschen im Markt in ihrer Rolle als Anbieter oder Nachfrager (v. Rosenstiel, Neumann 2002, S. 51ff.). Es sind die Gütermärkte (z.B. Konsumgüter, Dienstleistungen) und nicht die Faktormärkte (Finanzmarkt, Arbeitsmarkt) gemeint. Letztere werden unter psychologischen Aspekten z.B. in der Personalmarkt- bzw. Finanzmarktforschung erörtert. Dieser Sichtweise von Marktpsychologie folgend kann zwischen der Psychologie des Angebots und der Psychologie der Nachfrage differenziert werden (Abbildung B-1).

Im Rahmen der **Psychologie der Nachfrage** wird das Erleben und Verhalten von Käufern erklärt. Auf der Grundlage der Erklärungsansätze können die Anbieter ihre Rückschlüsse für das Marketing ziehen und die Instrumente entsprechend gestalten (**Psychologie des Angebots**).

Im Rahmen dieses Kapitels geht es um die Psychologie der Nachfrage. Die Rückschlüsse dieser Erklärungen für das Marketing münden in einer entsprechenden Marketingkonzeption (Kapitels C).

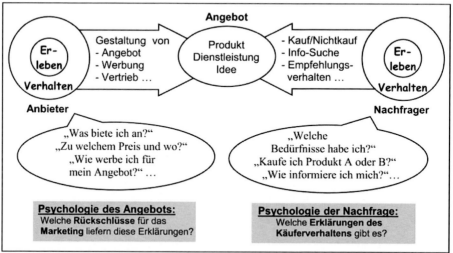

Abb. B-1: Zusammenhang zwischen der Psychologie der Nachfrage und des Angebots (oberes Drittel der Abbildung in Anlehnung an v. Rosenstiel, Neumann 2002, S. 53)

1. Träger und Typen der Kaufentscheidung

In Abbildung B-2 sind die Träger von Kaufentscheidungen systematisiert.

	Haushalt	Unternehmen bzw. Institution
Individuum	(1a) Kaufentscheidungen des **Konsumenten**	(2a) Kaufentscheidungen des **Repräsentanten**
Kollektiv	(1b) Kaufentscheidungen von **Familien**	(2b) Kaufentscheidungen des **Einkaufsgremiums** (Buying Center)

Abb. B-2: Grundtypen von Kaufentscheidungen (Quelle: Meffert 1992, S. 38)

Die individuellen Kaufentscheidungen des **Konsumenten** stehen im Zentrum des Interesses der Käuferverhaltensforschung (Meffert 1992, S. 37ff.). Die Kaufentscheidungen von Einzelpersonen sind auch in Unternehmen möglich: Der **Repräsentant** trifft im Auftrag des Unternehmens die Kaufentscheidung – beispielsweise bei Büromaterialien – allein. Erklärungsansätze kollektiver Kaufentscheidungen berücksichtigen, dass mehrere Personen mit unterschiedlichen Zielsetzungen und Bewertungskriterien am Kaufentscheidungsprozess teilnehmen und dieser arbeitsteilig vollzogen wird. Bei privaten Haushalten werden solche kollektiven Kaufentscheidungen in der **Familie** oder mit dem Partner getroffen. Die nachfolgenden Ausführungen beziehen sich auf individuelle Kaufentscheidungen des Konsumenten. Das Kaufverhalten des **Buying Centers** wird im Kapitel B.I.3 erörtert.

Neben Art und Anzahl von Kaufentscheidungsträgern sind die **Kaufentscheidungstypen** wesentlich. Zur Typenbestimmung werden die kaufindizierten Verhaltensweisen berücksichtigt. Dies sind jene Aktivitäten der Informationsgewinnung und -verarbeitung, die der Konsument zum Zweck der persönlichen Transparenz über das Produktangebot und die Produkteigenschaften ergreift. Von der Informationsgewinnung hängt es letztlich ab, welche Produkte oder Marken der Konsument in seinen Kaufentscheidungsprozess einbezieht und welche Produkteigenschaften er beurteilt. In Abbildung B-3 sind Kaufentscheidungstypen anhand des Kriteriums der kognitiven Kontrolle systematisiert. Die **kognitive Kontrolle** repräsentiert das Ausmaß der gedanklichen Auseinandersetzung mit der Kaufentscheidung, gewissermaßen das individuelle „Für und Wider" einer Produktwahl.

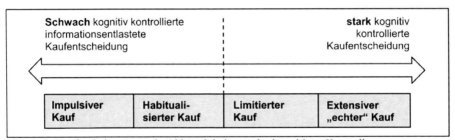

Abb. B-3: Kaufverhaltenstypen in Abhängigkeit von der kognitiven Kontrolle

Bei echten **extensiven Kaufentscheidungen** sind die kognitive Beteiligung und der Informationsbedarf des Käufers besonders groß. Individuell relevante Entscheidungskriterien (z.B. Haltbarkeit, Sicherheit und Prestigenutzen eines Produkts) sowie der Vergleich von Produktalternativen verursachen eine relativ lange Entscheidungsdauer. Echte Kaufentscheidungen finden vor allem bei hochwertigen, langlebigen Gebrauchsgütern statt (z. B. Auto, Wohnung), bei denen sich der Käufer nicht auf bestehende Kauferfahrungen stützen kann. Demgegenüber greift der Käufer bei **limitierten** Kaufentscheidungen auf bewährte Problemlösungsmuster und Entscheidungskriterien zurück, die er durch Kauferfahrungen gewonnen hat. So ist der kognitive Problemlösungsaufwand begrenzt. Für **habituelle**, gewohnheitsmäßig getroffene Kaufentscheidungen ist es charakteristisch, dass keine ausgeprägte Informationssuche stattfindet. Der Käufer verzichtet darauf, nach neuen Produktalternativen zu suchen und bleibt seiner Markenwahl treu. Der **Impulskäufer** reagiert spontan und affektgesteuert auf bestimmte Reize am Point of Sale (z.B. im Kassenbereich) und kontrolliert kaum ansatzweise seine Kaufentscheidung.

Eine weitere Typisierung von Kaufentscheidungen stammt von Ruhfus (1976, S.23). Typenbildende Kriterien sind der Grad der Kollektivität beim Einkauf (Individualentscheidung versus Kollektiventscheidung) und das Bestehen eines Kaufprogramms (vorhanden versus nicht vorhanden). Typisch für **Convenience Goods** (Typ A; z.B. Seife) ist, dass die Kaufentscheidung allein getroffen wird und ein Kaufprogramm vorliegt, somit der Informationsbedarf entsprechend klein ist. Dies ist anders bei den **Specialty Goods** (Typ B; z.B. Wohnung). Wird eine solche Kaufentscheidung erstmalig getroffen, liegt noch kein Kaufprogramm vor und man benötigt die Unterstützung eines Kollektivs (z.B. Partner, Familie). Neben den Typen A und B gibt es noch den Mischtyp. Dies sind **Shopping Goods** (z. B. Schuhe), bei denen oft ein Kaufprogramm besteht und je nach individueller Bedürfnislage die kaufentscheidende Unterstützung des Kollektivs (z.B. Freunde) gesucht werden kann.

2. Bestimmungsfaktoren des Konsumentenverhaltens

Um das Käuferverhalten in allen denkbaren Situationen zu erklären, müsste ein umfassendes, hochkomplexes Aussagesystem entwickelt und empirisch begründet werden. Solche **Totalmodelle**, die auf jedes käuferbezogene Marketingproblem anwendbar sind und alle denkbaren Bedingungskonstellationen umfassen, gibt es bislang nicht (Trommsdorff 2011, S. 27). Die pragmatisch ausgerichteten **Partialmodelle** beziehen sich auf einen bestimmten abgrenzbaren Problembereich (z. B. Beeinflussung von Einstellungen durch Werbung; Einfluss des Umweltbewusstseins auf das Konsumverhalten). Dies trifft auf das nachfolgende SOR-Modell zu.

2.1 S-O-R-Modell als Ausgangspunkt

Zur Erklärung des Käuferverhaltens wird von drei unterschiedlichen Variablenklassen ausgegangen:

(1) Die von außen auf den Organismus einwirkenden, beobachtbaren Reize oder Stimuli („**S**")

(2) Die beobachtbaren Verhaltensweisen oder Reaktionen („**R**")

(3) Die zwischen „S" und „R" intervenierenden Variablen, die als hypothetische Konstrukte (gedanklich konstruierte Hilfsgrößen) die nicht beobachtbaren psychischen Abläufe im Organismus („**O**") abbilden.

Behavioristische Erklärungsansätze gehen nur von den beobachtbaren und messbaren Variablen des Käuferverhaltens aus („S" und „R"). Die nicht beobachtbaren Variablen („O") werden nicht untersucht. Sie bleiben somit im Dunkeln, weshalb man von sogenannten „Black Box"-Modellen spricht. **Neobehavioristische Erklärungsansätze** beziehen zur Erklärung des Käuferverhaltens auch Aussagen über nicht-beobachtbare, interne Vorgänge im „O" ein (sog. S-O-R-Modelle). Abbildung B-4 zeigt ein S-O-R-Modell mit den intra- und interpersonalen Bestimmungsfaktoren des Käuferverhaltens.

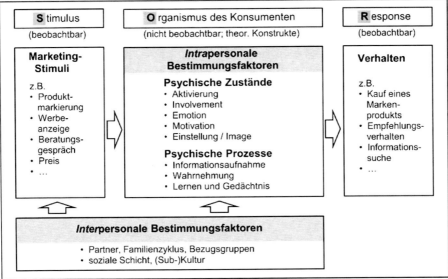

Abb. B-4:	S-O-R-Modell mit intra- und interpersonalen Bestimmungsfaktoren des Käuferhaltens (Struktur der intrapersonalen Faktoren vgl. Trommsdorff 2011)

Die **intrapersonalen Erklärungsansätze** umfassen verhaltensrelevante psychische Zustände und Prozesse (Trommsdorff 2011, S. 31f.). **Zustände** sind statische Erklärungsgrößen, z.B.: Welche Motive haben zum Kauf geführt? Anhand von **Prozessen** als dynamische Erklärungsgrößen sollen Veränderungen erklärt werden, z.B.: Wie wird Aufmerksamkeit ausgelöst? Die **interpersonalen** Erklärungsansätze sind Gegenstand des Kapitels 2.3.

2.2   Intrapersonale Bestimmungsfaktoren
2.21   Verhaltensrelevante psychische Zustände

Der Zusammenhang zwischen den verhaltensrelevanten psychischen Zuständen geht aus Abbildung B-5 hervor. Die Folge der Konstrukte „Aktivierung/Involvement" bis „Einstellung" ist durch **zunehmende Komplexität** im Sinne einer Anreicherung mit kognitiven Elementen gekennzeichnet. **Kognitionen** werden für den Verwendungszusammenhang im Marketing definiert als subjektives Wissen, das bei Bedarf zur Verfügung steht (Trommsdorff 2011, S. 75f.). Das verfügbare Wissen umfasst sowohl die intern beim Menschen gespeicherten Informationen, die er abruft (Erinnern) als auch die externe Information, die er wahrnimmt (Aufnehmen).

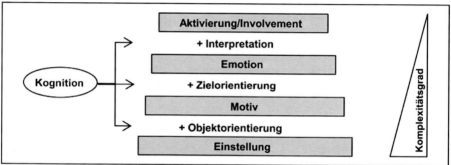

Abb. B-5:   Verhaltensrelevante psychische Zustände (in Anlehnung an Trommsdorff 2009, S. 32)

2.211 Aktivierung und Involvement

Aktivierung lässt sich generell als Zustand der Erregung oder inneren Spannung umschreiben. Aktivierung versetzt den Menschen in Leistungsbereitschaft, befähigt ihn also, zu denken, zu fühlen und zu handeln. Je mehr eine Person aktiviert wird, umso größer ist die Wahrscheinlichkeit, dass sie auf einen Stimulus (z.B. Werbeanzeige) reagiert und eine intensive Reaktion zeigt (z.B. Person liest den Anzeigentext und denkt über das Gelesene nach).

Diesen positiven **Zusammenhang zwischen Aktivierung und Leistung** zeigt der in Abbildung B-6 dargestellte linke Teil der Kurve (bis zum Wendepunkt), die wegen ihres umgekehrt U-förmigen Verlaufs auch umgekehrte U-Hypothese oder **Lambda-Hypothese** genannt wird. Das Ausmaß der Aktivierung reicht vom Tiefschlaf mit geringer Aktivierung bis zur höchstaktivierenden Panik. Bei übermäßiger Aktivierung wird die Leistungsfähigkeit vermindert. In einer Paniksituation kann die betroffene Person sogar leistungsunfähig sein. Unter Marketinggesichtspunkten ist relevant, dass sich der Grad der Aktivierung auf nahezu alle Prozesse des Erwerbs und der Verarbeitung von Informationen über Produkte, Marken, Unternehmen etc. auswirkt (Trommsdorff 2011, S. 43).

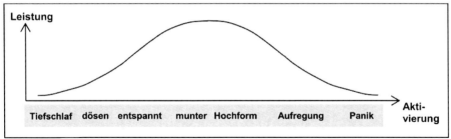

Abb. B-6 : Zusammenhang zwischen Aktivierung und Leistung (umgekehrte u-Hypothese); in Anlehnung an Trommsdorff, Teichert 2011, S. 43

Man unterscheidet die tonische und die phasische Aktivierung. Die **tonische** Aktivierung beinhaltet insbesondere den tageszeitlichen Phasenverlauf der Leistungskurve und variiert über die Zeit nur langsam. Die **phasische Aktivierung** ist als Reaktion auf einen spezifischen aktivierenden Reiz zu verstehen. Im Rahmen des Marketing gilt, sich den tonischen Aktivierungszuständen anzupassen und die phasische Aktivierung durch gezielte Marketingstimuli zu steuern (Trommsdorff 2011, S. 44). Sollen beispielsweise wichtige Unternehmensnachrichten einer Teilöffentlichkeit übermittelt werden, geschieht dies – unter Berücksichtigung der tonischen Aktivierung – vorzugsweise zu solchen Tageszeiten, wo die anzusprechende Teilöffentlichkeit für medienübermittelte Botschaften empfangsbereit ist (z.B. tagsüber via Internet und Hörfunk sowie in den Abendstunden zu den festgelegten Sendezeiten des Fernsehens für tagesaktuelle Nachrichten). Im Hinblick auf die phasische Aktivierung sind prinzipiell alle Marketingstimuli (z.B. Werbeanzeige, Produktinformation, Sonderpreis auf rotem Etikett) darauf ausgerichtet, die angesprochene Person zu aktivieren, also in Leistungsbereitschaft zu versetzen, sich mit dem Reiz bzw. der Botschaft näher zu beschäftigen.

Es besteht ein Zusammenhang zwischen dem Ausmaß der Aktivierung eines Menschen und seinem Involvement. **Involvement** beinhaltet das gedankliche Engagement und die entsprechende Aktivierung, mit der sich jemand einem Sachverhalt oder einer Aktivität zuwendet. Je nach Ursache unterscheidet man vier Involvementarten (Kroeber-Riel et al. 2009, S. 413f.; Trommsdorff 2011, S. 50ff.). Menschen haben unterschiedliche Persönlichkeitszüge (Werte, Ziele, subjektive Bedürfnisse wie z.B. Einkaufsmotive). Je stärker ein Objekt die zentralen persönlichen Eigenschaften berührt, desto höher ist das ausgelöste **personenspezifische Involvement** (z.B. Intensivbetreiber eines Hobbies). Das **Produktinvolvement** resultiert aus dem individuellen Interesse, das bestimmten Produktkategorien entgegengebracht wird. Dies hängt auch von dem individuellen Kulturkreis und Lebensstil ab. Generell lassen sich viele Versorgungskäufe mit einer Low-Involvement-Grundhaltung der Käufer erklären. Produkte, die mit einem erhöhten Kaufrisiko (z.B. technischer Art) einhergehen, lösen beim Kaufentscheider ein hohes Involvement aus, das ihn veranlasst, zusätzliche Informationen zu beschaffen (z.B. Angaben zu Produkttests). Die leidenschaftliche, sehr emotionale Hingabe eines Konsumenten zu einem Produkt oder einer Marke wird als „Consumer Devotion" bezeichnet. Mit dem **Medienin-volvement** ist die spezifische Kommunikationsweise eines Mediums gemeint. Bei Low-Involvement-Medien (elektronische Medien, z.B. Fernsehen) ist es möglich, die Informationen passiv, also bildhaft-episodisch-ganzheitlich aufzunehmen. Printmedien benötigen eher High-Involvement, da Lesen eine aktive Beteiligung erfordert. Das Internet ist ein High-Involvement-Medium, denn die meist aktive Informationssuche benötigt ein besonderes Maß an gedanklicher Aktivität. Involvement variiert auch **situationsspezifisch**. So kann die alltägliche, gering involvierende Konsumsituation des routinemäßigen Lebensmittel- und Getränkeeinkaufs zu einer besonderen Konsumsituation werden, wenn anlässlich der Einladung von Geschäftsfreunden eine „passende" Bewirtung erfolgen soll.

2.212 Emotionen

Emotionen sind innere Erregungszustände, die mehr oder weniger bewusst als angenehm oder unangenehm erlebt werden und häufig anhand der Mimik und Gestik beobachtbar sind. Die Qualität der Emotion entsteht durch die gedankliche (kognitive) Interpretation der physiologischen Erregung. Izard (1994, zitiert bei Kroeber-Riel et al. 2009, S. 114) unterscheidet **zehn Basisemotionen**, die je nach Intensität der Emotion mit jeweils zwei Begriffen benannt werden (der erste Begriff bezeichnet die jeweils schwächere Ausprägung):
• Interesse – Erregung („interest")
• Vergnügen – Freude („joy")
• Überraschung – Schreck („surprise")
• Traurigkeit – Schmerz („sadness")
• Zorn – Wut („anger")
• Ekel – Abscheu („disgust")
• Geringschätzung – Verachtung („contempt")
• Furcht – Entsetzen („fear")
• Scham – Erniedrigung („shame")
• Schuld – Reue („guilt").

Aus dem Blickwinkel des Marketing ist die Analyse emotionaler Vorgänge in zweifacher Hinsicht bedeutsam: Zum einen verhalten sich Konsumenten selten rational, sondern eher impulsiv und emotional. Zum anderen wird die Emotionalisierung des Konsums immer wichtiger, um sich deutlich von der Konkurrenz abzuheben, vor allem wenn die angebotenen Leistungen technisch-funktional austauschbar sind (z.B. homogene Güter wie Mineralwasser, Milchprodukte). Dabei übernehmen Emotionen unterschiedliche **marketingrelevante Funktionen**. Emotionen
• sind eine Folge des Marketing, wenn z.B. eine humorvolle, emotionale Werbung beim Betrachter Freude auslöst
• können Ursache des Entscheidungsverhaltens sein, wenn die Freude über das Angebot eines schon lange gesuchten Produkts zu dessen ungeplantem Kauf führt

• können einen Erklärungsbeitrag für Verhalten liefern: So wird z.B. die Verweildauer in einem Geschäft durch die wahrgenommene Originalität der Ladengestaltung und die so ausgelöste Freude beeinflusst.

2.213 Motive

Motive sind als Emotionen zu verstehen, die mit einer (kognitiven) Zielorientierung
für das individuelle Verhalten verbunden sind. Motive versorgen den Konsumenten
mit Energie und richten sein Verhalten auf ein Ziel aus. Insofern beantworten sie die
Frage, warum der Konsument ein bestimmtes Produkt kauft, sich über das Produkt
beschwert, es an Freunde weiterempfiehlt etc. Motive lassen sich vielfältig klassifi-
zieren. Man unterscheidet beispielsweise primäre und sekundäre Motive. Mit **primären** Motiven sind die angeborenen Bedürfnisse wie z.B. Hunger und Durst gemeint, die der Mensch stillen muss, um existieren zu können. Die im Laufe des
Sozialisationsprozesses erworbenen **sekundären Motive** zeigen dem Menschen, wie
er seine primären Motive erfüllen kann (z.B. Gelderwerb als sekundäres Motiv, um
das primäre Motiv Hunger zu stillen). Weitere sekundäre Motive, die für das Individuum wichtig sein können, sind beispielsweise das Macht- und Statusstreben. Abbildung B-7 zeigt die **Klassifikation von Bedürfnissen nach Maslow**.

Abb. B-7: Bedürfnispyramide nach Maslow (Quelle: Kroeber-Riel et al. 2009, S. 171)

Die vier unteren Bedürfnisstufen beinhalten Defizitbedürfnisse, die das Individuum bei auftretendem Mangel zufriedenstellen möchte. Jede nächsthöhere Stufe wird erst dann erreicht, wenn die Bedürfnisse der darunter liegenden Stufen erfüllt sind. Diese Dringlichkeitsordnung menschlicher Bedürfnisse ist in der Literatur schon vielfach einer **kritischen Würdigung** unterzogen worden (Überblick bei Meffert 1992, S. 54). Anders als in diesem Modell angenommen ist von formbaren und entwicklungs-fähigen Motiven auszugehen, die auch situativ beeinflusst werden. So sind die Motive der Zeitersparnis und Bequemlichkeit beim Einkauf abhängig von der Kaufsitu-ation, wenn beispielsweise das gewünschte Produkt im Geschäft nicht verfügbar ist und die Person keine Zeit hat, in anderen Geschäften danach zu suchen.

Sind die Motive eines Konsumenten widersprüchlich, kommt es zu **motivationalen Konflikten**. Einen solchen erlebt z.B. der Konsument, der vor der Entscheidung eines Autokaufs steht. Durch sein Motiv, eine bestimmte Budgetgrenze nicht zu überschreiten, ist er bestrebt, Marke A zu kaufen. Sein Sicherheitsmotiv lässt ihn jedoch ein Fahrzeug der Marke B präferieren, das sicherheitsbetont ausgestattet ist (z.B. Abstands- und Hinderniswarnsystem) und einen höheren Preis hat. Angesichts der beiden sich widerstrebenden Verhaltenstendenzen ist der Konsument in der Entscheidungssituation verunsichert. Solche Motivkonflikte bieten Anbietern die Möglichkeit, den Konsumenten zu beeinflussen. Die Produkteigenschaft kann posi-tiv herausgestellt werden (die Sicherheit gebenden Warnsysteme). Eine weitere Möglichkeit bietet die zweiseitige Argumentation, wenn der höhere Preis des Autos angesprochen und mit der zusätzlichen Sicherheit begründet wird.

2.214 Einstellungen

Die Einstellung eines Individuums ist seine Bereitschaft (Prädisposition), auf be-stimmte Reize der Umwelt konsistent positiv oder negativ zu reagieren. Einstellun-gen entsprechen Motivationen, die mit einer kognitiven Objektbeurteilung verknüpft sind. **Objekte von Einstellungen** sind Sachen (z.B. Produkte, Marken, Unterneh-men), Personen oder Themen (z.B. Umweltschutz). Das Individuum macht Erfah-rungen mit den Objekten, entwickelt Urteile und Meinungen, die in der Einstellung zum Objekt münden. Das Konstrukt Einstellung kann in drei Komponenten zerlegt werden (sog. **Drei-Komponenten-Theorie**; Kroeber-Riel et al. 2009, S. 217f.):
- Die **affektive** Komponente enthält die mit einer Einstellung verbundene gefühls-mäßige Einschätzung eines Objekts.
- Die **kognitive** Komponente umfasst die mit der Einstellung verbundenen Gedan-ken (subjektives Wissen) über das Einstellungsobjekt.
- Die **konative** Komponente bezieht sich auf die mit der Einstellung verbundene Verhaltensabsicht (z.B. Kaufbereitschaft).

Marketingrelevant ist die Tendenz, dass die Kaufwahrscheinlichkeit bei einem Pro-dukt oder einer Dienstleistung umso höher ausfällt, je positiver die Einstellung zu diesem Produkt oder der Dienstleistung ist (**Einstellung beeinflusst das Verhal-ten**). Allerdings muss dies nicht so sein. So kann ein Konsument gegenüber einer exklusiven Automobilmarke eine positive Einstellung haben, entscheidet sich jedoch aufgrund finanzieller Restriktionen für eine andere Marke. Zudem ist es möglich, dass erst das Kaufverhalten einsetzt und dann rückwirkend eine Einstellung gebildet wird (**Verhalten beeinflusst die Einstellung**). Dies ist beispielsweise der Fall, wenn ein Konsument in einer Produktkategorie seine sonst von ihm präferierten Marken nicht vorfindet und eine ihm bislang unbekannte Marke erwirbt.

Das **Image** eines Objekts (Produkt, Marke, Unternehmen) ist als mehrdimensionales Einstellungskonstrukt zu verstehen. Das Individuum verdichtet seine wertenden Eindrücke von dem Objekt zu einem subjektiven ganzheitlichen Vorstellungsbild (Trommsdorff 1998, S. 152f.). Aus Anbietersicht wird ein positives, einheitliches Image in der Zielgruppe angestrebt. Die tatsächlichen Einstellungen der Konsumenten zu Produkt oder Dienstleistung („**Istimage**") sind den Vorstellungen eines idealen Produkts bzw. einer idealen Dienstleistung („**Sollimage**") anzugleichen. Dies geschieht durch die Positionierung von Produkten, Marken oder Dienstleistungen im Wahrnehmungsraum der Konsumenten (s. Kapitel C.IV.4.1 Kommunikationsziele).

2.22 Verhaltensrelevante psychische Prozesse

Den Prozessen des Konsumentenverhaltens liegt das sogenannte **Drei-Speicher-Modell** zugrunde (Abbildung B-8). Die gedankliche Reizverarbeitung erfolgt über den Ultrakurzzeitspeicher (auch sensorischer Speicher genannt), den Kurzzeit- und Langzeitspeicher. Die Bezeichnung „Speicher" ist missverständlich, da dort nicht nur die Speicherung, sondern auch die Verarbeitung von Informationen geschieht.

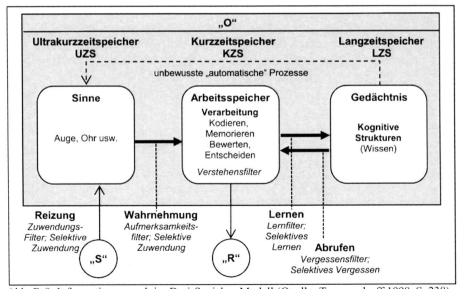

Abb. B-8: Informationserwerb im Drei-Speicher-Modell (Quelle: Trommsdorff 1998, S. 238)

2.221 Informationsaufnahme und -verarbeitung

Die Informationsaufnahme umfasst jene Vorgänge, die zur Übernahme einer Information in den Kurzzeitspeicher führen (Trommsdorff 1998, S. 239ff.). Die auf das Individuum treffenden Reize (z.B. Werbung; Produktinformation von einem Freund) werden von den Sinnesorganen aufgenommen, gelangen in den Ultrakurzzeitspeicher und werden selektiv in den Kurzzeitspeicher weitergegeben, genauer entschlüsselt und verarbeitet. Die Informationsaufnahme setzt voraus, dass sich die Sinne der Reizquelle zuwenden (z.B. Kopfdrehung zum Gesprächspartner; Betrachtung des TV-Bildschirms). Das Reizangebot ist wesentlich größer als die Verarbeitungskapazität. Diese Reizflut überlastet den Menschen und zwingt ihn, nur die subjektiv wichtigen Informationen zu selektieren und aufzunehmen (**selektive Zuwendung**).

Die **Wahrnehmung** ist ein aktiver Prozess der selektiven Informationsverarbeitung (Kroeber-Riel et al. 2009, S. 320ff.). Die aufgenommenen Sinneseindrücke werden von der Person entschlüsselt und bekommen eine subjektive Bedeutung. Das Konstrukt Wahrnehmung ist in mehrfacher Hinsicht bedeutsam für das Marketing: Nicht das objektive Angebot von Produkten oder Dienstleistungen ist entscheidend, sondern dessen **subjektive Wahrnehmung und Beurteilung** durch den Konsumenten. Hinzu kommt die Erkenntnis, dass der Mensch nur solche Reize wahrnimmt und verarbeitet, auf die er aufmerksam wurde. Auf die Reize aufmerksam wird er nur dann, wenn sie seinen latent vorhandenen Bedürfnissen und Wünschen entsprechen. **Marketingreize, die der Konsument wahrnehmen soll, müssen seine Bedürfnisse ansprechen und so seine Aufmerksamkeit erzeugen.** Neben dieser bewussten Wahrnehmung von Reizen gibt es auch die **unbewusste Wahrnehmung**. Diese liegt beispielsweise vor, wenn Reize sehr schwach sind (visuelle Reize, die nur wenige Millisekunden dauern) oder Reize nur beiläufig aufgenommen werden, weil zu viele andere Reize die Aufmerksamkeit des Konsumenten beanspruchen.

2.222 Informationsspeicherung

Der eigentliche **Vorgang des Lernens** bezieht sich auf die Übernahme von Informationen in den Langzeitspeicher. Der Lernvorgang beginnt mit der Aufnahme von Reizen (z.B. Wörter). Diese werden kodiert, d.h. in gedankliche Einheiten übersetzt (z.B. bildliche Vorstellungen) und verarbeitet. Die Kodierung bezieht sich auf die Verknüpfung der aufgenommenen mit den bereits im Gedächtnis gespeicherten Informationen (siehe Abb. B-8, Doppelpfeil zwischen KZS und LZS). Anschließend werden die gedanklichen Einheiten in den Langzeitspeicher (Gedächtnis) übernommen. Das im Gedächtnis gespeicherte Wissen ist dafür verantwortlich, wie neue Reize aufgenommen, verarbeitet und gespeichert werden. Es lassen sich zwei Formen des im Gedächtnis gespeicherten Wissens unterscheiden. Das **deklarative Wissen** umfasst das Wissen über Fakten und Erlebnisse. Diese sind bewusst abrufbar und können sprachlich deklariert werden (z.B. verbalisierbares Wissen über Produkte und Konsumerlebnisse). Das deklarative Wissen lässt sich nochmals in semantisches und episodisches Wissen unterteilen. Das **semantische** Wissen bezieht sich auf Sachwissen ohne zeitlich-räumlichen Bezug (z.B.: „VW ist eine Automarke."). Mit **episodischem** Wissen sind persönliche, räumlich und zeitlich festgelegte Ereignisse gemeint (z.B.: „Ich habe neulich eine Probefahrt mit dem neuesten Modell des VW Golf unternommen."). Das **prozedurale Wissen** beinhaltet die gedanklichen Vorgänge bei der Bildung, Verknüpfung und Anwendung des Wissens. Das gespeicherte Wissen ist in Form von Wissensstrukturen vorhanden. Diese Strukturen werden als **semantisches Netzwerk** oder **Schema** bezeichnet. Abbildung B-9 zeigt das semantische Netzwerk zur Dachmarke Ferrero als Ergebnis einer empirischen Untersuchung (Esch et al. 2010, S. 6ff.). Die Knoten beinhalten genannte Assoziationen (Produkte, Bilder) und Emotionen zu Dach- und Produktmarken. Die Dicke der Kanten gibt Aufschluss über die Stärke der Assoziationen. Je dicker eine Linie zwischen zwei Objekten, desto öfter und stärker wurden diese miteinander assoziiert.

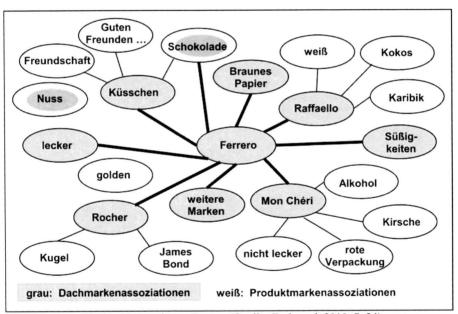

Abb. B-9: Semantisches Netzwerk von Ferrero (Quelle: Esch et al. 2010, S. 24)

Wenn neues Wissen erlernt wird, bedeutet dies zugleich einen Eingriff bei den vorhandenen Wissensstrukturen. In Abbildung B-10 ist das **Lernen mittels Schemata** anhand des Erwerbs von Schokoladenwissen dargestellt (Kroeber-Riel et al. 2009, S. 384f.). Lernt der Konsument einen neuen Markennamen, so handelt es sich um Wissenszuwachs. Das vorhandene Schema von Schokoladenwissen wird nicht verändert. Die Schemavariable „Markenname" bekommt lediglich eine neue Ausprägung.

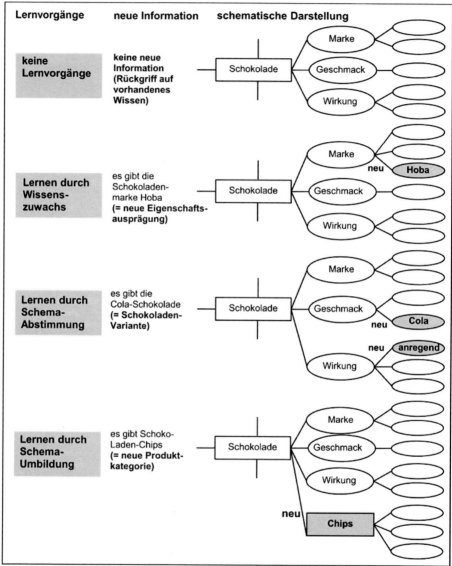

Abb. B-10: Lernen mittels Schema, dargestellt am Erwerb von Schokoladenwissen (Quelle: Kroeber-Riel et al. 2009, S. 384)

Durch das Angebot von Cola-Schokolade stimmt der Konsument sein Schema hinsichtlich der Variablen „Geschmack" und „Wirkung" neu ab. Die Schemastruktur ist auch hier unverändert. Das Schema muss umgebildet werden, wenn der Konsument die neue Produktkategorie „Schokoladen-Chips" lernt. Denn die Variablen des alten

Schemas reichen nicht mehr aus, diese Produktkategorie im Gedächtnis zu repräsentieren. Die Schemata „Schokolade" und „Chips" müssen verschmelzen.

2.3 Interpersonale Bestimmungsfaktoren

Die interpersonalen Bestimmungsfaktoren des Konsumentenverhaltens berücksichtigen, dass der Konsument von seiner sozialen Umwelt abhängig ist. Es interessieren die Einflüsse der sozialen Schicht und der Subkulturen (weitere soziale Umwelt) sowie der Bezugsgruppen und des Familienzyklus (engere soziale Umwelt).

2.31 Subkulturen und soziale Schicht

Eine Kultur umfasst die übereinstimmenden Muster im Denken, Fühlen und Handeln einer Gesellschaft. Mit **Subkulturen** sind die übereinstimmenden spezifischen Verhaltensweisen sozialer Gruppierungen innerhalb einer Gesellschaft gemeint (Kroeber-Riel et al. 2009, S. 593ff.). Subkulturen lassen sich beispielsweise anhand geographischer Kriterien gliedern (z.B. Bundesländer, Stadt-/ Landbevölkerung), nach ethnischen Gesichtspunkten (z.B. Religion, Nationalität) oder altersbezogen (Jugendliche, Senioren).

Eine weitere Subkultur ist die soziale Schicht. Den Mitgliedern einer **sozialen Schicht** wird in etwa ein gleicher sozialer Status und somit ein gleiches soziales Prestige beigemessen (http://wirtschaftslexikon.gabler.de/Definition/soziale-schicht. html). Generell wird zwischen Unter-, Mittel- und Oberschicht unterschieden. Die Art und Anzahl sozialer Schichten bemisst sich vor allem danach, welche Indikatoren zur Messung der sozialen Schichtung herangezogen werden. Für die leistungsorientierten Industriegesellschaften gelten häufig Beruf, Ausbildung und Einkommen als Schichtungskriterien. Mit dem Beruf ist ein Status (Berufsprestige) in der Gesellschaft verknüpft, der über die Zuordnung zu einer sozialen Schicht entscheidet (z.B. Ärzte, Richter, Professoren). Um aussagekräftige Eindrücke über das Konsumverhalten sozialer Schichten zu erhalten, ist es sinnvoll, wenn die Schichtungsvariablen mit psychographischen Merkmalen gekoppelt werden (z.B. Sinus-Milieus, siehe Kapitel B.III, Marktsegmentierung).

2.32 Bezugsgruppen und Familienzyklus

Abbildung B-11 zeigt eine mögliche **Systematisierung von Bezugsgruppen**. Neben der Differenzierung von Primär- und Sekundärgruppen ist es für Marketingimplikationen hilfreich, die faktische und nominelle Mitgliedschaft zu unterscheiden (Kroeber-Riel et al. 2009, S. 478ff.). Bei der **faktischen Mitgliedschaft** fühlt sich das Individuum einer Gruppe zugehörig, identifiziert sich mit ihr und nimmt am Gruppenleben teil. Bei der **nominellen Mitgliedschaft** gehört die Person aufgrund des Ausweises in der Mitgliederkartei zur Gruppe. Typisch für Fremdgruppen ist, dass der Einzelne ihnen nicht angehört und dass die Gruppen außerhalb seiner engeren Umwelt angesiedelt sind. Große institutionalisierte Bezugsgruppen (**Sekundärgruppen**) sind vergleichsweise einfach zu identifizieren und leichter zu beeinflussen als die **Primärgruppen**. Allerdings ist deren Einfluss auf Kaufentscheidungen größer, da zu ihnen eine deutlich stärkere emotionale Bindung besteht.

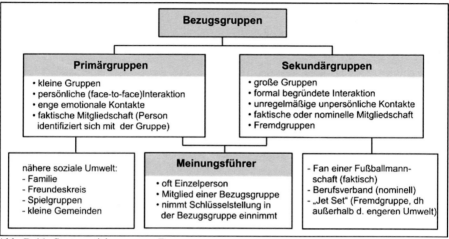

Abb. B-11: Systematisierung von Bezugsgruppen

Meinungsführer (opinion leader, Testimonial) sind oft Einzelpersonen und gehören einer Bezugsgruppe an. Ihnen kommt eine Schlüsselrolle zu, da sie einen stärkeren persönlichen Einfluss als andere Gruppenmitglieder ausüben. Meinungsführer können Primär- oder Sekundärgruppen angehören. Ihre Lebensweise und Interessen sind ähnlich wie jene von den Beeinflussten. Das Meinungsführerkonzept spielt bei der Gestaltung von Werbebotschaften eine Rolle. So kann beispielsweise der demonstrative Konsum eines Meinungsführers aus einer Fremdgruppe (z.B. prominenter Sportler, der offenkundig eine bestimmte Uhrenmarke trägt) die Kaufentscheidung des Werbungadressaten beeinflussen.

Für den Konsumenten ist die **Familie** eine soziale Gemeinschaft, zu der er regelmäßigen sozialen Kontakt hat. Die Interaktionen mit den Familienmitgliedern beeinflussen seine Kaufentscheidungen. Im Hinblick auf den **Familienzyklus** als Bestimmungsfaktor des Kaufverhaltens ist es bedeutsam, ob es sich um Haushalte mit jungen, noch nicht schulpflichtigen Kindern bzw. mit älteren Kindern im schulpflichtigen Alter oder um Paare ohne Kinder handelt (bzw. deren Kinder das Elternhaus bereits verlassen haben). Jede dieser Phasen repräsentiert ein Bündel von konsumrelevanten Einflussgrößen. So spielt beispielsweise das Alter der Kinder eine zentrale Rolle, welche Produkte (z.B. Bücher für Kinder im Vorschulalter bzw. Jugendbücher; Mobiliar des Kinderzimmers) gekauft werden und wie groß ihr Einfluss auf die Kaufentscheidungen der Eltern sind. Dieser ist besonders groß, wenn das Kind von dem zu kaufenden Produkt selbst betroffen ist (z.B. Spiele, Süßigkeiten). Zudem können Kinder bereits im Alter von drei Jahren Markenlogos wahrnehmen und wiedererkennen. Sie entwickeln im Laufe ihres Heranwachsens ein hohes Markenbewusstsein und können einen beachtlichen Druck auf die Markenwahl ihrer Eltern ausüben.

3. Kaufentscheidungen von Unternehmen

Komplexe Kaufentscheidungen von Unternehmen betreffen einen neuen Fuhrpark, den Bedarf neuer Maschinen, die Neuausstattung von Bildschirmarbeitsplätzen etc. Der Prozess solcher Kaufentscheidungen zeichnet sich durch einige **Besonderheiten** aus (Backhaus 1995, S. 66ff.). Es besteht ein hoher **Formalisierungsgrad**, da die Verfahrensregeln und Zuständigkeitsbereiche der am Kaufentscheidungsprozess Beteiligten fixiert sind. Die Kaufentscheidungen von Unternehmen richten sich häufig nach den Vorgaben der Kunden, sind also **fremddeterminiert**. Dies ist z.B. der Fall, wenn ein Automobilhersteller als Kunde des Lieferanten der kompletten Autobeleuchtungskomponente diesem die Sublieferanten für Teilkomponenten (z.B. Leuchtstoff, Gehäuse) vorschreibt. Zudem werden die Kaufentscheidungen durch **Anreiz- und Sanktionsmechanismen** bestimmt. Sie reichen von (nicht-) monetären Anreizen zur Leistungssteigerung (z.B. Boni, Beförderung) bis zu beruflichen Konsequenzen für die beteiligten Kaufentscheider, die Verfahrensregeln verletzen (z.B. Versetzung, Entlassung).

Je nach Grad der Neuigkeit des Kaufobjekts und des Informationsbedarfs lassen sich drei **Typen von Kaufentscheidungen** differenzieren. Beim **Erstkauf** ist die Kaufentscheidung für alle Beteiligten völlig neu. Es bestehen keine Erfahrungen und der Informationsbedarf ist hoch. Bezeichnend für den **modifizierten Wiederholungskauf** ist, dass sich die Problemstellung verglichen mit früheren Kaufsituationen geändert hat (z.B. permanente Ausstattung der Interviewer eines Marktforschungsunternehmens mit unterstützenden Medien, bspw. erstmalig mit einem Computer Assisted Personal Interviewing(CAPI)-System). Es werden zusätzliche Informationen beschafft und neue Medienalternativen berücksichtigt. Beim **reinen Wiederholungskauf** handelt es sich um ständig wiederkehrende Problemstellungen. Andere Entscheidungsalternativen als die bisher berücksichtigten werden nicht ins Kalkül gezogen und der Beschaffungsvorgang ist automatisierbar.

Komplexe Kaufentscheidungen werden von einem Einkaufsgremium (Buying Center) getroffen. Es lassen sich **fünf Rollen im Buying Center** unterscheiden (Webster, Wind 1972; Crow, Lindquist 1985; Backhaus 1995, S. 141ff.):
- Der **Einkäufer** gehört oft der Einkaufsabteilung an. Ihm obliegen die Auswahl und Kontakte zu den Lieferanten und er tätigt den Kaufabschluss.
- Der spätere **Nutzer** oder Anwender des zu kaufenden Produkts sagt hierzu seine Meinung. Er ist letztlich für den zweckadäquaten Produkteinsatz verantwortlich.
- Der **Beeinflusser** legt Normen (z.B. technischer Art) fest. Er kann eine gezielte Informationspolitik betreiben, indem er aufgrund eigener Erfahrungen bestimmte Produkte in den Vordergrund stellt und von anderen Alternativen abrät.

- Der **Informationsselektierer** steuert und kontrolliert den Informationsfluss zum und im Buying Center. Er ist z.B. der Assistent des Entscheidungsträgers, den er vor allem während der Entscheidungsvorbereitung indirekt beeinflusst.
- Der **Entscheidungsträger** bestimmt aufgrund seiner Machtposition – z.B. als Mitglied der Geschäftsleitung – im Unternehmen, wer den Auftrag erhält.

Während des Kaufentscheidungsprozesses können einzelne oder mehrere Rollen übernommen werden. Letzteres ist der Fall, wenn der Einkäufer zugleich Informationsselektierer ist. Auch können mehrere Beeinflusser technische Mindestanforderungen festlegen (z.B. bei der Beschaffung eines Pkw- und Lkw-Fuhrparks).

Fallstudien zu B.I. Marktpsychologie		
Bezeichnung	*Fallstudie*	*Schwerpunkt/Aufgabe*
B.I. (1)	Beautiful	SOR-Modell; Erklärungsansätze
B.I. (2)	Fitness-Studio	Konstrukt Einstellungen
B.I. (3)	BoSie-Haushaltsgeräte	SOR-Modell; Konstrukte Involvement und Motivation
B.I. (4)	Homing-Trend	Erklärungsansätze des Konsumverhaltens
B.I. (5)	Smartphones	Interpersonale Erklärungsansätze; Meinungsführer

B. I. (1) Fallstudie „Beautiful"

Das Unternehmen „Beautiful" ist ein Anbieter von Produkten der sogenannten dekorativen Kosmetik. Hierzu zählen beispielsweise Lippenstifte, Nagellack und Produkte für das Augen- und Gesichts-Make-up. Die Nachfrager dekorativer Kosmetik sind überwiegend Frauen, die sich grob in zwei Gruppen aufteilen lassen:

- Individualbedarf: Hierbei handelt es sich um Frauen mit individuellem Beratungsbedarf, die in erster Linie Fachgeschäfte (z.B. Parfümerien, Friseurgeschäfte mit angeschlossenem Kosmetikbereich) aufsuchen, um sich von dem Personal kompetent bei Produkten der dekorativen Kosmetik beraten zu lassen. Für diese Beratung und gehobene Produktqualität sind sie bereit, einen höheren Produktpreis zu zahlen.
- Standardbedarf: Frauen mit Standardbedarf bei dekorativer Kosmetik benötigen keine Beratung und kaufen qualitativ durchschnittliche Produkte in Discountern, Verbraucher- und Drogeriemärkten, wo das Prinzip der Selbstverkäuflichkeit vorherrscht und die Sortimente niedrigpreisig sind.

„Beautiful" bietet Produkte für den Individual- und den Standardbedarf an. Die beiden Produktlinien laufen unter den Marken
- 'Margret Oster' (Individualbedarf) und
- 'Harlem' (Standardbedarf).

Als neulich der Produktmanager beider Produktlinien, Herr Schöngeist, von einem Vertreter der Fachpresse nach der Positionierung beider Produktlinien gefragt wurde, antwortete er: „Ich bin erst seit kurzem als Produktmanager für 'Margret Oster' und 'Harlem' tätig und dabei, mir ein genaues Bild von der Marktlage unserer Produktlinien zu verschaffen. In dem Konzeptpapier meines Vorgängers (*Herr Meier*) stand unter der Überschrift Positionierung lediglich: *„Bei beiden Produktlinien bieten wir eine gute Qualität zu akzeptablen Preisen an."* Leider müssen wir feststellen, dass die Umsätze der 'Margret Oster'-Produkte kontinuierlich sinken und dringender Handlungsbedarf besteht. Wenn ich die Ergebnisse einer aktuellen repräsentativen Befragung von Konsumentinnen dekorativer Kosmetik ausgewertet habe, werde ich mich zur künftigen Positionierung beider Produktlinien äußern." Die besagte Untersuchung lieferte Herrn Schöngeist die Erkenntnis, dass die Konsumentinnen 'Margret Oster'-Produkte als eher bieder und langweilig empfinden. Typische Einschätzungen lauteten: „geringe Farbauswahl" und „kein Bezug zur Textilmode".

Auf die Frage, wie denn die als ideal empfundene dekorative Kosmetik aussehen könnte, lauteten wesentliche Äußerungen für den Individualmarkt:
- „große Farbauswahl"
- „farblicher Bezug zu Jahreszeiten"
- „farblicher Bezug zur Textilmode".

Aufgaben:
a) Um die beiden Produktlinien 'Margret Oster' und 'Harlem' gezielt zu vermarkten, sucht Herr Schöngeist nach psychologischen Erklärungsansätzen für das Kaufverhalten bei dekorativer Kosmetik. Entwickeln Sie ein diesbezügliches SOR-Modell!
b) Entwickeln Sie nun psychische Erklärungsansätze für das Kaufverhalten bei dekorativer Kosmetik unter besonderer Berücksichtigung der Konstrukte Involvement, Motivation und Wahrnehmung!

B. I. (2) Fallstudie „Fitness-Studio"

Anna Bolik ist die Betreiberin des Fitness-Studios „Muckibude" in einer mittelgroßen Universitätsstadt des östlichen Ruhrgebiets. Neben der „Muckibude" gibt es noch drei weitere Fitness-Studios im regionalen Umfeld, die als relevante Konkurrenten einzustufen sind. Als Anna Bolik vor knapp zehn Jahren das Fitness-Studio eröffnete, teilte sie sich mit einem Konkurrenten den Markt. Mittlerweile hat sich die Konkurrenzsituation derart verschärft, dass jeder um jeden potentiellen Neukunden kämpft und Stammkunden keinesfalls verlieren möchte. Wesentliche Zielgruppe der „Muckibude" sind die Studenten der nahe gelegenen Universität.

Aufgabe:
Die Studentin B. Izeps zählt zu den Stammkunden der Muckibude. Sie besucht mindestens zweimal, oft bis zu viermal wöchentlich das Fitness-Studio. B. Izeps hat ein ausgeprägtes Bewusstsein für Gesundheit und Wellness, was sich auch auf ihr Kauf- und Konsumverhalten auswirkt. Erläutern Sie das Einstellungskonstrukt Gesundheitsbewusstsein am Beispiel der Studentin B. Izeps!

B. I. (3) Fallstudie „BoSie-Haushaltsgeräte"

Das Unternehmen BoSie GmbH ist ein Hersteller von Haushaltsgroßgeräten (Wasch- und Spülmaschinen, Trockner, Kühlschränke, Herde). Der Vorstandsvorsitzende von der BoSie GmbH, Herr Kühli, wurde neulich von einer renommierten Zeitung zu den marktbezogenen Besonderheiten und zum Kaufverhalten bei Haushaltsgroßgeräten befragt. Seine Antworten lassen sich wie folgt zusammenfassen:
- Im Durchschnitt werden Haushaltsgroßgeräte erst nach 15 Jahren gewechselt beziehungsweise neu beschafft.
- In der Regel tauschen die Konsumenten die Geräte erst aus, wenn sie dies müssen, weil das Gerät nicht mehr funktioniert oder eine Reparatur zu teuer wäre und sich nicht lohnen würde.
- Ein Austausch älterer Produkte durch neue energieeffizientere lohnt sich, wenn man eine Kostenanalyse über den gesamten Lebenszyklus des Produkts vornimmt. Ein Beispiel hierfür ist der Wäschetrockner mit einer Wärmepumpe, die den Stromverbrauch gegenüber normalen Trocknern halbiert. Der Wäschetrockner mit Wärmepumpe ist zwar rund 400 Euro teurer, hat sich aber nach fünf bis sechs Jahren amortisiert, weil sich vor allem der geringere Stromverbrauch begünstigend auswirkt.

Nach seiner persönlichen Meinung zu den Besonderheiten des Kaufverhaltens bei Haushaltsgroßgeräten befragt, antwortete Herr Kühli wie folgt: „Solange das Haushaltsgroßgerät funktioniert, ist der Konsument damit zufrieden. Leider sind diese Geräte keine Hobbyprodukte oder Spielzeuge, sondern Werkzeuge. Ein Spielzeug macht Spaß und ein Werkzeug braucht man halt. Vielleicht ist dies der Grund, dass die meisten potentiellen Käufer von Haushaltsgroßgeräten nicht ins Geschäft gehen und sich über ein neues Gerät informieren, wenn ihr altes Gerät noch funktioniert. Bisher haben wir keinen Weg gefunden, diese Altgerätebesitzer zu erreichen."

Aufgaben:
a) Entwickeln Sie ein SOR-Modell zum Kaufverhalten bei Haushaltsgroßgeräten!
b) Entwickeln Sie nun psychische Erklärungsansätze für das Kaufverhalten bei Haushaltsgroßgeräten unter besonderer Berücksichtigung der Konstrukte „Involvement" und „Motivation"!

B. I. (4) Fallstudie „Homing-Trend"

Die renommierte Gesellschaft für Konsumforschung GfK analysiert regelmäßig, wie sich das Verbraucherverhalten in Deutschland entwickelt und welche Trends den

Konsum privater Haushalte kennzeichnen. Während sich 2009 die Finanz- und Wirtschaftskrise kaum negativ auf den privaten Konsum auswirkte, zeichnete sich laut GfK für 2010 eine Stagnation und auch ein Rückgang beim Konsum der Privathaushalte ab. Wesentliche Gründe hierfür sah die GfK zum einen in der bestehenden oder drohenden Arbeitslosigkeit, weshalb die Verbraucher weniger konsumierten und auch vorsorglich Geld zurücklegten. Zum anderen stellte die GfK einen Trend namens „Homing" fest, der das Verbraucherverhalten veränderte *(Werben & Verkaufen 5/2010, S. 23)*.

Als „Homing" bezeichnet die GfK eine Rückbesinnung auf das eigene Zuhause. Für das durch „Homing" veränderte Verbraucherverhalten führte die GfK folgende Beispiele an:
- sinkender Außer-Haus-Konsum (beispielsweise in der Gastronomie)
- steigender Umsatz der Bau- und Heimwerkermärkte
- steigender Umsatz mit Pflanzen, Gartenmöbeln und Gartendekoration
- steigender Umsatz bei Küchenkleingeräten.

Aufgabe:
Entwickeln Sie ein SOR-Modell zum „Homing"-Trend!

B. I. (5) Fallbeispiel „Smartphones"
Mit den interpersonellen Bestimmungsfaktoren des Käuferverhaltens werden jene Einflussfaktoren berücksichtigt, die sich aus der sozialen Abhängigkeit des Konsumenten von seiner Umwelt ergeben.

Aufgaben:
a) Benennen und erläutern Sie zwei unterschiedliche Gruppen, die das Verhalten beim Kauf von Smartphones beeinflussen können!
b) Erläutern Sie das Konzept des Meinungsführers am Beispiel des Kaufverhaltens bei Smartphones!

II. Marketingforschung

Gegenstand der Marketingforschung ist die systematische Suche, Sammlung, Aufbereitung und Interpretation von Informationen, die für das Marketing von Produkten und Dienstleistungen relevant sind. Der **Prozess** der Marketingforschung durchläuft die Phasen
- Problemdefinition
- Informationsgewinnung
- Informationsverarbeitung und
- Kommunikation der Ergebnisse.

Dieses Kapitel beschäftigt sich mit den **Phasen der Gewinnung und Verarbeitung marketingrelevanter Informationen**. Während dieser Phasen sind wesentliche Entscheidungen zu treffen, die in Abbildung B-12 zusammengestellt sind. Diese Entscheidungen sind strukturbestimmend für die folgenden Ausführungen.

	Entscheidungen	Gegenstand dieses Kap. B.II
Informations-gewinnung	• Festlegung der zu untersuchenden **Zielgruppen** und **Untersuchungsobjekte** • **Primär-** oder **Sekundärforschung?** Im Falle der Primärforschung (Erhebung relevanter Informationen): • Präzisierung und **Messung der Zielgrößen** bzw. Zielkonstrukte • Festlegung des notwendigen **Stichprobenumfangs** und **Auswahlverfahrens** • Festlegung der **Informations-gewinnungsmethoden**	 • Skalierungsverfahren • Messung der psychischen Zustände und Prozesse Stichproben-Auswahlverfahren • Methoden: Befragung, Beobachtung, Experiment • Panel als Methodenkombination
Informations-verarbeitung	• Erstellung eines **Auswertungsplans** und strukturierte Zusammenstellung der zu untersuchenden Fragestellungen • Auswahl der für die Fragestellungen notwendigen **Auswertungsverfahren** • **Interpretation und Bewertung** der Ergebnisse	 • Uni- und bivariate Verfahren • Multivariate Verfahren

Abb. B-12: Entscheidungen der Informationsgewinnungs- und Informationsverarbeitungsphasen (vgl. Meffert 1992, S. 182 und S. 243)

Im Rahmen der Informationsgewinnung ist zwischen der Primär- und Sekundärforschung zu unterscheiden. Bei der **Sekundärforschung** (desk research) wird bereits vorhandenes Datenmaterial beschafft, zusammengestellt und ausgewertet. Als **Primärforschung** wird die Erhebung relevanter Informationen im Markt bezeichnet. Dies geschieht anhand der Methoden Befragung, Beobachtung und Experiment.

1. Informationsgewinnung
1.1 Messung und Skalierung

Mit **Messung** ist die systematische Beobachtung und Aufzeichnung von empirischen Sachverhalten gemeint. Durch den Messvorgang entstehen Daten, die zu aussagekräftigen Informationen als Grundlage für Marketingentscheidungen verdichtet werden.

Um Messungen vornehmen zu können, benötigt man einen Maßstab. Einen solchen Maßstab liefert die **Skala**, an der die jeweilige Merkmalausprägung zahlenmäßig abgelesen werden kann. Der Informationsgehalt der gemessenen Daten hängt wesentlich davon ab, mit welchem **Messniveau** die Merkmalsausprägungen der Untersuchungsobjekte gemessen werden (Abbildung B-13).

		Messniveau	Mathematische Eigenschaften	Messwerteigenschaften	Beispiele
Zunahme des Informationsgehalts	Nicht-metrische Skalen	**Nominalniveau**	$A = A \neq B$	*Klassifikation*: Die Messwerte von zwei UEen sind identisch oder nicht identisch	Zweiklassig: Geschlecht Mehrklassig: Betriebstyp (Discounter, Verbraucher-, Supermarkt)
		Ordinalniveau	$A > B > C$	*Rangordnung*: Messwerte lassen sich auf einer MD als kleiner/ größer/gleich einordnen	Präferenz- und Urteilsdaten: Marke X gefällt mir besser/ gleich/weniger als Marke Y
	Metrische Skalen	**Intervallniveau**	$A > B > C$ und $A - B = B - C$	*Rangordnung u Abstandsbestimmung*: Abstände zwischen Messwerten angebbar	Intelligenzquotient Kalenderjahr
		Rationiveau (Verhältnis-Skala)	$A = x \cdot B$	*Absoluter Nullpunkt*: Abstandsbestimmung u. Messwertverhältnisse	Alter Jahresumsatz
		UE = Untersuchungseinheit MD = Merkmalsdimension			

Abb. B-13: Messniveaus und ihre Eigenschaften (Quelle: Berekoven et al. 2009, S. 65)

Das Messniveau einer Skala gibt die mathematischen Eigenschaften der von der Skala gelieferten Messwerte wieder (Berekoven et al. 2009, S. 64ff.):
• Werden die Merkmalsausprägungen auf **Nominalniveau** gemessen, können die Untersuchungseinheiten lediglich klassifiziert werden. Statistisch sind nur Häufigkeiten ermittelbar, z.B.: Wie viel männliche und weibliche Kunden kommen aus welchem Postleitzahl-Gebiet? Als Mittelwert kann der Modus ermittelt werden.
• Bei **ordinalskalierten** Daten lässt sich eine Rangreihe erstellen, jedoch ist keine Aussage über die Abstände zwischen den Rangplätzen möglich. Als Mittelwert können der Modus und der Median (siehe Kap. B.II.2.1) ermittelt werden.

- Bei der **Intervallskala** gibt es feste Abstände zwischen den Skalenrängen. Die Daten sind linear transformierbar (y = ax + b). Als Mittelwert kann neben Modus und Median das arithmetische Mittel ermittelt werden.
- Die **Verhältnisskala** weist neben den Eigenschaften der Intervallskala zusätzlich einen absoluten Nullpunkt auf. Bei solchen Skalen sind alle mathematischen Operationen möglich (z.B. als Mittelwert zusätzlich das geometrische Mittel).

Bei der Messung von intrapersonalen Bestimmungsfaktoren des Käuferverhaltens werden häufig Ratingskalen eingesetzt (Abbildung B-14).

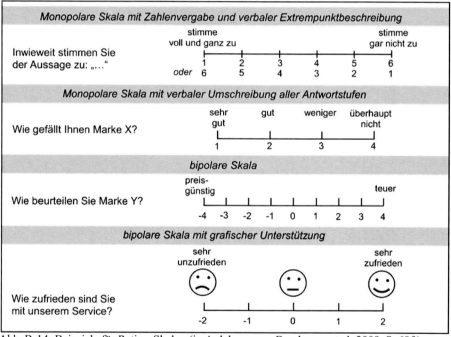

Abb. B-14: Beispiele für Rating-Skalen (in Anlehnung an Berekoven et al. 2009, S. 68f.)

Die mit **Ratingskalen** gemessenen Daten weisen eigentlich nur Ordinalniveau auf. Die Rangplätze der Untersuchungseinheiten werden meist verbal differenziert („gut" bis „schlecht", „trifft sehr zu" bis „trifft gar nicht zu", „sehr wichtig" bis „gar nicht wichtig"). Diese Skalen werden wie **quasi-metrisch** behandelt, da die Visualisierung der Skalen den Befragten signalisiert, dass der Abstand zwischen den Rangplätzen gleich bleibt. So wird bspw. der Unterschied zwischen den Messwerten 5 und 6 ebenso groß wie der Unterschied zwischen den Messwerten 1 und 2 wahrgenommen. Dies erfüllt die mathematischen Voraussetzungen für eine Intervallskala.

1.2 Messung der intrapersonalen Bestimmungsfaktoren des Konsumentenverhaltens

Abbildung B-15 gibt einen Überblick wesentlicher Verfahren zur Messung der intrapersonalen Zustände und Prozesse. Die Verfahren sind nach den Methoden der Beobachtung und Befragung gegliedert.

Psychische Zustände und Prozesse	Messmethoden	
	Beobachtung	**Befragung**
Aktivierung und Aufmerksamkeit	elektrodermale Reaktion	Ratingskalen
Emotionen und Motive	Messung des Ausdrucksverhaltens	• Semantisches Differential • Magnitudeskalierung (non-verbales Messverfahren) • Programmanalysator • Ratingskalen
Einstellungen und Images	Indikatoren zur Messung der affektiven Komponente (z.B. elektrodermale Reaktion)	• Einstellungsskalen • Messansätze von Fishbein und Trommsdorff
Informationsaufnahme und Wahrnehmung	Blickaufzeichnung	Tachistoskop
Wissen		• Recall-/ Aided Recall-Test • Recognition-Test

Abb. B-15: Überblick der Methoden zur Messung der psychischen Zustände und Prozesse

1.21 Psychische Zustände
1.211 Messung von Aktivierung

Aktivierung als physiologische Erregung des Zentralnervensystems kann nicht direkt beobachtet werden. Daher benötigt man Indikatoren, die eine Messung erlauben (Trommsdorff 2011, S. 55ff.; Kroeber-Riel et al. 2009, S. 64ff.). Ein solcher Indikator ist beispielsweise der Blutdruck, der bei starker Aktivierung ansteigt. Der im Zusammenhang mit dem Konsumentenverhalten am meisten benutzte Indikator ist die **elektrodermale Reaktion** (EDR, auch psycho- oder hautgalvanische Reaktion genannt). Man misst, wie sich je nach Aktivierungsstärke der elektrische Hautwiderstand verändert. Über zwei benachbarte Elektroden wird eine schwache Spannung an die Hautoberfläche gelegt (z.B. an zwei Fingern einer Hand). Durch eine plötzliche Aktivierung (Darbietung eines Werbemittels) wird Schweiß abgesondert, der die Leitfähigkeit des Gewebes erhöht und unmittelbar den elektrischen Hautwiderstand verringert. Ein Polygraph zeichnet den Aktivierungsverlauf auf. Erfasst man parallel, wann welche Reize (z.B. unterschiedliche Werbemittel) dargeboten wurden, dann können die Veränderungen des Hautwiderstands den dargebotenen kommunikativen Reizen zugeordnet werden.

Vorteil der elektrodermalen Reaktion ist, dass sie relativ unabhängig von den Fähig-
keiten und der Auskunftsbereitschaft der Personen psychische Vorgänge ermittelt.
Allerdings ist nur die Stärke, jedoch nicht die Richtung der Aktivierung ablesbar
(z.B. angenehme oder unangenehme Gefühle während der Reizdarbietung). Um
solche qualitativen Aussagen zu erhalten, kann die Aktivierung auch anhand einer
Befragung gemessen werden. Ein Beispiel zur Aktivierungsmessung mittels Rating-
Skalen zeigt Abbildung B-16.

Diese Werbeanzeige wirkt auf mich …	sehr	gar nicht
aufregend	O—O—O—O—O	
entspannend	O—O—O—O—O	
angenehm	O—O—O—O—O	

Abb. B-16: Aktivierungsmessung mittels Ratingskalen (Quelle: Trommsdorff 2011, S. 56)

1.212 Messung von Emotionen und Motiven

Die Messung von Emotionen kann verbal und non-verbal erfolgen. Die **verbale
Emotionsmessung** ist fehleranfällig. Antworten auf Fragen zu Emotionen spiegeln
eher das Denken als das Fühlen wider. Zudem sind Befragte oft überfordert, wenn
sie ihre Gefühlswelt sprachlich beschreiben sollen. Dennoch bevorzugt die Praxis
die Befragung als Erhebungsmethode.

Ein Verfahren, das emotionale Eindrücke erfasst und Aussagen zur Emotionsintensi-
tät und -richtung erlaubt, ist das **Semantische Differential** (Polaritätenprofil). Semantische Differentiale sind eine Art von Rating-Skalen. Sie geben auch Antwortkategorien vor, und zwar in der Regel in Form von bipolaren Adjektivpaaren. Das
„Profil" resultiert aus der graphischen Verbindungslinie zwischen den Bewertungen
der einzelnen Ratingskalen. Ein Beispiel zeigt Abbildung B-17. Hier ist nach der
emotionalen Anmutung eines Geschäfts gefragt.

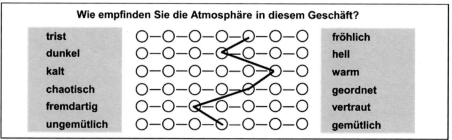

Abb. B-17: Beispiel für ein Polaritätenprofil

Semantische Differentiale eignen sich auch zur Berechnung von Ähnlichkeiten und
Distanzen mehrerer Imageprofile, beispielsweise ob das Image einer bestimmten

Marke dem Image einer anderen Marke ähnlich ist oder ob eine Distanz zwischen Soll-(Ideal-)Image und Ist-Image besteht.

Zur non-verbalen Messung von Emotionen dient die **Magnitudeskalierung**. Die Testperson zeigt die Stärke ihrer Empfindung oder Zustimmung anhand eines physischen Intensitätsmaßes, beispielsweise der einzustellenden Helligkeit einer Lampe oder der Länge einer Linie. In diesem Zusammenhang kann auch der Programmanalysator genutzt werden. Die Testperson betätigt Hebel oder Knöpfe und gibt ihre spontanen Eindrücke während einer Programmdarbietung (z.B. TV-Spot) wieder.

Die **Beobachtung** des emotionalen Ausdrucksverhaltens trägt der Bedeutung nonverbaler Kommunikation durch Körpersprache Rechnung. Insbesondere anhand der Gesichtsmimik ist es möglich, angenehme und unangenehme Emotionen abzulesen. Die Messung verläuft üblicherweise so, dass anhand von Videoaufzeichnungen das Mienenspiel des Gesichts als Reaktion auf einen Stimulus (z.B. Produktverpackung) registriert wird. Aufgrund der Mimik von Gesichtspartien (Augenbrauen/Stirn, Augen/Augenlider, Mund) oder des gesamten Gesichts vergleichen Experten die instinktiv zum Ausdruck gebrachte Emotion mit den typischen und standardisierten Ausdrucksweisen, die in einem „Gesichtsatlas" zusammengestellt sind. Abbildung B-18 zeigt einen solchen **Gesichtsatlas** der **Facial Affect Scoring Technique** (FAST) (Ekman et al. 1971; erläutert bei Kroeber-Riel et al. 2009, S. 125f.).

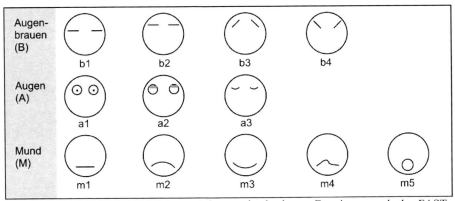

Abb. B-18: Elemente des Gesichts zur Erfassung beobachteter Emotionen nach der FAST-Technik (Quelle: Cuceloglu 1972, S. 22, zit. bei Kroeber-Riel et al. 2009, S. 126)

Die Gesichtselemente repräsentieren das biologisch vorprogrammierte Ausdrucksverhalten. Ist z.B. der Mensch überrascht, reißt er den Mund weit auf, bei Freude bewegen sich die Mundwinkel nach oben. Die Gesichtselemente werden zu einem Gesichtsausdruck zusammengesetzt, der ein bestimmtes Gefühl anzeigt. Beispielsweise drückt die Kombination b4, a1, m4 Verärgerung aus. In der **Konsumentenforschung** dienen solche Verfahren dazu, das emotionale Verhalten von Konsumenten beim Impulskauf, am Point of Sale (vor dem Regal), bei der Interaktion mit dem Verkäufer oder bei der Darbietung von Werbung (Anzeige, Spot etc.) zu ermitteln.

Motive können einerseits als Antriebskraft interpretiert und **wie Emotionen gemessen** werden. Andererseits kann man Motive als kognitives Konstrukt behandeln und **wie Einstellungen** messen. Man misst getrennt die emotionalen und kognitiven Komponenten der Motivation. Es sind auch Indikatoren kombinierbar, die sich zur Antriebsmessung (Emotionsforschung) und zur Messung von kognitiven Handlungsorientierungen (Einstellungsforschung) eignen.

1.213 Messung von Einstellungen

Eine Einstellung kann als ein- oder mehrdimensionales Konstrukt aufgefasst werden (Kroeber-Riel 2009, S. 237ff.). Die **Einstellung als eindimensionales Konstrukt** lässt sich anhand von Rating- oder Magnitudeskalen messen. Die befragte Person fällt ein Globalurteil. Es wird der Grad der (affektiven) Zustimmung oder Ablehnung zu Aussagen wie „Die Marke X gefällt mir" festgestellt. Allerdings bleiben die Gründe für eine mehr oder weniger positive Einstellung ebenso wie eine detaillierte Beurteilung des Einstellungsgegenstands weiterhin im Verborgenen. Abbildung B-19 zeigt den Weg der Operationalisierung von Einstellungen bis zum Skalenwert.

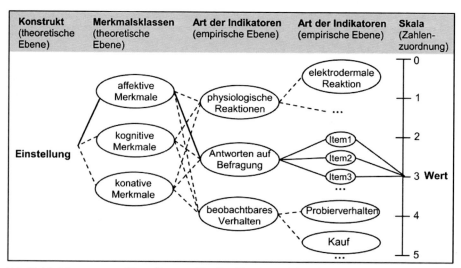

Abb. B-19: Messung von Einstellungen (Quelle: Kroeber-Riel et al. 2009, S. 238)

Die **mehrdimensionale Einstellungsmessung** berücksichtigt die affektive Einstellungsdimension, die die gefühlsmäßigen Einschätzungen von Objekten (z.B. Produkten) enthält und die kognitive Einstellungsdimension, die die mit einer Einstellung verbundenen Gedanken über das Objekt beinhaltet.

Es interessiert vor allem der Zusammenhang zwischen den Dimensionen, der beispielsweise mit **Multiattributmodellen zur Einstellungsmessung** erfasst wird. Die bekanntesten Modelle stammen von Fishbein und Trommsdorff (Abbildung B-20). Multiattributmodelle gehen von der Annahme aus, dass Einstellungen aus verschiedenen einstellungsrelevanten Merkmalen resultieren. Um diese für das Untersuchungsobjekt (z.B. Produkt) relevanten Eigenschaften zu identifizieren, können im Rahmen einer Befragung die Auskunftspersonen gebeten werden, spontan produktbezogene Eigenschaften zu nennen. Die zuerst genannten gelten als einstellungsrelevant (Kroeber-Riel et al. 2009, S. 247). Anschließend erfolgt die Messung und Verknüpfung der affektiven und kognitiven Komponente.

	Fishbein-Modell	**Trommsdorff-Modell**
Kognitive Komponente	B_{ijk} = Wahrscheinlichkeit, dass nach Auffassung der Person i Objekt j ein Merkmal k besitzt *Dass Smartphones der Marke X langlebig sind, halte ich für* 1 2 3 4 5 6 sehr unwahrscheinlich — sehr wahrscheinlich	B_{ijk} = subjektive Einschätzung (Realeindruck) des k-ten Merkmals beim Objekt j durch Person i *Wie langlebig ist ein Smartphone der Marke X?* 1 2 3 4 5 6 überhaupt nicht langlebig — sehr langlebig
Affektive Komponente (Bewertung)	a_{ijk} = Bewertung des Merkmals k beim Objekt j durch Person i *Wenn Smartphones der Marke X langlebig sind, so ist das für mich* 1 2 3 4 5 6 unwichtig — wichtig	I_{ik} = Von Person i als ideal empfundene Ausprägung (Idealbild) des Merkmals k *Wie langlebig ist für Sie das ideale Smartphone?* 1 2 3 4 5 6 überhaupt nicht langlebig — sehr langlebig
Verknüpfung E_{ij} = Einstellung der Person i zu Objekt j	$$E_{ij} = \sum_k B_{ijk} \cdot a_{ijk}$$	$$E_{ij} = \sum_k | B_{ijk} - a_{ijk} |$$
Aussage	Je größer der berechnete Einstellungswert ist, umso positiver ist die Gesamteinstellung zum Untersuchungsobjekt	Je kleiner der berechnete Einstellungswert ist, umso positiver ist die Gesamteinstellung zum Untersuchungsobjekt (denn umso geringer Distanz zum Ideal)

Abb. B-20: Überblick der Modelle von Fishbein und Trommsdorff (in Anlehnung an Sander 2004, S. 61 und 63, Fantapié-Altobelli 2011, S. 124)

Das **Einstellungsmodell von Fishbein** (1966; Fishbein, Ajzen 1975) verknüpft multiplikativ das kognitive Wissen von Produkteigenschaften, das durch subjektive Wahrscheinlichkeiten erfasst wird, mit der affektiven Bewertung dieser Eigenschaften anhand von Notenskalen. Die Bewertungen der Merkmale können sich kompensieren: Ein niedrig bewertetes Merkmal kann durch die hohe Bewertung eines anderen Merkmals ausgeglichen werden. Das **Trommsdorff-Modell** (1975, 2011) unterstellt, dass sich der Konsument an einem produktarttypischen Idealbild orientiert. Die Einstellung zu einem Produkt ist umso positiver, je kleiner die Distanz zwischen Idealbild und Realeindruck ist.

1.22 Psychische Prozesse
1.221 Messung der Informationsaufnahme und Wahrnehmung

Für die **Messung der visuellen Informationsaufnahme** ist vor allem die Methode der Blickaufzeichnung geeignet (Kroeber-Riel et al. 2009, S. 314ff.). Dieses Verfahren berücksichtigt, dass die Augen eine visuelle Vorlage (z.B. Werbeanzeige, Produkt) nicht mit einem Blick oder kontinuierlich erfassen, sondern anhand unregelmäßiger Sprünge abtasten. Die Blickregistrierung erfolgt mit Hilfe leistungsfähiger und handlicher Geräte (computerverbundene Eye-tracking-Brillen), die sowohl im Labor als auch im Feld einsetzbar sind. So kann die **Blickaufzeichnung** von Testpersonen auch während ihres Aufenthalts in Geschäften vorgenommen werden. Der Blick verweilt zunächst bei einem für die Informationsaufnahme wichtigen Punkt. Er springt dann ruckartig und schnell zum nächsten Punkt, um dort kurz zu verweilen usw. Das Verweilen des Blickes (Fixation) dauert ca. 200 bis 400 msec., der schnelle Sprung (Saccade) etwa 30 bis 90 msec. Bei den saccadischen Sprüngen können kaum Informationen aufgenommen werden. Erst wenn der Blick kurz verweilt, werden die fixierten Reize klar aufgenommen und kognitiv weiterverarbeitet. Die gemessenen Fixationen sind Indikatoren dafür, welche visuellen Informationen in das Arbeitsgedächtnis übernommen wurden. So lässt die Häufigkeit von Fixationen z.B. den Schluss zu, **wie auffällig die visuelle Vorlage war** und wie ausgeprägt die individuelle Informationsaufnahme ist. Reihenfolge und Muster weisen auf die **Psycho-Logik** hin, **mit der die eintreffenden Informationen verarbeitet werden**. Ist beispielsweise auf einer Werbeanzeige für eine Gesichtscreme ein großformatiges Frauenportrait abgebildet, deutlich kleiner das Produkt, der Text und die Marke des Herstellers, dann ist folgende Reihenfolge der Fixationen denkbar: Augen der Frau – Mund der Frau – Produkt – Marke – Text.

Wahrnehmung wird schwerpunktmäßig gemessen, wenn es um den ersten spontanen Eindruck bei flüchtiger Wahrnehmung geht (z.B. Wahrnehmung eines Produkts im Regal) oder die genauere Wahrnehmung und Beurteilung eines Stimulus interessiert, beispielsweise einer Werbeanzeige (Kroeber-Riel 2009, S. 113f.). Für derartige Erkenntnisse bedarf es standardisierter Wahrnehmungssituationen. Dies ist möglich mit einem **Tachistoskop**, einem Diaprojektor mit Steuergerät, der eine besonders kurze Projektionszeit ermöglicht. Zunächst werden Bilder von Gegenständen (Produkt, Warenregal, Schaufenster, Plakatsäule etc.) für eine kurze Zeit (Sekundenbruchteile) dargeboten. Die sich anschließende Befragung der Testpersonen untersucht den Prozess, wie sich die Wahrnehmung von einer ersten Anmutung zu einer kognitiven Interpretation entfaltet. Es ist davon auszugehen, dass der erste Augenblick, in dem ein Objekt (z.B. Werbeanzeige) wahrgenommen wird, emotionale Eindrücke hervorruft. Diese beeinflussen die anschließende kognitive Beurteilung (z.B. Anzeige gefällt bzw. gefällt nicht).

1.222 Messung von Wissen

Im Zusammenhang mit dem Konsumentenverhalten stehen Methoden im Vordergrund, die direkt das bewusste deklarative Wissen messen. Hierzu zählen die Freie Wiedergabe (Recall), die gestützte Wiedergabe (Aided Recall) und das Wiedererkennen (Recognition). Diese Methoden werden vor allem zur Messung der Werbewirkung sowie im Zusammenhang mit Marken eingesetzt. Zur Messung des **Recalls** werden die Testpersonen dazu aufgefordert, das Gelernte frei ohne Hilfe wiederzugeben. Anhand des Recalls ist dann ablesbar, inwieweit sich die Personen an Werbemittel (z.B. Werbeanzeige, TV-Spot, Plakat) und deren Botschaften erinnern können. Diese Erinnerungen können auch als aktiver Gedächtnisinhalt bezeichnet werden. Beim **Aided Recall-Verfahren** wird der Person eine Gedächtnisstütze vorgelegt. Dies kann beispielsweise eine Liste mit Markennamen und -symbolen der interessierenden Produktkategorie sein. Bei der **Messung von Markenbekanntheit** wird in der Regel zunächst die ungestützte und spontane Bekanntheit erfasst. Die Frage kann beispielsweise lauten: Welches Universalwaschmittel kennen Sie? Die zuerst genannten Marken werden auch Top of Mind genannt (**aktive Markenbekanntheit**, Brand Recall). Sie können Aufschluss darüber geben, welche Waschmittelmarken die befragte Person beim Einkauf in erster Linie berücksichtigt (**evoked set**). Sein evoked set entlastet den Konsumenten beim Einkauf, da es die Menge der zur Auswahl anstehenden Alternativen begrenzt. Die Erfassung der gestützten Bekanntheit (Aided Recall) geschieht – z.B. anhand einer Liste von Markennamen und -symbolen – mit der Frage: Welche Waschmittelmarken neben den genannten sind Ihnen sonst noch bekannt? (**passive Markenbekanntheit**).

Zur **Recognition**-Messung wird der Person das gelernte Material im Zusammenhang mit anderem Material vorgelegt und gefragt, woran sie sich erinnert. Beispielsweise liegt der Auskunftsperson eine Zeitschrift (Werbeträger) vor, die sie im Beisein des Interviewers durchblättert. Durch Befragung wird nun ermittelt, ob sich die Person daran erinnern kann, eine sich in der Zeitschrift befindende Anzeige (Werbemittel) schon einmal gesehen oder gelesen zu haben. Es wird also der Wiedererkennungswert des Werbemittels gemessen.

Sowohl Recall- als auch Recognition-Werte geben Auskunft über Erinnerungswerte, wobei der **Recall-Wert die aktive Gedächtnisleistung und die Aided Recall- bzw. Recognition-Werte die passive Gedächtnisleistung messen**. Die Werte können im **Querschnitt** zwischen verschiedenen Konkurrenz-Marken und im **Längsschnitt** zwischen verschiedenen Messzeitpunkten bei einer Marke miteinander verglichen werden. Erst die Veränderungen im Zeitablauf offenbaren Werbewirkungen beziehungsweise Wirkungen bei der Markenbekanntheit.

1.3 Auswahlverfahren

Im Hinblick auf die Auswahl der Untersuchungseinheiten (z.B. Personen, Produkte, Geschäfte, Unternehmen) aus einer Grundgesamtheit besteht prinzipiell die Möglichkeit der Voll- oder Teilerhebung (Abbildung B-21). Bei einer **Vollerhebung** werden alle in Frage kommenden Untersuchungseinheiten einbezogen. Eine **Teilerhebung** berücksichtigt nur einen Teil der Grundgesamtheit. Es liegt eine Stichprobe (Sample) vor.

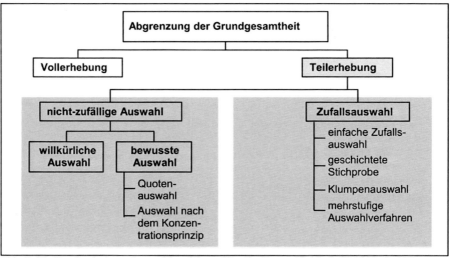

Abb. B-21: Praxisrelevante Auswahlverfahren (Quelle: Fantapié-Altobelli 2011, S. 135)

Im Falle einer Teilerhebung ist zu entscheiden, ob diese nach dem Zufallsprinzip erfolgen soll oder nicht. Bei der **nicht-zufälligen willkürlichen Auswahl** (Auswahl aufs Geratewohl) werden nach freiem Ermessen Elemente der Grundgesamtheit in die Stichprobe einbezogen. Eine Repräsentativität wird nicht angestrebt. Ein Beispiel hierfür ist eine Passantenbefragung in der innerstädtischen Fußgängerzone, bei der je nach Tageszeit überwiegend z.B. Berufstätige, Touristen, Einkaufende etc. anzutreffen sind. Dieses Verfahren führt zu verzerrten Ergebnissen, wird jedoch wegen des geringen zeitlichen und finanziellen Aufwands in der Praxis angewandt (Fantapié Altobelli 2011, S. 136). Ansinnen der **bewussten Auswahl** (Auswahl nach Gutdünken) ist, Repräsentativität zu erzielen, indem bestimmte Elemente der Grundgesamtheit nach dem subjektiven Ermessen des Forschers in die Stichprobe einbezogen werden. Die **Quotenauswahl** setzt voraus, dass die interessierenden Merkmale (z.B. soziodemographische Variablen wie Geschlecht, Alter, Familienstand, Beruf) und deren Ausprägungen sowie ihre relative Verteilung (sogenannte Quoten; z.B. Anteil der über 65jährigen beträgt 30%) in der Grundgesamtheit bekannt sind. Da die Stichprobe anhand der Quoten konstruiert wird, ist sie im Hinblick auf die einbezogenen Merkmale repräsentativ. Der Interviewer bekommt Quotenanweisungen (z.B. 30% der Interviewten haben ein Alter von mindestens 65 Jahren), die von ihm zu erfüllen sind. Welche Personen er befragt, kann er nach eigenem Ermessen entscheiden. Bei der **Konzentrationsauswahl** werden Untersuchungseinheiten ausgewählt, die für den Untersuchungszweck besonders aussagekräftig sind. Hierbei unterscheidet man die Auswahl typischer Fälle und das Cut off-Verfahren. **Typische Fälle** können beispielsweise Hausfrauen sein, die bestimmte Reinigungsmittel bevorzugen (Fantapié Altobelli 2011, S. 139) oder eine Stadt, die typisch ist für eine Region (Meffert et al. 2012, S. 154f.). Beim **Cut off-Verfahren** werden bestimmte Untersuchungseinheiten einbezogen und die anderen von der Untersuchung abgeschnitten. So können im Rahmen einer Befragung zur Kundenzufriedenheit nur die Key Accounts (Schlüsselkunden) interessieren, die einen Großteil des Umsatzes generieren. Die anderen Kunden bleiben unberücksichtigt.

Charakteristisch für die **einfache Zufallsauswahl** ist, dass alle Elemente der Grundgesamtheit dieselbe Wahrscheinlichkeit besitzen, durch einen Zufallsprozess in die Stichprobe zu gelangen. Für die Zufallsauswahl gibt es alternative Techniken, z.B.:
• Lotterieauswahl (Ziehung ohne Zurücklegen)
• Abzählverfahren („jeder X-te")
• Geburtstagsauswahl (Befragung desjenigen, der in dem Haushalt als nächstes Geburtstag hat) etc.
Das Verfahren setzt voraus, dass alle Elemente der Grundgesamtheit bekannt und identifizierbar sind, beispielsweise anhand von Adressenverzeichnissen. Bei einer heterogenen Grundgesamtheit wird diese im Rahmen des **geschichteten Stichprobenverfahrens** zunächst in homogene Teilgesamtheiten aufgegliedert, denen anschließend einfache zufallsgesteuerte Stichproben entnommen werden. Die Stichproben können **proportional** (in der Stichprobe und Grundgesamtheit sind die merkmalsbezogenen Anteile gleich, z.B. 60% Männer und 40% Frauen) oder disproportional geschichtet sein. Letzteres bietet sich bei Schichten an, die relativ klein, jedoch für den Untersuchungsgegenstand wichtig sind. So können beispielsweise umsatzstarke Unternehmen mit einem größeren (**disproportionalen**) Anteil in die Stichprobe aufgenommen werden als ihnen von ihrem relativen Anteil zustünde (z.B. im Lebensmitteleinzelhandel; Fantapié Altobelli 2011, S. 149).

Bei der **Klumpenauswahl** (cluster sampling) wird die Grundgesamtheit zunächst in sich gegenseitig ausschließende Gruppen von Untersuchungseinheiten (Klumpen) aufgeteilt (z.B. Betriebe). Häufig werden die Klumpen geographisch bestimmt (z.B. Landkreise innerhalb eines Bundeslandes, Postleitzahlengebiete, Häuserblöcke). Anschließend geschieht eine Auswahl von Klumpen nach dem Zufallsprinzip. Alle den ausgewählten Klumpen zugehörigen Elemente gehen in die Stichprobe ein. Wesentlich hierbei ist, dass die Klumpen in sich möglichst heterogen sind und im Vergleich zueinander ähnlich. So können die Erkenntnisse der untersuchten Klumpen auf die Grundgesamtheit übertragen werden. Sind die ausgewählten Klumpen homogener als dies bei einer anderen Zufallsauswahl zu erwarten wäre, kommt es zum **Klumpeneffekt** und die Klumpen sind nur noch eingeschränkt repräsentativ. Es können auch mehrere Auswahlverfahren miteinander kombiniert werden. Liegen mindestens zwei Auswahlstufen vor, handelt es sich um die **mehrstufige Auswahl**. Im ersten Schritt wird die Grundgesamtheit in Teilmengen (Primäreinheiten) aufgeteilt. Dies können Schichten oder Klumpen sein. Aus diesen Primäreinheiten wird nach der einfachen Zufallsauswahl eine begrenzte Anzahl von Einheiten ausgewählt. Im zweiten Schritt erfolgt eine Zufallsauswahl von Untersuchungseinheiten (Sekundäreinheiten) aus den ausgewählten Primäreinheiten (Meffert 1992, S. 195). Beispielsweise teilt man die Grundgesamtheit in Gemeinden auf. Von diesen Gemeinden (Primäreinheiten) werden nach dem Zufallsprinzip einzelne Gemeinden ausgewählt. Aus den gewählten Gemeinden wird nun eine Zufallsauswahl von Personen als Sekundäreinheiten getroffen (Fantapié Altobelli 2011, S. 152).

1.4 Methoden der Primär- und Sekundärforschung
1.41 Sekundärforschung

Abbildung B-22 zeigt einige Beispiele des marketingrelevanten Informationsbedarfs und diesbezüglicher Quellen zur Informationsbeschaffung.

Bedarf marketingrelevanter Informationen (Beispiele)	Informationsquellen (Beispiele)	
	intern	**extern**
Produkt- und Sortimentsgestaltung	• Kundenkartei • Außendienstberichte • frühere Primärerhebungen (Produkt-/ Image-Analysen)	• Prospekte, Kataloge der Konkurrenzprodukte • Fachzeitschriften mit Infos über die Konkurrenz
Preisgestaltung	• Umsatzstatistik • Kostenrechnung • Auftragsstatistik	• Amtliche Statistik der Konkurrenzpreise • Wirtschaftsmagazine
Absatzwege	• Berichte des Einkaufs • Absatzmittlerkartei	• Geschäftsberichte der Konkurrenz
Kundendienst	• Vertreterberichte • Kundendienstberichte • Kundenkorrespondenz	• Messekataloge/ -besuche mit Infos über die Konkurrenz

Abb. B-22: Beispiele für den Bedarf marketingrelevanter Informationen und diesbezüglicher Quellen der Informationsbeschaffung

Die Quellen zur Sekundärforschung können **unternehmensintern** und **-extern** sein. Hinzu kommen die Möglichkeiten der Informationsbeschaffung über das **Internet**. Wesentlicher Vorteil der Sekundärforschung ist, dass die Informationen schnell und bedeutend kostengünstiger als bei der Primäranalyse beschafft werden können. Sekundärdaten stellen häufig Basisinformationen dar, um sich in die zu erforschende Fragestellung einzuarbeiten. Problematisch ist, wenn die Daten nur ungenau zur Fragestellung passen. Zudem sind oft die verfügbaren Daten nicht mehr aktuell, weshalb sie als Grundlage von Marketingentscheidungen, die sich an aktuellen Marktstrukturen orientieren, ihren Sinn verlieren.

1.42 Primärforschung

Methoden der Primärforschung sind Befragung, Beobachtung und experimentelle Versuchsanordnungen sowie bestimmte Mischformen (z.B. Panel).

1.421 Befragung

Die Befragung ist die häufigste Erhebungsmethode marketingrelevanter Informationen. Ihre Aufgabe ist, ausgewählte Personen Auskunft zum Untersuchungsgegenstand geben zu lassen. Je nach Art der Kommunikation lassen sich schriftliche, mündliche, telefonische und Online-Befragung unterscheiden (Meffert et al. 2012, S. 162ff.), Fantapié Altobelli 2011, S. 25ff.). Wesentliche Vorteile der **schriftlichen Befragung** betreffen die mögliche Abdeckung eines großen räumlichen Gebiets, die relativ niedrigen Kosten und den nicht gegebenen Interviewereinfluss. Nachteilig ist allerdings, dass die Rücklaufquote häufig sehr gering ist (5 bis 30 Prozent). Zudem besteht die Gefahr, dass der Fragebogen nicht von der ausgewählten Person ausgefüllt wird. Damit wäre die Repräsentativität nicht mehr gewährleistet.

Die **mündliche** (Face-to-face-)Befragung ist häufig als einmalige, repräsentative und persönliche Untersuchung angelegt. Ihre Stärken resultieren aus der hohen Erfolgs- bzw. Rücklaufquote der geschulten Interviewer, der weitgehend kontrollierbaren Befragungssituation und der Möglichkeit, das befragungstechnische Instrumentarium anzuwenden (z.B. Frageformen, -reihenfolge). Hierbei unterscheidet man das **vollstandardisierte** Interview, das die Art und Reihenfolge der Fragen festlegt und das **freie Interview**, das nur Thema und Ziel der Befragung vorgibt. Insgesamt ist die mündliche Befragung kostenintensiv und der Interviewer kann den Befragten beeinflussen, wodurch die Ergebnisqualität erhobener Daten beeinträchtigt wird. Vor allem, weil die **telefonische** Befragung kurzfristig einsetzbar ist, wird sie in der Praxis häufig zur Datenerhebung genutzt. Zudem sind ihre Kosten akzeptabel, zumindest geringer als bei der mündlichen Befragung. Es können jedoch nur bestimmte Themen auf diesem Wege erschlossen werden und eine Befragungstaktik ist nur begrenzt einsetzbar.

Bei der **Online-Befragung** per Internet sind die Kosten gering und die Befragten können schnell per Email kontaktiert werden. Zudem sind die Daten automatisch erfasst und entsprechend schnell auswertbar. Allerdings kann die Rücklaufquote gering sein. Werden die Befragten per Selbstselektion ermittelt (z.B. Aufforderung zur freiwilligen Befragungsteilnahme), ist ggf. die Repräsentativität eingeschränkt. Da die Ausfüllsituation nicht kontrollierbar ist, können die Antworten beeinflusst werden (z.B. durch Anwesenheit Dritter während des Ausfüllens).

Im Hinblick auf die **Befragungstaktik** spielt die Art der Frageformulierung eine wesentliche Rolle. So sollen sogenannte Einleitungs- oder Kontaktfragen den Auskunftspersonen die Befangenheit nehmen. Es können **geschlossene** oder **offene**

Fragen gestellt werden. Bei geschlossenen Fragen sind die Antwortkategorien (auch in Form von Skalen) vorgegeben. Dies ist bei offenen Fragen nicht der Fall. Welche Fragen gestellt werden, bemisst sich nach dem Untersuchungsgegenstand.

1.422 Beobachtung

Unter einer Beobachtung ist die von Personen oder technischen Hilfsmitteln vollzogene systematische Erfassung sinnlich wahrnehmbarer Sachverhalte zum Zeitpunkt ihres Geschehens zu verstehen (Becker 1973, S. 6).

Es gibt unterschiedliche **Arten der Beobachtung** (Meffert 1992, S. 198ff., Berekoven et al. 2009, S. 141ff., Fantapié Altobelli 2011, S. 60ff.). Bei einer **Felduntersuchung** geschieht die Beobachtung in der gewohnten, natürlichen Umgebung des Probanden. Der Beobachtete weiß möglicherweise nicht, dass er beobachtet wird. Die **Laboruntersuchung** findet unter künstlichen Bedingungen statt und man benötigt die Zustimmung der Teilnehmer. Die interessierenden Faktoren (z.B. Verweildauer vor dem Regal eines Labor-Geschäfts) sind kontrollierbar. Allerdings kann es angesichts der Laborsituation zur Verhaltensverzerrung kommen (Verweildauer ist länger als beim üblichen Einkauf).

Weiterhin ist zu unterscheiden zwischen der Erfassung des Geschehens durch die Person des Beobachters (**persönliche Beobachtung**) oder durch **unpersönliche** Beobachtungsgeräte (z.B. Tachistoskop, elektrodermaler Hautwiderstand). Bei der **teilnehmenden Beobachtung** wirkt der Beobachter am Beobachtungsgeschehen mit. Soll er in seiner Rolle unerkannt bleiben, übernimmt er eine Funktion, die seine Rolle erklärt. Dies ist beispielsweise bei „silent shopping" der Fall, wenn der Beobachter als Käufer auftritt und bestimmte Aspekte überprüft, über die er seinem Auftraggeber berichten soll (z.B. Verhalten des Verkäufers, Verfügbarkeit und Platzierung des Produkts etc.). Üblich ist die **nichtteilnehmende Beobachtung**. Dem Beobachter kommt nur die Aufgabe zu, das Geschehen wahrzunehmen und zu registrieren. Er übt keinerlei Einfluss aus.

Je nachdem, wie bewusst dem Beobachteten ist, dass er beobachtet wird, lassen sich vier **Erhebungssituationen** unterscheiden. In der **offenen Situation** sind dem Beobachteten der Zweck und die Aufgabe der Beobachtung sowie seine Rolle als Beobachtungsperson bewusst (z.B. Beobachtung einer Produkthandhabung; Fantapié Altobelli 2011, S. 63). Es handelt sich um eine **nicht durchschaubare Situation**, wenn der Beobachtete den Zweck der Beobachtung kennt (z.B. Markenwahlverhalten im Geschäft), jedoch nicht die eigentliche Aufgabe der Beobachtung (z.B. bestimmte Produktkategorie). Wird beim Probanden das Blickregistrierungsverfahren angewandt und er kennt weder Zweck noch Aufgabe der Beobachtung, liegt eine **quasi-biotische Situation** vor. Bei der **biotischen Situation** weiß der Beobachtete (z.B. im Wartezimmer) nichts von seiner Beobachtung.

Wesentliche **marketingrelevante Vorgänge** und Abläufe, die beobachtet werden, betreffen das
- Einkaufsverhalten (z.B. Kundenlaufstudien im Geschäft; Kundenfrequenz am Regal; Ausführlichkeit der Beschäftigung mit der Beschriftung einer Produktverpackung und die begleitende Mimik/Gestik)
- Verwendungsverhalten (z.B. Öffnen von Produktverpackungen) und
- Informationsverhalten (z.B. Mediennutzung).

Zu den wesentlichen **Vorteilen** der Beobachtung zählen, dass sie unabhängig von der Auskunftsbereitschaft der Probanden ist, deren Verhalten objektiv erfasst werden kann und ein Interviewereinfluss nicht gegeben ist. Allerdings gibt sie keinen Einblick in die Gründe des Verhaltens, weshalb die Methode mit weiteren kombiniert wird (z.B. Befragung, Panel).

1.423 Experiment

Das Experiment ist keine gesonderte Erhebungsmethode. Die Datengewinnung geschieht durch Beobachtung und/oder Befragung, allerdings auf der Basis einer Versuchsanordnung. So ist ein Experiment eine wiederholbare, unter kontrollierten und vorher festgelegten Umweltbedingungen durchgeführte **Versuchsanordnung**. Es gestattet, Hypothesen empirisch zu überprüfen, indem die Wirkung eines oder mehrerer unabhängiger Faktoren auf die jeweilige abhängige Variable gemessen wird (Berekoven et al. 2011, S. 146).

Elemente eines Experiments (Meffert 1992, S. 206ff.) sind
- Testeinheiten, an denen Experimente durchgeführt werden (Personen, Geschäfte, Produkte)
- unabhängige beeinflussende Variablen (Marketingvariablen, z.B. Preis, Werbung)
- abhängige Variablen, die von den unabhängigen Variablen beeinflusst werden und an denen die Wirkung gemessen wird (z.B. Verkaufszahlen, Einstellungswerte)
- Störvariablen, die neben den unabhängigen Variablen die abhängigen beeinflussen, jedoch als nicht kontrollierbar einzustufen sind (z.B. saisonale Einflüsse)
- kontrollierte Variablen, deren möglicher Einfluss auf die abhängige Variable durch die Formulierung von Ceteris-paribus-Bedingungen ausgeschaltet wird (z.B. Festschreibung der nicht interessierenden Marketingaktivitäten auf einem bestimmten Niveau).

Es gibt unterschiedliche **Arten von Experimenten** (Berekoven et al. 2011, S. 148ff.; Fantapié Altobelli 2011, S. 86ff.). Ursache-Wirkungs-Zusammenhänge können in einer natürlichen, realistischen Umgebung (**Feldexperiment**) oder in einer künstlich geschaffenen Situation (**Laborexperiment**) untersucht werden.

Charakteristisch für ein **projektives Experiment** ist, dass zunächst die experimentellen Bedingungen hergestellt und die Untersuchungseinheiten mit den Bedingungen konfrontiert werden. Der Vorgang erstreckt sich vom Zeitpunkt der Veränderung einer unabhängigen Variablen bis zur nachfolgenden Auswirkung (z.B. Darbietung eines Werbespots bei der Experimentalgruppe, anschließende Beurteilung des beworbenen Produkts durch diese Gruppe sowie durch eine Kontrollgruppe, die den Spot nicht gesehen hat).

Beim **Ex-post-facto-Experiment** wird erst im Nachhinein versucht, von Veränderungen bestimmter Variablen Wirkungsbeziehungen kausaler Art abzuleiten (zum o.g. Beispiel: der Kontakt mit dem Werbemittel ist eine in der Vergangenheit geschehene Bedingung, die für die Experimentiergruppe erst per Befragung erhoben werden muss). Hierbei besteht die Gefahr der Vermengung der unabhängigen Variablen (Werbespot-Kontakt) mit anderen unkontrollierbaren Einflussgrößen (z.B. Informationsaustausch im Freundeskreis über das beworbene Produkt).

Beim **formalen** Experiment können die Wirkungen aller beeinflussenden Variablen (unabhängige Variablen, Störvariablen) durch systematische komplexe Varianzanalysen ermittelt werden. Die **praxisrelevanteren informalen Experimente** verzichten auf die systematische Variation von Versuchsbedingungen. Sie ermitteln die Wirkung einer unabhängigen Variablen auf die interessierende abhängige Variable durch reine Differenzbetrachtung (Meffert 1992, S. 210ff.; Berekoven et al. 2011, S. 149ff.). Je nach Zeitpunkt der Messungen (vor (before B) oder nach (after A) Einfluss einer unabhängigen Variablen) und Einsatz von Experimentiergruppe E und Kontrollgruppe (C) lassen sich vier Typen informaler Versuchsanordnungen unterscheiden, die in Abbildung B-23 erläutert werden.

1.424 Panel

Panelerhebungen sind Untersuchungen eines bestimmten gleichbleibenden Kreises von Adressaten (Panelteilnehmer) in regelmäßigen zeitlichen Abständen zum gleichen Sachverhalt. Dies geschieht anhand der schriftlichen, telefonischen, mündlichen, online-Befragung und/oder der Beobachtung. Ziel ist, Verhaltens- und Marktänderungen im Laufe der Zeit zu erforschen. Je nach Untersuchungseinheiten unterscheidet man Unternehmer-, Handels- und Verbraucherpanel (Berekoven et al. 2011, S. 120ff; Meffert et al. 2012, S. 168).

Die regelmäßige Befragung einer repräsentativen Stichprobe von Unternehmen (**Unternehmerpanel**) liefert Einschätzungen hinsichtlich Konsum- und Investitionsklima sowie gegebenenfalls branchenspezifischer Entwicklungen (z.B. Textilpanel). Im Rahmen von **Handelspanels** werden auf jeder Handelsstufe Informationen gewonnen, die vor allem für die Markenanbieter von Bedeutung sind. Mit diesem Instrument können sie ihre Absatzkanäle beobachten, wie sich die Warenbewegungen und Lagerbestände der einbezogenen Handelsgeschäfte und Produkte entwickeln (Meffert et al. 2012, S. 168).

	EBA	EA – CA	EBA – CBA	EA – EBA – CBA
1)eingesetzte Gruppen E: Experimentalgr. C: Kontrollgruppe	E	E C	E C	E_1 E_2 C
2)Beschreibung	Messung der Werte der abh. Variablen vor und nach Einsatz der unabh. Variablen in E	Messung der Werte der abh. Variablen in E und C	Messung der Werte der abh. Variablen vor u. nach Einsatz d. unabh. Variablen in E und Vorher-Nachher-Messung in C, die nicht dem Einfluss der unabh. Variablen ausgesetzt ist	Messung der Werte wie bei EBA-CBA-Typ sowie bei einer weiteren E (E_1), jedoch bei E_1 nur nach Einfluss der unabh. Variablen
3)Messzeitpunkte B: Vormessung A: Nachmessung	bei E: B und A	bei E: A bei C: A (d.h. keine Vormessung)	bei E: B und A bei C: B und A	bei E_1: A bei E_2: B und A bei C: B und A
4)Ergebnisse durch Vergleich von …	Ergebnis der Vormessung mit Ergebnis der Nachmessung bei E	Ergebnis der Nachmessung bei E und bei C	Differenz der Ergebnisse der Vormessung bei E u. C mit d. Differenz der Ergebnisse der Nachmessung bei E und C	Entwicklung in E_2 zwischen Vor- u. Nachmessung mit Entwicklung in C zwischen Vor- u. Nachmessung u. mit Nachmessungs-ergebnissen von E_1
5)Probleme	Ist der Unterschied tatsächlich durch die experimentelle Bedingung verursacht? (Kausalität)	Bestand zwischen den Gruppen vorher schon ein Unterschied? (Gruppeneffekt)	Kann die Vormessung Verzerrungen bewirkt haben? (Lerneffekt?)	keine: Sowohl Gruppen- als auch Lern-effekte können bestimmt und eliminiert werden.
6)Beispiele	Messung und Vergleich der Umsätze für ein best. Produkt in ausgewählten Geschäften vor und nach einer Preissenkung des Produkts	Probe-Aktion in ausgewählten Testgeschäften und Vergleich der Umsatzzahlen mit Geschäften, die nicht in die Aktion einbezogen waren	Wie beim EBA-Typ, jedoch wird zusätzlich eine weitere Gruppe von Geschäften ausgewählt, in der keine Preisaktion erfolgt	Wie beim EBA-CBA-Typ, jedoch wird mit einer zusätzlichen Experimentier-gruppe (E_1) verglichen, bei der nur eine Nach-messung vorgenommen wird

Abb. B-23: Typen informaler Versuchsanordnungen (Quelle: (Zeilen 1,3,4,5) Berekoven et al. 2009, S. 151; (Zeilen 2,6) Meffert 1992, S. 211)

Bei **Verbraucherpanels** sind die Auskunftspersonen Letztverbraucher. Individual-panel erheben personenspezifische Informationen (z.B. persönlicher Bedarf an Kosmetika). Haushaltsbezogene Einkäufe (z.B. Nahrungsmittel) sind Gegenstand von Haushaltspanels. Die Panelteilnehmer füllen regelmäßig Fragebögen aus und führen Ausgabenlisten hinsichtlich ihrer Einkäufe.

Mit Panels können vielfältige Informationen zum jeweiligen Markt und den Marktteilnehmern gewonnen werden. Allerdings wird die Repräsentativität der Informationen eingeschränkt durch **Panelsterblichkeit** (Ausscheiden von Panelteilnehmern, z.B. aufgrund eines Ortswechsels oder Panelermüdung), den **Paneleffekt** (durch die ständige Selbstkontrolle mit entsprechenden Lernprozessen verändert sich auf Dauer das Verhalten) in Verbindung mit einem möglichen **„Overreporting"** (Angabe von Käufen, die nicht stattgefunden haben, oder Verheimlichung von schwer begründbaren Impulskäufen) sowie die **Panelerstarrung** (aufgrund veränderter soziodemographischer Merkmale entspricht das Panel nicht mehr der Grundgesamtheit).

2. Informationsauswertung

Die Auswertung der erfassten Informationen kann anhand uni-, bi- und multivariater Verfahren vorgenommen werden. Bei **univariaten** Verfahren steht die Verteilung einer einzelnen Variablen über alle Messobjekte im Vordergrund. Während **bivariate** Verfahren die Zusammenhänge zwischen den Messdaten von nur zwei Variablen einbeziehen, können anhand der **multivariaten Verfahren** mehr als zwei Variablen gleichzeitig betrachtet und hinsichtlich ihrer Beziehungsstruktur analysiert werden.

2.1 Uni- und bivariate Auswertungsverfahren

Eindimensionale Häufigkeitsverteilungen liefern Angaben zur absoluten oder relativen Häufigkeit. Abbildung B-24 zeigt eine Häufigkeitsverteilung für das Item „Für mich muss ein Smartphone vor allem robust sein", das die 136 Befragten einer empirischen Untersuchung auf einer fünfstufigen Ratingskala angekreuzt haben.

„Für mich muss ein Handy vor allem robust sein."				
Antwortkategorie	**Code**	**Absolute Häufigkeit**	**Relative Häufigkeit**	**Kumulierte relative Häufigkeit**
trifft genau zu	1	19	14,0	14,0
trifft ziemlich zu	2	56	41,2	55,2
trifft teilweise zu	3	34	25,0	80,2
trifft eher nicht zu	4	21	15,4	95,6
trifft nicht zu	5	6	4,4	100,0
		136	100,0	

Abb. B-24: Häufigkeitsverteilung für das Item „Für mich muss ein Handy vor allem robust sein." (Beantwortung durch 136 Befragte einer empirischen Untersuchung)

Die wichtigsten **Lageparameter** von Häufigkeitsverteilungen sind die Mittelwerte. Man unterscheidet arithmetisches Mittel, Median und Modus. Die Berechnung des **arithmetischen Mittels** (= Durchschnitt) setzt metrisches Skalenniveau voraus. **Median** (Wert, der die Grenze zwischen den oberen 50% und den unteren 50% der Häufigkeitsverteilung setzt) und **Modus** (= häufigster Wert) werden herangezogen, wenn bei den Merkmalsausprägungen zu viele Ausreißer vorliegen und das arithmetische Mittel verzerren oder das Skalenniveau niedriger als metrisch skaliert ist.

Anhand der **einfachen Regressionsanalyse** wird die Beziehung zwischen einer unabhängigen und einer abhängigen Variablen untersucht. Ausgangspunkt ist die lineare Einfachregressionsfunktion

$$\hat{y}_i = a + b \cdot x_i \qquad \text{mit } \hat{y}_i = \text{der durch die Regressionsgerade an der}$$
$$\text{Stelle } x_i \text{ für } y_i \text{ gelieferte Schätzwert}$$

Die Koeffizienten a und b sind so zu bestimmen, dass die Summe der quadrierten Abstände zwischen den Schätzwerten und den wahren Werten y_i minimiert wird (Kleinste-Quadrate-Schätzung). Die Güte der Schätzung ist am **Bestimmtheitsmaß** R^2 (= quadrierter Korrelationskoeffizient) ablesbar. Es drückt aus, welcher Streuungsanteil der abhängigen Variablen y durch die Regressionsgerade erklärt wird und welcher Anteil durch andere. R^2 kann zwischen 0 (kein Erklärungsbeitrag) und 1 (vollständiger Erklärungsbeitrag) liegen. Im Hinblick auf marketingrelevante Fragestellungen sind die abhängigen Variablen oft die zu erklärenden Zielgrößen (z.B. Umsatz, Image, Bekanntheitsgrad), die von einem Marketinginstrument als unabhängige Variable beeinflusst werden. Beispielsweise können folgende **Ursache-Wirkungsbeziehungen** interessieren (Backhaus et al. 2008, S. 52ff.):

- Ursachenanalyse in Art und Intensität, z.B.: Wie stark beeinflusst die unabhängige Marketingvariable Werbung die Zielgröße Umsatz?
- Wirkungsprognose, z.B.: Wie stark verändert sich der Umsatz, wenn die Werbung variiert wird?
- Zeitreihenanalyse: Wie verändert sich der Umsatz im Zeitablauf bei gleichbleibender Werbung?

Anders als bei der Regressionsanalyse, die Abhängigkeiten misst (Dependenzanalyse), nimmt die **Korrelationsanalyse** die Messung des linearen Zusammenhangs zwischen zwei Variablen vor (Interdependenzanalyse). Die Korrelationsanalyse liegt bestimmten multivariaten Verfahren zugrunde (z.B. Faktorenanalyse) und ist entsprechend wichtig für die Marketingforschung. Der **Korrelationskoeffizient** R (i.d.R. der Pearsonsche Korrelationskoeffizient) kann Werte von −1 (perfekter gegenläufiger Zusammenhang) bis +1 (perfekter linearer Zusammenhang) annehmen (R = 0 zeigt, dass kein linearer Zusammenhang besteht). Die Korrelationsanalyse sagt etwas über den Zusammenhang (z.B. zwischen Preis und verkaufter Menge), jedoch nichts über die Richtung des Einflusses oder über Kausalitäten aus. Da die beiden Variablen von einer oder mehreren anderen Variablen beeinflusst werden, besteht die Gefahr von **Scheinkorrelationen** (z.B. Zusammenhang zwischen der Anzahl der Störche und der Anzahl der Geburten).

2.2 Multivariate Auswertungsverfahren

Anhand multivariater Auswertungsverfahren können mehrere Variable gemessen und gleichzeitig ausgewertet werden. Dies verbessert die informationsbezogene Entscheidungsgrundlage bei den häufig komplexen Marketing-Fragestellungen.

So ist beispielsweise der Kauf eines Produktes durch eine Vielzahl gleichzeitig wirkender Faktoren abhängig (Meffert 1992, S. 255ff.; Berekoven et al. 2009, S. 199ff.; Backhaus 2008). Abbildung B-25 zeigt eine Systematik dieser Verfahren.

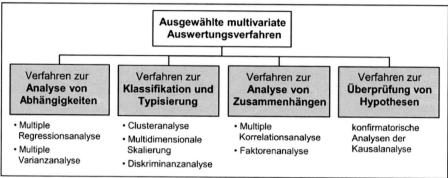

Abb. B-25: Systematik multivariater Auswertungsverfahren (Quelle: Meffert 1992, S. 255)

Zur **Analyse von Abhängigkeiten** dienen Regressions- und Varianzanalyse. Der Unterschied zwischen den Verfahren besteht darin, dass die unabhängigen Variablen bei der Regressionsanalyse metrisch skaliert sind. Bei der Varianzanalyse reicht für die unabhängigen Größen das Nominalskalenniveau.

Anhand der Clusteranalyse als **Verfahren zur Klassifikation** soll festgestellt werden, welche Objekte (z.B. Kunden) ähnliche Merkmalsausprägungen (z.B. starke Beachtung von Preisen beim Einkauf) aufweisen und zu Gruppen (=Clustern) zusammengefasst werden können (z.B. „Schnäppchenjäger"). Bei der Multidimensionalen Skalierung werden die Objekte (z.B. Marken, Einkaufsstätten) in einem zwei- bis dreidimensionalen Raum so positioniert, dass die geometrische Nähe die von den Befragten wahrgenommene Ähnlichkeit beziehungsweise die Unterschiede der Objekte widerspiegelt (Berekoven et al. 2009, S. 214ff.). Die Diskriminanzanalyse ist ein mit der Regressionsanalyse verwandtes Verfahren. Allerdings wird bei diesem Verfahren für die abhängige Variable nur Nominalskalenniveau erwartet. Ist beispielsweise die abhängige Variable das Geschlecht, dann können a priori die Gruppen (Männer und Frauen) definiert und anhand unabhängiger Variablen untersucht werden, ob beispielsweise signifikante Unterschiede zwischen den Gruppen hinsichtlich Einkommen und Alter bestehen.

Die **Analyse von Zusammenhängen** geschieht im Rahmen der multiplen Korrelationsanalyse bei mehr als zwei Variablen. Es gibt verschiedene Korrelationskoeffizienten. Alle weisen Werte zwischen –1 und +1 auf. Durch die Größe wird die Stärke und durch das Vorzeichen die Richtung des Zusammenhangs offenkundig. Bei der Faktorenanalyse werden solche Variablen untersucht, bei denen es Anhaltspunkte gibt, dass sie sich auf wenige, nicht beobachtbare Faktoren (Supervariablen) verdichten lassen. So können beispielsweise die im Rahmen einer Imageanalyse vormals elf Image-Variablen einer Einkaufsstätte auf vier Imagefaktoren reduziert werden (Berekoven et al. 2009, S. 209ff.).

Ausgangspunkt der **Kausalanalyse** sind **theoriegeleitete Hypothesen** über die Kausalität der zu untersuchenden Variablen. Es bestehen Vorstellungen über deren Zusammenhänge, weshalb die Kausalanalyse den konfirmatorischen (hypothesenüberprüfenden) Analysen zuzurechnen ist. Anhand der anderen multivariaten Verfahren (z.B. Korrelations- und Faktorenanalyse) wird nach Strukturen und Zusammenhängen gesucht, um anschließend Hypothesen zu formulieren (explorative Analysen). Aufgabe der Kausalanalyse ist die Überprüfung, ob die theoretisch formulierten Beziehungen mit den empirisch gemessenen übereinstimmen.

Typische marketingrelevante Fragestellungen der skizzierten Verfahren sind Abbildung B-26 zu entnehmen.

	Verfahren	Beispiele für marketingrelevante Fragen
Abhängigkeiten	**Regressionsanalyse**	Wie ändert sich das Gesamtimage eines Warenhauses, wenn das Image einzelner Abteilungen sich verbessert?
	Varianzanalyse	Hat die Farbgestaltung einer Werbeanzeige Einfluss auf die Anzahl der Personen, die sich an die Werbeanzeige erinnern?
Klassifikation und Typisierung	**Clusteranalyse**	Gibt es bei Zeitschriften unterschiedliche Lesertypen?
	Diskriminanzanalyse	Lassen sich Kreditkunden anhand der Merkmale „Einkommen", „Schulbildung", „Alter" etc. als kreditwürdig einstufen?
	Multidimensionale Skalierung	Welches Image besitzt ein Unternehmen? Wie sind die Marken eines Unternehmens positioniert?
Zusammenhänge	**Faktorenanalyse**	Lassen sich die vielen Eigenschaften, die Käufer von Autos als wichtig empfinden, auf wenige komplexe Faktoren verdichten?
	Korrelationsanalyse	Besteht ein Zusammenhang zwischen den Images der einzelnen Abteilungen eines Warenhauses?
Hypothesenprüfung	**Kausalanalyse**	(Hypothese) Die Intensität und Ausprägungen der Einstellungskomponenten des Umweltbewusstseins von Konsumenten beeinflussen ihre Kaufentscheidungen.

Abb. B-26: Fragestellungen multivariater Auswertungsverfahren (Quelle der Fragestellungen: Berekoven et al. 2009, S. 202; Meffert et al. 2012, S. 177; Kausalanalyse: Monhemius 1992, S. 84)

Fallstudien zu
B.II. Marketingforschung

Bezeichnung	*Fallstudie*	*Schwerpunkt/Aufgabe*
B.II. (1)	Fragebogenskala	Berechnung des Skalenwerts; Recodierung
B.II. (2)	Opinion4U	Einbeziehung von Rücklaufquoten; Telefon- versus Online-Befragung; Quotenverfahren; Klumpenauswahl
B.II. (3)	Einstellungs-messung	Fishbein-Modell; Trommsdorff-Modell
B.II. (4)	Reffero	FAST-Technik (Gefühlsmessung); EBA- und EBA-CBA-Experiment

B. II. (1) Fallbeispiel „Fragebogenskala"

Ein Fragebogen soll die Einstellung zu Fernsehwerbung erfassen. In Abbildung B-27 sehen Sie einen Auszug aus diesem Fragebogen und die Antworten, die die Personen A und B gegeben haben. Nun sollen die Items zu einer Skala zusammengefasst werden, und zwar so, dass gilt: Je höher der Skalenwert der Person, umso positiver ist ihre Einstellung zu Fernsehwerbung.

		Person A	Person B
Item 1: Durch Fernsehwerbung bin ich schon oft auf interessante Produkte aufmerksam geworden.	trifft genau zu ① ② ③ ④ ⑤ trifft nicht zu	1	2
Item 2: Bei Werbeblöcken schalte ich immer um oder erledige etwas anderes außerhalb des Fernsehraums.	trifft genau zu ① ② ③ ④ ⑤ trifft nicht zu	2	4
Item 3: Gute Werbespots schaue ich mir gerne an.	trifft genau zu ① ② ③ ④ ⑤ trifft nicht zu	3	2

Abb. B-27: Auszug aus einem Fragebogen zur Fernsehwerbung mit den Antworten von Person A und Person B

Aufgabe:

Wer von den beiden Befragten hat eine positivere Einstellung zu Fernsehwerbung?

B. II. (2) Fallbeispiel „Opinion4U"

Seit einiger Zeit ist in zahlreichen Branchen feststellbar, dass bedingt durch den zunehmenden Fachkräftemangel viele Unternehmen ihr Image gegenüber potentiellen Arbeitnehmern verbessern und sich als einzigartige Arbeitgebermarke aufbauen wollen. Über solche Marketingkonzepte des sogenannten Employer-Branding liegen bislang nur wenige, meist branchenspezifische und nicht repräsentative Marktinformationen vor. Vor diesem Hintergrund möchte das mittelständische Institut für demoskopische Forschung „Opinion4U" im Auftrag mehrerer Großunternehmen eine repräsentative Befragung durchführen, die auf Arbeitnehmerseite die Ansprüche an ihre Arbeitgeber und auf Arbeitgeberseite die Eckpfeiler des praktizierten Marketingkonzeptes untersucht. Für dieses Projekt ist bei Opinion4U Herr Risörtsch zuständig.

Im Hinblick auf die Arbeitnehmerbefragung hat Herr Risörtsch einen zwecks Repräsentativität notwendigen Stichprobenumfang von 5000 Personen ermittelt. Nun muss er entscheiden, ob diese Personen auf telefonischem Wege oder Online befragt werden. Bei einer telefonischen Befragung ist im günstigsten (ungünstigsten) Fall mit einer Rücklaufquote verwertbarer Interviews von 80 Prozent (60 Prozent) zu rechnen. Die anfallenden Telefongebühren werden nach den mit der Telefongesellschaft ausgehandelten Konditionen bemessen, wonach jedes Telefonat (unabhängig davon, wie lange es dauert) 0,15 € kostet. Herr Risörtsch hat Kontakt zu speziell geschulten Telefoninterviewern, die je Arbeitstag 250 € kosten und durchschnittlich 15 Interviews je Arbeitstag durchführen können.

Für die Online-Befragung ist derzeit angesichts eines anderen Großauftrags kein Personal bei Opinion4U verfügbar. Daher hat Herr Risörtsch bereits mit einem sehr engagierten freien Mitarbeiter, Herrn Helfer, gesprochen, der schon öfters für Opinion4U tätig war. Dieser hat ihm seine Unterstützung zugesagt. Angesprochen auf die zu kalkulierenden Kosten antwortet Herr Helfer: „Vor kurzem habe ich – zwar für andere Fragestellungen, aber ansonsten vergleichbar – Online-Befragungen begleitet. Ausgehend von den dabei gemachten Erfahrungen lege ich für diese Untersuchung eine Rücklaufquote von 15 Prozent im Sinne verwertbarer Fragebögen zugrunde. Für die Generierung der Online-Kontakte, mit der sich zwei meiner Mitarbeiter mehrere Tage beschäftigen, würde ich Ihnen 1,75 € pro Online-Kontakt berechnen." Als Herr Risörtsch ihn fragt, ob er sich auch um den zu erstellenden Online-Fragebogen sowie die Datenaufbereitung und -auswertung anhand multivariater Analysemethoden kümmern könne, antwortet Herr Helfer bedauernd: „Leider kann ich sowas nicht, doch mein guter Freund Klaus Wendig ist in solchen Dingen ganz fit."

Auf Anfrage von Herrn Risörtsch bei Klaus Wendig sagt dieser zu, falls er den Auftrag bekäme, den Online-Fragebogen für 10.000 € zu entwickeln und bei einer kleinen Probandengruppe zu testen. Für die Datenaufbereitung und -auswertung nennt er folgende Kosten:

1.000 bis 5.000 Online-Befragte:	2,10 € je Befragten
5.000 bis 15.000 Online-Befragte:	1,90 € je Befragten
15.000 bis 25.000 Online-Befragte:	1,75 € je Befragten
25.000 bis 35.000 Online-Befragte:	1,65 € je Befragten
Mehr als 35.000 Befragte:	Verhandlungssache

Aufgaben:

a) Welche Befragungsform empfehlen Sie Herrn Risörtsch unter Einbeziehung der unterschiedlichen Rücklaufquoten?

b) Bei welcher Rücklaufquote der telefonischen Befragung besteht hinsichtlich der Kosten Indifferenz gegenüber der Online-Befragung?

c) Welche weiteren Kriterien sollte Herr Risörtsch bei der Auswahlentscheidung zwischen telefonischer und Online-Befragung berücksichtigen?

d) Im Hinblick auf die Arbeitgeberbefragung wählt Herr Risörtsch die Form der mündlichen Interviews. Er ist sich noch nicht ganz schlüssig, welches Auswahlverfahren für die Stichprobe zu befragender Unternehmen er anwenden wird. Für eine erste Untersuchung von Employer Branding-Konzepten wählt er als Grundgesamtheit Dienstleistungsunternehmen und Unternehmen der Konsumgüterindustrie in fünf Bundesländern. Insgesamt handelt es sich um 10.000 Unternehmen, für die gilt:
- 30 % Konsumgüterindustrie, 70 % Dienstleistungsunternehmen
- Unternehmen mit   mehr als 5.000 Beschäftigten: 5 %
                    2.000 bis 4.999 Beschäftigten: 15 %
                    500 bis 1.999 Beschäftigten: 35 %
                    bis zu 499 Beschäftigten: 45 %
- Unternehmen mit   regionaler Markttätigkeit: 20 %
                    nationaler Markttätigkeit: 50 %
                    internationaler Markttätigkeit: 30 %

d1) Wie lauten die Quotenanweisungen an den Interviewer, der insgesamt 100 Interviews führen soll?

d2) Erläutern Sie die Vorgehensweise einer Klumpenauswahl!

B. II. (3) Fallbeispiel „Einstellungsmessung"

Zur Messung von Einstellungen existieren Verfahren unterschiedlicher Art, beispielsweise Multiattributmodelle. Zu den bedeutendsten Multiattributmodellen zählen das Fishbein- und das Trommsdorff-Modell.

Aufgaben:

a) Erläutern Sie die Grundannahmen des Fishbein- und des Trommsdorff-Modells zur Messung von Einstellungen!

b) Nachfolgend sehen Sie die Einstellungen von zwei Konsumenten zu den Fahrradmarken Alpha und Beta nach dem Fishbein-Modell (Abb. B-28) und dem Trommsdorff-Modell (Abb. B-29).

   Ermitteln Sie die Einstellungswerte und interpretieren Sie die Ergebnisse!

		Konsument 1	Konsument 2
Dass ein Fahrrad der Marke Alpha sehr robust ist, ist für mich …	sehr unwahrscheinlich ① ② ③ ④ ⑤ ⑥ sehr wahrscheinlich	4	5
Wenn ein Fahrrad der Marke Alpha sehr robust ist, so halte ich das für …	unwichtig ① ② ③ ④ ⑤ ⑥ wichtig	2	5
Dass ein Fahrrad der Marke Alpha sehr leicht ist, ist für mich …	sehr unwahrscheinlich ① ② ③ ④ ⑤ ⑥ sehr wahrscheinlich	1	2
Wenn ein Fahrrad der Marke Alpha sehr leicht ist, so halte ich das für …	unwichtig ① ② ③ ④ ⑤ ⑥ wichtig	5	2
Dass ein Fahrrad der Marke Beta sehr robust ist, ist für mich …	sehr unwahrscheinlich ① ② ③ ④ ⑤ ⑥ sehr wahrscheinlich	2	2
Wenn ein Fahrrad der Marke Beta sehr robust ist, so halte ich das für …	unwichtig ① ② ③ ④ ⑤ ⑥ wichtig	2	5
Dass ein Fahrrad der Marke Beta sehr leicht ist, ist für mich …	sehr unwahrscheinlich ① ② ③ ④ ⑤ ⑥ sehr wahrscheinlich	5	3
Wenn ein Fahrrad der Marke Beta sehr leicht ist, so halte das für …	unwichtig ① ② ③ ④ ⑤ ⑥ wichtig	6	2

Abb. B-28: Einstellungen der Konsumenten 1 und 2 zu den Fahrradmarken Alpha und Beta nach dem Fishbein-Modell

			Konsument 1	Konsument 2
Wie robust ist für Sie das ideale Fahrrad?	wenig robust	sehr robust ① ② ③ ④ ⑤ ⑥	2	5
Wie robust ist für Sie das Fahrrad der Marke Alpha?	wenig robust	sehr robust ① ② ③ ④ ⑤ ⑥	4	5
Wie robust ist für Sie das Fahrrad der Marke Beta?	wenig robust	sehr robust ① ② ③ ④ ⑤ ⑥	1	2
Wie leicht ist für Sie das ideale Fahrrad?	eher schwer	sehr leicht ① ② ③ ④ ⑤ ⑥	6	2
Wie leicht ist für Sie das Fahrrad der Marke Alpha?	eher schwer	sehr leicht ① ② ③ ④ ⑤ ⑥	1	2
Wie leicht ist für Sie das Fahrrad der Marke Beta?	eher schwer	sehr leicht ① ② ③ ④ ⑤ ⑥	5	2

Abb. B-29: Einstellungen der Konsumenten 1 und 2 zu den Fahrradmarken Alpha und Beta nach dem Trommsdorff-Modell

B. II. (4) Fallbeispiel „Reffero"

Das Unternehmen Reffero ist ein internationaler Konsumgüterhersteller von Schokoladeprodukten. Zu diesen zählt auch der „Reffero-Zauberwürfel", ein Schokoladeprodukt in Würfelform mit innenliegendem Behälter für ein kleines Spielzeug. In den Lebensmittelgeschäften ist der Zauberwürfel vor allem in der Kassenzone platziert.

Herr Schoggi ist der Produktmanager des Reffero-Zauberwürfels. Er möchte die Verpackung des Produkts absatzfördernd verändern. Für eine solche veränderte Produktverpackung liegen zwei marktfähige Entwürfe vor, die Herr Schoggi nun im Rahmen einer Marktstudie testen möchte.

Aufgaben:

a) In der Marktstudie geht es unter anderem um die emotionalen Reaktionen von Kunden auf die unterschiedlich verpackten Reffero-Zauberwürfel in der Kassenzone. In diesem Zusammenhang hat Herr Schoggi neulich von der FAST-Technik gehört, weiß allerdings nichts Näheres darüber. Unterstützen Sie nun Herrn Schoggi!
Wofür stehen die Buchstaben „FAST"? Wozu dient die FAST-Technik und wie ist die Vorgehensweise? Nehmen Sie dabei konkreten Bezug zum Fallbeispiel!

b) Es wurde die Entscheidung für eine der beiden Verpackungsneugestaltungen des Zauberwürfels getroffen. Nun möchte Herr Schoggi deren Wirkung bei den möglichen Abnehmern anhand von Experimenten überprüfen. Herr Schoggi lässt zunächst ein „EBA-Experiment" durchführen. So wird der Zauberwürfel in einem Testmarkt
- in Woche 1 ausschließlich mit der alten Verpackung
- in Woche 2 ausschließlich mit der neuen Verpackung
angeboten. In Woche 1 werden 468 Zauberwürfel und 502 Stück in Woche 2 verkauft.
Wofür stehen die Buchstaben „EBA"?
Wie lautet das Ergebnis des „EBA-Experiments"?
Wie interpretieren Sie das Ergebnis des „EBA-Experiments"?

c) Nachdem Herr Schoggi einem Marktforschungskollegen von seinem EBA-Experiment-Projekt mit dem Zauberwürfel erzählt hatte, antwortete dieser: „Und was ist mit der klassischen Versuchsanordnung des EBA-CBA-Experiments?" So veranlasste Herr Schoggi, dass an eine sogenannte Kontrollgruppe eines anderen Testmarkts der Zauberwürfel ausschließlich in der alten Verpackung verkauft wurde. Die Verkaufszahlen bei der Kontrollgruppe belaufen sich auf 294 Zauberwürfel in Woche 1 und 324 Mengeneinheiten in Woche 2.
Wie lautet das Ergebnis des „EBA-CBA-Experiments" und wie ist dieses zu interpretieren?

d) Welche Ergebnisse und Interpretationsprobleme resultieren aus den informalen Versuchsanordnungen
- EA-CB-Experiment
- EA-CA-Experiment?

III. Marktsegmentierung

Die Marktsegmentierung ist ein integriertes Konzept in zwei Schritten (Meffert et al. 2012, S. 187). Im ersten Schritt wird der Gesamtmarkt anhand von marketingrelevanten Kriterien in Untergruppen (Marktsegmente) eingeteilt, die hinsichtlich der Kriterien intern homogen und untereinander heterogen sind (**Markterfassung**). Der zweite Schritt betrifft die **Marktbearbeitung** eines oder mehrerer Marktsegmente.

1. Markterfassung

Zur Markterfassung können verhaltensorientierte, psychographische und soziodemographische Kriterien herangezogen werden (Abbildung B-30). Die Segmentierungskriterien werden einzeln oder in kombinierter Form als Typologie herangezogen. **Typologien** können einen Beitrag leisten, die segmentspezifische Ansprache mit Marketinginstrumenten zu erleichtern. Daher ist es sinnvoll, solche Konsumenten zu **Segmenten** zusammenzufassen, die **ähnliche Verhaltensreaktionen nach dem Einsatz von Marketinginstrumenten** zeigen. Beispielsweise lassen sich Marktsegmente von Smartphone-Nutzern identifizieren, die übereinstimmende Produkterwartungen haben. Aufgrund dieser Informationen stellt ein Smartphone-Anbieter die segmentspezifischen Nutzenvorteile seiner Produkte werblich heraus und will so zum Kauf seiner Markenprodukte veranlassen.

Abb. B-30: Kriterien der Marktsegmentierung (in enger Anlehnung an Freter 1983, S. 46)

Segmente, die in verhaltensrelevanten Merkmalen weitgehend übereinstimmen, sind anhand ihres Lebensstils identifizierbar (Trommsdorff 2011, S. 192ff.). Der **Lebensstil** ist als Ausdruck der Persönlichkeit anzusehen. Er umfasst regelmäßige Verhaltensmuster einschließlich der individuellen Verwendung von Zeit und Geld. Merkmale zur Abgrenzung des Lebensstils sind die sogenannten AIO-Variablen:
• **A**ctivities (Aktivitäten; beobachtbare Handlungen)
• **I**nterests (Interessen; emotional bedingtes Verhalten)
• **O**pinions (Meinungen und Einstellungen).
Die Lebensstilsegmentierung eignet sich für viele Fragestellungen der Marktsegmentierung bei Konsumgütern und Dienstleistungen. Oft geht es um die Zugehörigkeit zu einer Moderichtung bei Kleidung, die Präferenzen bei Autos, Urlaub, Wohnungseinrichtung usw. Eine in der Praxis vielbeachtete Möglichkeit, so zu segmentieren, ist der 1979 entwickelte **Milieu-Ansatz des SINUS-Instituts** in Heidelberg. Es werden Menschen zu zehn Gruppen (Milieus) zusammengefasst, die sich in ihrer „Lebenswelt" ähneln (Abbildung B-31).

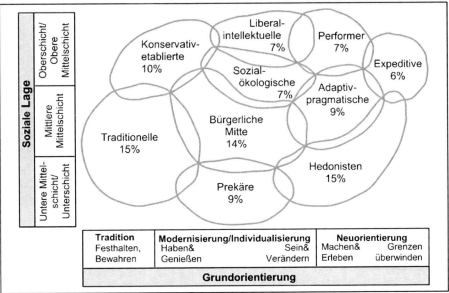

Abb. B-31: Die Sinus-Milieus im Überblick (Quelle: Sinus Markt- und Sozialforschung, zitiert in Werben & Verkaufen, 13/2011, S. 64)

Mit Lebenswelt sind die täglichen Erlebnisbereiche des Individuums gemeint, speziell die Einstellungen zu Arbeit, Familie, Freizeit, Geld und Konsum (w&v 13/2011, S. 64). Zur Einteilung in Schichten („soziale Lage") dienen die Kriterien Bildung, Beruf und Einkommen. Die „Grundorientierung" reicht von traditionell bis explorativ-postmodern. Zwischen den Milieus gibt es Berührungspunkte und Überlappungen.

Der Milieu-Ansatz erfasst, welche Autotypen, Einkaufsstätten, Medien in den verschiedenen Milieus präferiert werden. Zudem dient er zur gezielten Positionierung von Produkten und Dienstleistungen, zur Definition von Marktsegmenten und Entdeckung von Marktnischen.

Die **Segmentierungskriterien** müssen folgende **Anforderungen** erfüllen:
- kaufverhaltensrelevant (z.B. relevante Produkteigenschaften; Markenpräferenzen)
- messbar und erfassbar (z.B. Messung von Motiven und Einstellungen)
- Erreichbarkeit der Segmente (über welche Kommunikations- und Vertriebskanäle ist die Zielgruppe erreichbar?)
- wirtschaftlich (der Nutzen der Segmentierung muss größer als die für segmentspezifische Marketingkonzepte anfallenden Kosten sein)
- zeitlich stabil (damit im nächsten Schritt die Marktbearbeitung überhaupt ihre Wirkung entfalten kann).

2. Strategien der Marktbearbeitung

Je nach Grad der Differenzierung eingesetzter Marketinginstrumente und der angestrebten Marktabdeckung lassen sich die undifferenzierte, konzentrierte und differenzierte Marktbearbeitungsstrategie unterscheiden (Abbildung B-32).

Die **undifferenzierte Marktbearbeitung** (Feld 1) spricht den Gesamtmarkt mit einem Produkt und einer Marketingkonzeption an. Eine Segmentierung liegt nicht vor. Durch Standardisierung und Massenproduktion werden die Produktions- und Absatzkosten so niedrig wie möglich gehalten. Praktizieren mehrere Unternehmen einer Branche die Strategie, entsteht ein harter Konkurrenzkampf mit hohen Marketingkosten (z.B. preisaggressive Werbung) und die Vorteile der Massenproduktion werden kompensiert. Da die Bedürfnisse der Nachfrager keine Rolle spielen, entspricht die Strategie nicht dem Prinzip der marktorientierten Unternehmensführung.

		Grad der Differenzierung	
		undifferenziert	**differenziert**
Abdeckung des Marktes	**voll- ständig**	1. Undifferenziertes Marketing	3. Differenziertes Marketing
	teil- weise	2. Konzentriertes Marketing	4. Differenziertes Marketing (einzelne Segmente)

Abb. B-32: Segmentspezifische Marktbearbeitungsstrategien (Quelle: Freter 1983, S. 110)

Die **differenzierte Marktbearbeitungsstrategie** (Feld 3) möchte bei vollständiger Abdeckung des Marktes alle in den einzelnen Marktsegmenten in Betracht kommenden Personen durch segmentspezifisch eingesetzte Marketinginstrumente erreichen. Dies entspricht dem Grundprinzip des Marketing, denn das Unternehmen stellt sich auf die Kunden ein und richtet seine Aktivitäten an ihnen aus. Die Abdeckung des Gesamtmarktes fordert den Einsatz hoher Ressourcen (z.B. Entwicklungs-, Marketing-, Verwaltungskosten), weshalb die Strategie großen Unternehmen vorbehalten bleibt.

Demgegenüber können sich Unternehmen mit geringen finanziellen Mitteln und beschränkter Managementkapazität auf einen Teilmarkt oder eine Marktnische beschränken (**konzentrierte Marktbearbeitungsstrategie**, Feld 2). Man richtet sich bestmöglich an den Bedürfnissen des Segments aus, wenn sich z.B. Bekleidungsunternehmen auf den Jugendmarkt oder Sportgerätehersteller auf den Teilmarkt schneetauglicher Sportgeräte konzentrieren.

Es kann eine **Differenzierung einzelner oder aller Instrumente des Marketingmix** vorgenommen werden. Die Ansprache mehrerer Marktsegmente führt oft zur Entwicklung segmentspezifischer Produktvarianten (z.B. Produktdifferenzierung eines Universal-Automobilherstellers über alle Fahrzeugklassen hinweg (Feld 3) oder nur für einzelne Segmente (Feld 4), z.B. Sport Utility Vehicles).

Kommunikationspolitisch besteht die Möglichkeit einer segmentspezifischen Botschaftsgestaltung (Waschmittelhersteller bewirbt seine Produkte qualitäts- oder preisbetont). Eine Preisdifferenzierung liegt beispielsweise bei den Business-, Economy-, Last Minute-Preisen von Fluggesellschaften vor. Eine differenzierte Vertriebsstrategie (z.B. über Discounter, Fachhandel, Online) setzt voraus, dass verschiedene Produktvarianten angeboten oder verschiedene Preise gesetzt werden.

3. Unternehmen und Verbraucher

Das Konsumgütermarketing richtet sich an private Konsumenten (Verbraucher). Es ist deshalb für das Marketing von großer Bedeutung, dass sowohl die EU als auch der nationale Gesetzgeber bei Verträgen zwischen Unternehmer und Verbraucher im Hinblick auf die Geschäftserfahrung der Beteiligten von einer **tendenziellen Unterlegenheit des Verbrauchers** gegenüber einem Unternehmen (B2C) ausgeht.

Gemäß Art. 169 AEUV leistet die EU zur Förderung der Interessen der Verbraucher und zur Gewährleistung eines **hohen Verbraucherschutzniveaus** einen Beitrag zum Schutz der Gesundheit, der Sicherheit und der wirtschaftlichen Interessen der Verbraucher sowie zur Förderung des Rechtes auf Information, Erziehung und Bildung von Vereinigungen zur Wahrung ihrer Interessen.

Auf das hohe Verbraucherschutzniveau stellt auch Art. 38 GR-Charta ab.

Diese politische Zielsetzung der EU wurde bereits in einer Reihe von Verbraucher-Richtlinien konkretisiert und von den EU-Mitgliedstaaten in nationale Gesetze umgesetzt. Dies betrifft **im deutschen Recht vor allem folgende Themen,** auf die später im Einzelnen eingegangen wird (siehe Rechtliche Aspekte zu Preisen und Konditionen (Kap. C.IV.2.5) und zur Distributionspolitik (Kap. C.IV.3.4):

- besondere **Vertriebsformen**:
  – Geschäfte des Direktvertriebs (z.B. Haustürgeschäfte), §§ 312, 312 a, 312 i
  – Waren, Dienstleistungen im Fernabsatz (z.B. im Internet), §§ 312 b – 312 e, 312

- bestimmte **Vertragstypen**:
  – Verbrauchsgüterkauf, §§ 474 - 479
  – Verbraucherdarlehensverträge, §§ 491 - 505, 511, 512
  – Finanzierungshilfen, §§ 506 - 509, 511, 512
  – Ratenlieferungsverträge, §§ 510 – 512.

Die Begriffe des Unternehmers und des Verbrauchers sind in §§ 13, 14 definiert. Ein **Unternehmer** ist eine natürliche oder juristische Person oder eine rechtsfähige Personengesellschaft, die bei Abschluss eines Rechtsgeschäfts (insbesondere eines Vertrags) in Ausübung ihrer gewerblichen oder selbstständige berufliche Tätigkeit handelt (§ 14).

Eine **gewerbliche Tätigkeit** ist insbesondere die Tätigkeit der Kaufleute, für die das Handelsgesetzbuch (HGB) gilt, während eine **selbstständige berufliche Tätigkeit** insbesondere von Freiberuflern, z.B. Rechtsanwälten, Wirtschaftsprüfern, Ärzten, Steuerberatern etc. ausgeübt wird; vgl. die Aufzählung der Freien Berufe in § 1(2) Partnerschaftsgesellschaftsgesetz (PartGG).

Der Begriff des **Verbrauchers** wird negativ abgegrenzt: Verbraucher ist jede natürliche Person, die ein Rechtsgeschäft zu einem Zweck abschließt, der *weder* ihrer gewerblichen *noch* ihrer selbstständigen beruflichen Tätigkeit zugerechnet werden kann (§ 13). Es handelt sich mit anderen Worten um Geschäfte, die jemand in seiner **Rolle als Konsument** tätigt.

C. Bestandteile der Marketingkonzeption
I. Situationsanalyse

Im Rahmen der Situationsanalyse sind jene Informationen über den Markt und die Marktteilnehmer einzubeziehen, die für die Marketingentscheidung relevant sind. Die hier erörterten Ansätze sind zum einen die SWOT-Analyse sowie zum anderen die Lebenszyklus-, Portfolio-, Programmstruktur- und Erfahrungskurvenanalyse. Während die SWOT-Analyse sich weitgehend auf die aktuelle und künftige Bedingungslage des Unternehmens beschränkt, liefern die anderen Ansätze **Normstrategien** mit Hinweisen, welche Unternehmens- und Marketingstrategien erfolgversprechend sind (Portfolio- und Erfahrungskurvenanalyse) sowie Ansatzpunkte für den gezielten Einsatz des Marketinginstrumentariums liefern (Lebenszyklusanalyse).

1. SWOT-Analyse

SWOT ist ein Akronym für **S**trengths (Stärken), **W**eaknesses (Schwächen), **O**pportunities (Möglichkeiten, Chancen) und **T**hreats (Bedrohungen, Risiken). Die **Chancen-/ Risiken-Analyse** bezieht sich auf jene **unternehmensexternen** aktuellen und potentiellen Ereignisse, die entscheidungsrelevant sind und den Markt, die Marktteilnehmer und die sonstige Unternehmensumwelt betreffen (z.B. rechtlich, ökologisch, technologisch, volkswirtschaftlich). Diese „strategischen Diskontinuitäten" (Ansoff 1981, S. 263) werden in die Marketingkonzeption einbezogen.

Den Risiken muss das Unternehmen aktiv begegnen. Um Chancen zu nutzen, ist oft ein schnelles Handeln angezeigt. Abbildung C-1 zeigt die Chancen-Risiken-Analyse am Beispiel eines Smartphone-Anbieters.

		Chancen	Risiken
allgemeine Marktsituation		großes Marktvolumen bei technisch vielseitigen Smartphones	Smartphone-Produkte sind nur wenig innovativ und schnell substituierbar
Marktteilnehmer	Konsumenten	hohe Preisbereitschaft bei technisch vielseitigen Smartphones	geringe Markentreue: Smartphone-Marke wird schnell gewechselt
	Absatzmittler	Multi Channel-Vertrieb von Smartphones im stationären und Online-Handel	Sicherstellung einer markenadäquaten Beratung im stationären Handel problematisch
	Konkurrenz	Entwicklung eines Smartphones mit dreidimensionalem Display als Wettbewerbsvorteil	Konkurrent X entwickelt zuerst ein Smartphone mit dreidimensionalem Display
Sonstige Unternehmensumwelt		mobile Kommunikation ist zur Lebensgewohnheit geworden (ständiger Produktbedarf)	verkürzte Innovations- und Technologiezyklen bei IT-Geräten (wenig Zeit zur Amortisation)

Abb. C-1: Beispiele für die Chancen und Risiken eines Smartphone-Anbieters

Die **Stärken-/ Schwächen-Analyse** bewertet die **unternehmensinternen** Ressourcen im Vergleich zu den wichtigsten Konkurrenten. Es sind die seltenen, begrenzten Zeiträume zu erkennen (strategische Fenster), in denen die besonderen Kompetenzen des Unternehmens die spezifischen Anforderungen des Marktes erfüllen. Abbildung C-2 zeigt Beispiele für Stärken und Schwächen eines Smartphone-Anbieters.

Ressourcen/ Leistungspotentiale	Stärken	Schwächen
Marktposition	seit mehreren Jahren starke Marktposition (gemessen am Marktanteil)	seit einigen Monaten rückläufige Umsätze bei Alpha
Produktlinien Alpha (Privatnutzung), Beta (Businessnutzung)	segmentspezifisches Produktangebot mit differenzierten Preisen und Vertragskonditionen	Alpha und Beta werden als „übliche" Smartphones ohne besonderen Nutzen wahrgenommen
Forschung und Entwicklung	neu entwickeltes Smartphone mit dreidimensionalem Display steht kurz vor der Marktreife	
Qualität der Führungskräfte	fachkompetenter, führungserfahrener Produktmanager bei Beta	langjähriger Produktmanager von Alpha kündigt; Suche einer qualifizierten Nachfolge problematisch
...		

Abb. C-2: Beispiele für Stärken und Schwächen eines Smartphone-Anbieters

Der Chancen-/ Risiken-Analyse kommt zusammen mit der Stärken-/ Schwächen-Analyse die Aufgabe zu, das Entscheidungsfeld für die Marketingkonzeption einzuengen. Die SWOT-Analyse wird häufig durch andere Analyseinstrumente ergänzt (z.B. Lebenszyklus- und Portfolio-Analyse).

2. Lebenszyklusanalyse

Der Lebenszyklus von Produkten (oder Dienstleistungen) ist ein zeitraumbezogenes Marktreaktionsmodell (Meffert et al. 2012, S. 849). Ihm liegt die **Annahme** zugrunde, dass Produkte auf den Markt kommen, während ihres „Lebens" bestimmte Phasen durchlaufen und gegebenenfalls irgendwann den Markt verlassen müssen, also eine begrenzte Lebensdauer aufweisen. Die absolute Lebensdauer kann mehr als ein Jahrhundert (z.B. Persil, Aspirin), Jahrzehnte, einige Jahre oder Monate dauern (z.B. Spielzeug „Zauberwürfel").

Aufgabe des Lebenszykluskonzepts ist die Analyse der Bedingungslage des Unternehmens im Markt- und Wettbewerbsumfeld sowie die Herleitung von Schlussfolgerungen, die den Einsatz der Marketinginstrumente betreffen. In Abbildung C-3 ist der klassische Verlauf eines Produktlebenszyklus mit den idealtypischen phasenspezifischen Umsatz- und Gewinnverläufen dargestellt.

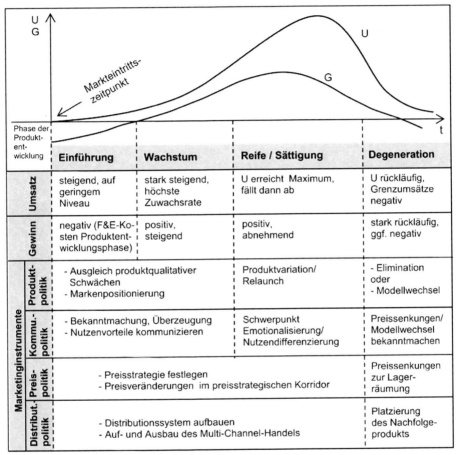

Abb. C-3: Klassischer Verlauf des Produktlebenszyklus

Der Lebenszyklus beginnt mit Markteintritt des Produkts, also seiner Verfügbarkeit im Markt. Es werden hier – in Analogie zum BCG-Portfolio – vier Phasen zugrundegelegt (Einführungs-, Wachstums-, Reife-/Sättigungs- und Degenerationsphase). Es sind auch Lebenszyklen mit fünf oder sechs Phasen denkbar, deren Phasengrenzen entsprechend variieren.

In der **Einführungsphase** steigt die Umsatzkurve durch Neugierkäufe langsam an. Die Marketingaktivitäten führen zu ersten Erfolgen. Es ist die Phase der höchsten Marktinvestitionen, die insbesondere in die kommunikationspolitische Bekanntmachung oder in den Ausgleich von Produktmängeln fließen. Preispolitisch ist mit Markteintritt zu entscheiden, ob mit hohen Preisen die hohe Preisbereitschaft der Erstkäufer abgeschöpft wird (Skimmingstrategie) oder niedrige Preise zur schnellen Erhöhung des Marktanteils dienen (Penetrationspreisstrategie). Nachfolgende preisbezogene Maßnahmen bewegen sich innerhalb des preisstrategischen Korridors (siehe Kap. C.IV.2.3). Distributionspoltisch wird mit Markteintritt ein Absatzkanal-system aufgebaut und anschließend ausgebaut. Es ist beispielsweise zu entscheiden, ob bzw. wann im Sinne einer Multi- Channel-Distribution die Produkte sowohl über den stationären Handel als auch online abgesetzt werden (siehe Kap. C.IV.3.14).

Ist die Gewinnschwelle erreicht, beginnt die **Wachstumsphase**. Die Abnehmerkrei-se vergrößern sich (z.B. durch Online-Kommentare zufriedener Kunden, Berichte in Testzeitschriften, Aktionen der Verkaufsförderung etc.). Erste Konkurrenten kom-men mit Nachahmungen auf den Markt, die technisch, qualitativ und/oder preislich differenziert sein können und neue Käuferschichten gewinnen. Die Umsatzzuwächse sind zunächst überproportional. Sie stabilisieren sich nach einiger Zeit bei einem bestimmten Prozentsatz (mathematisch gesehen beim Wendepunkt der Umsatzkurve bzw. Maximum der Grenzumsatzkurve).

Während der **Reife- und Sättigungsphase** sinken die Umsatzzuwachsraten und der Umsatz erreicht dann sein Maximum. Die Produkterfahrung steigt und führt zu differenzierteren Kundenwünschen, denen beispielsweise mit neuen Produktvarian-ten entsprochen wird. Um den stagnierenden oder rückläufigen Umsatz neu zu bele-ben, kann das Produkt durch Umgestaltung reaktiviert werden (Relaunch). Die Bandbreite dieser Umgestaltung reicht von einem einfachen „face lifting" (Produkt-veränderung, z.B. Verpackung oder Form betreffend) bis zur Umpositionierung des Produkts, um neue Zielgruppen zu erschließen.

Der Lebenszyklus von Produkten endet mit der **Degenerationsphase**. Das Bedürf-nis, das den Konsumenten zum Produktkauf veranlasste, kann nun besser, billiger oder bequemer durch andere Produkte zufriedengestellt werden.

An dem Lebenszyklusmodell ist zunächst zu bemängeln, dass es nicht allgemeingül-tig ist. Wenn sich die Bezugsbasis ändert (z.B. Branchen- oder Markt-Lebens-zyklus), ändern sich auch der Verlauf und die Aussagekraft von Umsatz- und Ge-winnentwicklung und damit des Lebenszyklus. Es werden idealtypische Umsatz- und Gewinnverläufe unterstellt, die tatsächlich ganz anders aussehen können. Eine weitere **Kritik an dem Lebenszyklusmodell** betrifft die Erkenntnis, dass der Ver-lauf nicht nur eine Frage zeitlicher Gesetzmäßigkeiten des Alterns ist, sondern auch von den eigenen Marketingaktivitäten währenddessen und denen der Konkurrenz abhängt. Zudem werden die Chancen und Risiken der Unternehmensumwelt nicht berücksichtigt. Die Kriterien zur Bestimmung der Phasengrenzen sind – ggf. bis auf die Einführungsphase (Gewinnschwelle) – uneinheitlich.

Daher besitzt das Lebenszyklusmodell keine normative Aussagekraft. Es ist keine Alternative, sondern Ergänzung zu anderen situationsanalytischen Ansätzen. So können die phasenspezifischen Marketing-Mix-Ansatzpunkte nicht nur auf der Grundlage des Lebenszyklusmodells entwickelt werden. Sie bedürfen zumindest einer ständigen Aktualisierung der Bedingungslage des Unternehmens in Form einer SWOT.

3. Programmstrukturanalyse

Bei der Programmstrukturanalyse werden die Lebenszyklusanalysen der Produkte zu einer Gesamtbetrachtung integriert. Als Analysekriterien dienen Alters-, Umsatz- und Kundenstruktur des Produktprogramms (Abbildung C-4).

	Analyse	Interpretation	Entscheidungen
Altersstruktur	**Stellung der Produkte** des Programms im Lebenszyklus	• ungünstig: viele alte Produkte • günstig: junge Produkte mit Wachstumschancen	• Forcierung von Produktinnovationen • Elimination degenerierter Produkte
Umsatzstruktur	**Lorenzkurve:** • Gegenüberstellung Umsatz und Produktionskapazität • Rangfolge mit Relation: <u>Umsatzanteil</u> Kapazitätsanteil	• Abstand zwischen Lorenzkurve und 45⁰-Linie • Verteilung der kapitalintensiven Produktionskapazität	• Feststellung eliminationsverdächtiger Produkte • ggf. Umverteilung der kapitalintensiven Produktionskapazität
Kundenstruktur	**Kundenprofil:** • Gegenüberstellung von Umsatz und Kundenanteil • Rangfolge mit Relation: <u>Umsatzanteil</u> Kundenanteil	• risikoreich: starke Umsatzkonzentration auf wenige Abnehmer (A-Kunden=Key Accounts) • ungünstig: viel Kundenarbeit für wenig Umsatz (C-Kunden)	• Key Accounts: evtl. Produktmodifikation, um größeren Kundenkreis anzusprechen • ggf. Umverteilung der Betreuungskapazität

Abb. C-4: Altersstruktur-, Umsatzstruktur- und Kundenstrukturanalyse im Überblick

Die **Altersstrukturanalyse** geschieht anhand der Produkte im Lebenszyklus. Viele Produkte in der Sättigungs- und nahe der Degenerationsphase im Programm zu haben ist **risikoreich** (ungünstige Programmstruktur). Denn diese müssen wahrscheinlich in absehbarer Zeit aus dem Programm genommen werden. Unternehmen benötigen Produkte in der Einführungs- und Wachstumsphase, die Wachstumschancen haben und langfristig das Bestehen am Markt sichern.

Um eine **günstige** Programmstruktur zu gewährleisten, können Unternehmen beispielsweise Zielvereinbarungen treffen, wonach mindestens etwa 30 Prozent des Umsatzes eines Produktprogramms von Produkten stammen müssen, die nicht länger als drei Jahre im Markt sind. Anhand der Altersstrukturanalyse ist absehbar, ob Produktinnovationen forciert werden müssen und welche Produkte eliminationsverdächtig sind.

Zur Analyse der **Umsatzstruktur** werden die Umsatzanteile der einzelnen Produkte am Gesamtumsatz ermittelt und beginnend mit dem umsatzstärksten in eine Rangfolge gebracht (Abb. C-5, Reihenfolge der Produkte Alpha, Beta, Gamma, Delta).

Durch Gegenüberstellung der je Produkt benötigten Produktionskapazität ergeben sich die Koordinaten, die zur Lorenzkurve verbunden werden. Ein Vergleich mit der 45⁰-Linie (gleichgewichtige Verteilung) offenbart die Dominanz beziehungsweise Konzentration des Produktprogramms. Produkt Alpha, das nur 10 Prozent Kapazität benötigt, liefert 40 Prozent des Umsatzes. Bei Delta stehen fünf Prozent Umsatz 40 Prozent benötigte Kapazität gegenüber. Da diese Relation ungünstig ist, liegt es nahe, über eine Elimination von Delta nachzudenken und die freiwerdende Kapazität den wichtigen Produkten (Alpha, ggf. Beta) zukommen zu lassen.

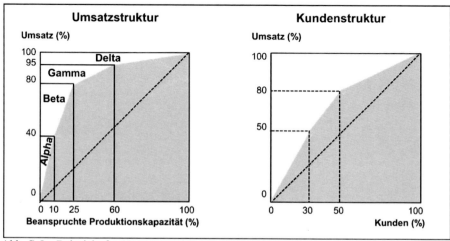

Abb. C-5: Beispiele für Umsatz- und Kundenstruktur als Grundlage der Programmstrukturanalyse (Umsatzstruktur in Anlehnung an Meffert et al. 2012, S. 853)

Zur Analyse der **Kundenstruktur** stellt man Umsatz- und Kundenanteile (alternativ: Kundenaufträge) gegenüber. In Abbildung C-5 ist beispielsweise erkennbar, dass 30 Prozent der Kunden 50 Prozent des Umsatzes generieren. Dies zeigt, dass die Kunden für das Unternehmen besonders wichtig sind (**Key Accounts**). Risikoreich ist, wenn eine Kunde abspringt und sofort eine entsprechende Lücke hinterlässt. Hinzu kommt, dass solche Kunden betreuungsintensiv sind. Um diese Abhängigkeit zu entspannen, können beispielsweise die von Key Accounts nachgefragten Produkte modifiziert und hierfür weitere Kunden gewonnen werden.

Analog zur Programmstrukturanalyse geht die **ABC-Analyse** vor. Im Hinblick auf eine Zielgröße – dies ist oft der Umsatz – werden Produkte oder Kunden klassifiziert. Im o.g. Beispiel wäre Alpha ein A-Produkt, Delta ein C-Produkt und die Key Accounts sind A-Kunden. Insgesamt sind jene Produkte und Kunden feststellbar, die den größten Umsatzbeitrag leisten. Allerdings sollten B- und C-Produkte beziehungsweise B- und C-Kunden nicht aus den Augen verloren werden.

4. Portfolioanalyse

Ziel der Portfolioanalyse ist, die Ressourcen in solche Geschäftsfelder zu lenken, in denen die Marktaussichten günstig sind und das Unternehmen relative Wettbewerbsvorteile vorweisen kann. Grundsätzlich liegt der Portfolioanalyse folgende Vorgehensweise bei der **Erstellung einer zweidimensionalen Matrix** zugrunde:

- Auf der **y-Achse** werden die Chancen und Risiken von Produkten, Produktlinien oder strategischen Geschäftseinheiten (SGE) anhand von Bestimmungsfaktoren abgebildet. Die Achse orientiert sich am Markt (z.B. Marktwachstum, Marktattraktivität) und ist von dem Unternehmen nicht direkt beeinflussbar.
- Die Bestimmungsfaktoren der **x-Achse** (z.B. relativer Marktanteil, Wettbewerbsvorteile) bilden die Stärken und Schwächen des Unternehmens ab und sind somit direkt beeinflussbar.
- Aus der jeweiligen Produkt- bzw. SGE-Position resultieren **Normstrategien** mit Anhaltspunkten, ob investiert oder desinvestiert werden sollte.

Die Auswahl der Bestimmungsfaktoren basiert auf den empirischen Ergebnissen des PIMS-Projekts („Profit Impact of Market Strategies" des Strategic Planning Institute, Cambridge/Mass.). Demzufolge ist der **Marktanteil von besonderer Bedeutung** für die Gewinnerzielung, den Return on Investment und den Cash Flow (Buzzell, Gale 1989, S. 60ff.; Meffert et al. 2012, S. 277). Mit steigendem Marktanteil können Betriebsgrößenvorteile genutzt werden (Economies of Scale, z.B. wegen günstiger Einkaufskonditionen bei großen Mengen) und das Unternehmen hat eine höhere Marktmacht (z.B. erleichterter Zugang zu Vertriebskanälen).

Auf der Grundlage der PIMS-Erkenntnisse entstand das **Marktwachstum-relativer Marktanteil-Portfolio** der Unternehmensberatung Boston Consulting Group (Abbildung C-6).

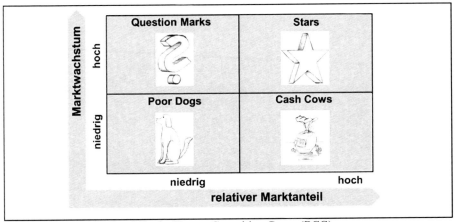

Abb. C-6: Vier Felder-Portfolio der Boston Consulting Group (BCG)

Das Vier-Felder-Portfolio **basiert auf dem Lebenszyklus- und Erfahrungskurvenkonzept.** Es geht von der Überlegung aus, dass das **Wachstum eines Marktes** (y-Achse) einen **Indikator für die Position im Lebenszyklus** und seinen daraus resultierenden Investitionsbedarf darstellt. Entsprechend werden hohe Marktwachstumsraten den frühen Lebenszyklusphasen mit einem hohen Investitionsbedarf zugeordnet.

Der **relative Marktanteil** (x- Achse) ist ein Indiz für besondere Stärken des Unternehmens und wird folgendermaßen ermittelt:

$$\text{relativer Marktanteil} = \frac{\text{Marktanteil des Unternehmens}}{\text{Marktanteil des stärksten Konkurrenten}}$$

Es besteht auch die Möglichkeit, anstelle des Marktanteils des stärksten Konkurrenten das arithmetische Mittel der Marktanteile der drei stärksten Konkurrenten heranzuziehen (vgl. Macharzina/Wolf 2008, S. 353).

Bei den **„Questions Marks"** handelt es sich um Nachwuchsprodukte, deren Zukunft noch ungewiss ist. Ihr Lebenszyklus befindet sich in der Einführungsphase und es ist noch nicht klar, ob sie sich zum „Star" weiterentwickeln oder ein Flop sind und den Markt verlassen müssen. Daher gibt es für sie zwei Normstrategien (Abb. C-7). Werden die Erfolgsaussichten der „Question Marks" gut eingeschätzt, dann sollte im Sinne einer Offensivstrategie in das Marketing dieser Produkte investiert werden. So können zusätzliche Marktanteile gewonnen werden, die die Wettbewerbsposition stärken und das Produkt zum „Star" aufsteigt. Bahnt sich ein Flop an, ist der schnelle Rückzug vom Markt empfehlenswert.

Die **„Stars"** haben einen hohen relativen Marktanteil auf schnell wachsenden Märkten. Sie befinden sich in der Wachstumsphase und haben eine dominierende Marktposition. Um diese zu halten oder auszubauen, benötigen sie weitere Investitionen. Denn die „Stars" sollen den künftigen Cash Flow des Unternehmens erwirtschaften. Da ihre eigenen Mittelrückflüsse zur vollständigen Finanzierung der Investitionen in dieser Lebenszyklusphase nicht ausreichen, benötigen sie Unterstützung in Form der Investitionsstrategie.

Bei den **„Cash Cows"**, die sich in der Reife- beziehungsweise Sättigungsphase ihres Marktlebens befinden, handelt es sich um Produkte/SGE in kaum wachsenden oder sogar stagnierenden Märkten, jedoch in guter Marktposition. Im Sinne der Abschöpfungsstrategie liefern sie Finanzüberschüsse, die zur Markteinführung der „Question Marks" und zur Sicherstellung der „Stars" benötigt werden. Da der Verbleib in dieser Lebenszyklusphase wünschenswert ist, bietet sich zur Verlängerung ein Relaunch an (zielgruppenspezifische Anpassungen, z.B. Produktvariation).

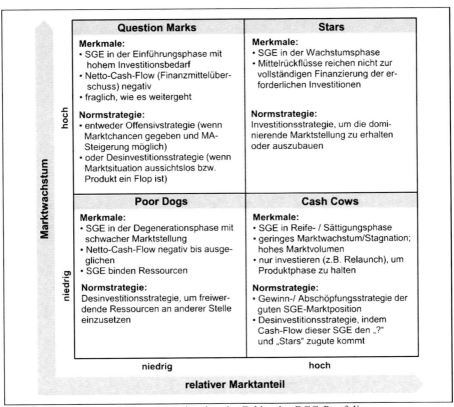

Abb. C-7: Merkmale und Normstrategien der vier Felder des BCG-Portfolios

Die Marktposition der „**Dogs**" ist ungünstig. Sie befinden sich kurz vor oder bereits in der Degenerationsphase. Dies kann daran liegen, dass ein Auslaufmodell durch ein marktadäquateres ersetzt wird (z.B. neue Modellreihe eines Automobilanbieters) oder die Konkurrenz bessere Produkte anbieten kann. Die „Dogs" laufen Gefahr, die Verlustschwelle zu überschreiten und binden zugleich knappe Ressourcen (z.B. Finanzmittel, Personal). So bietet sich die Desinvestitionsstrategie an. Investitionen in das Produkt werden gestoppt und es verlässt den Markt. Die freiwerdenden Ressourcen können anderen investitionsbedürftigen Produkten zugutekommen.

Für die Einteilung der beiden Achsen (Dichotomisierung) in „hohes/niedriges Marktwachstum" und „hoher/niedriger relativer Marktanteil" gibt es mehrere Möglichkeiten. Zur **Dichotomisierung der y-Achse** (Marktwachstum) sind folgende Ansatzpunkte denkbar:
- durchschnittliches Branchenwachstum (arithmetisches Mittel), falls alle zu analysierenden Produkte/SGE zur gleichen Branche gehören
- Wachstum des Bruttosozialprodukts, falls die Produkte/SGE unterschiedlicher Branchen betrachtet werden

- Nullwachstum, wenn es Produkte/SGE mit positiver oder mit negativer Wachstumsrate gibt und die Null in etwa die durchschnittlichen mittelfristigen Wachstumsaussichten der betrachteten Märkte repräsentiert (vgl. Haedrich, Tomczak 1996, S. 115, zitiert bei Becker 2009, S. 425)
- 10%-Regel (vgl. Macharzina/Wolf 2008, S. 353), d.h.: ein Marktwachstum von mehr als zehn Prozent (weniger als zehn Prozent) weist auf stark wachsende Märkte (schwach wachsende Märkte) hin.

Im Rahmen der **Dichotomisierung der x-Achse** (relativer Marktanteil) erfolgt die Grenzwertziehung in der Regel bei einem relativen Marktanteilswert von 1. Die Marktanteile des betrachteten Unternehmens und seines stärksten Konkurrenten stimmen überein. Die durch den Wert x = 1 gehende Parallele zur y-Achse stellt ökonomisch den Übergang von der Marktfolgerschaft zur Marktführerschaft dar:
- für Produkte/SGE, die Marktfolger sind, gilt: relativer Marktanteil < 1
- für Produkte/SGE, die Marktführer sind, gilt: relativer Marktanteil > 1
Ergänzend sei angemerkt, dass die Bestimmung der Werte, die die x- und y-Achse dichotomisieren, durch denjenigen vorgenommen wird, der das Portfolio anfertigt.

Ein Kritikpunkt am BCG-Portfolio ist, dass die Erfolgsfaktoren eines Unternehmens lediglich durch zwei Globalgrößen repräsentiert werden. An dieser Stelle setzt das **Marktattraktivität-Wettbewerbsvorteile-Portfolio** der McKinsey-Unternehmensberatung an (Abbildung C-8). Beide Portfolio-Dimensionen stellen Bündel von Einflussgrößen dar, die quantitative und qualitative Faktoren berücksichtigen.

Die Dimension „**Marktattraktivität**" setzt sich aus folgenden Komponenten zusammen, die nicht beeinflusst werden können (Macharzina, Wolf 2008, S. 366f.):
- Marktwachstum
- Marktqualität (z.B. Rentabilität der Branche, Wettbewerbsintensität und -struktur, Anzahl und Struktur potentieller Abnehmer, Verhaltensstabilität der Abnehmer)
- Energie- und Rohstoffversorgung (z.B. Beeinträchtigung der Wirtschaftlichkeit der Produktionsprozesse durch Erhöhung der Energie- und Rohstoffpreise)
- Umweltsituation (z.B. Abhängigkeit von der Konjunktur, der Gesetzgebung).

Die Dimension „**relative Wettbewerbsvorteile**" (Stärken des Unternehmens) wird durch Komponenten abgebildet, die das Unternehmen direkt beeinflussen kann, z.B.:
- relative Marktposition (z.B. Marktanteil, Größe, Finanzkraft des Unternehmens)
- relatives Forschungs- und Entwicklungspotential
- relative Qualifikation der Führungskräfte und Mitarbeiter.

Die Komponenten sind je nach Unternehmenssituation unterschiedlich wichtig, weshalb man sie situationsspezifisch auswählt und gewichtet. Jedem Produkt bzw. jeder SGE wird anhand eines geeigneten Punktbewertungsverfahrens (Scoringmodell) ein Wert auf der Achse und damit die Position im Portfolio zugewiesen.

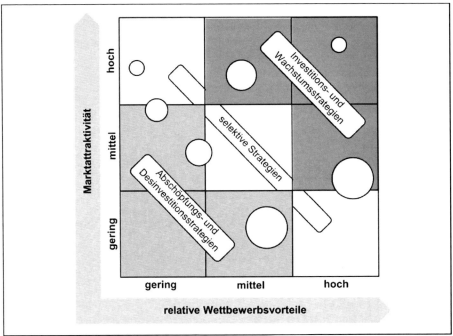

Abb. C-8: Marktattraktivität-Wettbewerbsvorteile-Portfolio der McKinsey-Company

Für Produkte/SGE, deren Marktattraktivität und relativen Wettbewerbsvorteile mittel bis hoch ausgeprägt sind, werden als **Normstrategien** Investitions- und Wachstumsstrategien empfohlen. Wenn Marktattraktivität und relative Wettbewerbsvorteile lediglich gering bis mittel eingeschätzt werden, werden Abschöpfungs- und Desinvestitionsstrategien praktiziert. Selektive Strategien können als Offensiv-, Defensiv- oder Übergangsstrategie formuliert werden. Dies hängt davon ab, wie die Aussichten auf eine Positionsverbesserung im Portfolio sind.

Die **Kreisgröße** der in einem Portfolio positionierten Produkte bzw. SGE (dargestellt in Abbildung C-8) gibt Auskunft über deren jeweilige Bedeutung für das Unternehmen. Sie kann anhand des Umsatzanteils eines Produkts am Gesamtumsatz des Unternehmens ermittelt werden (alternativ z.B. Deckungsbeitragsanteil).

Ein günstiges **Ziel-Portfolio** liegt vor, wenn
• (BCG-Portfolio) ca. 40 bis 60 Prozent des Umsatzes auf Produkte/SGE im Cash Cow-Quadranten entfallen, mehrere Stars den künftigen Cash-Flow sichern und ständig mehrere neue Produkte gegeben sind, die Chancen im Markt wahrnehmen können

• (McKinsey-Portfolio) das Verhältnis zwischen Produkten/SGE mit Investitionsbedarf und jenen im Abschöpfungs-/ Desinvestitionsbereich ausgewogen ist.

Ein wesentlicher **Vorteil** der Portfolioanalyse betrifft den hohen Kommunikationswert. Denn sie gibt einen visualisierten Überblick, wo das Unternehmen mit seinen Produkten/SGE steht. Dadurch wird angeregt, sich mit strategischen Überlegungen für die SGE zu beschäftigen. Zudem ist das Portfolio leicht zu erstellen und berücksichtigt bei der Bestimmung der Marktposition die Konkurrenz.

Zentraler **Nachteil** der Portfolioanalyse ist der politische Spielraum desjenigen, der das Portfolio erstellt. So stellt sich beispielsweise die Frage, ob das Portfolio für Produkte, SGE, Marken oder Geschäftsbereiche erstellt wird. Zudem bestimmt der Ersteller des Portfolios die Dichotomisierung der Achsen (z.B.: bei welchem Marktwachstum?). Beim McKinsey-Portfolio erfolgt subjektiv die Auswahl der Bewertungskomponenten sowie deren Gewichtung, Bewertung und Verknüpfung im Rahmen eines Scoring-Modells. Darüber hinaus sind die Normstrategien zu undifferenziert. Wenn sich beispielsweise die SGE mit dem größten Umsatzanteil im „Dog"-Quadranten befindet, müsste diese aus dem Markt genommen, obwohl gegebenenfalls kein adäquater SGE-Ausgleich in den anderen Quadranten gegeben ist.

5. Erfahrungskurvenanalyse

Ausgangspunkt der Erfahrungskurvenanalyse ist die Erkenntnis des Portfolioansatzes, dass Marktanteil und -wachstum wesentliche Schlüsselfaktoren des Unternehmenserfolgs darstellen. Dies betrifft auch die zu produzierende Absatzmenge. An dieser Stelle setzt das Konzept der Erfahrungskurve an. Es basiert auf dem von der Boston Consulting Group nachgewiesenen Phänomen, dass die **Stückkosten eines Produkts um einen relativ konstanten Betrag (20 bis 30 %) sinken, wenn sich die in kumulierten Produktionsmengen ausgedrückte Erfahrung verdoppelt** (Henderson 1974, S. 19, Meffert 1986, S. 65). Dieser Zusammenhang ist in Abbildung C-9 dargestellt.

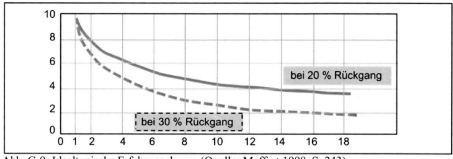

Abb. C-9: Idealtypische Erfahrungskurve (Quelle: Meffert 1998, S. 243)

Die Erfahrungskurve kann **lerntheoretisch** so interpretiert werden, dass den Menschen viele Tätigkeiten bei wiederholter Ausübung zunehmend leichter fallen, die benötigte Zeit und die Anzahl der Fehlversuche sinkt und insgesamt die Qualität des Ergebnisses verbessert wird (Macharzina, Wolf 2008, S. 354f.). Ökonomisch messbares Ergebnis dieser Zusammenhänge sind die Skalen- oder Größendegressionseffekte (**Economies of Scale**). Die Kosten sinken mit steigender Produktionsmenge, denn die Fixkosten verteilen sich auf eine größere Stückzahl, allerdings nur, wenn die beschriebenen Lerneffekte genutzt werden.

Sind die Erfahrungskurven der Produkte (bzw. SGE) bekannt, können **Normstrategien** im Sinne von Investitions- und Desinvestitionsentscheidungen für jedes Produkt (jede SGE) getroffen werden. So ist beispielsweise feststellbar, dass die angestrebte Erhöhung des Marktanteils bei günstiger Marktlage aufgrund der dann steigenden, benötigten Produktionsmenge zu Kostensenkungspotentialen führt. Um diese Potentiale für Erfahrungskurveneffekte nutzen zu können, sind zunächst Investitionen notwendig (z.B. neue Produktionsanlage; hohes Werbebudget zwecks Profilierung im Konkurrenzumfeld; Aufbau eines dichten Vertriebsnetzes). Auf diese Weise kann die Marktposition der investitionsempfangenden SGE dauerhaft abgesichert werden.

Fallstudien zu		
C.I. Situationsanalyse		
Bezeichnung	*Fallstudie*	*Schwerpunkt/Aufgabe*
C.I. (1)	Mucki Foods	SWOT; Lebenszyklusanalyse
C.I. (2)	Quellarius	SWOT
C.I. (3)	Kaffeegetränke-Automaten GmbH	Portfolioanalyse

C. I. (1) Fallstudie „Mucki Foods"

Das Unternehmen Mucki Foods ist eines der weltweit führenden Markenartikelunternehmen im Bereich der Nahrungsmittelindustrie. Es führt mehrere hundert Marken im Food-Bereich (z.B. Getränke, Streichfette, Tütensuppen, Gewürze) und Non-Food-Bereich (z.B. Heißgetränkeautomaten, Seife, Waschmittel). Die meisten Produkte von Mucki Foods werden in über 150 Ländern vertrieben. Zu den Getränkemarken von Mucki Foods zählen „Josefs Kaffee" (Kaffee), „Caffé Sahna" (Cappuccino), „Süschar" (Kakao) und „Teatime" (Tee).

Der deutsche Kaffeemarkt hat sich in den letzten Jahren turbulent entwickelt. Laut Angaben des Deutschen Kaffeeverbands war Kaffee im letzten Jahr mit einem Verbrauch von 151 Litern beziehungsweise 6,4 Kilogramm pro Erwachsenen wie in den

Jahren zuvor das beliebteste Heißgetränk in Deutschland. Allerdings geht der Konsum langsam, aber stetig zurück. Vor zwei Jahren lag der Verbrauch noch bei 6,6 Kilo. Auch der Einzelhandelsumsatz bei Kaffee ist rückläufig und lag im letzten Jahr mit knapp fünf Prozent unter dem Vorjahreswert. Ein Grund hierfür mag in den gestiegenen Einzelhandelspreisen für Kaffee liegen: Die gestiegenen Pfundpreise werden mit den explosionsartig gestiegenen Rohstoffpreisen sowie den teuren Vacuumverpackungen argumentiert.

Einen Wachstumsmarkt stellen die Kaffee-Pad-Systeme dar. Kaffee-Pads sind vorportionierte Getränkeeinheiten, die – alternativ zu dem normalen, löslichen Filterkaffee – lediglich in ein spezielles Brühsystem eingelegt werden und auf Knopfdruck schnell und unkompliziert Heißgetränke aufbrühen. Experten prognostizieren den Pad-Systemen weiterhin zweistellige Wachstumsraten.

Als weltweite Pioniermarke kam vor mehr als zehn Jahren das Pad-Brühsystem „Sonsoa" auf den Markt, das als eines der erfolgreichsten Produkt-Neueinführungen seit der Jahrtausendwende gilt. Zur Positionierung des Geräts erläuterte der Marketingleiter von „Sonsoa": „Mit unserer patentierten Brühtechnologie machen wir nicht nur den Kaffeegenuss, sondern auch die Zubereitung zum Erlebnis. So einfach und schnell, das ist purer Convenience-Nutzen." Nebenbei erwähnte der Marketingleiter noch, dass die Konsumenten für diesen Convenience-Nutzen (bei Kaffeegetränken oder auch anderen Brühgetränken wie z.B. Tee) bereit seien, den deutlich höheren Pad-Preis zu bezahlen (z.B. kostet eine mit Pad zubereitete Tasse Kaffee bis zu zwanzig Prozent mehr als eine solche, die herkömmlich gebrüht wird).

Vor kurzem hat Mucki Foods ebenfalls ein Pad-Brühsystem unter der Marke „Cafimo" auf den Markt gebracht, das auf Knopfdruck nicht nur Kaffee und Kaffeespezialitäten (Espresso, Cappuccino), sondern auch Tee und Kakao aufbrüht. Dieses Brühsystem, das die Zubereitung mehrerer Heißgetränke ermöglicht, ist zur Patentierung angemeldet. Die für das Gerät benötigten Pads werden unter den Sorten-Bezeichnungen
- „Cafimo-Pads" (Zusammenstellung von Pads für Kaffee, Kaffeespezialitäten, Tee und Kakao) sowie
- „Josefs-Pads" (Kaffee)
- „Caffé Sahna-Pads" (Cappuccino)
- „Süschar-Pads" (Kakao)
- „Teatime-Pads" (Tee)
im Lebensmittelhandel angeboten. Aufgrund der Sortenvielfalt und des damit verbundenen Regalplatzbedarfs ist der stationäre Handel meistens nur gegen Zahlung von Werbekostenzuschüssen (WKZ) bereit, neben den „Cafimo-Pads" noch andere Pad-Sorten der Mucki Foods ins Regal zu stellen. Über das Internet können alle Pad-Sorten unkompliziert bestellt werden. Der Versand an die Besteller geschieht ab einer bestimmten Bestellmenge kostenlos.

Aufgaben:

a) Herr G. Wieft ist der Produktmanager von „Cafimo". Nehmen Sie aus dem Blickwinkel von Herrn G. Wieft eine Chancen-Risiken-Analyse und eine Stärken-Schwächen-Analyse vor!

b) Erläutern Sie die Bedeutung und die Aufgabe des Lebenszykluskonzepts! Nehmen Sie dabei die Position von Herrn G. Wieft ein!

c) Welche Marketinginstrumente sollte Herr G. Wieft hinsichtlich seines Produktes „Cafimo" und der Pad-Produkte schwerpunktmäßig in den einzelnen Lebenszyklusphasen einsetzen?

d) Nehmen Sie kritisch zu diesem Lebenszyklusmodell Stellung!

C. I. (2) Fallstudie „Quellarius"

Siehe Fallstudientext unter A. (2) Fallstudie „Quellarius"

Aufgabe:
Nehmen Sie aus dem Blickwinkel der Quellarius GmbH eine SWOT-Analyse vor!

C. I. (3) Fallstudie „Kaffeegetränke-Automaten"
Die Kaffeegetränke-Automaten GmbH stellt Automaten für unterschiedliche Kaffeegetränke (Kaffee, Espresso, Cappuccino) her. Abnehmer der Geräte sind zum einen private Haushalten und zum anderen die Gastronomie (z.B. Cafés, Bäckereien).

Das Programm umfasst vier Produkte:
- Der Kaffeeautomat „Koffi Classic" (KC) war lange Zeit das einzige Produkt des Unternehmens. KC ist eine klassische Kaffemaschine zum Aufbrühen von maximal zehn Tassen.
- „Multi Koffi" (MK) ist ein Automat, mit dem nicht nur herkömmlicher Kaffee, sondern auch Espresso und Cappuccino erzeugt werden können.
- „Koffi Gastronomie" (KG) ist auf die spezifischen Anforderungen der Gastronomie abgestimmt (insbesondere Cafés, Bäckereien und kleinere Restaurants).
- Im Juli des letzten Jahres brachte das Unternehmen den Kaffeeautomaten „Koffi Lifestyle" (KL) auf den Markt. Mit KL können maximal vier Tassen Kaffee gebrüht werden. Das Gerät enthält auch eine Vorrichtung zum Aufschäumen von Milch für Cappuccino. Zudem kann zwischen drei Dekors in modernen Farben gewählt werden. Diese Kaffeemaschine ist auf die speziellen Bedürfnisse von Singlehaushalten zugeschnitten, die ihr Konsumverhalten nach ihrem Lebensstil ausrichten. Sie achten beispielsweise auf eine ´durchgestylte´ Wohnungseinrichtung. Dazu gehört auch die Kaffeemaschine.

Über die genannten Produkte und ausgewählten Konkurrenten liegen der Kaffeegetränke-Automaten GmbH die in Abbildung C-10 dargestellten Informationen vor
(Umsätze in Mio. GE).

	Koffi Classic (KC)	Multi Koffi (MK)	Koffi Gastro (KG)	Koffi Lifestyle (KL)
Kaffeegetränke-Automaten				
Umsatz letztes Jahr	6	4	5,5	0,5 **
Umsatz in drei Jahren *	6	5	5	1
Hot Drinks GmbH				
Umsatz letztes Jahr	8	6	3	1
Umsatz in drei Jahren *	7,5	5,5	2,5	1
Trinkfix-Automatix GmbH				
Umsatz letztes Jahr	5	10	5,5	0,4
Umsatz in drei Jahren *	6	11	5	0,5
Marktwachstum (bis in drei Jahren)*	0%	+10%	–10%	+5%

Abb. C-10:   Produktinformationen der Kaffeegetränke-Automaten GmbH
             (* prognostizierte Größen; ** Juli bis Dezember des letzten Jahres)

Aufgaben:
a) Erstellen Sie ein Marktanteil-Marktwachstum-Portfolio für die Kaffeegetränke-
   Automaten GmbH! Visualisieren Sie die unterschiedliche Bedeutung der Produkte für den Gesamtumsatz des Unternehmens! Wie dichotomisieren Sie die
   beiden Achsen (Trennwerte zwischen hohem/niedrigem rel. Marktanteil und ho-
   hem/niedrigem Marktwachstum)?
b) Welche Normstrategien sind für die Produkte aufgrund ihrer Lage im Portfolio
   empfehlenswert?
c) Würdigen Sie kritisch diese Portfolioanalyse!

II. Marketingziele

Wesentlicher Bestandteil der Marketingkonzeption ist die Formulierung eines lang-fristig ausgerichteten Zielsystems. Es gibt unterschiedliche Zielebenen, die als Py-ramide darstellbar sind (Abbildung C-11). Zielanzahl und Konkretisierungsgrad nehmen von der Pyramidenspitze zur Basis zu.

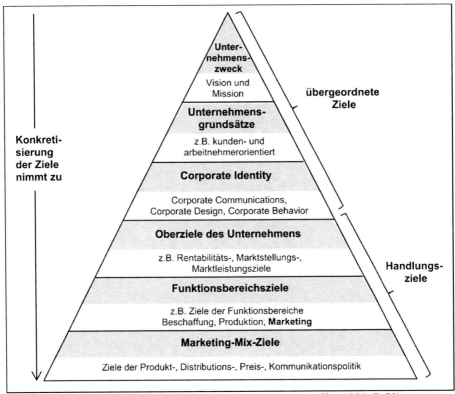

Abb. C-11: Hierarchie der Zielebenen (in enger Anlehnung an Meffert 1994, S. 79)

Der **Unternehmenszweck** beinhaltet Aussagen darüber, warum welche Leistungen vom Unternehmen erbracht werden (Unternehmensmission) und wie es sich weiter-entwickeln soll (Vision).

Eng verbunden mit dem Unternehmenszweck sind die konkreteren **Unternehmens-grundsätze**. Bei deren Formulierung kann die Marktorientierung des Unternehmens verankert werden, z.B.: „Die RWE-Unternehmen bieten ihren Kunden eine breite Palette von Produkten und Dienstleistungen, vor allem in den Kerngeschäftsfeldern Strom, Gas, Wasser. Leitend ist dabei das Bestreben, die Bedürfnisse der Kunden durch passende und effiziente Lösungen zu erfüllen." (Meffert et al. 2012, S. 245).

Arbeitnehmerorientierte Grundsätze beinhaltet beispielsweise das „Diversity Council" von Kraft Foods. Da dem Unternehmen die Zufriedenheit der Mitarbeiter besonders wichtig ist, bezieht es Position zur Vereinbarkeit von Beruf und Privatleben, zur Gleichberechtigung von Frauen im Management, zu Mitarbeitern, die älter als 45 Jahre sind etc. (http://www.presseportal.de/ pm/40637/958660/kraft-foods-unterzeichnet-charta-der-vielfalt-diversity-als-chance). Die Unternehmensgrundsätze sind schriftlich dokumentiert und verbindlich.

Mit **Corporate Identity** ist die Unternehmenspersönlichkeit bzw. -identität gemeint, die sich im Verhalten, in der Kommunikation und im Erscheinungsbild zeigt (Meffert, Burmann 1996, S. 23ff.). Um Unternehmensidentität zu vermitteln, steht folgender Corporate-Identity-Mix bereit:
• Corporate Communications:
  Alle nach innen und außen gerichteten kommunikativen Aktivitäten eines Unternehmens (z.B. Kommunikation mit den Mitarbeitern; Werbung) sind aufeinander abzustimmen, um ein klares widerspruchsfreies Vorstellungsbild (Corporate Image) vom Unternehmen zu erzeugen.
• Corporate Design:
  Alle visuellen Elemente des Erscheinungsbilds eines Unternehmens (z.B. Logo, Typographie, Produktgestaltung, Gestaltung von Werbemitteln, Innenausstattung von Geschäftsräumen) werden als Gestaltungskonstanten festgelegt. So soll gewährleistet werden, dass das Unternehmen als Einheit wahrgenommen wird.
• Corporate Behavior:
  Das Verhalten der im Unternehmen tätigen Menschen untereinander und nach außen gerichtet muss mit den Unternehmenswerten und Grundsätzen übereinstimmen (z.B. innengerichtet: Verhalten von Führungskräften gegenüber Mitarbeitern; außengerichtet: Öffentlichkeitsarbeit).

Die **Unternehmensziele** sind unter Berücksichtigung von Unternehmenszweck, -grundsätzen und -identität zu formulieren. Sie stellen Richtgrößen für unternehmerisches Handeln dar und beinhalten wünschenswerte Zustände, die aufgrund unternehmerischer Maßnahmen erreicht werden sollen (Kupsch 1979, S. 15f.). Mögliche Inhaltskategorien von Unternehmenszielen sind beispielsweise
• Marktstellungsziele (z.B. Marktanteil, Umsatz)
• Rentabilitätsziele (z.B. Gewinn, Rentabilität des Eigen-/ Fremdkapitals)
• finanzielle Ziele (z.B. Kreditwürdigkeit, Liquidität) und
• Umweltschutzziele (z.B. Vermeidung der Belastungen von Luft, Wasser, Boden)
(Ulrich, Fluri 1992, S. 97f.; Becker 2013, S. 14f.).

Die **Marketingziele** sind Vorgaben für den Marketingbereich, die durch den Einsatz der Marketinginstrumente erreicht werden sollen.

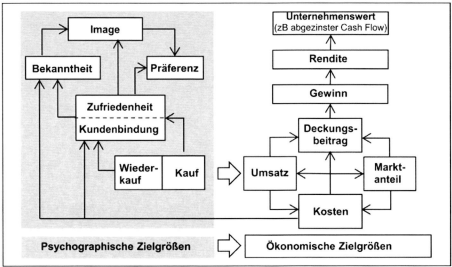

Abb. C-12: Zielgrößen im Marketing (Quelle: Meffert 1994, S. 96)

Damit die Marketingziele gemessen werden können, müssen sie **operationalisiert**, d.h. konkretisiert werden hinsichtlich
• Inhalt (Entscheidung, was im Marketing angestrebt wird; Abbildung C-12)
• Ausmaß (Zielerreichungsgrad)
• Zeitbezug (Zeitraum, in dem die Ziele erreicht werden sollen)
• Segmentbezug (abgrenzbare Teilmärkte bzw. Käuferschichten, die hinsichtlich bestimmter Kriterien homogen sind; siehe Kapitel B.III. Marktsegmentierung).

Die ökonomischen Zielgrößen sind beobachtbar und daher messbar. Die psychographischen Zielgrößen entziehen sich einer direkten Beobachtung und müssen anhand von Indikatoren erfasst werden (z.B. physiologische Reaktionen bei Antworten auf Befragungen; siehe Kapitel B.II.1.2 Messung psychischer Zustände und Prozesse).

Operational formulierte Marketingziele lauten beispielsweise:
• Steigere den letztes Jahr erzielten Umsatz von Produkt A im Gebiet B bei Käuferschicht C um 10 Prozent bis zum Ende des Jahres.
• Erhöhe den Anteil der Kunden, die mit den Serviceleistungen des Unternehmens „vollständig zufrieden" sind, auf 90 Prozent innerhalb der nächsten sechs Monate.

Die Zielebenen der Pyramide stehen in einer **Mittel-Zweck-Beziehung**: Jede Zielebene ist das Mittel zur Erreichung des in der nächsthöheren Zielebene formulierten Zwecks. Zwei Beispiele sollen dies veranschaulichen (Abbildung C-13).

Abb. C-13: Mittel-Zweck-Zusammenhänge (Pfeile) zwischen den Handlungszielebenen

Ist das Oberziel des Unternehmens bestmöglicher Gewinn, so sind Beschaffung und Produktion darauf ausgerichtet, die Kosten so gering wie möglich zu halten. Das Marketing möchte bestmögliche Umsätze generieren, beispielsweise durch die Erschließung neuer Zielgruppen (Abbildung C-13, linker oberer Pfeil).

Der Marketing-Mix dient dazu, die Marketingziele bestmöglich zu erreichen (unterer Pfeil). Die Produktpolitik ist für die Bereitstellung eines marktgerechten Leistungsangebots zuständig, das über zielgruppenadäquate Vertriebskanäle distribuiert wird, entsprechende Produktnutzen liefert, um die Preisbereitschaft der Zielgruppe abzuschöpfen und kommunikationspolitisch bekannt gemacht wird (z.B. Werbung).

Fallstudien zu C.II. Marketingziele		
Bezeichnung	*Fallstudie*	*Schwerpunkt/Aufgabe*
C.II. (1)	Sportswear AG	Operationale Zielformulierung; ökonomische und psychographische Ziele
C.II. (2)	Kröti	SWOT
C.II. (3)	Ich will	Portfolioanalyse

C. II. (1) Fallstudie „Sportswear AG"

Der Sportbekleidungshersteller Sportswear KG ist ein traditionsreiches, mittelständisches Familienunternehmen. Es wird gleichberechtigt von den Erben Ulla Sophisticated, Klaus Bodenständig und Hannes Rechner geführt. Eigentlich verstanden sich die Drei schon immer ganz gut. Um dies zu erhalten, beschlossen sie von Anfang an, wichtige Entscheidungen einvernehmlich zu treffen. Dieses Vorgehen erweist sich bei der nun anstehenden Entscheidung als problematisch. Es geht um die Einführung der neuen Produktlinie „walk & run", mit der die Sportswear KG in das bisher vom Marktführer „Marathon" beherrschte Marktsegment der Sportbekleidung für Laufsportarten (Walking, Jogging, Marathonlauf) eintreten möchte.

–   Strittig zwischen den Geschäftsführern ist, welche Zielsetzung mit der Einführung der neuen Produktlinie verfolgt werden soll.
–   Einigkeit herrscht lediglich darüber, dass der (gestützte) Bekanntheitsgrad von „walk & run" im ersten Jahr einen Wert von 70 Prozent erreichen soll.

Aufgaben:
a) Welche ökonomischen und psychographischen Marketingziele kann die Sportswear KG mit ihrer neuen Produktlinie „walk & run" verfolgen?
b) Ist die Zielsetzung hinsichtlich des Bekanntheitsgrads operational formuliert?

C. II. (2) Fallstudie „Kröti"

Das Chemieunternehmen Walter & Mei ist ein Hersteller von Wasch-, Putz- und Reinigungs(WPR)-Produkten. 1986 brachte es das erste nahezu vollständig umweltverträgliche Reinigungsmittel (d.h.: mit vollständig abbaufähigen Tensiden) unter der Marke „Kröti" auf den Markt. „Kröti" traf den damaligen Zeitgeist umweltbewusster Konsumenten. In kurzer Zeit avancierte der „Kröti"-Haushaltsreiniger zum Marktführer seiner Warengruppe.

Die damalige Umwelteuphorie verflog zunehmend in den neunziger Jahren. Einer jährlich durchgeführten repräsentativen Marktforschungsstudie ist zu entnehmen, dass das Umweltbewusstsein der Verbraucher von Mitte der achtziger Jahre bis 1992 stets gestiegen war, dann zwei Jahre stagnierte und seitdem einen unbeständigen Verlauf mit leicht sinkender Tendenz aufweist. Umweltverträglichkeit als Produkteigenschaft hat längst den Stellenwert eines Wettbewerbvorteils verloren und ist – auch bei WPR-Produkten – ein selbstverständlicher Produktnutzen.

Herr Ökol, seit 1995 Produktmanager von „Kröti", stellte vor kurzem fest, dass „Kröti" seine Marktführerschaft im Haushaltsreiniger-Segment an das wichtigste Konkurrenzprodukt „Mister Sauber" abgeben musste. „Mister Sauber" – zwei Jahre länger als „Kröti" im WPR-Markt – ist ebenso wie „Kröti" geruchsneutral. Die Umweltverträglichkeit von „Mister Sauber" wird traditionell anhand des Claims ´Mister Sauber mit Bio-Alkohol´ kommuniziert. Seine Stärken als Reinigungsmittel symbolisiert die Zeichentrickfigur eines Bodybilders, der bei allen werblichen Auftritten als Bild (z.B. in Werbeanzeigen) oder bewegtes Bild im TV auftaucht.

Vor diesem Hintergrund veranlasste Herr Ökol eine Verbraucherbefragung, die u.a. folgende Ergebnisse lieferte:

— Die Marke „Kröti" verfügte im letzten Jahr über einen ungestützten Bekanntheitsgrad von 65%. Der gestützte Bekanntheitsgrad betrug 90%.

— „Kröti" wird einerseits als ′zuverlässig′ und ′gründlich′ sowie andererseits als ′Produkt mit verstaubtem Öko-Image′ beurteilt. In gesundheitsbezogener Hinsicht wird „Kröti" als ′durchschnittlich′ beziehungsweise ′typisches Reinigungsprodukt′ eingestuft.

— Vor allem jüngere Frauen mit Kindern kaufen gern „Kröti", weil sie nur bewährte Umweltprodukte im Haushalt haben wollen. Die Kaufentscheider sind Frauen im Alter von 20 bis 49 Jahren mit höherem Bildungsgrad und Haushalts-Nettoeinkommen. Das Potenzial wird bundesweit mit etwa fünf Millionen Verbraucherinnen beziffert.

— Etwa 75% der „Kröti"-Verbraucher kaufen von den insgesamt 15 „Kröti"-Produkten nur den Haushaltsreiniger. Die anderen „Kröti"-Produkte (z.B. „Kröti"-Waschpulver, -Essigreiniger, Geschirr- und Glasreiniger) sind ihnen offenbar unbekannt.

— Viele Konsumenten von WPR-Produkten haben ein ausgeprägtes Bewusstsein für Gesundheit und Wellness. Sie wünschen sich Produkte mit Naturstoffen (z.B. Extrakte aus Zitrusfrüchten), die gesundheitlich unbedenklich sind (z.B. hinsichtlich Hautallergien) und wohltuend riechen (z.B. Citrusduft bei WC-Reinigern, Meeresalgenduft bei Glasreinigern).

Herr Ökol hat beschlossen, „Kröti" neu zu positionieren und die Kommunikationsstrategie entsprechend zu überarbeiten.

Aufgabe:
Erläutern Sie das Marketingproblem, das Herr Ökol als verantwortlicher Produktmanager zu lösen hat. Formulieren Sie anschließend die diesbezüglichen operationalen Marketingziele.

C. II. (3) Fallstudie „Ich will"

Das Unternehmen Studiclever ist einer der weltgrößten Food-Konzerne. Es bietet etwa 400 Marken in Produktbereichen wie Tee, Streichfett (Margarine, Butter), Tütensuppen, Gewürze etc. sowie im Non-Food-Bereich (z.B. Haushaltsreiniger, Seife, Waschmittel) an. Zu den Food-Marken zählt auch die Marke „Ich will", die es seit fünfundzwanzig Jahren auf dem bundesdeutschen Markt gibt. Unter der Marke „Ich will" werden diätetische Produkte angeboten, und zwar fettreduzierte Wurst, Milchprodukte und Tütensuppen sowie cholesterinsenkende Streich- und Bratfette. Seitdem es die Marke gibt, lautet der Slogan „So darf ich genießen".

Herr Schmalz, der Produktmanager von „Ich will", musste in den vergangenen Jahren stagnierende und im letzten Jahr sogar sinkende Umsätze für seine Produktlinie feststellen. Er machte hierfür vor allem Veränderungen im Markt und Verhalten der Marktteilnehmer verantwortlich. So hat sich insbesondere das Verhalten der Konsumentinnen verändert. Dies wird aus einer Marktforschungsuntersuchung deutlich, die Studiclever seit 1980 alle zwei Jahre durchführen lässt. In den 80er und frühen 90er Jahren des letzten Jahrhunderts fühlten sich viele Frauen zur Diät vor allem deshalb verpflichtet, um aus ästhetischen Gründen einem möglichen Übergewicht vorzubeugen und den Männern zu gefallen. Die Marke „Ich will" wurde als ein umschriebenes „Ich muss" empfunden, „damit ich Chancen bei den Männern habe". Dieser als bedrohlich empfundene Unterton ist für die moderne junge Frau nicht mehr angebracht. Denn sie ist selbstbewusst und ihre Devise lautet: „Ich muss gar nichts". Sie braucht das gute Gefühl, für sich selbst alles richtig zu machen.

Auch der relevante Markt hat sich strukturell geändert. In den 80er und frühen 90er Jahren gab es eine klare Trennung zwischen Diätprodukten einerseits und Ware mit höherem Fettgehalt andererseits. Der Markteintritt der sogenannten probiotischen Produkte (biotisch heißt: auf Organismen/Lebensvorgänge bezogen) hat zu deutlichen Strukturverschiebungen geführt. Probiotische Produkte (z.B. Milchprodukte, die mit bestimmten Vitaminen und Mineralien angereichert sind) werden von vielen Konsumenten als „Gesundheits-Lebensmittel" empfunden, mit denen sie ihre Gesundheit fördern können. So spaltet sich mittlerweile der diesbezügliche Markt in die Gruppe der gesundheitsförderlichen Angebote und die der Normalprodukte.

Vor diesem Hintergrund sieht sich Herr Schmalz gezwungen, seine Produktlinie und deren Vermarktung neu auszurichten. Wesentliche Ansatzpunkte hierbei sieht er in der Neupositionierung und Verjüngung der Marke sowie einer Neuformulierung des bisherigen Slogans.

Aufgabe:
Erläutern Sie das Marketingproblem, das Herr Schmalz als verantwortlicher Produktmanager zu lösen hat. Formulieren Sie dann zwei diesbezügliche operationale Marketingziele.

III. Marketingstrategien

Marketingstrategien sind das Bindeglied zwischen Marketingzielen und -maßnahmen. Sie geben die Route vor, auf der durch den Einsatz der Instrumente die Ziele erreicht werden sollen. Die Formulierung von Strategien betrifft zwei strategische Entscheidungsebenen (Meffert 1998, S. 223f.):

- Auf der **Ebene des Gesamtunternehmens** ist zu entscheiden, welche Leistungen in welchen Märkten (Produkt-Markt-Kombinationen) angeboten werden. Hierzu wird der Gesamtmarkt nach marktorientierten, unternehmens*externen* Kriterien in Marktsegmente aufgeteilt (Strategische Geschäftsfelder **SGF**), die im Hinblick auf bestimmte Merkmale intern homogen und zueinander heterogen sind (z.B. Bedürfnisse der Abnehmer; Intensität und Struktur des Wettbewerbs etc.).
- Die Unternehmensstrategien sind die Vorgabe für die **Marketingebene**. Dort werden sie von der Sparten- oder Geschäftsbereichsleitung für die Produkte bzw. Dienstleistungen, die Produktgruppen oder die Strategischen Geschäftseinheiten (**SGE**) konkretisiert. SGE sind durch unternehmens*interne*, organisatorische Kriterien bestimmt. SGF und SGE können, müssen aber nicht, übereinstimmen (Meffert 1986, S. 98).

1. Strategische Geschäftsfelder und Marktabdeckungsstrategie

Charakteristisch für ein strategisches Geschäftsfeld SGF ist, dass
- es eigenständig, von anderen SGF unabhängig, abnehmerrelevante Probleme löst
- die Konkurrenten am Markt eindeutig identifizierbar sind
- es eine eigenständige Marketingkonzeption ermöglicht
- es einen eigenständigen Beitrag zum Unternehmenserfolg liefert (Kreilkamp 1987, Meffert 1994, S. 41).

Zur **Abgrenzung von SGF** ist der Ansatz von Abell geeignet (Abell 1980, S. 30, Meffert et al. 2012, S. 266ff.). Diesem Ansatz liegt die These zugrunde, dass ein Produkt das physische Gegenstück einer angewandten Technologie darstelle und diese bestimmte Problemlösungen für eine spezifische Zielgruppe realisiere. Es wird ein dreidimensionaler SGF-Suchraum mit den Dimensionen
- Abnehmergruppen (Wessen Bedürfnisse?)
- Funktionserfüllung (Welche konkreten Bedürfnisse?)
- Technologie (Welche alternativen Wege, um die Bedürfnisse zufriedenzustellen?)
entwickelt.

Abbildung C-14 zeigt den SGF-Suchraum eines Finanzdienstleisters. Angesichts der im Beispiel berücksichtigten fünf Zielgruppen, fünf Bedürfnisbündel und sechs Kontaktsituationen gibt es theoretisch $5 \cdot 5 \cdot 6 = 150$ alternative SGF, in denen der Finanzdienstleister tätig sein kann. Um die **SGF-Auswahl** praktikabel zu gestalten, sollten die Dimensionen in eine Reihenfolge ihrer Berücksichtigung gebracht werden (Meffert 1998, S. 226f.). Die größte Nähe zum Marketing weist die Reihenfolge

„Abnehmer – Funktion – Technologie" auf, da die Zielgruppen den Ausgangspunkt der Strategieformulierung bilden. Die Reihenfolge „Funktion – Technologie – Abnehmer" berücksichtigt, was aus Sicht des Unternehmens mit dem Leistungsangebot, den vorhandenen Ressourcen und Potentialen machbar ist. Die Auswahl der SGF ist so vorzunehmen, dass die Unternehmensressourcen in die Felder der größten Chancen und relativen Wettbewerbsvorteile gelenkt werden.

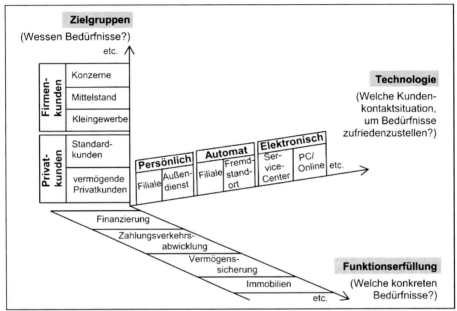

Abb. C-14: Geschäftsfeldabgrenzung im Markt für Finanzdienstleistungen (in enger Anlehnung an Meffert 1998, S. 227)

Es gibt folgende **strategische Optionen der Marktabdeckung** im relevanten Markt (zum Beispiel Finanzdienstleistungen, vgl. Meffert et al. 2012, S. 270f.):

- Zielgruppenspezialisierung: Angebot der vollständigen Produkt- bzw. Dienstleistungspalette für eine Abnehmergruppe (z.B. Bank nur für vermögende Privatkunden, bei denen alle Finanzdienstleistungsbedürfnisse abgedeckt werden)
- Funktions- bzw. Bedürfnis- bzw. Produktspezialisierung: Enges Produktprogramm für alle Abnehmergruppen (z.B. Finanzdienstleistungen „rund um die Immobilie" für Privat- und Firmenkunden)
- Technologiespezialisierung: Marktabdeckung mit einer speziellen Technologie (z.B. virtuelle Bank, die ausschließlich über das Internet agiert)
- kombinierte Spezialisierung: z.B. Zielgruppen- und Funktionsspezialisierung (Discount Broker, der für sehr preissensible Kunden mit Vermögensanlagebedarf nur Wertpapiertransaktionen zu sehr niedrigen Gebühren anbietet; der Kundenkontakt geschieht unpersönlich ausschließlich über Telefon und Computer)

- Gesamtmarktabdeckung: Vollständige Produktlinie für alle Abnehmer, die anhand verschiedener Technologien angeboten werden (z.B. große Universalbanken).

Anhand dieses Beispiels kann die Abgrenzung zwischen **SGF** und **SGE** veranschaulicht werden. Hat sich beispielsweise der Finanzdienstleister auf das SGF Privatkunden spezialisiert, so kann er dieses anhand mehrerer SGE bearbeiten (z.B. SGE 1 „Standardkunden", SGE 2 „vermögende Privatkunden", SGE 3 „Privatkunde XY").

Abgesehen von der Gesamtmarktabdeckung führt die Geschäftsfeldwahl immer zum Ausschluss bestimmter Segmente. Diese Ausschlussentscheidung, die vom Management zu treffen ist, korrespondiert mit der Erkenntnis, welche Marktchancen und -risiken mit den einzelnen Geschäftsfeldern verbunden sind und über welche spezifischen Stärken das Unternehmen zur Geschäftsfeldbearbeitung verfügt. Nachteil des Abell-Ansatzes ist, dass die **räumliche Abgrenzung der SGF** vernachlässigt wird. Diese „Raumdimension" ist jedoch insbesondere für Internationalisierungsstrategien von Unternehmen bedeutsam und wird im Rahmen der Marktarealstrategie berücksichtigt (siehe Kap. C.III.2.2).

2. Marktwahlstrategien

Die Marktwahlstrategien beinhalten die Festlegung
- der Produkt-Markt-Kombinationen (**Marktfeldstrategie**: mit gegenwärtigen oder neuen Produkten in gegenwärtigen oder neuen Märkten?)
- des Markt- bzw. Absatzraumes (**Marktarealstrategie**: Bearbeitung eines lokalen, regionalen, nationalen oder internationalen bzw. globalen Absatzmarktes?)
- der **Marktbearbeitungsstrategie** (undifferenzierte, konzentrierte, differenzierte Marktbearbeitung?); diese strategischen Optionen wurden bereits im Zusammenhang mit der Marktsegmentierung (Kapitel B.III) erörtert.
Im Folgenden werden zunächst die Produkt-Markt-Kombinationen und anschließend die Marktarealstrategien erörtert.

2.1 Produkt-Markt-Kombinationen

Ausgangspunkt aller weiteren strategischen Entscheidungen ist die Festlegung der Produkt-Markt-Kombinationen, auch Marktfelder genannt (Becker 2013, S. 148). Zunächst ist zu überprüfen, ob die gesteckten Unternehmens- und Marketingziele anhand der bisherigen Unternehmensstrategie erreicht werden können. Ist dies nicht der Fall (weil z.B. das Absatzpotential bzw. der Markt rückläufig ist), liegt eine **Ziellücke** vor: Die gesteckten Ziele können mit den bisherigen Verhaltensweisen nicht mehr erreicht werden. Um die Ziellücke anhand neuer Wachstumsquellen zu schließen, liefert die Produkt-Markt-Matrix (Abbildung C-15) grundlegende strategische Stoßrichtungen (Becker 2009, S. 272ff.; Meffert et al. 2012, S. 272ff.).

Märkte Produkte	gegenwärtig	neu
gegenwärtig	A. Marktdurchdringung	B. Marktentwicklung
neu	C. Produktentwicklung	D. Diversifikation

Abb. C-15: Produkt-Markt-Matrix (Quelle: Ansoff 1966, S. 132)

Für die **Marktdurchdringungsstrategie** ist es charakteristisch, dass die Marketing-aktivitäten für das gegenwärtige Produkt im gegenwärtigen Markt verstärkt werden. Es sind drei unterschiedliche Ansatzpunkte denkbar:
• Gewinnung der Konsumenten von Konkurrenzprodukten (z.B. durch Preisredukti-on oder Verkaufsförderungsaktionen)
• Intensivierung der Produktverwendung bei bisherigen Kunden, indem neue An-wendungsbereiche oder Nutzen geschaffen werden (z.B. „Jägermeister", der durch eine langjährige Werbekampagne zum salonfähigen Magenbitter für unzählige An-lässe wurde)
• Gewinnung bisheriger Nichtverwender der Produkte (z.B. durch Verteilung von Produktproben oder über neue Vertriebswege).

Auf der Suche nach neuen Märkten für gegenwärtige Produkte (**Marktentwick-lungsstrategie**) bieten sich zwei Möglichkeiten:
• Gewinnung von Absatzmärkten durch geographische Ausweitung (regional, natio-nal, international oder global)
• Gewinnung neuer Marktsegmente durch Produktdifferenzierung (z.B. Marken-Speiseeis als Haushaltspackung für mehrere Personen und als Kleineis-Packung; psychologische Produktdifferenzierung auf werblichem Wege, z.B. Modell einer Automarke, das besonders für Frauen geeignet ist); an dieser Stelle zeigt sich, dass Marktentwicklungs- und Produktentwicklungsstrategie gut kombinierbar sind.

Anliegen der **Produktentwicklungsstrategie** ist, für bestehende Märkte neue Pro-dukte zu entwickeln. Grundsätzliche Alternativen hierfür sind:
• Entwicklung echter Innovationen im Sinne von Marktneuheiten
• Erweiterung des Produktprogramms durch zusätzliche Produktvarianten (z.B. zusätzliche Automodellvariante mit Hybridmotor).

Es gibt drei Arten der **Diversifikation**:
• Bei der **horizontalen** Diversifikation wird das bestehende Produktprogramm er-weitert um Produkte, die mit dem Programm in sachlichem Zusammenhang stehen (z.B. Herrenausstatter erweitert sein Programm mit Sportbekleidung).
• Im Rahmen der **vertikalen** Diversifikation wird die Tiefe eines Programms erwei-tert. Dies geschieht entweder in Richtung Absatzmarkt der bisherigen Erzeugnisse (Vorwärtsintegration; z.B. Bekleidungshersteller kauft oder gründet Bekleidungs-geschäfte) oder in Richtung Beschaffungsmarkt (Rückwärtsintegration; z.B. Be-kleidungshersteller kauft bzw. gründet Produktionsstätte für die benötigten Stoffe).

- Eine **laterale** Diversifikation liegt vor, wenn die neuen Produkte und Marktgebiete mit den bisherigen in keinem sachlichen Zusammenhang stehen. Dies ist die chancen- und zugleich risikoreichste der Diversifikationsarten.

Diese Strategieoptionen können nacheinander durchlaufen werden (Abb. C-16).

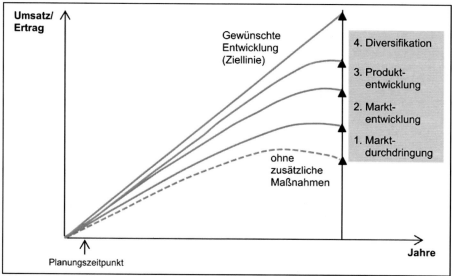

Abb. C-16: Schließung einer Ziellücke durch die Strategien der Produkt-Markt-Matrix (in Anlehnung an Becker 2006, S. 416, Meffert et al. 2012, S. 274)

Für diesen „strategischen Idealweg" (Becker 2009, S. 177) spricht, dass man mit der strategischen Option beginnt, die die größte Synergie zum bisherigen Geschäft bietet (Marktdurchdringung) und das geringste Risiko beinhaltet, allerdings nur einen kleinen Teil zur **Schließung der Ziellücke** liefert. Entsprechend klein sind die Synergien bei der risikoreichen Diversifikationsstrategie, die allerdings das größte Wachstumspotential bietet, um die Ziellücke zu schließen.

2.2 Marktarealstrategien

Unternehmen, die mit ihren Produkten internationale Märkte betreten wollen („Going International"), müssen folgende Teilentscheidungen treffen:
- Marktauswahl: Welche Märkte sollen betreten werden?
- Markteintritt: Welches Timing des Markteintritts wird gewählt? Welche Organisationsform ist für das Auslandsgeschäft geeignet?
- Marktbearbeitung: Welcher strategische Schwerpunkt soll gelegt werden und wie sind die Marketinginstrumente auszugestalten? Diese Fragestellungen betreffen das internationale Marketing und werden an dieser Stelle nicht weiter vertieft.

Bei der **Marktauswahl** sollen jene Länder gefunden werden, deren Bearbeitung besonders erfolgversprechend ist. Analog zur nationalen Segmentierung geschieht die Auswahl geeigneter Ländermärkte anhand einer internationalen Segmentierung, die länderspezifische Merkmale berücksichtigt (z.B. Pro-Kopf-Einkommen; politisches Risiko). Anschließend werden die Ländermärkte in homogene Abnehmergruppen eingeteilt (Meffert et al. 2012, S. 297). Das **Timing des Markteintritts** beantwortet die Frage, zu welchem Zeitpunkt die Auslandsmärkte erschlossen werden sollen (Meffert, Bolz 1998, S. 164ff.; Backhaus et al. 2003, S. 164ff.). Hierzu dienen die Wasserfall- oder Sprinkler-Strategie.

Bei der **Wasserfall-Strategie** geschieht eine sukzessive Ausweitung der zu bearbeitenden Ländermärkte (Abbildung C-17). Die einleitende Stufe beinhaltet Erfahrungen auf dem Heimatmarkt. Auf der zweiten Stufe befinden sich ausgewählte Auslandsmärkte mit größtmöglicher Nähe zum Heimatmarkt. Für die Auslandsmärkte der weiteren Stufen steigt der Grad der Heterogenität. Sie sind dem Heimatmarkt immer unähnlicher.

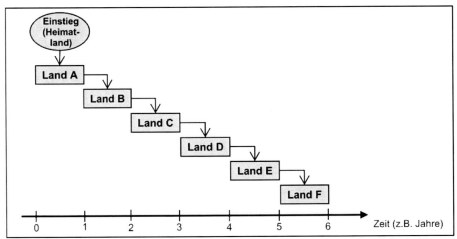

Abb. C-17: Wasserfall-Strategie als Option einer internationalen Neuprodukteinführung (Quelle: Backhaus et al. 2003, S. 164)

Wesentlicher **Vorteil** dieser Strategie ist zunächst, dass das Risiko des Auslandsengagements begrenzt wird. Je ähnlicher die ausländischen Märkte dem Heimatmarkt sind, umso eher können die Erfahrungen des Heimatmarkts auf den Auslandsmarkt übertragen werden. Entsprechend risikoreich ist, wenn die in Frage kommenden Auslandsmärkte dem Heimatmarkt unähnlich sind. Dieses Risiko wird durch das sukzessive Engagement in Auslandsmärkten reduziert, denn auf jeder Stufe kann das Engagement abgebrochen werden. Wenn ausreichende Ressourcen (z.B. finanziell, personell) für die simultane Erschließung von Ländermärkten fehlen, ist ein langsames Hineinwachsen in das Auslandsgeschäft möglich. Darüber hinaus kann der Produktlebenszyklus verlängert werden. Voraussetzung hierfür ist, dass die Produkte, die im Inland in der Reifephase sind, im Ausland erfolgreich eingeführt werden können. Zentrale **Nachteile** dieser Strategie betreffen zum einen den möglichen Verzicht auf einen eventuell attraktiven Auslandsmarkt. Wenn ein Neuprodukt im ersten Auslandsmarkt nicht erfolgreich ist, wird evtl. auf eine Vermarktung in den Ländern späterer Stufen verzichtet, obwohl das Produkt in diesen Ländern vielleicht positiver aufgenommen würde. Zum anderen bieten Konkurrenten möglicherweise vorzeitig Nachahmungen der Produktidee auf den Ländermärkten an, die nach der Wasserfall-Strategie erst auf späten Stufen bearbeitet werden sollen.

Bei der **Sprinkler-Strategie** werden simultan bzw. in kurzer Zeit (innerhalb von einem oder zwei Jahren) möglichst viele Märkte erschlossen (Abbildung C-18). Während dieser Zeit gibt es unterschiedliche Markteintrittszeitpunkte, beispielsweise wegen operativer Probleme, wenn Tochtergesellschaften gegründet werden.

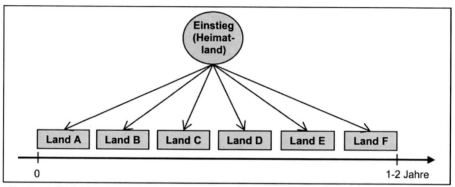

Abb. C-18: Sprinkler-Strategie als Option einer internationalen Neuprodukteinführung (Quelle: Backhaus et al. 2003, S. 173)

Angesichts der offenkundigen Tendenz zu verkürzten Produkt- und Technologiezyklen ist die Sprinkler-Strategie vorteilhaft. Bei einer simultanen Produkteinführung auf Auslandsmärkten wird das Risiko reduziert, dass die Konkurrenz zuvorkommt. Weitere **Vorteile** betreffen die verkürzte Amortisationszeit der Ausgaben für Forschung und Entwicklung sowie den möglichen Aufbau eines Imagevorteils. Denn durch die frühe Präsenz des neuen Produkts auf den ausgewählten Märkten kann das Produktimage die Wirkung einer Markteintrittsbarriere für später folgende Konkurrenten entfalten. Allerdings hat die Strategie einen erheblichen Ressourcenbedarf (hinsichtlich Marktkenntnis, Marketing, Organisation des Auslandsengagements). Weitere **Nachteile** resultieren aus dem erhöhten Risiko, da das Auslandsengagement nicht mittendrin abgebrochen werden kann sowie der verkürzten Dauer des Produktlebenszyklus: Durch die Sprinkler-Strategie können in den Anfangsjahren höhere Umsätze erzielt werden. Allerdings verkürzt die quasi gleichzeitige Einführung des Neuprodukts auf Auslandsmärkten dessen Produktlebenszyklus insgesamt.

Wesentliche **Formen des Auslandsengagements** zeigt Abbildung C-19.

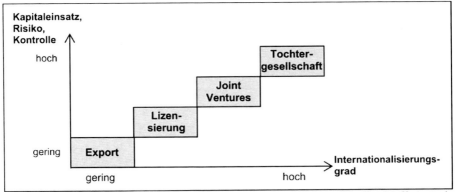

Abb. C-19: Formen des Markteintritts auf internationalen Märkten (Quelle: Meffert et al. 2012, S. 299)

Der **Export** ermöglicht den Markteintritt ohne Kapitaleinsatz (Meffert, Bolz 1998, S. 124ff.). Der nationale Hersteller überträgt sämtliche Funktionen, Kosten und Risiken, die aus dem Auslandsgeschäft resultieren, an andere Absatzorgane (z.B. inländischer Exporteur beim indirekten Export; Wiederverkäufer und Endverbraucher beim direkten Export). Daher sind das Risiko sowie die Kontrollmöglichkeiten gering. Bei der **Lizenzvergabe** bietet ein inländischer Hersteller Unternehmen des Auslandsmarkts zeitlich befristet gegen eine Lizenzgebühr Rechte an Erfindungen, Marken, Copyrights etc. Dies ist eine intensivere Form der Internationalisierung, da der Ort der Leistungserstellung vom Inland zum Ausland verlagert wird, jedoch ohne Vermögenstransfer. **Joint Ventures** stellen eine Form des Markteintritts mit Kapitaleinsatz im Ausland dar. Der ausländische Investor gründet mit einem Unternehmen vor Ort ein Partnerschaftsunternehmen. Risiko und Gewinn werden unter den Partnern aufgeteilt und Entscheidungen gemeinsam getroffen. Die Stärke des Einflusses, den das ausländische Unternehmen auf die Geschäftspolitik nehmen kann, hängt wesentlich von der Höhe der Kapitalbeteiligung ab. Den höchsten Internationalisierungsgrad weist die Gründung einer **Tochtergesellschaft** mit Produktion und Marktbearbeitung im jeweiligen Ausland auf. Charakteristisch ist die vollständige Entscheidungsfreiheit der Zentrale im Hinblick auf die gesamte Unternehmenspolitik, weshalb die Kontrollmöglichkeiten entsprechend hoch sind. Allerdings ist diese Form des Auslandsengagements mit dem größten Risiko verbunden (z.B. wegen des Kapitaleinsatzes und Transfers von Personalressourcen in das Gastland).

2. Marktteilnehmerstrategien

Marktteilnehmer sind die Abnehmer von Produkten oder Dienstleistungen, die Konkurrenten und die Absatzmittler. Marktorientierte Unternehmen formulieren Strategien im Hinblick auf jede dieser Teilnehmergruppen.

2.1 Abnehmergerichtete Strategien

Eine abnehmergerichtete Strategie ist ein langfristiger Verhaltensplan, der einen oder mehrere Wettbewerbsvorteile im relevanten Markt realisieren möchte (Meffert 1994, S. 127). Ein **Wettbewerbsvorteil** liegt erst dann vor, wenn
- dieser ein für den Kunden wichtiges Produkt- oder Dienstleistungsmerkmal betrifft und einen wettbewerbsüberlegenen Leistungsvorsprung darstellt
- der Leistungsvorsprung vom Kunden wahrgenommen wird
- der Leistungsvorsprung von der Konkurrenz kurzfristig nicht einholbar ist (Meffert 1998, S. 258).

Die Möglichkeiten, solche Wettbewerbsvorteile aufzubauen, lassen sich auf fünf strategische Grunddimensionen verdichten (Abbildung C-20). Die **Präferenzstrategien** sind darauf ausgerichtet, eine Vorzugsstellung beim Abnehmer aufzubauen. Diese ist in der Regel mehrdimensional, da mehrere nicht-preisliche Strategien verknüpft werden (z.B. Qualitäts- und Markierungsorientierung). Davon abzugrenzen ist die eindimensionale **Preis-Mengen-Strategie**, da hier lediglich der Preis als Marketinginstrument eingesetzt wird (Meffert 1994, S. 126ff.).

Strategische Grunddimensionen		Strategischer Wettbewerbsvorteil	Ansatzpunkte zur Ausgestaltung
Präferenzstrategien	**Innovations-orientierung**	• Pionierposition am Markt • Zeitvorteil	• Wissensbasis notwendig • Innovationsziele formulieren • Misserfolge akzeptieren

	Qualitäts-orientierung	• vom Abnehmer subjektiv wahrgenommene Qualität
		• Erfüllung individueller Bedürfnisse (Nutzen)
			• Qualitätsdimensionen, z.B.:
			  – Gebrauchsnutzen
			  – Haltbarkeit, Zuverlässigkeit
			  – Umwelt-/ Sozialverträglichkeit
			  – Serviceleistungen
			• Qualitätssicherung (TQM)
			• Integration des Nachfragers

	Markierungs-orientierung	• Markierung zur „psychologischen Differenzierung" von der Konkurrenz
		• unverwechselbares Markenimage
			• Aufbau des Markenimages:
			  – einzigartiges, glaubwürdiges Nutzenversprechen
			  – Marken-/ Unternehmensidentität
			  – kommunikative Vermittlung der Nutzenbotschaft
			• Markenstrategien

	Programm-breite	• breites und tiefes Produktprogramm	• flexibles Angebot von Produktvarianten
Kostenorientierung (Preis-Mengen-Strategie)		• Kostenvorteile • Weitergabe der Kostenvorteile an Abnehmer (als Preisvorteile)	• Größeneffekte • zentrale funktionale Organisation • Global Sourcing • Just-in-Time-Anlieferung

Abb. C-20: Strategische Grunddimensionen zum Aufbau von Wettbewerbsvorteilen (Spalten 1 und 3 vgl. Meffert et al. 2012, S. 306ff.)

Entsteht ein Wettbewerbsvorteil aus der **Innovationsorientierung** des anbietenden Unternehmens, dann wendet es ein umfangreiches Budget für Forschung & Entwicklung auf. Es möchte als Pionier neue Produkte auf den Markt bringen. Dies setzt voraus, dass das Unternehmen über entsprechendes Know-how verfügt (z.B. technologisch) und explizite Innovationsziele formuliert (z.B.: „Wir wollen innerhalb von x Monaten mindestens y aussichtsreiche Neuproduktkonzepte bis zur Marktreife entwickeln."). Nicht alle Produktinnovationen liefern den gewünschten Erfolg. Daher sind sie im Hinblick auf den Verlauf ihres Lebenszyklus noch „Fragezeichen" (siehe Portfolioanalyse, Quadrant der „Question Marks"). Innovationsmisserfolge sind zu akzeptieren und sollten nichts an dem Bestreben ändern, systematisch Neuproduktideen zu generieren (siehe Kapitel C.IV.1, Produktinnovation).

Im Rahmen der **Qualitätsorientierung** lassen sich zwei Qualitätskomponenten unterscheiden. Die **objektive** oder technische Qualität bezieht sich auf anbieterbezogene Aspekte (z.B. beim Auto: technische Spezifikationen des Motors, Ausschussquoten bei Autoteilen, Qualitätskontrolle von Beleuchtungsmodulen etc.). Für das Verhalten eines Konsumenten ist jedoch relevant, wie er die Qualität von Produkten **subjektiv** wahrnimmt und bewertet. Dabei ist die Qualität als Erfüllungsgrad seines individuellen Bedürfnisses anzusehen. Es gibt zahlreiche Qualitätsdimensionen, die den Aufbau eines Wettbewerbsvorteils erlauben. Beim Auto sind dies beispielsweise der Gebrauchsnutzen (z.B. Beschleunigung des Fahrzeugs; Komfort der Innenausstattung), die Haltbarkeit und Zuverlässigkeit (Lebensdauer des Fahrzeugs, geringer Reparaturbedarf), die Sicherheit (z.B. Abstands- und Hinderniswarnung), Ästhetik (Produktdesign), Umweltverträglichkeit (z.B. Abgaswerte) und die Qualität der Serviceleistungen (z.B. Einfühlungsvermögen und Bereitschaft des Personals, auf individuelle Probleme und Wünsche der Autobesitzer/ -käufer einzugehen).

Anliegen der **Markierungsorientierung** ist, sich anhand der Markierung und des Markenimages vom Wettbewerb abzuheben. Wesentlicher Bestandteil des Markenimages ist das einzigartige Nutzenversprechen (auch Unique Selling Proposition USP genannt), das glaubwürdig und mit der Identität der Marke bzw. des Unternehmens verknüpfbar sein muss und an die Zielgruppen kommuniziert wird (siehe Kapitel C.IV.1 und C.IV.2, Positionierung und Kommunikationsstrategie). Zudem stehen diverse Markenstrategien bereit, um sich im Konkurrenzumfeld zu profilieren und differenzieren (siehe Kapitel C.IV.1.25 Markenstrategien).

Mit **Programmbreite** ist die Anzahl alternativer Produktangebote bzw. Produktlinien gemeint. Sie orientiert sich an den Nachfragern und deren Bedürfnissen, so dass flexibel aktuelle Produktvarianten angeboten werden. Dies ist beispielsweise der Fall, wenn ein Waschmittelhersteller Produktvarianten anbietet, die kurzfristig an Kundenbedürfnisse angepasst werden (z.B. Produktvarianten für Textilien aus Wolle oder für schwarze Bekleidung; parfümfreie Variante für Allergiker etc.).

Eine ausgeprägte **Kostenorientierung** zeigt sich in den realisierten Größeneffekten und der damit verbundenen Effizienzerhöhung. Diese resultiert zum einen aus Economies of Scale-Effekten, wenn mit größerer Ausbringungs- bzw. Absatzmenge die Kosten sinken, beispielsweise durch Beschaffungskostenvorteile des Global Sourcing (weltweiter Materialeinkauf). Zum anderen gibt es Fixkostendegressionseffekte, wenn fixe Kosten für Produktionsanlagen, Verwaltung und Werbung auf eine größere Absatzmenge verteilt werden. Um solche Degressionseffekte zu verwirklichen, ist eine zentralgesteuerte, funktionale Organisationsstruktur (z.B. Beschaffung, Produktion, Marketing) mit eindeutiger Verantwortungs- und Kompetenzabgrenzung dienlich. Geschieht eine produktionssynchrone Teileanlieferung (Just-in-Time), kann die Kapitalbindung im Materiallager verringert werden. Insgesamt können bei dieser Strategie die Kostenvorteile in Form von Preisvorteilen an die Nachfrager weitergegeben werden.

2.2 Konkurrenzgerichtete Strategien

Im Hinblick auf die strategischen Verhaltensweisen von Unternehmen gegenüber Konkurrenten gibt es grundsätzlich zwei Möglichkeiten (Meffert et al. 2012, S. 317ff.). Sie verhalten sich passiv, wenn sie keine konkurrenzbezogene Strategie entwickeln. Eine Typologie des aktiven konkurrenzbezogenen Verhaltens zeigt Abbildung C-21.

Verhaltensdimensionen	Innovativ	Imitativ
Wettbewerbsvermeidend	Ausweichen	Anpassung
Wettbewerbsstellend	Konflikt	Kooperation

Abb. C-21: Typologie konkurrenzgerichteter Strategien (Quelle: Meffert 1994, S. 157)

Wettbewerbsvermeidend sind die Ausweich- und Anpassungsstrategien. Unternehmen, die sich der **Ausweichstrategie** bedienen, entgehen dem erhöhten Wettbewerbsdruck durch innovative Aktivitäten. Dies ist beispielsweise der Fall, wenn Produzenten von „Smoothie"-Getränken dem Wettbewerbsdruck von Anbietern herkömmlicher Fruchtsäfte ausweichen und innovative „Ganzfruchtsaftgetränke" anbieten, bei denen vitaminerhaltend die ganze Frucht bis auf Schale und Kerne verarbeitet wird.

Verfolgt das Unternehmen eine **Anpassungsstrategie**, so ist es lediglich an der Erhaltung seiner Marktposition interessiert und passt das eigene Verhalten an die Reaktion der Wettbewerber an. Die Marketinginstrumente (z.B. Preis, Werbung) werden defensiv eingesetzt, bis Angriffe der Wettbewerber die eigene Marktposition schwächen und das Unternehmen dem Wettbewerbsdruck aktiv begegnen muss.

Unternehmen, die eine **Konfliktstrategie** praktizieren, stellen sich dem Wettbewerb. Auf Märkten, die sich in der Stagnations- oder Schrumpfungsphase befinden, zeigen sie oft ein aggressives Verhalten, da eine Verbesserung ihrer Marktposition nur auf

Kosten der Konkurrenz geschehen kann. Verhaltensweisen dieser Art sind beispielsweise der „Direktangriff" (z.B. starke Preisreduzierung, um die Marktstellung des Wettbewerbers zu schwächen), der „Flankenangriff" auf die schwache Stelle des Konkurrenten (z.B. Eroberung von Märkten, auf denen die Konkurrenz nur geringe Marktanteile erzielt) und der Angriff auf die Marktposition des Wettbewerbers von mehreren Seiten („Umzingelung", z.B. Positionierung einer preisgünstigeren Produktalternative, zugleich werbliche Gegenüberstellung des eigenen und des Konkurrenzangebots).

Eine **Kooperationsstrategie** führen jene Unternehmen durch, die keinen echten Wettbewerbsvorteil besitzen. Sie stellen sich dem Wettbewerb und schließen vertraglich gesicherte Kooperationen ab (z.B. Lizenzverträge, Franchising, Joint Ventures, Strategische Allianzen). So können beispielsweise Know-how- und Kosten-Synergien genutzt werden, wenn kooperierende Automobilunternehmen gemeinsam die Hybridtechnologie erforschen (Meffert et al. 2012, S. 320).

2.3 Absatzmittlergerichtete Strategien

Aus Herstellersicht ist nicht nur die Akzeptanz der Produkte auf der Endverbraucherstufe, sondern bereits auf der vorgelagerten Stufe des Handels entscheidend für den Markterfolg. Dabei sieht sich der Hersteller mit seinem absatzmittlergerichteten Marketing vor folgende **Herausforderungen** gestellt (Meffert 2012, S. 321ff.):
• Durch die fortschreitende Konzentration auf der Einzel- und Großhandelsstufe geraten Hersteller in die Abhängigkeit weniger Einkaufsentscheider (Nachfragemacht des Handels). Handelsunternehmen praktizieren ein eigenständiges Marketing, wodurch der Gestaltungsspielraum des klassischen Herstellermarketings eingeschränkt wird.
• Angesichts eines „hybriden" Konsumentenverhaltens mit sinkender Marken- und Einkaufstättentreue sowie der Akzeptanz des Internets als Informations- und Vertriebskanal versuchen Hersteller, ihre Kunden über „Multi-Channel-Strategien" zu gewinnen und zu binden, indem sie ihre Produkte über mehrere Absatzkanäle anbieten (z.B. Sportbekleidung: indirekter Vertrieb über stationäre Geschäfte und Online-Händler, Online-Direktvertrieb über die Homepage).
• Politisch-rechtliche Herausforderungen für das absatzmittlergerichtete Marketing betreffen beispielsweise die Umweltschutzgesetze (z.B. Duales System, Rücknahmeverpflichtung des Handels) und den elektronischen Handel über das Internet.

Dem Handel kommen in seiner **Rolle als „Gatekeeper"** im Vermarktungsprozess vier Filterfunktionen zu (Thies 1976, S. 63ff.):
• Distributionsfilter: Entscheidung, ob ein Produkt vom Absatzmittler gelistet bzw. distribuiert wird
• Imagefilter: Entscheidung über den „imageadäquaten" Vertrieb des Herstellerangebots (beispielsweise ist der Vertrieb eines erklärungsbedürftigen Markenprodukts über Discounter o.ä. Vertriebsformen problematisch)

- Platzierungsfilter: Entscheidung über die quantitative und qualitative Regalplatz-fläche des stationären Handels für das Produkt
- Beratungs- und Servicefilter: Entscheidung über die Beratungs- und Serviceleis-tungen in der Kauf- und Nachkaufphase seitens des Handels.

Hersteller und Händler verfolgen **unterschiedliche Ziele**. Für den Hersteller stehen produktbezogene Ziele im Vordergrund (z.B. einzigartige Positionierung im Kon-kurrenzumfeld; Aufbau von Produktmarkentreue; Absatzzahlen der Produkte), wäh-rend Händler mit ihrem gesamten Sortiment bestmögliche Verkaufszahlen realisie-ren möchten. Zudem ist ihr Bestreben, dass die Kunden ihrer Geschäftsstätte (statio-när oder online) den Vorzug geben und dieser treu bleiben.

Vor diesem Hintergrund gibt es für Hersteller generell die Möglichkeit, anhand einer Push- oder Pull-Strategie vorzugehen. Im Rahmen der **Push-Strategie** bietet der Hersteller dem Händler Anreize (z.B. Rabatte, Werbekostenzuschüsse), um so die Produkte über den Absatzkanal in den Markt „hineinzudrücken". Bei der **Pull-Strategie** praktiziert der Hersteller zunächst ein endverbrauchergerichtetes Marke-ting (insbesondere Werbung), um einen Nachfragesog zu erzeugen: Der Konsument soll Interesse für das Produkt entwickeln und aktiv den Händler danach fragen, so dass dieser zur Listung des Produkts „gezwungen" wird. Diese Strategien gehen tendenziell von einem Machtverhältnis im Absatzkanal zugunsten des Herstellers aus. Realitätsnäher ist allerdings, dass angesichts der Nachfragemacht des Handels die Machtverhältnisse bestenfalls gleichberechtigt sind. So kann das Marketing des Herstellers aktiv oder passiv bei der Gestaltung der Absatzwege und bei der Reakti-on auf die Marketingaktivitäten des Handels sein (Abbildung C-22).

Marketing des Herstellers		Gestaltung der Absatzwege	
		passiv	**aktiv**
Reaktion auf Marketing-aktivitäten des Handels	**passiv**	Anpassung (Machtduldung)	Konflikt (Machtkampf)
	aktiv	Kooperation (Machterwerb)	Umgehung/Ausweichen (Machtumgehung)

Abb. C-22: Typologie absatzmittlergerichteter Strategien (Quelle: Meffert 1994, S. 167)

Im Rahmen der **Anpassungsstrategie** ist der Hersteller bemüht, den Wünschen des nachfragemächtigen Handels zu entsprechen (Meffert et al. 2012, S. 324). Die pas-sive Haltung kann dazu führen, dass er Listungsgebühren zahlt oder sich zur kosten-neutralen Übernahme von Funktionen zwingen lässt, die eigentlich vom stationären Händler ausgeübt werden (z.B. Regalplatzpflege). Diese Strategie entspricht nicht dem Selbstverständnis einer marktorientierten Unternehmensführung. Sie kann auf Dauer zur Gefahr und Überlebensfrage für den Hersteller werden.

Ein Hersteller, der die **Konfliktstrategie** wählt, ignoriert Verhalten und Nachfrage-macht des Handels. Er will die Marketingführerschaft im Absatzkanal und muss mächtiger als der Handel sein. Naheliegender ist die **Kooperationsstrategie**, denn sie ist am ehesten geeignet, den Zielen beider Seiten zu entsprechen. Die Kooperationsstrategie kann einen Beitrag leisten, die Divergenz zwischen produktbezogener Sichtweise des Herstellers und sortimentsbezogener Sichtweise des Handels zu neutralisieren. Ansatzpunkte hierfür liefern das **Efficient Consumer Response (ECR)-Konzept** und das Category Management. ECR ist darauf ausgerichtet, die Kosten im Absatzkanal zu reduzieren und sich an den Nachfragerbedürfnissen zu orientieren (z.B. durch die effiziente Gestaltung des Warennachschubs, damit der Kunde zum Zeitpunkt seines Einkaufs das gewünschte Produkt in der richtigen Menge und Qualität vorfindet). Für ECR benötigt man den elektronischen Datenaustausch und diesbezügliche Standards (z.B. European Article Number(EAN)-Code). Zur Umsetzung des ECR-Konzeptes dient das **Category Management**. Der Handel als Kooperationspartner richtet sein Sortiment an den Bedürfnissen der Nachfrager aus. Er betrachtet Warengruppen als Strategische Geschäftseinheiten (SGE) und sorgt für eine ansprechende SGE-Sortimentsstruktur. Die kooperierenden Hersteller verfügen über die Detailkenntnis der Produktkategorien, die für die SGE-Zusammenstellung benötigt wird. So sollen die Wünsche der Kunden besser zufriedengestellt und die Umsätze und Gewinne der Kooperationspartner gesteigert werden.

Bei der **Umgehungsstrategie** verzichtet der Hersteller bewusst auf Absatzmittler. Ansatzpunkte hierfür sind der stationäre Vertrieb (z.B. Fabrikverkauf; eigene Filialen), der mobile Vertrieb (z.B. Messeverkauf; Verkauf per Handy) und der Direktvertrieb (z.B. Online-Verkauf; Katalogverkauf). Die **Ausweichstrategie** berücksichtigt zwar Absatzmittler, allerdings nur solche, die nicht nachfragemächtig sind, um die Abhängigkeit des Herstellers von den Absatzmittlern zu reduzieren. Beispielsweise kann der Direktvertrieb mit ausgesuchten Fachhändlern kombiniert werden.

Fallstudien zu C.III. Marketingstratgien		
Bezeichnung	*Fallstudie*	*Schwerpunkt/Aufgabe*
C.III. (1)	SportTotal	Bildung strategischer Geschäftseinheiten
C.III. (2)	Foodli AG	Zielportfolio; marketingstrategische Ziele
C.III. (3)	Quellarius	Ansoff-Matrix
C.III. (4)	Mucki Foods	internationale Markteintrittsstrategien
C.III. (5)	Flower GmbH	abnehmergerichtete Strategien

C. III. (1) Fallstudie „Sport Total"

Die „Sport Total GmbH" ist ein Anbieter von Bekleidung und Sportgeräten für die Sportarten Jogging/Walking, Wandern/Klettern, Golf und Tennis. Das Unternehmen wurde vor zwanzig Jahren von G. Schmeidig während seines betriebswirtschaftlichen Studiums gegründet, um sich seinen damals schon recht aufwändigen Lebensstil – er spielt leidenschaftlich Golf, möglichst auf den schönsten Plätzen dieser Welt – finanzieren zu können. Das Geschäft (damals in Wohnzimmergröße, heute über vier Stockwerke in Innenstadtlage) mit Sportbekleidung, die er aus Insolvenzbetrieben ersteigerte, war schnell erfolgreich, so dass er das zur Unternehmensgründung von seiner Familie geliehene Startkapital bald zurückzahlen konnte. Er brach sein Studium ab und konzentrierte sich nur noch auf sein Geschäft. So stellte er im Laufe der Jahre mehrere Mitarbeiter ein, die sich in mindestens einer der o.g. Sportarten besonders gut auskennen und die Kunden entsprechend kompetent beraten können.

Im letzten Jahr wurde G. Schmeidig von deutlichen Umsatzeinbußen überrascht. Als er V. Orlaut, einem Freund aus Studienzeiten, der sein Studium mit exzellenten Noten absolvierte und mittlerweile im oberen Management eines Konzerns arbeitet, vor kurzem sein Leid klagte, antwortete dieser: „Du hättest damals das Studium vielleicht beenden sollen. Dann wüsstest Du, dass Du eine gescheite Marketingstrategie brauchst." Als er sah, wie betroffen G. Schmeidig reagierte, versprach er, ihm zu helfen.

Bis zum nächsten Treffen sollte G. Schmeidig die derzeitigen strategischen Geschäftseinheiten (SGE) von „Sport Total" benennen. Da er nicht genau wusste, was damit gemeint ist, er sich allerdings auch nicht nochmals bei V. Orlaut blamieren wollte, schaute er in Suchmaschinen nach der Begriffsbedeutung und konkretisierte folgende SGE bzw. Abteilungen seines Geschäfts:
SGE 1: Golfbekleidung und Golfschläger
SGE 2: Tennisbekleidung und Tennisschläger
SGE 3: Bekleidung und Geräte zum Wandern und Klettern
SGE 4: Bekleidung und Geräte zum Jogging und Walking.

G. Schmeidig überlegte, ob es für das Gespräch mit V. Orlaut wohl noch wichtig sei, dass sowohl Sport-Amateure und Vereine als auch manche Golf- und Tennis-Profis bei ihm Kunden sind und immer mehr Kunden nach Literatur zur sportspezifischen Weiterbildung fragen.

Aufgaben:
a) Welche Kritikpunkte hat V. Orlaut wohl gegen die von G. Schmeidig genannten SGE?
b) Unterstützen Sie nun V. Orlaut bei der Bildung Strategischer Geschäftsfelder (SGF) für die „Sport Total GmbH" anhand des dreidimensionalen Bezugsrahmens nach Abell! Nehmen Sie anschließend eine kritische Würdigung des Verfahrens vor!

C. III. (2) Fallstudie „Foodli Deutschland AG"

Die Foodli Deutschland AG (FD AG) ist ein in der Schweiz beheimateter Nahrungsmittelkonzern, der über die gesamte Welt verzweigt ist. Das Angebot umfasst 40 Marken wie ´Migga` (Gewürzmischung), `FoodliCafé` (Instantkaffee), `Creme Jog` (Joghurt), `Taubenhack` (Confiserie) und `Before Nine` (Pfefferminzplättchen). Von diesen Marken belegen 80 Prozent mit ihrem Marktanteil die Plätze eins und zwei im jeweiligen Markt.

Im letzten Jahr konnte die FD AG ihren Umsatz um einen Prozent auf 5,4 Mrd. Euro steigern. Für das laufende Jahr soll das Unternehmen eine weltweite Umsatzsteigerung von fünf Prozent erzielen. Um dies zu erreichen, hat die FD AG eine – vom Länderchef G. Witzt als solche bezeichnete – Produktoffensive gestartet. Diese baut auf den Erkenntnissen zweier repräsentativer Verbraucherumfragen auf, wonach in den vergangenen Jahren das Bedürfnis nach „gesunder Ernährung" eindeutig die Kriterien „Geschmack" und „Spaß beim Essen" verdrängt hat. Hierzu äußerte sich G. Witzt kürzlich bei der zwecks Ankündigung der Produktoffensive anberaumten Pressekonferenz: „Wir müssen uns von einem anerkannten und vertrauenswürdigen Nahrungsmittelhersteller zu einem anerkannten und vertrauenswürdigen Hersteller für Nahrungsmittel, Gesundheit und Wohlfühlen entwickeln." Dies sei die Zielvorgabe hinsichtlich der weltweiten Corporate Identity für alle zweihundertfünfzigtausend Foodli-Mitarbeiter in den etwa fünfhundert Fabriken weltweit.

Vor diesem Hintergrund beschäftigt sich das Foodli-Wissenschaftszentrum, das weltweit größte private Institut der Nahrungsmittelindustrie mit einem Forschungsvolumen von etwa einer Milliarde Euro, beispielsweise mit folgenden Fragen: Was braucht der Mensch, um sich gesund zu ernähren? Können mit speziellen Lebensmitteln Krankheiten wie Allergien oder Dickleibigkeit bei Kindern vermieden werden? Auf der Suche nach Antworten auf diese und andere Fragen möchte Foodli im Rahmen der geplanten Produktoffensive schnellstmöglich zahlreiche Produkte auf den Markt bringen, die vor allem gesundheitlich den Konkurrenzprodukten überlegen sind. Hierbei handelt es sich um das sogenannte „Functional Food".

Als Functional Food werden Nahrungsmittel bezeichnet, die durch die Zugabe bestimmter natürlicher Nährstoffe so modifiziert werden, dass sie einen speziellen gesundheitlichen Vorteil bringen. Anders als medizinische Mittel sind sie Teil der täglichen Nahrungszufuhr, sollen aber wie diese eine definierte Auswirkung auf den Organismus haben (z.B. Verbesserung des Immunsystems).

Laut weltweit analysierender Marktforschungsinstitute ist der internationale Markt für Functional Food innerhalb der letzten zehn Jahre von knapp fünfzig Milliarden auf über siebzig Milliarden Dollar gestiegen. Für Deutschland wird der Functional Food-Markt auf sieben Milliarden Dollar geschätzt. Dies entspricht einem Anteil von etwa zwei Prozent am gesamten Food-Markt.

In der Food-Branche insgesamt ist in den letzten Jahren die Flop-Rate erheblich gestiegen. Experten der Food-Branche sprechen dann von einem Flop, wenn es dem Hersteller nach einem Jahr seit Markteinführung nicht gelungen ist, den Distributionsgrad auf deutlich über fünfzig Prozent zu steigern.

Auf der Suche nach Gründen für diese Entwicklung erläuterte ein Experte Herrn G. Witzt: „Verbraucher und Märkte sind in den vergangenen Jahren immer unberechenbarer und vor allem viel preissensibler geworden. Außerdem mangelt es an echten Innovationen: Lediglich um die fünf Prozent der Neuprodukte können als wirklich innovativ bezeichnet werden. Der Rest sind Me-too-Produkte und Geschmacksvarianten. Gerade die Markenartikelanbieter sind zu Innovationen gezwungen, um ihre Produkte von Discountprodukten zu unterscheiden. Gleichzeitig gilt es zu berücksichtigen, dass sich die Lebenszyklen von Food-Produkten deutlich verkürzt haben und sich die Entwicklungskosten der Produkte entsprechend schneller amortisieren müssen."

Aufgabe:
Im Hinblick auf die Unternehmensstrategie der FD AG erläuterte Herr G. Witzt bei der bereits erwähnten Pressekonferenz: „Dem Grundgedanken einer Portfolio-Analyse folgend wollen wir in den kommenden beiden Jahren den Umsatzanteil neuer Produkte, die nicht länger als drei Jahre auf dem Markt sind, von bislang etwa 20 % auf 35 % erhöhen!" Erläutern Sie diese Äußerung von Herrn G. Witzt!

C. III. (3) Fallstudie „Quellarius"

Siehe Fallstudientext unter A. (2) Fallstudie „Quellarius"

Aufgabe:
Angesichts der Umsatz- und Marktentwicklung für Mineralwasser denkt die Quellarius GmbH über ihre künftige Unternehmensstrategie nach. Herr Clever, seit kurzem Assistent der Geschäftsleitung, wird von seinem Vorgesetzten beauftragt, strategische Optionen nach der Ansoff-Matrix für die Quellarius GmbH zu entwickeln. Unterstützen Sie nun Herrn Clever!

C. III. (4) Fallstudie „Mucki Foods"

Siehe Fallstudientext unter C.I. (1) Fallstudie „Mucki Foods"

Die Mucki Foods möchte das Pad-Brühsystem „Cafimo" auf den internationalen Markt bringen. Für folgende Märkte plant Mucki Foods den Markteintritt von „Cafimo":

- Länder, in denen Pad-Brühsysteme noch unbekannt und laut Expertenmeinung besonders chancenreich sind: Land Alpha, Land Beta, Land Gamma
- Länder, in denen „Sonsoa" über eine besonders marktbeherrschende Stellung verfügt: Heimatmarkt Deutschland (Land Deutsch), Land Epsilon
- Land, in dem Pad-Brühsysteme noch unbekannt und – laut Expertenmeinung – risikoreich angesichts unterschiedlicher Konsumbedürfnisse sind: Land Omega.

Aufgabe:
Erläutern Sie die Vorgehensweise der internationalen Neuprodukteinführung von „Cafimo" anhand der
a) Sprinklerstrategie
b) Wasserfallstrategie!

C. III. (5) Fallstudie „Flower GmbH"

Die Flower GmbH stellt Düngeprodukte (z.B. Flüssigdünger, Düngererde, Dünger-stäbchen) für sämtliche Anwendungsbereiche innerhalb und außerhalb geschlosse-ner Räume her (z.B. Blumen, Rasen, Sträucher). Die qualitativ durchschnittlichen Produkte wurden bisher in großen Mengen zu niedrigen Preisen über Großgärtne-reien, Super- und Baumärkte mit Pflanzensortiment vertrieben.

Die Unternehmensleitung erwägt die Beschaffung einer neuen Kompostieranlage, mit der die Qualität der Düngeprodukte wesentlich verbessert werden kann. Die Produkte könnten so auch bei besonders empfindlichen Pflanzen (z.B. exotische Pflanzen, Bonsai-Gewächse) angewendet werden. Gleichzeitig würden die Produk-tionskosten nur geringfügig steigen.

Aufgaben:
a) Welche abnehmergerichtete Strategie verfolgte die Flower GmbH bisher?
b) Welchen Wettbewerbsvorteil kann die Flower GmbH angesichts der neuen Kompostieranlage aufbauen?

IV. Marketing-Mix
1. Produktpolitik

Ziel der Produktpolitik ist die absatzmarktgerechte Gestaltung des Produktangebots. Es muss die Bedürfnisse der angepeilten Zielgruppen ansprechen und Wettbewerbsvorteile aufweisen. **Grundlegende Entscheidungen**, die sich auf die absatzmarktgerechte Gestaltung des Produkts oder Produktprogramms beziehen, sind die
Produktinnovation, -variation, -differenzierung und -elimination. Bevor diese erörtert werden, sind zunächst der Produktbegriff und die Gestaltung des Produktprogramms zu konkretisieren.

1.1 Produktbegriff

„A product is anything that can be offered to a market to satisfy a want or need"
(Kotler 2000, S. 394). Damit sind sowohl physisch abgrenzbare Produkte als auch
immaterielle Dienstleistungen gemeint. Ein **Produkt** umfasst den gesamten Nutzen,
der dem Abnehmer angeboten wird (Abbildung C-23). Der individuell wahrgenommene Produktnutzen resultiert aus einem Bündel von Produkteigenschaften, die
einen Grund- und Zusatznutzen spenden können. Diese Eigenschaften können nur
dann einen Nutzen für das Individuum entfalten, wenn es ein Bedürfnis nach diesem
Nutzen hat.

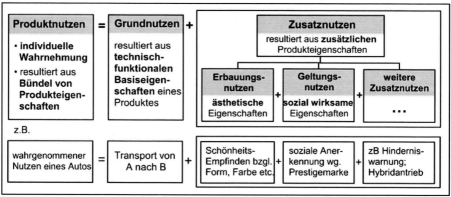

Abb. C-23: Komponenten des Produktnutzens (in Anlehnung an Meffert et al. 2012, S. 387)

Der **Grundnutzen** resultiert aus Basiseigenschaften und korrespondiert mit grund-
sätzlichen produktbezogenen Bedürfnissen (z.B. Bedarf einer Lampe; Bedürfnis
nach einem Transportmittel). Der **Zusatznutzen** resultiert aus allen Produkteigenschaften, die einen über den Grundnutzen hinausgehenden Nutzen spenden. Damit
sind vor allem solche Eigenschaften gemeint, die einen Erbauungs- oder Geltungsnutzen spenden. Besteht beispielsweise der Bedarf nach sozialer Anerkennung, so
bietet der Kauf einer Auto-Prestigemarke den gewünschten Nutzen. Prinzipiell sind
noch weitere Zusatznutzen denkbar, die aus Produkteigenschaften resultieren (z.B.

Energieverbrauch einer Lampe, Erfüllung von Sicherheitsbestimmungen etc.). In vielen Märkten wird der Wettbewerb von Anbietern um den Kunden vor allem über das Bieten von Zusatznutzen spendenden Eigenschaften ausgetragen.

1.2 Entscheidungen der Produktpolitik
1.21 Gestaltung des Produktprogramms

Die absatzmarktgerechte Gestaltung des Produktprogramms umfasst Entscheidungen über die Programmbreite und -tiefe. Mit der **Programmbreite** ist die Anzahl alternativer Produktangebote (Produktlinien) gemeint. Der Volkswagenkonzern bietet beispielsweise unter der Marke VW die Produktlinien up!, Polo, Golf, Touran, Passat, Sharan, Touareg etc. an. Die **Programmtiefe** beinhaltet die Zahl der Produkte innerhalb einer Produktlinie (z.B. Produktlinie Golf mit unterschiedlichen Motoren, Ausstattungen etc.).

Das **Produktprogramm** kann grundsätzlich nach folgenden **Prinzipien** ausgerichtet werden, wobei diese Prinzipien oft nicht alternativ, sondern sich ergänzend praktiziert werden (Meffert et al. 2012, S. 390f.):
- Herkunftsorientierung: Wesentlich für das Produktprogramm ist die Herkunft oder Bezugsquelle der Materialien (z.B.: Hersteller von Babynahrung garantiert, dass die Produktzutaten aus biologischem Anbau stammen)
- Bedarfsorientierung der Nachfrager: Vorrangiges Kriterium der Programmgestaltung ist, welches konkrete Bedarfsbündel zufriedengestellt werden soll (Anbieter von Fußball-Sportbekleidung; Hersteller von Haushaltsgroßgeräten etc.)
- Orientierung nach Preislagen: Das Produktprogramm ist einer Preislage zuzuordnen (z.B. niedrigpreisige Kunststoffartikel, hochpreisige Festbekleidung)
- Orientierung an der Selbstverkäuflichkeit oder Erklärungsbedürftigkeit der Produkte: Dieses Merkmal, das oft mit der Preis- und Bedarfsorientierung kombiniert wird, ist für die Programmgestaltung von stationären Händlern und von Herstellern bedeutsam (z.B. Lebensmittelhandel: Wurst-/ Käsesortiment im Selbstbedienungs-Kühlregal oder an der Bedienungstheke; Farbenhersteller, der ein übliches Farbsortiment und erklärungsbedürftige Spezialfarben (z.B. Nikotinabsorber) anbietet).

Neben diesen Prinzipien sind die Verbundbeziehungen zwischen Produkten zu berücksichtigen, die das Kaufverhalten von Konsumenten beeinflussen und somit für die Gestaltung des Produktprogramms von Bedeutung sind. Man unterscheidet drei Typen von **Verbundeffekten** (Abbildung C.24) (Meffert et al. 2012, S. 394f.). Der **Bedarfsverbund** wird durch den gemeinsamen Ge- und Verbrauch von verschiedenen Gütern verursacht und ist bei komplementären Gütern gegeben (z.B. Briefpapier und Briefumschläge; Farbe und Pinsel). Der Bedarfsverbund ist nicht kaufwirksam, wenn beispielsweise nur ein Gut verbraucht und das andere Gut noch vorrätig ist (asynchroner Verbrauch) oder ein finanzieller Engpass besteht. Der **Nachfrageverbund** betrifft auch solche Produkte, die nicht durch gemeinsamen Ge- bzw. Verbrauch gekennzeichnet sind. Er entsteht häufig durch das Bedürfnis, möglichst rationell viele Einkäufe in einem Geschäft zu erledigen (one-stop-shopping). Es kann auch sein, dass der Konsument via Werbung auf gebündelte Produkte aufmerksam gemacht wurde, die er nun im Verbund nachfragt (z.B. Sonderangebot einer Pad-Kaffeemaschine mit Pad-Sortiment). Der **Kaufverbund** resultiert aus dem kaufwirksamen Nachfrageverbund und aus absatzpolitischen Maßnahmen am Point of Sale (z.B. kurzfristige Verkaufsförderungs-/ Sonderpreisaktionen). Er bezieht sich nur auf einen Kaufakt, während Bedarfs- und Nachfrageverbund in zeitlich unterschiedlichen Kaufakten geschehen können.

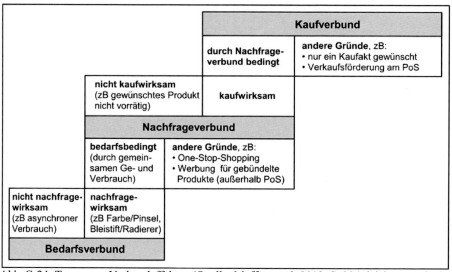

Abb. C-24: Typen von Verbundeffekten (Quelle: Meffert et al. 2012, S. 394, leicht verändert)

Verbundeffekte werden anhand der Scannererfassung und der Kundenkarten gemessen. Hierbei kommt dem Kaufverbund die größte Relevanz zu. Mit den Daten gemessener Verbundeffekte können Hersteller und Handel das Sortiment gezielt an den Bedürfnissen der Kunden ausrichten (Category Management).

1.22 Produktinnovation

Produktinnovationen sind das Ergebnis der unternehmensinternen oder -externen Forschung und Entwicklung. Sie stellen einen zentralen Erfolgsfaktor dar, um neue Abnehmergruppen zu erschließen und den Fortbestand des Unternehmens zu sichern. Der **Prozess der Neuproduktplanung** durchläuft die Phasen
• Ideenfindung
• Ideenvorauswahl (Screening)
• Produkttests und
• Markteinführung.

1.221 Ideensuche

In Unternehmen, die systematisch Neuprodukte entwickeln, ist die **Phase der Ideensuche** fest institutionalisiert. Quellen für Neuproduktideen können unternehmensextern und -intern angesiedelt sein. **Externe Ideen** liefern beispielsweise Kunden- und Expertenbefragungen, Konkurrenzanalysen, „lead user" („Leitkunden", die z.B. aufgrund ihrer Produkterfahrungen mit Marken-Fertigsaucen und -suppen eine neue Produktvariante bzw. Rezeptur kreieren). **Interne Ideen** kommen häufig aus dem Forschungs- und Entwicklungsbereich (z.B. technologische Entwicklungen), von Mitarbeitern (z.B. Außen-, Kundendienst; Teilnehmer von Ideenwettbewerben; betriebliches Vorschlagswesen) und durch die Anwendung von **Kreativitätstechniken**. Man unterscheidet intuitive und diskursive Techniken. Mit den **intuitiven** Techniken wie beispielsweise Brainstorming, 6-3-5-Methode und Mind-Mapping (Abbildung C-25) werden die Ideen durch freies Assoziieren gewonnen.

	Brainstorming	**6-3-5-Methode**	**Mind-Mapping**
Bedeutung	Erstürmung eines Problems durch die von einer Gruppe repräsentierte Gehirnkapazität	Gewinnung der Ideen von 6 Teilnehmern auf schriftlichem Wege	Methode verbindet beide Gehirnhäften: Assoziationen ergeben eine „Landkarte des Gehirns" (Mind Map)
Charakteristik	Intuitive Ideengewinnung; freies Assoziieren		
	Bildung von Ideenketten in der Gruppe		Gruppe oder Einzelperson
Resultat der Ideengewinnung	mindestens 60 Ideen	max. 6·3·6=108 Ideen	Mind-Map
Ablauf	• Gruppe: 4-10 Teilnehmer fachlich heterogen; keine Vorgesetzten/Mitarbeiter • Dauer:20 bis 30 Minuten • Moderator: neutrale Person (z.B. Externer); protokolliert Ideen; achtet auf Einhaltung der Regeln	• 6 Teilnehmer entwickeln 3 Ideen in 5 Minuten auf je einem Formblatt (mit Problemstellung, 6 Zeilen, 3 Spalten) • Dauer: nach 5 Minuten Weitergabe des Formblatts an den Nächsten (insges. 5 Weitergaben); max. 30 Minuten	• Ausgangspunkt: quergelegter Papierbogen mit eingekreistem Thema/Problem in Blattmitte (Stamm) • Assoziieren von Themenbereichen (Hauptäste) und Zweigen/Nebenzweigen • Assoziationen in Form von Stichwörtern, Bildern, Symbolen, Farben etc.
Besonderheiten	Regeln für Sitzungsablauf: • Kritik (Killerphrasen/-mimik) verboten • Quantität vor Qualität • Freies Fantasieren („the wilder the ideas, the better")	• vermeidet die Gefahr verbal dominierender Teilnehmer • Aktivierung aller Teilnehmer, auch der Schüchternen	• Methode berücksichtigt, dass wir in Stichworten und assoziierten Bildern denken • unterstützt sprunghaftes Denken, Spontaneinfälle • visualisiert Zusammenhänge und Strukturen

Abb. C-25: Vergleich ausgewählter intuitiver Kreativitätstechniken

Anhand **diskursiver** Techniken werden logisch schlussfolgernd neue Ideen und Problemlösungen entwickelt (Abbildung C-26). Diese Verfahren bieten die Möglichkeit, systematisch und analytisch nach kreativen Problemlösungen zu suchen.

	Osborn-Checkliste	Morphologischer Kasten	Sechs-Hüte-Denken
Bedeutung	Kreative Veränderung von Produkten/Verfahren anhand einer Checkliste mit neun Kategorien	analytisch-systematische Problemlösung anhand von problemrelevanten Parametern	Betrachtung von Frage bzw. Problem aus sechs unterschiedlichen Perspektiven
Charakteristik	Diskursive Ideengewinnung; systematisch-analytisch		
	auch für anspruchsvolle Problemstellungen geeignet		
Resultat der Ideengewinnung	Konzepte für veränderte Produkte/Verfahren	Alternative Problemlösungskonzepte	
Ablauf	• Gruppe sucht nach Ansatzpunkten zur Veränderung mit Checkliste • Fragen der Checkliste: Wie kann man es (Produkt, Verfahren) - alternativ verwenden - adaptieren (zB was ist ähnlich, kopierbar?) - modifizieren (zB Form) - vergrößern, verkleinern - substituieren (zB Mat.) - umkehren (zB aus positiv wird negativ) - kombinieren (zB Nutzen) - umgruppieren (zB was ist vertauschbar?)	• Gruppe analysiert/definiert Problemstellung • Bestimmung von max. 8 Gestaltungsparametern: - relevant für Problem - logisch unabhängig - für alle Lösungen gültig • Bestimmung der Parameterausprägungen • Bestimmung der Kombinationen der Ausprägungen (entstehende Profile = Problemlösungen) • Auswahl der wirtschaftlich/technisch besten Problemlösung	• Gruppe (mind. 6 Tn.) trägt nacheinander 6 „Hüte" (für 6 Perspektiven) • weißer Hut (Start): objektive, neutrale Fakten/Infos • roter Hut: persönliche Gefühle/Meinungen • grüner Hut: Kreativität, intuitive Ideengewinnung • gelber Hut: objektive positive Aspekte • schwarzer Hut: objektive negative Aspekte • blauer Hut: Dirigent des ges. Denkprozesses (kann Einzelner (zB Moderator) oder ganze Gruppe sein)
Besonderheiten	Methode verhindert, dass man sich zu früh mit einer gefundenen, vermeintlich neuen Lösung zufrieden gibt	Methode eignet sich besonders für technisch-analytische Problemstellungen	Methode eignet sich für Problemlösungsprozesse, Projekte, Workshops etc.; Verknüpfung des diskursiven und intuitiven Denkens

Abb. C-26: Vergleich ausgewählter diskursiver Kreativitätstechniken

Anhand der **Osborn-Checkliste** kann beispielsweise nach kreativen Veränderungen des Produkts „Glückwunschkarte" gesucht werden (Stender-Monhemius 2006, S. 133). Diese ließe sich z.B. modifizieren zur Pop-up-Karte, vergrößern zum Glückwunschplakat, ersetzen durch ein Glückwunschvideo, nach Modifikation gebrauchen als Eintrittskarte und kombinieren mit einer Schatzkarte für das Geschenk.

Der **morphologische Kasten** kann beispielsweise auf der Suche nach einer Tasche für Berufseinsteiger behilflich sein. Mögliche voneinander unabhängige Gestaltungsparameter (und Ausprägungen) sind das Material (z.B. Stoff, Leder, Mikrofaser), die Form (rund/flach, viereckig/flach, quader-/ kofferförmig), die Trageart (Tragegriff, Umhängegurt, Rucksack), Spezialfächer (Laptop-, Handy-, Flaschenfach, Fach für Ersatzhemd/ -bluse) und die Zielgruppe der Berufseinsteiger (Wirtschaftsberufe, Kreativberufe, Berufe mit Reisetätigkeit). So könnte für den Einsteiger eines Wirtschaftsberufs eine kofferförmige Ledertasche mit Tragegriff und Umhängegurt sowie Handy-, Laptop- und Ersatzhemd-Fach entwickelt werden. Analog sind andere Taschenkonzepte für andere Zielgruppen entwickelbar.

Eine Frage, die anhand des **Sechs-Hüte-Denkens** beantwortet werden soll, kann beispielsweise lauten: „Sollen wir in unserem Unternehmen eine flexible Arbeitszeitregelung einführen?" (http://www.zeitzuleben.de/2387-die-methode-des-6-hut-denkens/3/). Die jeweiligen Hutträger könnten sich folgendermaßen äußern:

- weißer Hut (Daten und Fakten): „Unsere Arbeitszeit beginnt um 8 Uhr und endet um 17 Uhr. Mittagspause ist von 13 bis 14 Uhr." „Die Mitarbeiterinnen und Mitarbeiter erscheinen zu 80 Prozent pünktlich."
- roter Hut (persönliche Gefühle und Meinungen): „Ich hasse es, früh aufzustehen." „Ich fände es toll, wenn ich mittags nach Hause gehen könnte."
- gelber Hut (objektive positive Aspekte): „Die Motivation der einzelnen MitarbeiterInnen kann sich durch flexible Arbeitszeiten erheblich steigern." „Dieses Projekt kann unser Image verbessern, wenn wir uns an die Presse wenden."
- schwarzer Hut (objektive negative Aspekte): „Es könnte problematisch sein, die tatsächliche Arbeitszeit der MitarbeiterInnen zu kontrollieren." „Vielleicht lässt die Arbeitsmoral nach."
- grüner Hut (intuitive Ideenfindung): Jede/r Mitarbeiter/in muss immer ein Handy bei sich haben, um erreichbar zu sein." „Wir könnten ja mal jeden kommen lassen, wann er will; das probieren wir mal eine Woche lang und schauen, was passiert."
- blauer Hut (Dirigent/Organisation, Zusammenfassung): „Das Thema ist durchaus mit starken Emotionen – Ängsten, aber auch Euphorie – belastet. Diese führen allerdings nicht weiter." „Es ist offensichtlich notwendig, die tatsächliche Arbeitszeit zu kontrollieren." „Ich empfehle, im Rahmen einer weiteren Arbeitssitzung die Vor- und Nachteile einer verstärkten Arbeitszeit-Kontrolle zu diskutieren."

1.222 Ideenvorauswahl

Zur Ideenvorauswahl (Screeningphase) werden die entwickelten Produktideen dahingehend geprüft, ob eine Investition in deren Weiterentwicklung sinnvoll ist. Hierzu dienen Verfahren der Grob- und Feinauswahl (z.B. Scoring-Modelle) und der Wirtschaftlichkeitsanalyse (z.B. Break-Even-Analyse). **Scoring-Modelle** (Punktbewertungsmodelle) dienen zur Bewertung einer begrenzten Anzahl von Projekten bei Vorliegen eines oder mehrerer Ziele (Haedrich, Tomczak 1996, S. 215ff.). Ein Scoring-Modell wird erstellt, indem zunächst alle relevanten Beurteilungskriterien festgelegt und mit einer Gewichtung versehen werden. Bei einem Neuprodukt spiegeln die Kriterien sein Erfolgspotenzial wider (z.B. Konkurrenzfähigkeit, Absatzpotential, Einfluss auf andere Produkte des Unternehmens etc.). Anschließend erfolgt für jedes Kriterium eine Punktbewertung (z.B. auf einer Ratingskala), die mit dem Gewichtungsfaktor des Kriteriums multipliziert wird. Diese gewichteten Punktwerte werden je Alternative (Neuproduktidee) addiert. Die Alternative mit dem höchsten Punktwert wird weiterverfolgt. Gegebenenfalls ist ein Mindestscore vorgegeben, den es zu überschreiten gilt. Kritisch anzumerken ist, dass Scoringmodelle in Zahlen ausgedrückte Meinungen der bewertenden Personen sind. So ist die Aussagekraft dieser Modelle abhängig von der Auswahl und Anzahl der Kriterien (z.B. Frage, ob alle relevanten Kriterien erfasst sind), die überschneidungsfrei sein müssen. Zudem unterliegt das Modell der subjektiven Sichtweise seines Entwicklers, denn dieser entscheidet über die Kriterienauswahl und -gewichtung, Punktezuordnung und gegebenenfalls den kritischen Mindestwert.

Anhand der **Break-Even-Analyse** wird die kritische Absatzmenge x_{krit} bei gegebenem Preis p ermittelt, bei der die Gewinnschwelle (Gewinn = 0) erreicht ist. Das heißt, alle anfallenden variablen Kosten ($k_v \cdot x$) und fixen Kosten (K_f) entsprechen genau dem Umsatz ($p \cdot x$). Der Ansatz lautet:

$$p \cdot x = k_v \cdot x + K_f$$
$$x_B = K_f : (p - k_v)$$

Die Break-Even-Analyse ermittelt die Wirtschaftlichkeit eines Neuproduktkonzeptes. Die **Break-Even-Menge** (x_B) ist jene Absatzmenge, die (bei festgelegtem Stückpreis des Neuproduktes) benötigt wird, um alle Kosten zu decken, die mit der Entwicklung und dem Absatz des Neuproduktes anfallen.

1.223 Produkttests

Resultat der Screeningphase sind Produktkonzepte oder reale Produkte, die im Hinblick auf ihren möglichen Markterfolg getestet werden können. Abbildung C-27 liefert einen Überblick möglicher Produkttests für den Hersteller eines Neuprodukts.

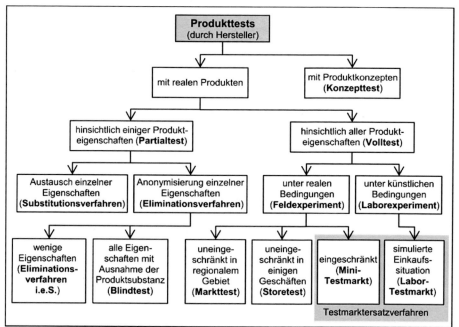

Abb. C-27: Typen von Produkttests (Quelle: in enger Anlehnung an Meffert et al. 2012, S. 425; Abbildung in Anlehnung an Brockhoff 1999, S. 214)

Beim **Konzepttest** beurteilen die Probanden kein physisch vorliegendes Produkt. Abbildung C-28 zeigt Produktkonzepte für ein neues alkoholfreies Bier-Frucht-Getränk. Zur Erschließung neuer Marktsegmente werden neuartige Nutzendimensionen benötigt, z.B., dass das Biergetränk alkoholfrei ist und exotische Geschmacksrichtungen bietet. Dem Produktkonzept A folgend stünde das Getränk im Geschäft eventuell zusammen mit anderen Limonaden, während gemäß Produktkonzept B das Neuprodukt neben anderen Biersorten platziert würde. Zur Bewertung dieser Produktkonzepte bieten sich beispielsweise Gruppendiskussionen mit Lead Usern (Leitkunden) sowie Scoring-Modelle an.

Produktkonzept A	Produktkonzept B
XY ist ein neues alkoholfreies Getränk aus dem Hause Z, feinherb und fruchtig im Geschmack. Es wird hergestellt aus Gerste, Hopfen, Malz und Früchten, natürlichen und gesunden Rohstoffen. XY hat einen biertypischen Geschmack mit drei exotischen Frucht-Geschmacksrichtungen und ist ein neuartiges <u>Getränk</u> zur Erfrischung tagsüber.	XY ist ein neues alkoholfreies Getränk aus dem Hause Z, feinherb und fruchtig im Geschmack. Es wird hergestellt aus Gerste, Hopfen, Malz und Früchten, natürlichen und gesunden Rohstoffen. XY hat einen biertypischen Geschmack mit drei exotischen Frucht-Geschmacksrichtungen und ist ein neuartiges <u>Bier</u> zur Erfrischung tagsüber.

Abb. C-28: Produktkonzepte für ein neues alkoholfreies Bier-Frucht-Getränk (in Anlehnung an Haedrich, Tomcak 1996, S. 194)

Bei realen Produkten werden einzelne Produkteigenschaften (**Partialtests**, z.B. nur Innenraumgestaltung von Autos im Rahmen von Car Clinics) oder alle Produkteigenschaften getestet (**Volltest**). Im Rahmen von Partialtests tauscht man einzelne Produkteigenschaften gegeneinander aus (Substitutionstest, z.B. unterschiedliche Produktverpackungen) oder anonymisiert sie (**Blindtest**, z.B. Darbietung von unterschiedlichen Limonadegetränken zum Geschmackstest im neutralen Becher ohne Markenkennzeichnung). Dieser Test eignet sich vor allem dazu, die Wirkung einzelner Imagekomponenten (z.B. Produktmarke, funktionale Qualität der Produktverpackung) auf die Produktwahrnehmung und -beurteilung zu bestimmen.

Der Volltest kann unter künstlichen Bedingungen (**Laborexperiment**, z.B. realitätsnahe Simulation eines Supermarkts mit Nachkaufinterviews) oder realen Bedingungen stattfinden. Diese **Feldexperimente** gibt es als Markt-, Storetest und Mini-Testmarkt. Während sich der **Markttest** auf ein regionales Gebiet bezieht, findet der **Storetest** in ausgewählten Geschäften statt. Der Test überprüft neue Produkte, alternative Preise, Verkaufsförderungsmaßnamen und Warenplatzierungen (Böhler 1995, S. 1106). Das Testverfahren, das die größte Realitätsnähe aufweist, ist der lokal oder regional abgegrenzte Testmarkt. Es können alle für die Markteinführung vorgesehenen Marketingmaßnahmen (z.B. Test-Werbespots) simultan praktiziert und gemessen werden.

Der **Mini-Testmarkt** „Behavior-Scan" (Abbildung C-29) kombiniert die Möglichkeiten der Scannertechnologie mit denen des Kabelfernsehens und der Datenverarbeitung.

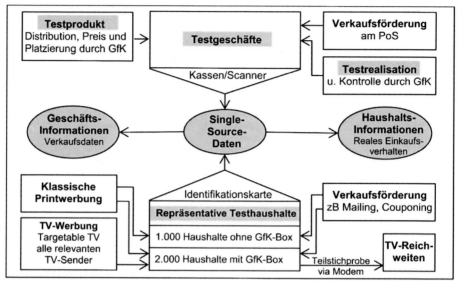

Abb. C-29: Mini-Testmarkt „GfK Behavior-Scan" (Quelle: GfK Marktforschung GmbH 2006, zitiert bei Meffert et al. 2012, S. 427)

Der Testort Haßloch in Baden-Württtemberg ähnelt in seiner Bevölkerungs- und Handelsstruktur derjenigen des Bundesgebiets. Von den 3.000 angeschlossenen Panel-Haushalten sind 2.000 mit einer Set-Top-Box ausgestattet. Mit diesen besteht beispielsweise die Möglichkeit, Werbespots der regulären Fernsehprogramme mit den zu testenden Werbespots zu überblenden (Targetable TV). Im Hinblick auf das Neuprodukt können beispielsweise Informationen über die Verkaufszahlen, den Marktanteil, die Regalplatzierung etc. gewonnen werden.

1.224 Markteinführung

Mit der Markteinführung eines Produktes beginnt sein Lebenszyklus. Zugleich startet ein Diffusionsprozess, der zur Übernahme des Produktes (Adoption) durch die potentiellen Kunden führen soll (Haedrich, Tomczak 1996, S. 220ff.). Bis zur Adoption einer Innovation durchläuft ein Kunde prinzipiell folgende **Phasen des Diffusionsprozesses**:
Der potentielle Kunde
• nimmt das Neuprodukt wahr, ohne nähere Informationen darüber zu haben
• zeigt Interesse und wird zur Informationssammlung über das Neuprodukt angeregt
• bewertet die Informationen und denkt darüber nach, ob er das Neuprodukt probiert
• tätigt einen Probekauf, um den Produktnutzen besser einschätzen zu können
• beschließt, das Neuprodukt zu erwerben und künftig regelmäßig zu gebrauchen.

Die Innovationsfreudigkeit eines Konsumenten äußert sich darin, wann er verglichen mit anderen ein Neuprodukt übernimmt. Die **Diffusionskurve** (Abbildung C-30) offenbart Gruppen, die sich im Hinblick auf den Übernahmezeitpunkt der Innovation unterscheiden. Es werden ausschließlich die Erstkäufer des Neuprodukts (Adopter) analysiert. Die mittlere Adoptionszeit besagt, dass zu diesem Zeitpunkt 50% der potentiellen Erstkäufer die Innovation übernommen bzw. gekauft haben.

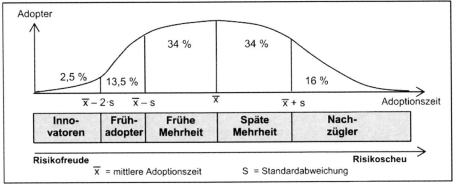

Abb. C-30: Diffusionskurve für Innovationen (Quelle: Rogers 1983, S. 247)

Die **Adoptergruppen** lassen sich anhand ihrer Persönlichkeits- und Wertestruktur, insbesondere ihrer Risikobereitschaft, differenzieren (Rogers 1983, S. 247). Innovatoren sind neugierig, unternehmungslustig und bei Neuheiten risikofreudig. Frühadopter sind Meinungsführer in ihrem Umfeld. Sie übernehmen zwar frühzeitig neue Ideen, sind jedoch vorsichtiger als die Innovatoren. Die frühe Mehrheit handelt wohlüberlegt und wartet ab, bis ausreichend Informationen zur Entscheidungsfundierung verfügbar sind. Die späte Mehrheit hat eine skeptische Grundhaltung und adoptiert Innovationen, wenn die Mehrheit sie bereits ausprobiert hat. Nachzügler sind traditionsbewusst. Sie übernehmen die Produktneuheit erst, wenn der Druck seitens der Umwelt zu groß wird, mit ihr konform zu gehen.

Ein Unternehmen, dessen **strategischer Wettbewerbsvorteil** die Innovationsorientierung ist, hat eine **Pionierposition**, denn es ist mit dem Neuprodukt der Erste im Markt. Für den Pionier sind die Innovatoren und Frühadopter als Erstkäufer seines Neuprodukts besonders wichtig. Über deren gezielte Ansprache muss er sich so schnell wie möglich im Markt etablieren, um seine Quasi-Monopolstellung bestmöglich auszunutzen. Denn dieser **Vorteil** eröffnet ihm die Gelegenheit, sich ein einzigartiges Image als Innovator aufzubauen. Zudem hat der Pionier einen preispolitischen Spielraum. Die frühen Erstkäufer erwerben angesichts ihrer Neugierde das Produkt vor allen anderen und fungieren in ihrem näheren sozialen Umfeld als Meinungsbildner bei der Beurteilung des Neuprodukts. Für diesen Geltungsnutzen, den sie in ihrer Bezugsgruppe erfahren, sind sie bereit, einen höheren Produktpreis zu zahlen. Der Zeitvorteil des Pioniers hilft ihm, Markteintrittsbarrieren aufzubauen (z.B. durch patentiertes Know-how, durch den schnellen Auf- und Ausbau eines einzigartigen Markenimages, durch die Regalplatzsicherung im stationären Handel etc.) sowie Erfahrungskurven- und Skaleneffekte frühzeitig auszunutzen. So kann der Pionier beispielsweise die früh aufgebaute Produktionserfahrung nutzen, um die Herstellkosten des Neuprodukts zu senken. Besonderer **Nachteil** der Pionierstrategie ist die Ungewissheit, wie sich die Nachfrage entwickelt. Danach bemisst sich auch, wie schnell das Neuprodukt Umsatz generieren kann, um die entstandenen Kosten für Forschung und Entwicklung sowie die Ausgestaltung des Marketing-Mix in der Einführungsphase zu decken (z.B. Bekanntmachung des Produktnutzenvorteils, Aufbau des Distributionsgrads im stationären Handel).

1.23 Produktvariation und -differenzierung

Die Konzeptionen von Produktvariation und -differenzierung sind Abbildung C-31 zu entnehmen. Im Rahmen der **Produktvariation** werden physikalische, funktionale, ästhetische und/oder symbolische Produkteigenschaften der bereits im Markt etablierten Produkte geändert. Bei der **Produktdifferenzierung** fügt man weitere Produktvarianten dem Angebot hinzu, ohne bisherige herauszunehmen.

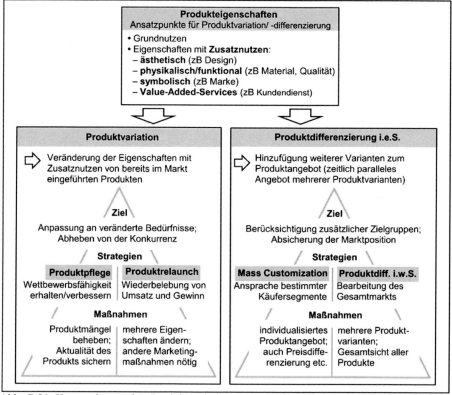

Abb. C-31: Konzeptionen der Produktvariation und -differenzierung (oberer Kasten vgl. Meffert 1998, S. 423)

Vorrangiges Ziel der **Produktvariation** ist die Anpassung an veränderte Nachfragerbedürfnisse und die Herausstellung des Produktangebots im Konkurrenzumfeld (Meffert et al. 2012, S. 447). Hierzu stehen zwei Strategien bereit. Die **Produktpflege** dient in erster Linie dazu, die aufgebaute Markt- und Wettbewerbsposition zumindest zu halten und möglichst zu verbessern. Neben der Beseitigung von Produktmängeln geht es um die Anpassung an Modetrends, um so die Marke zu aktualisieren. Dies ist beispielsweise der Fall, wenn der Schriftzug einer Marke dem Zeitgeist angepasst wird. Mit einem **Produktrelaunch** (Produktmodifikation) sind weitreichende Veränderungen verbunden. Denn hierdurch soll der Lebenszyklus von Produkten verlängert werden (Haedrich, Tomczak 1996, S. 237f.). Der Produktrelaunch wird begleitet von anderen Marketingmaßnahmen (z.B. Erweiterung der Vertriebskanäle, Einsatz einer neuen Werbekampagne, Verkaufsförderungsaktivitäten am Point of Sale), um zusätzlichen Umsatz zu generieren. Damit dieser gewinnwirksam ist, müssen vorab die zusätzlichen Kosten für den Produktrelaunch dem erwarteten zusätzlichen Umsatz gegenübergestellt werden.

Vorrangiges Ziel der **Produktdifferenzierung im engeren Sinne** ist, mit zusätzlichen Produktvarianten im Angebot den individuellen Bedürfnissen der Nachfrager auch in Massenmärkten zu entsprechen. Es gilt zu verhindern, dass der Nachfrager zum Konkurrenzprodukt wechselt und die eigene Marktposition instabil wird. Auch hier führen zwei Strategien zum Ziel. Die **Mass Customization** folgt dem Gedanken der Marktsegmentierung und bietet zielgruppenspezifische Produktvarianten an. Dies ist beispielsweise der Fall, wenn der Anbieter eines nicht verschreibungspflichtigen Medikaments gegen Schmerzen parallel spezielle Produktvarianten anbietet, die den individuellen Schmerzursachen (z.B. migränebedingter Kopfschmerz, fieber- oder entzündungsbedingte Schmerzen, Rücken-, Muskel-, Gelenkschmerzen) und Therapiebedürfnissen entsprechen (z.B. Einnahme des Medikaments ohne Flüssigkeit, direkte Wirksamkeit bei akuten Schmerzen). Der **Produktdifferenzierung im weiteren Sinne** folgend werden mehrere Produktvarianten in einem Gesamtmarkt angeboten, wodurch ein Wettbewerb zwischen den eigenen Produkten entsteht (Meffert et al. 2012, S. 449). Dies ist beispielsweise bei einem Safthersteller der Fall, der mit unterschiedlichen Marken und Produktvarianten (Frucht-/ Geschmacksrichtungen) den Gesamtmarkt bearbeitet. Letztlich ist an der Gesamtsicht über das vollständige Produktangebot erkennbar, ob mit der Strategie ein höherer Umsatz und Gewinn erzielt wird. An dieser Stelle zeigen sich Parallelen zur Mehrmarkenstrategie. Diese impliziert unter anderem den Aufbau einer besonders preisgünstigen Kampfmarke, die mit dem anderen Markenangebot konkurriert, jedoch insgesamt die Wettbewerbsposition des Anbieters stabilisieren kann (siehe Kap. C.IV.1.25 Marke und Markenführung).

1.24 Produktelimination

Mit Produktelimination ist die geplante Herausnahme des Produkts aus dem Programm des Anbieters gemeint. **Hinweise** auf eliminationsverdächtige Produkte liefern beispielsweise die **Lebenszyklus**- und die **Programmstrukturanalyse** (sie-

he Kapitel C.I.). Diese Produkte befinden sich in unmittelbarer Nähe der Verlustschwelle (Übergang von der Sättigungs- zur Degenerationsphase im Lebenszyklus)
und es besteht keine begründete Hoffnung mehr, dass gezielte Marketingaktivitäten
(z.B. Produktmodifikation, Relaunch) die Situation ändern könnten. Zudem beanspruchen sie knappe Ressourcen. Die Analyse der Programmstruktur offenbart,
welche Produkte eliminiert werden sollten, um beispielsweise die freiwerdende
Produktionskapazität profitableren Produkten zukommen zu lassen. Neben solchen
und anderen **quantitativen Kriterien** (z.B. Entwicklung der Stückkosten, Deckungsbeiträge) sind qualitative Kriterien zur Eliminationsentscheidung heranzuziehen. Es interessiert insbesondere, ob sich die Bedürfnisstruktur der Kunden geändert
hat und das bisherige Angebot veraltet ist (z.B. Elimination der Rollschuhe zugunsten der Inliner; Übergang von Mikrowellen, die lediglich eine Zeiteinstellung zulie-
ßen zu solchen Geräten mit gericht-/ zutatenspezifischen Optionen). Weitere **qualitative Kriterien** betreffen beispielsweise die Prüfung, ob deutlich überlegene Konkurrenzprodukte auf den Markt gekommen sind und ob das Preisniveau im Markt
gesunken ist und gleichzeitig keine Potentiale zur Kosteneinsparung gegeben sind.

Bei der Entscheidung, welche Produkte eliminationsverdächtig sind, müssen deren
Verbundbeziehungen mit anderen Produkten des eigenen Angebots berücksichtigt
werden. Beispielsweise beliefert der Produzent von Beleuchtungskomponenten für
Autos einen Automobil-Markenhersteller mit Produkten für die Automodelle A, B
und C. Wenn der Produzent nun feststellt, dass der Umsatz der Beleuchtungskom-
ponente für Modell C stark rückläufig und ein Überschreiten der Verlustschwelle
absehbar ist, muss er berücksichtigen, dass er im Falle einer Eliminationsentscheidung bei C Gefahr läuft, auf Dauer auch die Aufträge für A und B zu verlieren.

1.25 Marke und Markenführung
1.251 Markenbegriff

Der Begriff Marke wird unterschiedlich definiert. Prinzipiell kann er aus dem
Blickwinkel des Marketing und als gewerbliches Schutzrecht betrachtet werden.
Ausgehend von dem marketingrelevanten Begriffsverständnis einer Marke, dass sie
zur **Markierung** bzw. Kennzeichnung von Produkten und Dienstleistungen dient, ist
eine Marke ein Name, Begriff, Zeichen, Symbol, eine Gestaltungsform oder eine
Kombination aus diesen Bestandteilen, um sich gegenüber Konkurrenzprodukten zu
differenzieren (Kotler 2007, S. 509). Dieses Begriffsverständnis wird mit folgender
Definition um die marktpsychologische Bedeutung von Marken erweitert. Demnach
ist die **Marke** ein in der Psyche des Konsumenten verankertes, unverwechselbares
Vorstellungsbild von einem Produkt oder einer Dienstleistung (Meffert et al. 2002,
S. 6). Die markierte Leistung wird angeboten
• in einem möglichst großen Absatzraum (regional, national, international, global)
• über einen längeren Zeiraum (Jahre, Jahrzehnte, mehr als einhundert Jahre)
• mit gleichartigem Erscheinungsbild (Corporate Design) und
• in gleichbleibender oder verbesserter Qualität (Meffert et al. 2002, S. 6).

Das Vorstellungsbild einer Marke repräsentiert die **Einstellung gegenüber dem Produkt oder der Dienstleistung**, und zwar
- die gefühlsmäßigen Einschätzungen (affektive Komponente, z.B. „Mir gefällt das Produkt der Marke XY."),
- das subjektive Wissen (kognitive Komponente, z.B. „Ich weiß, was XY besser kann als die Marke Z.") und
- die Kaufbereitschaft (konative Komponente, z.B. „Ich werde beim nächsten Einkauf wieder XY und nicht Z erwerben.")

Markenanbieter wollen sich im Konkurrenzumfeld behaupten und ihr Angebot deutlich von diesem abzugrenzen. Konsumenten bevorzugen eine bestimmte Marke beim Einkauf, wenn sie ihnen einen größeren Nutzen bietet als die Marke eines anderen Anbieters. So ist eine **Marke als Nutzenbündel** mit spezifischen Merkmalen zu verstehen. Dieses Nutzenbündel soll sich von anderen des Konkurrenzangebots deutlich abheben, das dieselben Bedürfnisse erfüllt (Burmann et al. 2003, S. 3).

1.252 Nutzen und Funktionen der Marke aus Nachfrager- und Anbietersicht

Für den **Konsumenten** ist die Marke ein Information Chunk. Sie liefert ihm vielfältige Informationen, die ihm folgende Nutzen bieten: Die Marke
- dient als **Orientierungshilfe** innerhalb der vielen Angebote
- erleichtert und **entlastet die Informationsverarbeitung** des Konsumenten, insbesondere wenn er mit der Marke zufrieden ist und sie wiederkauft, ohne darüber erneut nachdenken zu müssen (habitualisierter, markentreuer Kauf)
- ist aufgrund ihrer Bekanntheit und Reputation **vertrauenswürdig**
- fungiert beim Konsumenten als **Qualitätsgarant** während des gesamten Lebenszyklus; sein Kaufrisiko, z.B. hinsichtlich der Produktqualität, wird reduziert
- spendet einen **ideellen Nutzen**, z.B. Prestige, Gruppenzugehörigkeit, Selbstdarstellung und -verwirklichung.

Aus dem Blickwinkel der **Markenanbieter** sind die Funktionen der Marke eng mit den Zielen der Markenführung verknüpft. Die Marke
- **fördert die ökonomischen Unternehmens- und Marketingzielinhalte**, z.B.:
  - Kundenbindung und Markenloyalität (Wiederkaufrate)
  - Umsatzsteigerung durch Abschöpfung der Preisbereitschaft von Konsumenten, für den Zusatznutzen der Marke mehr zu bezahlen
  - Steigerung des finanzwirtschaftlichen Markenwerts (Brand Equity), also der zukünftig durch eine Marke generierbaren Einzahlungsüberschüsse
- **fördert die psychographischen Marketingzielinhalte**, z.B.:
  - einzigartiges Markenimage, das sich klar im Konkurrenzumfeld abhebt (Aufbau und Pflege einer Markenpersönlichkeit)
  - Kundenzufriedenheit
  - Weiterempfehlungsrate (z.B. Meinungsbildner in ihren Bezugsgruppen).

Markenanbieter wollen ihre Marken als einzigartiges Vorstellungsbild bei Konsmenten profilieren und gegenüber dem Konkurrenzangebot differenzieren. Damit dies gelingt, muss der Marke eine unverwechselbare Identität verschafft werden. Hierzu dient der **Ansatz der identitätsbasierten Markenführung** (Meffert, Burmann 1996; Burmann et al. 2012) (Abbildung C-32). Dieser verknüpft das Fremdbild einer Marke bei den externen Zielgruppen (**Markenimage**) mit dem Selbstbild der Marke aus Sicht der internen Zielgruppen des Markenanbieters (**Markenidentität**). Interne Zielgruppen sind in erster Linie Mitarbeiter und Führungskräfte.

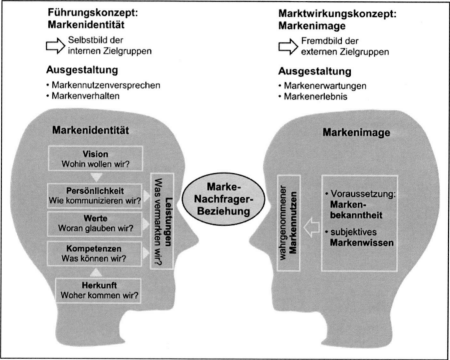

Abb. C-32: Komponenten der Markenidentität und des Markenimages (Quelle: Meffert et al. 2012, S. 362 (linke Bildseite), S. 365 (rechte Bildseite), leicht verändert)

Im Rahmen der **Marke-Nachfrager-Beziehung** gibt der Markenanbieter ein Versprechen im Hinblick auf den Markennutzen, der gegenüber den externen Zielgruppen erbracht werden soll und auf deren Erwartungen abgestimmt ist. Das gezeigte **Markenverhalten** umfasst das Leistungsangebot des Markenanbieters sowie das Verhalten sämtlicher Mitarbeiter im Kontakt mit dem Nachfrager (z.B. Kundengespräch) und alle weiteren Kontakte des Nachfragers mit der Marke (z.B. Warenangebot im Geschäft; Werbebotschaft). Der Nachfrager wiederum sammelt seine Eindrücke bei der Interaktion mit der Marke (**Markenerlebnis**). Die Ausgestaltung der Komponenten der Markenidentität kann nur unter Berücksichtigung der markt- und marktteilnehmerbezogenen Rahmenbedingungen vorgenommen werden (Meffert et al. 2012, S. 363). Das Markenimage als Vorstellungsbild in der Psyche externer Zielgruppen setzt voraus, dass die Marke bekannt ist. Im Laufe seiner Beziehung zur Marke erwirbt der Nachfrager subjektives **Markenwissen**. Es wirkt sich auf die subjektive Wahrnehmung des **Markennutzens** von Produkten oder Dienstleistungen aus (z.B. funktionale Qualitätswahrnehmung, Prestigenutzen).

1.253 Markenstrategien

Markenstrategien stellen langfristige, bedingte Verhaltenspläne der Markenanbieter zur Erreichung ihrer Markenziele dar. Die Bedeutung, Vor- und Nachteile wesentlicher markenstrategischer Optionen beinhaltet Abbildung C-33.

	Einzelmarke	Mehrmarken	Familienmarke	Dachmarke	Transfermarke
Bedeutung	Unternehmen bietet jedes Produkt bzw. jede Dienstleistung unter einer eigenen Marke an	Unternehmen führt in demselben Produktbereich mind. zwei Marken, die sich bzgl. Produkteigenschaften/ Preis/kommunikativem Auftritt unterscheiden	Unternehmen vereint mehrere verwandte Produkte unter einer Marke, die qualitativ gleichwertig sein müssen	Unternehmen fasst alle Produkte unter einer Marke (oft Firmenname, Firmeninhaber) zusammen	Positive Komponenten von der Hauptmarke eines Produktbereichs werden auf das Transferprodukt eines neuen Produktbereichs übertragen (Brand Extension)
Beispiele	• Nutella, Duplo, Raffaello (Ferrero) • Ariel, Meister Pr. etc.(Procter & G.)	• Seat, Skoda, VW (VW-Konzern) • Marlboro, Merit ... (Philip Morris)	• Nivea • Bild, BamS, Sport Bild, Auto-Bild ... • Du darfst	• Xerox (Kopierer) • Allianz (Versich.) • Hipp (Babykost) • BMW	• Hugo Boss (Bekleidung, Parfüm...) • Camel (Zigarette, Schuhe, Uhren ...)
Vorteile	• Profil einer unverwechselbaren Markenpersönlichkeit • bei Imageeinbruch kein Badwill-Transfer • geringer Koordinationsbedarf mit anderen Marken	• Markenwechsler wechseln zu Marken im eigenen Sortiment • „Kampfmarke" mit niedrigen Preisen schützt die anderen Marken vor Preiskampf • breite Marktabdeckung,differenzierte Positionierung	• Goodwill Stammmarke wird auf neue Produkte übertragen • starke Markenbindung der Kunden (dadurch preispolitischer Spielraum) • Familienmitglieder teilen sich die Marketingaufwendungen	• Floprisiko gering bei Neuprodukteinführung • Aufbau einer unverwechselbaren Unternehmens-/ Markenidentität • alle Produkte tragen zur Profilierung und Stützung der Marke bei	• Eintritt in neue Produktbereiche wird erleichtert • Markenbekanntheit besteht, daher geringere Kosten • positiver Image-Rücktransfer auf die Stamm-Marke möglich
Nachteile	• Marke trägt alle Marketingaufwendungen allein • echte Leistungsvorteile notwendig • Markenname kann zur Bezeichnung einer Produktgattung werden (zB Tempo)	• Gefahr der „Kannibalisierung" der Marken, insbes. wenn Markenunterschiede kaum wahrnehmbar • hohe Kosten wegen paralleler Marktbearbeitung • Handlungsspielraum gering wg. zentral getroffener Entscheidungen	• Gefahr eines Badwill-Transfers bei Neuprodukten • starker Abstimmungsbedarf bzgl. Marketing-Mix • problematisch für Familienmarke, wenn Handel nur Teil der Produkte ins Sortiment aufnimmt	• Gefahr der Marken-Deprofilierung (bei sehr unterschiedlichen Produkten • bei Qualitätsunterschieden negative Ausstrahlungseffekte • starker Abstimmungsbedarf bzgl. Marketing-Mix	• Gefahr des Image-/ Glaubwürdigkeitsverlusts, wenn die Produktbereiche heterogen sind • Gefahr der Markenerosion (Markenbild wird diffus und verliert seine Identität)

Abb. C-33: Wesentliche Markenstrategien im Überblick

Häufig werden die **Markenstrategien** miteinander **kombiniert**. Beispielsweise sind die Einzelmarken Nutella, Raffello und Duplo zusätzlich mit der Dachmarke Ferrero markiert. Unter dem Markendach Henkel befinden sich die Produkte Persil, Spee, Pril und Dor, wobei Persil und das preisgünstigere Spee im Sinne einer Mehrmarkenstrategie auf demselben Waschmittelmarkt angeboten werden.

Um das Risiko des Markentransfers auf eine neue Produktkategorie (Brand Extension) zu begrenzen, kann dieser Transfer als kontrollierte Produktlinienerweiterung auf gleiche oder verwandte Produktkategorien (**Line Extension**) vorgenommen werden. So praktizierte Beiersdorf den Transfer der Marke Nivea auf Deo-Produkte erst, als dieser bereits bei anderen Pflegeprodukten vollzogen war, die näher am Nivea-Markenkern lagen (z.B. Nivea-Milk, -Sonnenpflege, -Beauté) (Becker 2013, S. 204). Der Markentransfer in eine neue, nicht verwandte Produktkategorie wird als **Category Extension** bezeichnet (Burmann 2012, S. 149).

1.26 Verpackungspolitik

Gemäß **§ 3 Verpackungsverordnung** werden unter dem Oberbegriff Verpackungen folgende **Verpackungsarten** unterschieden
(http://www.bmu.de/files/pdfs/allgemein/application/pdf/verpackv_lesef.pdf):
* Verkaufsverpackungen werden als Umhüllungen einzelner Verkaufseinheiten zur Übergabe des Produkts an den Endverbraucher benötigt (z.B. Joghurtbecher)
* Umverpackungen stellen zusätzliche Umhüllungen der eigentlichen Verkaufsverpackung dar, die nicht zum Schutz der Ware erforderlich sind, sondern der Selbstbedienung oder Ästhetik des Kernproduktes dienen (z.B. zusätzliche Kartonverpackungen von Kosmetikartikeln)
* Transportverpackungen bieten eine Erleichterung (z.B. stapelbare Paletten) sowie Schutz und Sicherheit beim Warentransport (z.B. Umhüllung von Paletteneinheiten, Container bei technischen Geräten)
* Getränkeverpackungen beinhalten flüssige Lebensmittel, die zum Verzehr als Getränke bestimmt sind (ausgenommen Joghurt und Kefir)
* Mehrwegverpackungen sind dazu bestimmt, nach Gebrauch mehrfach zum gleichen Zweck wiederverwendet zu werden; so tragen sie zur Schonung natürlicher Ressourcen und zur Abfallreduzierung bei (z.B. Getränkeverpackungen, Paletten).

Aus **produktpolitischer Sicht** ist Verpackung eine Sammelbezeichnung für jegliche Art von Umhüllung, unabhängig davon, welche Funktion sie erfüllen soll. Die Verpackung kann ein eigenständiges Produkt sein (z.B. Frischhalteboxen) oder eine funktionale Bedeutung für das Kernprodukt übernehmen (Abbildung C-34). Sind Verpackungen direkt mit dem Produkt verbunden, dann sind sie **unabdingbar** (Hansen et al. 2001, S. 178f.). Ohne sie wäre der Ge- oder Verbrauch des Produkts nicht möglich. Produkterweiternde Verpackungen sind **hilfreich**, wenn sie den Ge- oder Verbrauch des Produkts erleichtern (z.B. Zupfbox bei Papiertüchern).

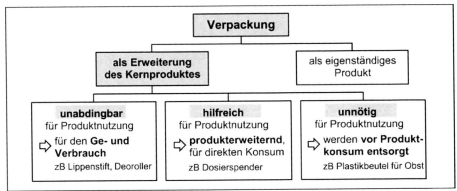

Abb. C-34: Funktionale Verbundenheit der Verpackung mit dem Kernprodukt (in Anlehnung an Hansen et al. 2001, S. 179)

In die Kategorie der **unnötigen** Verpackungen, die vor Ge- oder Verbrauch entfernt werden müssen, fallen die Transportverpackungen und die meisten Umverpackungen (z.B. Pappkartons von PCs). Die funktionale Verbundenheit der Verpackung mit dem Kernprodukt ist abzugrenzen von der Bedeutung der Verpackung für das Marketing. So kann eine funktional „unnötige" Verpackung aufgrund ihrer Gestaltung und Markierung die Kaufentscheidung des Konsumenten beeinflussen (z.B. bei Parfums).

Die **Verpackungsfunktionen** sind historisch gewachsen (Abbildung C-35). Ausgehend von der grundlegenden Verpackungsfunktion, das Produkt vor physischer Beschädigung zu schützen und zu sichern, hat die Verpackung im Laufe der Zeit immer neue Funktionen übernommen, die sie gleichzeitig ausüben kann.

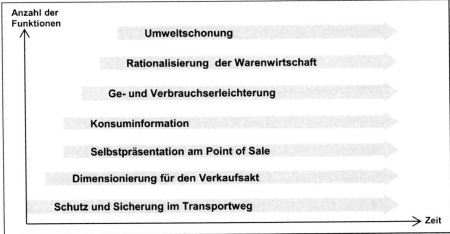

Abb. C-35: Verpackungsfunktionen und die Abfolge ihrer Entstehung (in Anlehnung an Hansen et al. 2001, S. 180)

Den genannten Verpackungsfunktionen kommt im Absatzkanal eine unterschiedliche Bedeutung zu (Abbildung C-36). Während des **Transportwegs zwischen Hersteller und Handel** schützt die Verpackung vor Schwund und Verderb (Hansen et al. 2001, S. 184ff.). Zwecks Rationalisierung werden stapelfähige, genormte Transportverpackungen mit geringer Raumbeanspruchung genutzt, die für automatisierte Lagersysteme geeignet sind. Warenwirtschaftliche Rationalisierungspotentiale ergeben sich zudem durch Efficient Consumer Response(ECR)-Konzepte. EAN-Code und Scannerkassen liefern Verkaufsdaten, auf deren Grundlage Hersteller und Handel ihre Logistik und Verfügbarkeit der Produkte optimieren können. Gemäß § 4 Verpackungsverordnung sind Hersteller und Handel verpflichtet, Transportverpackungen nach Gebrauch zurückzunehmen und einer weiteren Verwendung zuzuführen (Kreislaufwirtschaft).

Verpackungsfunktionen / Stationen im Absatzkanal	Schutz und sicherung im Transportweg	Dimensionierung für den Verkaufsakt	Selbstpräsentation	Konsuminformation	Ge- und Verbrauchserleichterung	Rationalisierung der Warenwirtschaft	Umweltschonung
Transportweg zwischen Hersteller u. Handel	X					X	X
Point of Sale (PoS)		X	X	X		X	X
Konsum (Ge-/ Verbrauch, Entsorgung)	X		X	X	X		X

Abb. C-36: Wesentliche Verpackungsfunktionen entlang der Stationen im Absatzkanal (in enger Anlehnung an Hansen et al. 2001, S. 184)

Am **Point of Sale**, wo die Kaufentscheidung getroffen wird, ermöglicht die Verpackung eine Dimensionierung für den Verkaufsakt (z.B. 500g-Packung, 1 Liter-Tetrapack). Besonders marketingrelevant sind zum einen die Selbstpräsentation der Verpackung am Verkaufsort, die die Selbstbedienung ermöglicht (z.B. abgepackter Aufschnitt im Kühlregal) und zum anderen die Nutzung der Produktverpackung als Träger für Konsuminformationen (z.B. Markierung, Dosierhinweise, Produktbestandteile). Weitere Verpackungsfunktionen am Point of Sale betreffen die Rationalisierung der Warenwirtschaft (z.B. durch den EAN-Code) und die Umweltschonung (z.B. recyclingfähige PET-Flaschen). Weiterhin übernimmt die Verpackung Funktionen während aller **Phasen des Konsums** (Kauf, Ge-/ Verbrauch des Produkts, Entsorgung der Verpackung). Beim Transport vom Kaufort (z.B. Geschäft) zum Konsumort (z.B. zuhause, unterwegs) schützt und sichert die Verpackung das erworbene Produkt. Während des Produktge- und -verbrauchs nimmt der Konsument immer wieder die Verpackungsgestaltung (z.B. Markierung) und Konsuminformation wahr. Weiß er relevante Informationen nicht mehr (z.B. Dosieranleitung bei Waschmitteln), kann er diese nochmals nachlesen. Eine Ge- und Verbrauchserleichterung für den Konsumenten resultiert z.B. aus dem Verpackungsverschluss in Form einer Sprühverpackung bei Sonnenschutzprodukten (s.o., „hilfreiche" Produktverpackung). Mit einer regelrechten Entsorgung des Verpackungsmülls (z.B. Mülltrennung) beziehungsweise der Rückgabe von Mehrwegflaschen praktiziert der Konsument seinen Beitrag zur Schonung natürlicher Ressourcen.

1.3 Organisatorische Verankerung der Produktpolitik
1.31 Grundgedanke und Ziele des Produktmanagements

Um das produktpolitische Ziel einer absatzmarktgerechten Gestaltung des Produktangebots im Unternehmen durchsetzen zu können, bedarf es besonderer organisatorischer Lösungen. Denn in jeder Phase vor und während des Lebenszyklus treten verschiedene **Anforderungen an das Management** (Planung, Koordination und Kontrolle) **produktbezogener Aktivitäten** auf. So ist permanent die Forschung und Entwicklung bedürfnisgerechter und marktfähiger Produktinnovationen sicherzustellen (von der Ideengewinnung über Ideenscreening und Produkttests bis zum Markteintritt).
Während des Produktlebenszyklus ist der Marketing-Mix phasenspezifisch auszugestalten. Beispielsweise ist in der Phase der Marktsättigung die Frage zu beantworten, ob für das Produkt eine Variation, Modifikation oder ein Relaunch durchgeführt wird. Das somit benötigte **Produktmanagement** ist
- eine organisatorische Konzeption, bei der spezifische Anforderungen an die Organisationsstruktur durch
- Übertragung von Aufgaben für jeweils ein Produkt oder eine Produktgruppe
- auf besondere Stellen, sogenannte **Produktmanager**, berücksichtigt werden.

Oberziel des Produktmanagements ist, den Erfolgsbeitrag der einzelnen Produkte und deren Marktwert sowie den Unternehmenserfolg insgesamt zu verbessern (Köhler 2007, S. 743). Dies setzt voraus, dass die Produkte zielgruppenspezifisch gestaltet und positioniert werden. Entsprechende **Teilziele** betreffen die Schaffung besonderer Produktnutzen und Wettbewerbsvorteile (siehe Kapitel C.III.2.1, abnehmergerichtete Strategien).

1.32 Stelle des Produktmanagers

Das Tätigkeitsfeld des Produktmanagers umfasst folgende Aufgaben:
- Zu seinen **Informationsaufgaben** zählen die
  - allgemeine Marktbeobachtung (z.B. Konsumentenbedürfnisse und -verhalten; Produktangebot der Konkurrenz) und
  - Analyse und Prognose des Produkterfolgs (z.B. produktbezogener Deckungsbeitrag, Gewinn; Bestimmung von produktbezogenem Marktpotential, -volumen).
- Die **Planungsaufgaben** des Produktmanagers umfassen die
  - produktbezogene Marketingkonzeption (z.B. Markteinführungskonzept) und deren Umsetzung und
  - Budgetierung (z.B. finanzieller Mittelbedarf für die Forschung und Entwicklung von Neuproduktideen, die produktbezogene Werbung, Verkaufsförderung etc.).

- Seine **Kontrollaufgaben** betreffen den Ablauf (z.B. Terminüberwachungen) und das Ergebnis der produktbezogenen Unternehmensaktivitäten (z.B. Absatzwirkung der produktbezogenen Werbekampagne oder des Produktrelaunchs).
- Die **Koordinationsaufgabe** betrifft sowohl die unternehmensinternen Bereiche (z.B. F&E, Produktion) als auch die externen Partner (z.B. Werbeagenturen).

Diese **Aufgaben des Produktmanagers** sowie jene **vor dem und im Produktlebenszyklus** sind Abbildung C-37 zu entnehmen.

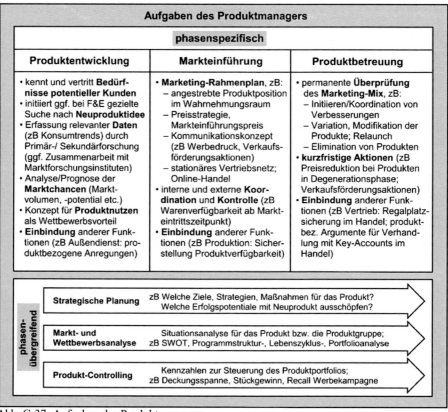

Abb. C-37: Aufgaben des Produktmanagers

Zusammenfassend kann der Produktmanager als Informationszentrale für sein Produkt bezeichnet werden. Die Stelle des Produktmanagers ist hierarchisch oft auf mittlerer Managementebene angesiedelt. Daher sind die Wege kurz, um alle relevanten Informationen zu gewinnen. Jedoch besitzen Produktmanager nur selten umfassende Weisungsbefugnis, die sie für die Bewältigung ihrer Aufgaben benötigen.

1.33 Produktmanagement als objektorientierte Organisationsform

Das Produktmanagement wird nicht nach Verrichtungen (z.B. Werbung, Vertrieb), sondern objektbezogen organisiert. Objekte können Produkte, Kunden, Verkaufsgebiete oder Projekte sein. Ist das Produktmanagement eine **Stabseinheit** der Marketing- oder Geschäftsleitung, haben die Produktmanager keine formellen Weisungsbefugnisse. Dennoch finden Abstimmungen und faktische Einflussnahmen gegenüber den Linieninstanzen statt (Abbildung C-38, gestrichelte Linien).

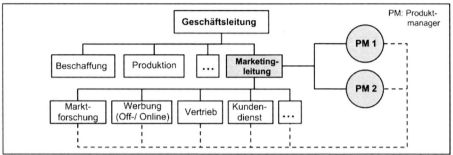

Abb. C-38: Produktmanagement als Stab der Marketingleitung (in enger Anlehnung an Bliemel, Fassot 1995, Sp. 2125f.)

Das Produktmanagement als Stabseinheit ist eher in kleineren Unternehmen anzutreffen (Köhler 2007, S. 747ff.). Wesentlicher Vorteil ist, dass Stäbe über Expertenwissen verfügen und die Marketingleitung als Linieninstanz entlasten. Allerdings hat der Produktmanager keine Weisungsbefugnis, wodurch er frustriert sein kann. Zugleich verfügt er über informelle Macht. So kann der Produktmanager die Linieninstanz bei der Entscheidungsfindung beeinflussen, ohne sich für die Konsequenzen verantworten zu müssen. Er hat dann Macht ohne Verantwortung.

Weiterhin besteht die Option, das **Produktmanagement als Linieneinheit innerhalb des Marketingbereichs** anzusiedeln. Ein Beispiel hierfür zeigt Abbildung C-39. Bei zwei der drei produktorientierten Organisationseinheiten unter der Marketingleitung handelt es sich um ein Produktgruppenmanagement. Nachgeordnet befinden sich die Produktmanager für bestimmte WR-Marken (analog für die Gruppe der Klebeprodukte). Diese Organisationsform ist vor allem für Unternehmen mit breitem Programm und heterogenen Produkten vorteilhaft. Die Produkt(gruppen)- und Markenmanager haben oft ein hohes Involvement für „ihr" Produkt, sind motiviert und produktiv. Zudem sind flexible Reaktionen auf Änderungen im Produktmarkt möglich (z.B. Produktvarianten, die geänderte Konsumentenbedürfnisse aufgreifen).

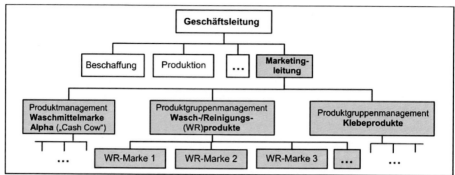

Abb. C-39: Beispiel für das Produkt(gruppen)management in der Linie unterhalb der Marketingleitung

Kostenintensiv und daher nachteilig sind die Parallelarbeiten, wenn z.B. jeder Produktgruppe Stellen zugeordnet werden, die sich mit Marktforschung, Kommunikation und Vertrieb beschäftigen. Zudem kann es einen innerbetrieblichen Wettbewerb um Kapazitäten und finanzielle Ressourcen geben, der durch das häufig vorliegende Ressortdenken („Meine Produktgruppe ist am wichtigsten.") genährt wird.

Angesichts der Kosten ist es unrealistisch, dass jeder Produkt(gruppen)manager Stellen für die Marketingfunktionen (Marktforschung, Werbung etc.) erhält. Dieses Problem wird durch die **Matrix-Organisation** gelöst (Abbildung C-40).

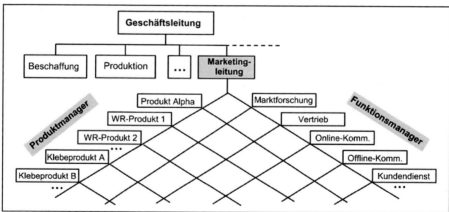

Abb. C-40: Matrix-Organisation zwischen Produktmanagement und Marketing-Funktionsabteilungen (Fortsetzung des Beispiels)

Anknüpfend an das vorherige Beispiel sind die Produktmanager von Alpha sowie WR- und Klebeprodukten gleichrangig mit den Managern der Marketingfunktionen. Da es sich um ein Mehrliniensystem handelt, erhalten die Mitarbeiter an den Schnittstellen Weisungen sowohl von dem Produktmanager als auch von dem Funktionsmanager. Dies ist insofern vorteilhaft, weil die produktbezogenen Aufgaben mit der funktionsbezogenen Spezialisierung kombiniert werden. Allerdings besteht ein permanentes Konfliktrisiko zwischen Produkt- und Funktionsmanager, insbesondere dann, wenn die jeweiligen Kompetenz- und Verantwortungsgebiete nur unklar abgegrenzt sind. Ist beispielsweise ein WR-Neuprodukt geplant, stellt sich die Frage, welche Priorität der Funktionsmanager Marktforschung diesem Vorhaben einräumt. Möglicherweise priorisiert er den Marktforschungsbedarf von Alpha und der Klebeprodukte. Dadurch verzögert sich der Start für eine gezielte Ideensuche nach dem WR-Produkt. Es kann zum konstruktiven Konflikt kommen, indem mehr Verständnis füreinander entsteht und gemeinsam nach Problemlösungen gesucht wird.

Fallstudien zu
C.IV.1 Produktpolitik

Bezeichnung	Fallstudie	Schwerpunkt/Aufgabe
C.IV.1 (1)	SkanMöb	Verbundeffekte
C.IV.1 (2)	Öko-Limo	Kreativitätstechniken
C.IV.1 (3)	All4Garden	6-Hüte-Technik
C.IV.1 (4)	Ich will	Neuproduktplanung; Scoringmodell; Produktvariation, -differenzierung
C.IV.1 (5)	Runners Need	Planungsprinzipien des Produktprogramms; Neuheitsdimensionen
C.IV.1 (6)	Outdoor-Products	Planungsprinzipien; Timingstrategien des Markteintritts
C.IV.1 (7)	Foodli AG	Markenstrategien
C.IV.1 (8)	Navie Sun	Kreativitätstechniken; Produktvariation, -differenzierung
C.IV.1 (9)	Mildt & Hüpfli	Markenstrategien; Markennutzen
C.IV.1 (10)	Montes Gum	Markenausdehnungsstrategie; Funktionen der Verpackung
C.IV.1 (11)	Seats and Sofas	Produktelimination
C.IV.1 (12)	Sanfti	Wettbewerbsvorteil; Funktionen der Verpackung
C.IV.1 (13)	Brat- und Grillbedarf	Produktmanager; Organisationsform

C. IV. 1 (1) Fallstudie „SkanMöb"

Der Möbelhändler SkanMöb betreibt in Deutschland 37 Filialen in Stadtrandlagen und Industriegebieten. Im nächsten Jahr möchte SkanMöb erstmals Filialen in Innenstädten eröffnen, und zwar im Hamburger Stadtteil Altona sowie im Rahmen eines größeren Shopping-Centers in Lübeck. Der Möbelkonzern testet auch weitere neue Standorte in Innenstädten und baut in kleinen Schritten den Online-Handel aus. SkanMöb begründet dies mit Veränderungen der Konkurrenzsituation und des Konsumentenverhaltens. Im Hinblick auf die Konkurrenzsituation wachsen die SkanMöb-Umsätze im Vergleich zur gesamten Branche weniger stark, was u.a. durch die verschärfte Konkurrenz neuer Einrichtungshäuser in den Innenstädten bedingt wird. Im Hinblick auf das Konsumentenverhalten lassen sich folgende Veränderungen konstatieren:

– Immer mehr Großstadtbewohner haben kein eigenes Auto mehr, mit dem sie zum nächsten SkanMöb-Geschäft fahren könnten. Sie wollen in der Innenstadt Möbel anschauen und diese anschließend (z.B. vom Innenstadt-Café aus) über ihr Smartphone bestellen.

– Andere Konsumenten schauen sich die Möbel im Geschäft an, bestellen dann jedoch im Internet und lassen sich zu Hause beliefern.

– Wird ein Möbelhaus wie SkanMöb mit einem Shopping-Center kombiniert, lassen sich alle größeren Einkäufe auf einmal erledigen.

– Lag die Summe, die je Haushalt und Jahr für Möbel und Einrichtungsgegenstände ausgegeben wird, vor zehn Jahren bei 900 Euro, so betrug dieser Wert im letzten Jahr nur noch 720 Euro. Aktuell zeichnet sich ein leichter Anstieg auf 740 Euro ab.

Aufgabe:
Erläutern Sie vor diesem Hintergrund die drei Typen von Verbundeffekten!

C. IV. 1 (2) Fallstudie „Öko-Limo"

Die Monasteria Brauerei GmbH ist eine traditionsreiche mittelständische Brauerei im Münsterland, die seit mehr als vier Jahrzehnten diverse Biersorten sowie Erfrischungsgetränke mit Markenqualität produziert und in der Region verkauft. Die Biersorten werden unter den Markenbezeichnungen „Monasteria Pils" und „Monasteria Altbier" vermarktet. Das Erfrischungsgetränkeprogramm umfasst Cola-Getränke mit unterschiedlich hohem Zuckergehalt („Papsa Cola", „Papsa Cola light") und Mineralwasser mit unterschiedlichen Kohlensäure-Anteilen („Aquella", „Aquella medium").

Vor einigen Monaten ist dem Geschäftsführer und ausgebildeten Diplom-Braumeister Herrn Schaumschläger eine bemerkenswerte Produktinnovation gelungen. Er mixte und kochte so lange in seinem Labor, bis seine Vision von einer gesunden, im klassischen Brauverfahren aus Getreide hergestellten Limonade Marktreife erlangte. Diese Limonade mit dem Arbeitstitel „Öko-Limo" ist mineralstoffreich und zuckerfrei. Der Herstellungs- und Gärprozess verleiht dem Getränk einen ganz spezifischen fruchtig-herben Geschmack mit den Geschmacksrichtungen Holunder, Minze und Zitrone. Zunächst hat sich Herr Schaumschläger darum bemüht, Lizenzrechte für die Öko-Limo an andere Brauereien zu vergeben. Da diese ablehnten, entschloss er sich, Öko-Limo selbst zu vermarkten. Eine Verbraucheranalyse im Auftrag der Monasteria Brauerei ergab, dass die Kunden von Limonaden die Qualität des Produkts durchaus auch nach seiner Verpackung (z.B. Tetrapack, Glasflasche) beurteilen. Herr Schaumschläger sieht in der Verpackung der Öko-Limo einen wichtigen Ansatzpunkt, das Produkt im Konkurrenzumfeld klar abzugrenzen und zu profilieren. So sollte die Limonadeverpackung mit einem „kreativen Pfiff" versehen sehen sein, der die Besonderheiten der Öko-Limo noch unterstreicht.

Aufgabe:
Welche Kreativitätstechnik(en) empfehlen Sie Herrn Schaumschläger auf der Suche nach einer solchen Verpackung mit „kreativem Pfiff"? Begründen Sie Ihre Empfehlung, erläutern Sie dann die Vorgehensweise und nehmen Sie dabei konkreten Bezug zur Fallstudie!

C. IV. 1 (3) Fallstudie „All4Garden"

Das Unternehmen „All4Garden" ist international einer der führenden Hersteller von Gartengeräten. Der für Schaufeln und Spaten zuständige Produktmanager D.Igger stellt seit einiger Zeit rückläufige Verkaufszahlen bei den Spaten fest. Der Spaten ist eine Sonderform der Schaufel und wird in erster Linie zu Grabearbeiten verwendet. Auf der Suche nach Gründen für die Absatzprobleme führte D.Igger eine Blitzumfrage bei Kunden und Nichtkunden von „All4Garden"-Produkten durch, die ihm folgende Anhaltspunkte liefert:
- „All4Garden"-Produkte sind qualitativ hochwertig und haben einen angemessenen Preis
- Spaten werden von Hobbygärtnern vor allem zum Verpflanzen von Gehölzen (Heraushebeln des Wurzelballens), zum Umgraben des Bodens und zum Stechen der Rasenkante genutzt
- der „All4Garden"-Spaten
  - ist qualitativ hochwertig (mehrere Befragte äußerten, dass sie ihren Spaten schon zehn und mehr Jahre hätten, da er einfach nicht kaputt ginge)
  - hat verglichen mit anderen Spaten ein deutlich höheres Gewicht, wodurch das Umgraben großer Flächen erschwert wird
- auf die Frage, was an dem „All4Garden"-Spaten verbessert werden könne, kamen mehrfach Antworten wie diese: „Ein elektrischer Spaten wäre schön. Das würde bestimmt die Gartenarbeit erleichtern, z.B. beim Umgraben."

Vor diesem Hintergrund veranlasst D. Igger die Entwicklung eines neuen Spatens.

Aufgaben:
a) Beschreiben Sie zunächst kurz den Prozess der Planung eines neuen Spatens!

b) D.Igger möchte zur Entwicklung des neuen Spatens die Sechs Hüte-Technik nach Edward de Bono anwenden. Erläutern Sie die Vorgehensweise der Technik und nehmen sie dabei konkret Bezug zum vorliegenden Fall!

C. IV. 1 (4) Fallstudie „Ich will"

Siehe Fallstudientext unter C. II. (3) Fallstudie „Ich will"

Aufgaben:
a) Herr Schmalz beabsichtigt die Markteinführung eines mit Mineralien und Vitaminen angereicherten „Energydrink" für die Gesundheitsbewussten und Sportler. Es wurden zwei Produktkonzepte für den Energydrink (A und B) entwickelt. Mit einem Punktbewertungsmodell will Herr Schmalz die erfolgversprechende Alternative ermitteln. Die beiden Konzeptionen werden nach folgenden fünf Kriterien bewertet (Abbildung C-41):

Kriterien	Gewichtung	Bewertung			
		sehr gut 6	gut 4	durchschnittlich 2	schlecht 0
Position im Wettbewerbsumfeld	3		A, B		
Synergien mit dem Produktsortiment	2		A		B
Umsatzvolumen	4	B		A	
Erwarteter Absatz	3			A, B	
Investitionsbedarf	1		A	B	

Abb. C-41: Bewertung der beiden Produktkonzepte für den „Energydrink"

Die Beurteilungskriterien sind von 1 bis 4 gewichtet (1 = geringe Bedeutung, 4 = hohe Bedeutung). Erhält eine Konzeption einen Gesamtpunktwert, der kleiner als 40 ist, wird sie nicht realisiert. Ermitteln Sie die Punktsummen für die Konzeptionen A und B. Interpretieren Sie das Ergebnis und kritisieren Sie den Aussagewert des zugrundegelegten Scoringmodells!
b) Für die bestehende Produktlinie „Ich will" sucht Herr Schmalz nach möglichen Ansatzpunkten der Produktvariation und -differenzierung. Nennen und erläutern Sie drei Ansatzpunkte!

C. IV. 1 (5) Fallstudie „Runners Need"

Das Unternehmen „Runners Need" ist ein internationaler Anbieter von Schuhen und Bekleidung speziell für Lauf- und Walking-Sportler. Zu den Zielgruppen von Runners Need zählen Freizeitsportler und ambitionierte Sportler.
- **Freizeitsportler** betreiben gelegentlich beziehungsweise regelmäßig das Laufen und Walken. Diesbezügliche <u>Schuhe</u> werden unter der Marke **„Runners Need**

TradRunShoes" (traditional runners shoes) zu mittleren bis gehobenen Preislagen angeboten.

– **Ambitionierte Sportler** nehmen an nationalen und internationalen Wettbewerben (z.B. Marathon-Veranstaltungen) teil. Das hochpreisige Angebot der <u>Schuhe</u> für diese Gruppe ist mit der Marke **„Runners Need AmbRunShoes"** (ambitious runners shoes) versehen.

Die <u>Bekleidungsprodukte</u> werden

– für den Freizeitsportler unter der Marke **„Runners Need TRWear"** (traditional runners wear) und

– für den ambitionierten Sportler unter der Marke **„Runners Need ARWear"** (ambitious runners wear)

angeboten.

Vor einiger Zeit kam der namhafte Triathlet Jochen Wendig auf das Unternehmen zu. Er erzählte dem Produktmanager der Runners Need-Sportschuhe, Herrn Clever, dass angesichts der bei vielen Laufstrecken überwiegenden harten Asphaltstrecken und stumpfen Kieswege seine Gelenke zunehmend in Mitleidenschaft gezogen würden, weshalb er immer häufiger verletzungsbedingt Laufveranstaltungen absagen müsse. Auf die Frage von Herrn Clever, was er sich denn von einem Laufschuh wünsche, sagte Herr Wendig: „Ich träume von einem Laufschuh, der mir entspannte Kilometerläufe ermöglicht, als würde ich auf Waldboden laufen, der mit abfedernden Tannennadeln bedeckt ist." Dies gab Herr Clever an die Forschungs- und Entwicklungsabteilung weiter mit der Bitte, einen solchen Schuh zu entwickeln, der die Stöße beim Laufen dämpft, den Schritt beflügelt und die Gelenke schont.

Aufgaben:

a) Erläutern Sie, nach welchen Prinzipien das Produktprogramm von „Runners Need" grundsätzlich ausgerichtet ist!

b) Die Forschungs- und Entwicklungsabteilung konnte einen Schuh entwickeln, der die Stöße beim Laufen dämpft, den Schritt beflügelt und die Gelenke schont. Das Produkt ist mit einem Sohlensystem ausgestattet, das Noppenreihen mit Luftschlitzen enthält und zur Patentierung angemeldet ist.
Bei Produktinnovationen unterscheidet man vier „Neuheitsdimensionen". Wenden Sie bitte diese auf den neu entwickelten Laufschuh an!

C. IV. 1 (6) Fallstudie „Outdoor-Products"

Das Unternehmen „Outdoor Products OP" ist ein internationaler Anbieter von Bekleidung sowie Ausrüstung für den Outdoor-Bereich. Zum Bekleidungsprogramm zählen Funktionsjacken, -hosen, -wäsche und Schuhe für Sportarten wie Ski-/ Langlauf, Snowboard, Golf, Joggen und Bergsteigen. Das Ausrüstungsprogramm umfasst die für die genannten Sportarten benötigten Ausrüstungsgegenstände (z.B. Skier, Snowboards, Golfschläger, Bergsteigerbedarf, Schlaf-/ Rucksäcke, Zelte).

Das Bekleidungsprogramm, dessen Vertrieb sowohl über den stationären Handel als auch online geschieht, wird unter zwei Marken angeboten:
– Die mit der Marke „OP Prestige" ausgestatteten Produkte zeichnen sich durch hochwertige Qualität (z.B. verwendete Materialien) und modisch ansprechendes Design aus (z.B. Aktualität von Farben und Schnittmustern). Die Produkte der Marke „OP Prestige" sind im Hochpreissegment angesiedelt.
– Die Produkte der Marke „OfA" (Outdoor for all) weisen eine durchschnittliche funktionale Qualität auf und werden zu branchenüblichen Durchschnittspreisen angeboten.

Nach Ansicht von Experten erfreut sich der Outdoor-Markt wachsender Beliebtheit. Wesentliche Gründe hierfür sind das steigende Gesundheitsbewusstsein und starke Verlangen nach Fitness, und zwar in allen Altersstufen. Angesichts der demografischen Entwicklung konstatiert die Branche, dass die Menschen gesund bleiben wollen und Bewegung vor allem in der freien Natur suchen. Hierzu äußerte sich vor kurzem der Sprecher des Outdoor-Branchenverbandes, Jakob Wolfhaut: „Outdoor ist einer der Megatrends, um fit zu bleiben und Abstand von der Arbeit zu bekommen. Außerdem wollen sich sportliche Menschen nicht mehr dem Leistungsdruck unterwerfen, dem sie im Beruf und der Gesellschaft ausgesetzt sind. Die Devise lautet: Entschleunigen statt beschleunigen. Der Mensch möchte etwas für sich selbst tun. Er betreibt Sport nicht als Wettkampf, sondern zum Vergnügen."

Aufgaben:
a) Erläutern Sie, nach welchen Prinzipien das Produktprogramm von „Outdoor Products OP" grundsätzlich ausgerichtet ist!
b) Eine aktuelle Marktanalyse, die sich mit dem zielgruppenspezifischen Bekleidungs- und Ausrüstungsbedarf für den Outdoor-Bereich beschäftigt, hat u.a. die Erkenntnis geliefert, dass bestimmte Sportler eine gezielte Wärmung des Rückens benötigen (z.B. Jäger während ihres Aufenthalts auf dem Hochsitz; Golf-Intensivspieler während der Off-Season). Das Unternehmen „Outdoor Products OP" möchte für diese Zielgruppen einen Pullover entwickeln, in den batteriebetriebene Wärmekissen im Rückenbereich integriert sind (Arbeitstitel: „warming back pull"). Bislang gibt es noch kein mit dem „warming back pull" vergleichbares Produkt auf dem Outdoor-Markt.
Bei Produktinnovationen unterscheidet man vier „Neuheitsdimensionen". Wenden Sie bitte diese auf den „warming back pull" an!
c) Das Unternehmen konnte einen „warming back pull" entwickeln, der nun Marktreife hat und in Kürze im Markt eingeführt werden soll. Welche Markteintritts(Timing)strategie wählt „Outdoor Products"? Welches vorrangige Ziel verfolgt das Unternehmen mit dieser Strategie und welche Chancen und Risiken sind mit dieser verknüpft?
d) Nennen und erläutern Sie kurz die Kategorien von Adoptern auf der Grundlage relativer Übernahmezeitpunkte des „warming back pull"!

C. IV. 1 (7) Fallstudie „Foodli Deutschland AG"

Siehe Fallstudientext unter C. III. (1)

Aufgabe:
Die FD AG möchte zwei neue Functional Food-Produkte positionieren beziehungsweise entwickeln.

<u>Erstes Produkt:</u>
Es soll ein neues Functional Food für Schulkinder entwickelt werden (Arbeitstitel: „Kinder-Pausensnack").

<u>Zweites Produkt:</u>
Es wurde ein neuer Joghurt entwickelt, der einen Beitrag zur herzgesunden Ernährung liefern soll (Arbeitstitel: „herzensgutes Joghurt"). Eine diesbezügliche Expertise des anerkannten Forschungsinstituts Fuutnouhau liegt vor.

Welche Markenstrategien empfehlen Sie der FD AG für den „Kinder-Pausensnack" und das „herzensgute Joghurt"? Erläutern und begründen Sie Ihre Empfehlung und nennen Sie die markenstrategischen Vor- und Nachteile!

C. IV. 1 (8) Fallstudie „Navie Sun"

Die Meisterstadt AG ist ein internationaler Konzern für Kosmetik- und Körperpflegeprodukte mit Markenqualität. Neben Produkten der dekorativen Kosmetik (Lippenstifte, Wimperntusche etc.) umfasst das Angebot diverse Hautcremes und Sonnenkosmetik. Im Mittelpunkt der fünf Kernmarken des Konzerns steht auf dem deutschen Markt dir Marke „Navie". Das Ursprungsprodukt, die „Navie Creme", wurde vor einem halben Jahrhundert entwickelt und ist seitdem als hochwertige Pflegecreme positioniert. In den 1980er und 1990er Jahren wurde die „Navie"-Markenfamilie erweitert mit „Navie Hair" (Haarpflegeprodukte), „Navie Baby" (Babypflegeprodukte), „Navie for Men" (Herrenpflegeprodukte) und „Navie Sun" (Sonnenkosmetikprodukte). Alle Produkte erfüllen angesichts ihrer besonderen Pflegeeigenschaften die Anforderungen qualitativ hochwertiger Markenartikel. Zu den „Navie Sun"-Sonnenkosmetikprodukten zählen
- „Navie Sun Sonnenschutz" (Sonnenschutzcreme)
- „Navie After Sun" (Hautpflegecreme nach dem Sonnenbad)
- „Navie Sun for Kids" (Sonnenschutzcreme speziell für Kinder).

Alle Anbieter von Sonnenkosmetikprodukten hoffen jedes Jahr, dass pünktlich zur Haupturlaubszeit ein dauerhaftes Sonnenwetter einsetzt. Denn die Hälfte der Umsätze dieser Produkte wird in den Monaten Juni bis August erwirtschaftet. Den Stellenwert des Wetters für seine Branche brachte kürzlich der „Navie"-Produktmanager Herr Sonnig auf den Punkt: „An den letzten Jahrhundertsommer kann ich mich noch gut erinnern. Damals hatte die Hitze im Juli und August den Jahresumsatz des Gesamtmarkts für Sonnenkosmetik gegenüber dem Vorjahr um sieben Prozent gesteigert. Während After Sun-Produkte überschaubare Erlöse brachten, profitierten alle Hersteller – auch wir – vom gestiegenen Bedarf nach Sonnenschutzmitteln."

Im relevanten Markt haben die „Navie Sun"-Sonnenkosmetikprodukte seit Jahren den höchsten Marktanteil. Sie werden über Lebensmittelgeschäfte, Drogerien, Kauf- und Warenhäuser distribuiert. Trotz dieser komfortablen Situation schaut das „Navie"-Produktmanagement besorgt in die Zukunft. Hierzu äußerte sich nochmals Herr Sonnig: „Auch „Navie Sun" spürt wie viele andere Marken den Druck seitens der deutlich preisgünstigeren Handelsmarken. Gerade bei unseren Produkten „Navie Sun Sonnenschutz" und „Navie Sun Kids" ist der Wettbewerb besonders deutlich. So haben wir in diesem Marktsegment vergangenes Jahr von unserem Marktanteil, der üblicherweise bei 35 Prozent liegt, etwa zwei Prozent an die konkurrierenden Handelsmarken verloren. Vor allem vor der Handelsmarke „Idealo" fürchten wir uns ein bisschen. Sie ist qualitativ eher überdurchschnittlich, jedoch deutlich preisgünstiger als unsere Produkte."

Um die marktführende Position zu stabilisieren, hat sich Herr Sonnig im Einvernehmen mit der Geschäftsführung entschieden, nicht die Preise zu senken, sondern den eigenen Qualitätsanspruch an die „Navie Sun"-Produkte durch Innovationen zu untermauern. Auf die Frage nach dem Grund für dieses Vorgehen antwortete er: „Wir kennen unsere Konsumenten und ihre Bedürfnisse und liefern die geeigneten Produkte. Das ist unser Wettbewerbsvorteil."

Aufgaben:
a) Eine Verbraucheranalyse im Auftrag der Meisterstadt AG hat ergeben, dass die Kunden von Sonnenschutzkosmetik neben dem Bedürfnis, die Haut vor den Sonnenstrahlen zu schützen, besonderen Wert auf spezielle Pflegeeigenschaften und leichte Anwendung der Produkte legen. Angesichts dieser Erkenntnisse gibt das „Navie"-Produktmanagement folgende Aufträge an die Forschungs- und Entwicklungsabteilung:
   Erster Auftrag:
   Gewinnung von Neuproduktideen für das Segment der „Navie Sun Sonnenschutz"-Produkte.
   Zweiter Auftrag:
   Gewinnung von Neuproduktideen für die Verpackung der „Navie Sun for Kids"-Produkte.
   Welche Kreativitätstechniken empfehlen Sie der Forschungs- und Entwicklungsabteilung für beide Aufträge?
b) Die Forschungs- und Entwicklungsabteilung konnte eine neue Sonnencreme entwickeln, die über die besondere Eigenschaft verfügt, dass sie Insekten und Zecken abweist und so vor Insektenstichen und Zeckenbissen schützt. Bisher gibt es noch kein Konkurrenzprodukt, das einen solchen Schutz vor Zeckenbissen bietet. Daher bezeichnet Herr Sonnig das Produkt mit dem Arbeitstitel „Navie Sun Sonnencreme mit Insekten- und Zeckenschutz" als einzigartige Möglichkeit, sich im Wettbewerbsumfeld zu profilieren.

Erläutern Sie die Begriffe Produktvariation und -differenzierung. Nehmen Sie dabei Bezug zur „Navie Sun Sonnencreme mit Insekten- und Zeckenschutz".

c) Erläutern Sie die nutzenbezogenen Ansatzpunkte zur Produktvariation und -differenzierung. Nehmen Sie dabei konkreten Bezug zur „Navie Sun Sonnencreme mit Insekten- und Zeckenschutz".

C. IV. 1 (9) Fallstudie „Mildt & Hüpfli"

Das Unternehmen „Mildt & Hüpfli" ist ein traditionsreicher Hersteller von Markenschokolade und befindet sich in einer herausragend guten wirtschaftlichen Situation. Innerhalb der letzten zehn Jahre konnte es seinen Börsenwert versiebenfachen und seinen Umsatz pro Jahr um mindestens fünf Prozent steigern. Im letzten Jahr erzielte es einen Umsatz von 1,2 Milliarden Euro. Branchenkenner sprechen in diesem Zusammenhang von einem Phänomen: Obwohl in Deutschland bereits vierzig Prozent der Tafelschokolade von Discountern und Handelsketten zu Niedrigpreisen von 50 oder 60 Cent angeboten werden, schafft es Mildt & Hüpfli, die Tafeln für etwa drei Euro zu verkaufen – mehr als doppelt so teuer wie die Mittelklasse-Marke Schocki.

Auf die Frage eines Journalisten nach dem Geheimrezept antwortete P. Raliné, seit elf Jahren Konzernchef von Mildt & Hüpfli: „Wir verkaufen kein Lebensmittel, sondern ein Genussmittel. Die herausragende Qualität unserer Produkte beginnt mit der Auswahl der Kakaobohnen. Unsere Produkte sind so teuer wegen der teuren Rohstoffe, weil der Handel mehr verdient und die Produktion aufwändiger ist. Es macht eben einen Unterschied, ob man das Schokoladenpulver wie die meisten unserer Wettbewerber vier Stunden in einem Kessel rührt und knetet oder dieser Vorgang – wie bei uns – 72 Stunden dauert, damit die Masse schön cremig ist."

Bald möchte Mildt & Hüpfli den Vorstoß in ein neues Geschäftsfeld wagen, das sich kurz mit „hochwertige Geschenke aus hochwertiger Schokolade" umschreiben lässt. Ein diesbezüglicher Prototyp zeigt eine fünfköpfige Musiker-Combo (Sängerin, Gitarrist, Schlagzeuger, Key Board-Spieler, Saxophonist). Die aus hochwertiger Schokolade gegossenen Körper sind aufwändig verziert und handbemalt. Ein speziell angefertigter gläserner Koffer sichert den unbeschadeten Transport der Combo und ist zudem als Ausstellungsvitrine für diese und andere Kostbarkeiten aus Schokolade nutzbar. Mögliche Anlässe für solche Geschenke aus Schokolade sind beispielsweise runde Geburtstage hochrangiger Manager, Hochzeiten etc. Angesichts der hohen Herstellkosten muss der Verkaufspreis mindestens 250 € betragen.

Aufgaben:

a) Erläutern Sie die Ziele bzw. den Nutzen der Mildt&Hüpfli-Markenprodukte aus Anbieter- und Nachfragersicht!

b) Welche Markenstrategie empfehlen Sie für das neue Geschäftsfeld „hochwertige Geschenke aus hochwertiger Schokolade"? Erläutern und begründen Sie Ihre Empfehlung und erläutern Sie die markenstrategischen Vor- und Nachteile!

C. IV. 1 (10) Fallstudie „Montes Gum"

Der Süßwarenhersteller Zucchero bietet bereits seit den fünfziger Jahren des letzten Jahrhunderts Kaubonbons im Rollenformat auf dem deutschen Markt an. Das <u>Kaubonbon</u> trägt die Marke „**Montes**". Seine gestützte Markenbekanntheit liegt bei 95 Prozent.

Seit kurzem bietet der Hersteller die Produktkategorie <u>Kaugummi</u> unter der Marke „**Montes-Gum**" im deutschen Markt an. Das zuckerfreie „Montes-Gum"-Sortiment umfasst die Varianten
- Montes-Gum Mint (mit Pfefferminzgeschmack)
- Montes-Gum Cranberry (mit Preiselbeergeschmack)
- Montes-Gum Teethwonder (mit Grünem Tee zur Zahnpflege)
- Montes-Gum Pyramid (Soft-Kaugummi in Pyramidenform).

Auf der anlässlich der Markteinführung abgehaltenen Pressekonferenz erläuterte der Produktmanager Herr Ch. Ewing die markenstrategischen Hintergründe: „Wir wollen mit „Montes-Gum" den vielfältigen Bedürfnissen unserer Kunden entsprechen. Marktforschungsstudien lieferten uns die Erkenntnis, dass insbesondere die Jüngeren im Alter von 14 bis 35 Jahren an dauerhaftem, erfrischendem Kaugummi-Genuss mit zahnpflegender Wirkung interessiert sind. Im Hinblick auf unser Kaubonbon „Montes" wissen wir, dass die Produkteigenschaften
- Atemfrische nach Kaugenuss
- aktuelle Geschmacksrichtungen
nach wie vor gut im Markt ankommen.
Leider schneidet „Montes" hinsichtlich der Produkteigenschaft
- Länge des Kaugenusses je Kaubonbon
nicht so gut wie die Kaubonbons der Konkurrenzmarken ab. Dies, so sind wir uns sicher, wird sich mit der Markteinführung von „Montes-Gum" ändern."

Aufgaben:
a) Erläutern Sie die von dem Hersteller Zucchero verfolgte Strategie der Markenausdehnung und nennen Sie die markenstrategischen Vor- und Nachteile beziehungsweise Chancen und Risiken für Hersteller, Handel und Konsumenten!
b) Das „Montes-Gum"-Sortiment ist im Kassenbereich des Lebensmitteleinzelhandels innerhalb der Kaugummi-Kategorie platziert. Um welche Art von Verpackung handelt es sich? Welche Bedeutung kommt der „Montes-Gum"-Verpackung hinsichtlich der Produktnutzung zu?

C. IV. 1 (11) Fallstudie „Seats and Sofas"

Das Unternehmen „Seats and Sofas" ist ein Hersteller von Möbeln gehobener Qualität. Sein Angebot umfasst Sofas und Sessel in diversen Ausstattungsvarianten. Der Marketingleiter, Herr Seriös, war vor einiger Zeit der Auffassung, dass unbedingt auch ein Biedermeier-Sofa angeboten werden müsse und erweiterte damit sein Sortiment. Obwohl es sich sehr gut verkauft, hat sich die Gewinnsituation von „Seats and Sofas" seit der Einführung des Biedermeier-Sofas verschlechtert. Daher sieht sich Herr Seriös vor die Entscheidung gestellt, es gegebenenfalls wieder aus dem Sortiment zu nehmen. Hierzu analysiert er folgende Daten (Abbildung C-42):

Sortiment	Preis (GE/ME)	Variable Kosten (GE/ME)	Fertigungszeit (ZE/ME) (Produktionskoeffizient)	Absatz-höchst-menge (ME)
(A)Velour-Sofa „Klassik"	1.950	1.177	30	1.050
(B)Leder-Sofa „Dream"	3.190	1.756	35	740
(C)Velour-Sessel „Klassik"	990	438	32	2.430
(D)Leder-Sessel „Dream"	1.750	1.090	42	980
(E)Biedermeier-Sofa	890	960	27	1.470

Abb. C-42: Informationen zur Sortimentsstruktur des Unternehmens Seats and Sofas

Je nach technischem Komplexitätsgrad der Möbel wird die Fertigungskapazität unterschiedlich beansprucht. Die Fixkosten betragen insgesamt 3.251.740 GE.

Aufgaben:
a) Unterstützen Sie nun Herrn Seriös bei der Sortimentsanalyse und treffen Sie die Eliminationsentscheidung auf Basis der Deckungsbeitragsrechnung!
b) „Seats and Sofas" ist es gelungen, durch Verwendung neuer Materialien die variablen Stückkosten des Biedermeier-Sofas auf 730 GE zu senken. Dem Unternehmen stehen Fertigungskapazitäten in Höhe von 150.000 ZE zur Verfügung. Wie verändert sich das Entscheidungskalkül?

C. IV. 1 (12) Fallstudie „Sanfti"

Die Paper AG ist einer der bedeutendsten Markenartikelhersteller im Bereich der Haushaltspapierprodukte (z. B. Küchenrollen; Butterbrottüten; Papiertaschentücher). Die Papiertaschentücher werden unter der Marke „Sanfti" angeboten. Stärkste Konkurrenzmarke von Sanfti ist das Produkt „Sneezy", das sich erst seit wenigen Jahren auf dem Markt befindet. Sneezy ist preisgünstiger als andere Markenpapiertaschentücher, jedoch qualitativ schlechter (z.B. hinsichtlich der Saugfähigkeit).

Anlässlich des 50jährigen Jubiläums von „Sanfti" plant das Marketingmanagement eine Aktualisierung der Marke. Neben Produktvarianten mit bestimmten Duftnoten ist vorgesehen, die Produktverpackung zu ändern. So soll es bereits zu Beginn des kommenden Jahres das „Sanfti"-Taschentuch in einer sogenannten „Zupfbox" aus buntbedruckter Pappe mit 100 Papiertaschentüchern geben.

Aufgaben:
a) Welche Verpackungsfunktionen kann die „Zupfbox" übernehmen?
b) Ist die Sanfti-Zupfbox ein möglicher Wettbewerbsvorteil gegenüber „Sneezy"?

C. IV. 1 (13) Fallstudie „Brat- und Grillbedarf"

Durch den Relaunch bestehender Marken hat sich die mittelständische „Brat- und Grillbedarf GmbH" in den letzten Jahren die Marktführerschaft auf dem ostdeutschen Markt für Brat- und Grillbedarf erkämpft. Da das Unternehmen keine eigene Forschungs- und Entwicklungsabteilung hat, ist es als Zufall zu bezeichnen, dass ein innovatives Grillgerät entwickelt werden konnte, das sich nach Gebrauch durch Dauererhitzung auf niedriger Stufe selbst reinigt. Das Produkt (Arbeitstitel „SelfCleanGrill SCG") steht kurz vor der Markteinführung. Als Produktmanager hat die Geschäftsführung Herrn Broiler vorgesehen.

Aufgaben:
a) Erläutern Sie das Tätigkeitsfeld sowie die Aufgaben von Herrn Broiler vor dem und im Produktlebenszyklus des „SelfCleanGrill SCG"!
b) Es ist vorgesehen, Herrn Broiler organisatorisch als Stabsstelle an die Marketing-Geschäftsleitung der „Brat- und Grillbedarf GmbH" anzugliedern. Erläutern Sie diese Organisationsform und deren fallspezifischen Vor- und Nachteile!

1.4 Haftung für Produkte

Erleidet ein Kunde aufgrund eines Produktfehlers einen Schaden, kommt
• zum einen eine verschuldensabhängige **Produzentenhaftung** gemäß § 823,
• zum anderen eine verschuldensunabhängige Gefährdungshaftung (**Produkthaftung**) nach dem Produkthaftungsgesetz (ProdHaftG)
in Betracht. Beide Haftungstatbestände treffen vor allem den **Hersteller**, während die Mängelgewährleistungsansprüche aus einem Kaufvertrag (siehe Kap. C.IV.2.52) gegen den Verkäufer gerichtet sind.

1.41 Produzentenhaftung

Gemäß § 823(1) hat der Hersteller für Schäden an Rechtsgütern einzustehen, die jemand durch die Benutzung seiner Produkte erleidet (**Produzentenhaftung**). Naturgemäß verletzt der Hersteller nicht durch eigenes aktives Handeln Eigentum oder Gesundheit der Personen, die seine Produkte verwenden. Die Produzentenhaftung knüpft vielmehr an das Unterlassen (=das Nichtstun) des Herstellers an. Haftungsrechtlich stellt jedes **in den Verkehr gebrachte Produkt** eine potenzielle **Gefahrenquelle** für die Konsumenten dar, so dass der Hersteller alles technisch und organisatorisch Erforderliche veranlassen muss, damit bei einer sachgemäßen Verwendung des Produkts kein Schaden entsteht (**Verkehrssicherungspflichten** des Herstellers).

Nach ständiger Rechtsprechung treffen den Hersteller insbesondere folgende Fehler:
• **Konstruktionsfehler**: Das Produkt ist nicht nach dem aktuellen Stand von Wissenschaft und Technik konstruiert.
• **Fabrikationsfehler**: Im Rahmen der Produktion werden einzelne Produktstücke fehlerhaft hergestellt. Der Hersteller ist jedoch nicht verantwortlich für so genannte Ausreißer, die sich trotz aller Vorkehrungen ergeben haben.
• **Informationsfehler**: Der Hersteller hat den Konsumenten nicht umfassend über den Gebrauch informiert und vor etwaigen Gefahren, die vom Produkt herrühren, gewarnt.
• **Organisationsfehler**: Der Hersteller hat seinen Betrieb nicht so organisiert, dass Konstruktions-, Fabrikations- oder Informationsfehler vermieden werden.
• **Fehler bei der Produktbeobachtung**: Der Hersteller muss den Markt dahingehend beobachten, ob bei der Benutzung der von ihm in den Verkehr gebrachten Produkte im Laufe der Zeit Gefahren auftreten. Gegebenenfalls muss er Warnhinweise geben oder gar Rückrufaktionen starten.

Die schuldhafte Verletzung von Verkehrssicherungspflichten durch den Hersteller kann der Konsument meist nicht beweisen, da er die betrieblichen Verhältnisse nicht kennt. Infolgedessen hat die Rechtsprechung die **Beweislast** umgekehrt:

- Macht der **Kunde** einen Schadensersatzanspruch wegen Produzentenhaftung geltend, muss er lediglich beweisen, dass er durch die Verwendung eines fehlerhaften Produktstücks des Herstellers einen Schaden erlitten hat.
- Es ist jetzt Sache des **Herstellers** nachzuweisen, dass er seine Verkehrssicherungspflichten erfüllt hat, insbesondere dass keiner der oben genannten Fehler vorliegt und ihn auch kein Verschulden trifft. Gelingt ihm dies nicht, bleibt es bei seiner Schadensersatzpflicht.

1.42 Produkthaftung nach dem Produkthaftungsgesetz

Neben die soeben dargestellte Produzentenhaftung ist mit dem Produkthaftungsgesetz in 1990 eine verschuldensunabhängige **Produkthaftung** (Gefährdungshaftung) getreten. Das Gesetz gewährt Schadensersatz, falls durch den Fehler eines Produkts jemand getötet, sein Körper oder seine Gesundheit verletzt oder eine Sache beschädigt wird (§ 1(1)1 ProdHaftG).

Unter einem **Produkt** versteht das Gesetz bewegliche Sachen sowie Elektrizität (§ 2 ProdHaftG). Dagegen werden Dienstleistungen von dem Gesetz nicht erfasst. Das Produkt hat einen **Fehler**, wenn es nicht die Sicherheit bietet, die unter Berücksichtigung aller Umstände, insbesondere seiner Darbietung und des zu erwartenden Gebrauchs im Zeitpunkt des Inverkehrbringens, erwartet werden kann (§ 3(1) ProdHaftG). Dabei lassen sich die Fehlerkategorien heranziehen, die schon bei der Produzentenhaftung dargestellt wurden (siehe vorheriges Kapitel 1.41). Ein Produkt wird allerdings nicht allein deshalb fehlerhaft, weil später ein verbessertes Produkt in den Verkehr gebracht wird (§ 3(2) ProdHaftG).

Das Gesetz hat den Kreis der **Hersteller** (und damit der Ersatzpflichtigen) weit gezogen: Gemäß § 4 ProdHaftG trifft es den eigentlichen Hersteller (Ersteller des Endprodukts oder eines Teilprodukts), darüber hinaus jeden, der sich als Hersteller ausgibt (Quasi-Hersteller) sowie den Importeur, der das Produkt in den Europäischen Wirtschaftsraum eingeführt hat. Kann der Hersteller des Produkts nicht festgestellt werden, gilt unter Umständen sogar jeder Lieferant als Hersteller.

Die **Ersatzpflicht** des Herstellers ist gemäß § 1(2) ProdHaftG **ausgeschlossen**, wenn
- der Hersteller das Produkt nicht in den Verkehr gebracht hat,
- das Produkt den schadensverursachenden Fehler zum Zeitpunkt des Inverkehrbringens noch nicht hatte,
- der Hersteller das Produkt weder für den wirtschaftlichen Vertrieb noch im Rahmen seiner beruflichen Tätigkeit hergestellt hat,
- der Fehler auf einer zwingenden Rechtsvorschrift beruht oder
- der Fehler nach dem Stand der Wissenschaft und Technik im Zeitpunkt des Inverkehrbringens nicht erkannt werden konnte.

Die **Beweislast** für die Haftungsausschlusstatbestände trägt der Hersteller (§ 1(4) ProdHaftG). Ein etwaiges **Mitverschulden** des Geschädigten wird gemäß § 6(1) ProdHaftG haftungsmindernd berücksichtigt. Der **Umfang der Ersatzpflicht** bei Tötung, Körperverletzung und Sachbeschädigung ist in den §§ 7-11 ProdHaftG geregelt. Für Schäden am fehlerhaften Produkt selbst haftet der Hersteller nicht (§ 1(1)2 ProdHaftG). Diese Schäden werden vom Mängelgewährleistungsrecht erfasst. Die Ersatzpflicht des Herstellers nach dem Produkthaftungsgesetz kann im Voraus weder ausgeschlossen noch beschränkt werden (§ 14 ProdHaftG).

1.5 Rechte am Produkt

Oftmals werden Produkte unter erheblicher Anstrengung des menschlichen Geistes entwickelt. Es kann sich auch um eine schöngeistige Leistung oder eine technische Leistung handeln. Zur **rechtlichen Sicherung dieser Anstrengungen** stellt das Gesetz national und international diverse Schutzrechte bereit:
- Technische Erfindung: **Patent, Gebrauchsmuster**, PatG, GebrMG
- ästhetische gewerbliche Leistung: **Geschmacksmuster**, GeschMG
- Werk der Literatur, Wissenschaft, Kunst: **Urheberrecht**, UrhG
- Kennzeichnung des Produkts: **Marke, geschäftliche Bezeichnung, geographische Herkunftsangabe**, MarkenG

Patent, Gebrauchsmuster, Geschmacksmuster, Urheberrecht und Marke sind subjektive absolute Rechte (Abbildung C-43). Sie wirken zu Gunsten des Rechteinhabers gegenüber jedermann („geistiges Eigentum"). Die Schutzrechte sind auch auf der Beschaffungsseite zu beachten, insbesondere dann, wenn Lieferanten die Rechteinhaber sind (z.B. Lieferanten der Beleuchtungsmodule für die Automobilindustrie).

Von den genannten Schutzrechten sollen im folgenden Geschmacksmuster und Marke näher erläutert werden.

1.51 Geschmacksmuster

Als **Geschmacksmuster** wird ein **Muster** geschützt, **das neu ist und Eigenart aufweist** (§ 2 GeschmMG).

Der Gesetzgeber hat das **Muster** definiert als zweidimensionale oder dreidimensionale **Erscheinungsform** eines ganzen Erzeugnisses oder eines Teils davon, die sich insbesondere aus den Merkmalen der Linien, Konturen, Farben, der Gestalt, Oberflächenstruktur oder der Werkstoffe des Erzeugnisses oder seiner Verzierung ergibt, also aus den optisch wahrnehmbaren Bestandteilen des Erzeugnisses (§ 1 Nr. 1 GeschmMG).

	Patent, Gebrauchsmuster		Geschmacks-muster	Urheber-recht	Marke
Quellen	PatG	GebrMG	GeschmMG	UrhG	MarkenG
Schutz-objekt	Erfindung	Erfindung (kleines Patent)	ästhetische Schöpfung	Werk, verwandte Schutzrechte	Marke, sonst. Kennzeichen
Schutz-bereich des Rechts; einzelne Rechte	§§ 1-5, 9-14	§§ 1-3, 11-14	§§ 1-6, 37-41	§§ 1-5, 11-27, 44a-63a, 69a-69e, 70-75, 77, 78, 80, 83, 85-87c, 88, 89, 92-95	§§ 1, 3, 5, 8, 10, 14-16, 21-26, 97, 99, 100, 126, 127
Anmeldung, Eintragung	§§ 34-64	§§ 4-10	§§ 11-26		§§ 32-44, 102, 103
Entstehung		§§ 11	§ 27		§ 4
Berechtigte	§§ 6-8		§§ 7-10	§§ 7-10, 70, 72, 73, 81, 87a	§§ 7, 28, 98
Nutzung durch Dritte; Lizenz	§§ 15, 23, 24	§ 22	§ 31	§§ 31-44, 79, 90	§§ 30
Schutz-dauer	§§ 16, 16a	§ 23	§§ 27, 28	§§ 64-69, 70, 71, 72, 76, 82, 85, 87, 87d, 94	§ 47
Löschung	§§ 20-22	§§ 15-19	§§ 33-36		§§ 9, 11-13, 48-55, 105, 106
Rechts-nachfolge	§ 15	§ 22	§ 29	§§ 28-30	§§ 27, 28
Rechts-verletzung, Folgen	§§ 139-142b	§§ 24-30	§§ 42-51, 55-57a	§§ 69f, 97-103, 106-111c	§§ 14, 15, 18-20, 128, 129, 143, 145-151

Abb. C-43: Gewerbliche Schutzrechte und Urheberrecht im Überblick

Beim Geschmacksmuster handelt es sich demnach im Kern um **Designschutz**. Alle Arten von Produkten (Flaschenformen, Tapetenmuster, die Gestalt eines Kraftfahrzeugs, Möbel, Gardinen, Lederwaren, Schmuck etc.) sind geschmacksmusterfähig, solange sie nur eine ästhetische Eigenart aufweisen. Vom Geschmacksmusterschutz ausgenommen sind unter anderem Erscheinungsmerkmale von Erzeugnissen, die ausschließlich durch deren technische Funktion bedingt sind (§ 3(1) Nr. 1 GeschmMG).

Ob ein Muster neu ist und Eigenart aufweist, kann nur entschieden werden, indem man das Muster mit den bereits in der Öffentlichkeit offenbarten Mustern vergleicht ("**vorbekannter Formenschatz**", vgl. § 5 GeschmMG). Daher ist jeder Designer gut beraten, vor der Anmeldung beim Deutschen Patent- und Markenamt (§ 11 GeschmMG) entsprechend in den einschlägigen Datenbanken zu recherchieren.

Ein Muster gilt als neu, wenn vor dem Tag der Anmeldung beim Deutschen Patent- und Markenamt kein identisches Muster offenbart worden ist (§ 2-(2) GeschmMG). Muster sind identisch, wenn sich ihre Merkmale nur in unwesentlichen Einzelheiten unterscheiden. **Ein Muster hat Eigenart**, wenn sich der Gesamteindruck, den es beim informierten Benutzer hervorruft, von dem Gesamteindruck unterscheidet, den ein anderes Muster bei diesem Benutzer hervorruft, das vor dem Anmeldetag offenbart worden ist (§ 2-(3) GeschmMG).

Um Geschmacksmusterschutz zu erreichen, muss das Geschmacksmuster beim Deutschen Patent- und Markenamt in München zur Eintragung in das Register **angemeldet** werden. Einzelheiten des Verfahrens sind in den §§ 11-26 GeschmMG geregelt. Der **Schutz entsteht** mit Eintragung in das Register. Die Schutzdauer beträgt ab dem Anmeldetag 25 Jahre (§ 27 GeschmMG).

Das Recht auf das Geschmacksmuster steht dem **Entwerfer** oder seinem Rechtsnachfolger zu (§§ 7, 29 GeschmMG). Das Geschmacksmuster gewährt seinem Rechtsinhaber das **ausschließliche Recht**, es zu benutzen und Dritten zu verbieten, es ohne seine Zustimmung zu benutzen (§ 38 GeschmMG). Eine **Benutzung** schließt insbesondere folgende Handlungen ein:
• Die Herstellung
• das Anbieten
• das Inverkehrbringen
• die Einfuhr und Ausfuhr sowie
• den Gebrauch eines Erzeugnisses, in dem das Geschmacksmuster aufgenommen oder bei dem es verwendet wird.
Wichtige Beschränkungen des Geschmacksmusters sind in § 40 GeschmMG bestimmt.

Im Falle von **Rechtsverletzungen** hat der Rechtsinhaber gegenüber dem Verletzer Beseitigungs-, Unterlassungs- und Schadensersatzansprüche (§§ 42 ff. GeschmMG).

1.52 Marke

Das MarkenG schützt gemäß §§ 1, 5
• Marken,
• geschäftliche Bezeichnungen (Unternehmenskennzeichen, Werktitel) und
• geographische Herkunftsangaben.

Während Marke und Werktitel Kennzeichen für Produkte und Dienstleistungen sind, ist das Unternehmenskennzeichen – ähnlich wie die Firma nach dem HGB – ein Kennzeichen für das Unternehmen als solches. Geographische Herkunftsangaben schützen die Namen von Orten, Gebieten, Ländern, die im geschäftlichen Verkehr zur Kennzeichnung der geographischen Herkunft von Waren oder Dienstleistungen benutzt werden (§§ 126 ff. MarkenG). Im Folgenden soll nur auf das Markenrecht eingegangen werden.

Der **Begriff der Marke** ist in § 3 MarkenG definiert: Als Marke können
- alle Zeichen, insbesondere Wörter, Abbildungen, Buchstaben, Zahlen, Hörzeichen, dreidimensionale Gestaltungen oder sonstige Aufmachungen geschützt werden,
- die geeignet sind, Waren oder Dienstleistungen eines Unternehmens von denjenigen anderer Unternehmen zu unterscheiden (Unterscheidungskraft).

Beispiele für Marken sind: Coca-Cola, Daimler-Benz, 4711, das T der Telekom AG, das Bayer-Kreuz, das Michelin-Männchen, der Werbesong eines Unternehmens etc.

Aus rechtlicher Sicht ist es **Hauptaufgabe der Marke**, einen Hinweis auf die betriebliche Herkunft der Waren oder Dienstleistungen zu geben.

Gemäß § 4 MarkenG **entsteht** der Markenschutz
- durch die **Eintragung** eines Zeichens als Marke in das Markenregister beim Deutschen Patent- und Markenamt,
- durch **Benutzung** eines Zeichens im geschäftlichen Verkehr, soweit das Zeichen innerhalb beteiligter Verkehrskreise als Marke **Verkehrsgeltung** erworben hat oder
- durch die **notorische Bekanntheit** einer Marke.

Wann **Verkehrsgeltung** gegeben ist, lässt sich in der Praxis häufig nur durch aufwändige und teure Umfragen ermitteln. Beim durchschnittlichen Zeichen kann sich Verkehrsgeltung bei einem Bekanntheitsgrad von mehr als 25 Prozent einstellen.

Inhaber von Marken können natürliche Personen, juristische Personen oder Personengesellschaften sein (§ 7 MarkenG).

Das Verfahren zur Anmeldung und Eintragung eines Zeichens als Marke ist in den §§ 32 ff. MarkenG geregelt. In dem Verfahren wird vom Deutschen Patent- und Markenamt geprüft, ob das angemeldete Zeichen überhaupt **schutzfähig** ist (§ 3 MarkenG) und ob **absolute Schutzhindernisse** im Sinne des § 8 MarkenG einer Eintragung entgegenstehen. Entscheidende Kriterien sind **Unterscheidungskraft** und **Freihaltebedürfnis** (vgl. § 8(2) Nr. 1 - 3 MarkenG):
- Das Zeichen muss sich dazu eignen, von den beteiligten Verkehrskreisen (Kunden) als **Unterscheidungsmittel** für die angemeldeten Waren bzw. Dienstleistungen eines Unternehmens gegenüber solchen anderer Unternehmen verstanden zu werden.

- Zeichen oder Angaben, die im Verkehr Waren oder Dienstleistungen in irgendeiner Weise **beschreiben**, sind nicht eintragungsfähig, da ihre freie Verwendung im berechtigten Interesse der Mitbewerber liegt (z.B. der Begriff „Software", dessen Verwendung allen Unternehmen der Softwarebranche gestattet sein muss).

Das Deutsche Patent- und Markenamt prüft allerdings nicht, ob bereits ältere identische oder ähnliche Marken (Marke mit älterem Zeitrang, § 6 MarkenG) im Register eingetragen sind oder benutzt werden, d.h. ob die Gefahr einer **Markenkollision** gegeben ist (so genannte relative Schutzhindernisse, §§ 9, 12, 13 MarkenG).

Der Anmelder sollte also vorab eine Markenrecherche durchführen, um nicht später mit dem auf Löschung gerichteten **Widerspruch** eines Markeninhabers mit älterem Zeitrang (§ 42 MarkenG) oder mit einer Löschungsklage (§ 51 MarkenG) konfrontiert zu sein. Umgekehrt sind Markeninhaber gut beraten, laufend die Veröffentlichungen des Deutschen Patent- und Markenamtes zu verfolgen, um bei neu angemeldeten, identischen oder ähnlichen Marken sofort widersprechen zu können.

Neben Widerspruch und Löschungsklage, die lediglich auf die ungerechtfertigte Eintragung im Register abzielen, ist selbstverständlich die Klage gegen jeden Verletzer möglich, der eine Marke widerrechtlich benutzt. Der **Schutzinhalt des Markenrechts** ergibt sich aus § 14 MarkenG.

Der Markeninhaber hat ein gegenüber jedem Dritten geltendes ausschließliches Recht. Dritten ist es untersagt, ohne Zustimmung des Markeninhabers im geschäftlichen Verkehr
- ein identisches Zeichen für identische Waren oder Dienstleistungen zu benutzen,
- ein identisches oder ähnliches Zeichen für identische oder ähnliche Waren oder Dienstleistungen zu benutzen, wodurch **Verwechslungsgefahr** entsteht, oder
- ein mit einer **bekannten** Marke identisches oder ähnliches Zeichen für nicht ähnliche Waren oder Dienstleistungen zu benutzen, wodurch die Unterscheidungskraft oder die Wertschätzung der bekannten Marke rechtswidrig in unlauterer Weise ausgenutzt oder beeinträchtigt wird.

Typische Beispiele für unerlaubte Benutzungshandlungen sind in den Absätzen 3 und 4 des § 14 MarkenG benannt. Bei Markenverletzungen bestehen für den Inhaber Unterlassungs-, Schadensersatz-, Vernichtungs-, Rückruf-, Auskunfts-, Vorlage- und Besichtigungsansprüche (§§ 14(5) - (7), 18 - 19 b MarkenG).

2. Preispolitik
2.1 Ziele und Anlässe preispolitischer Entscheidungen

Preispolitische Entscheidungen umfassen Vereinbarungen über
• das Entgelt des Leistungsangebots
• mögliche Rabatte und darüber hinausgehende Lieferungs-, Zahlungs- und Kreditierungsbedingungen
sowie die Preisdurchsetzung am Markt. Die Entscheidungen sind im Hinblick auf die Marketingziele auszugestalten (Meffert et al. 2012, S. 466ff.). Preispolitischen Entscheidungen kommt im **Zielsystem des Unternehmens** eine besondere Bedeutung zu, da sie sich sowohl auf die **Mengenkomponente** (x) als auch auf die **Wertkomponente** (p) **des Umsatzes** (p·x) auswirken und der Umsatz wiederum ein wesentlicher Treiber des Gewinnziels ist. Die Preispolitik verfolgt markt- und betriebsbezogene Ziele. Die **marktbezogenen Ziele** betreffen beispielsweise die Gewinnung von Marktanteilen und den Aufbau eines bestimmten Preisimages (z.B. Produktangebot zu Niedrigpreisen; Exklusivprodukte zum hohen Preis). Im Rahmen der **betriebsbezogenen Ziele** sind die Kosten- und Sicherheitseffekte der Preispolitik zu berücksichtigen (Diller 2008, S. 46ff.). Die Kosten sind der zweite Gewinntreiber. Für die Preispolitik sind sie eher eine Nebenbedingung als eine Zielgröße. Ihre Höhe wird maßgeblich durch die Absatz- beziehungsweise Produktionsmenge bestimmt, die wiederum von der Preishöhe abhängt. Auf lange Sicht kann ein Unternehmen im Markt bestehen bzw. überleben, wenn die Umsätze zumindest die Kosten decken. Dieses Streben nach Sicherheit und Substanzerhaltung wird durch die Bestimmung von Preisuntergrenzen berücksichtigt.

Grundsätzliche preispolitische Entscheidungstatbestände betreffen die erstmalige Festlegung eines Preises oder die Preisänderung (Meffert et al. 2012, S. 472f.). Wesentliche **Anlässe** für die **erstmalige Festlegung des Preises** sind
• Produktinnovationen und neue Produktvarianten
• Erschließung neuer Märkte mit vorhandenen Produkten
und für **Preisänderungen**
• Verbesserungen der innerbetrieblichen Kostenstruktur (z.B. durch Economies of Scale, Erfahrungskurveneffekte), die Preisreduktionen ermöglichen
• Preisänderungen der Wettbewerber
• zurückgehende Produktnachfrage (z.B. Preisreduktionen am Ende des Produktlebenszyklus; Rabatte; Leasingangebote zur (Wieder-)Belebung der Nachfrage).

2.2 Bestimmungsfaktoren der Preispolitik
2.21 Preiselastizität

Die Preiselastizität der Nachfrage (η) misst das Verhältnis der relativen Nachfrageänderung und der sie auslösenden relativen Preisänderung.

$$\text{Preiselastizität } \eta = \frac{\text{relative Absatzänderung}}{\text{relative Preisänderung}} = \frac{\Delta x_i}{x_i} : \frac{\Delta p_i}{p_i} = \frac{\Delta x_i}{\Delta p_i} \cdot \frac{p_i}{x_i}$$

x_i = Absatzmenge Gut i

p_i = Preis Gut i

Δx_i = absolute Änderung der Absatzmenge $(x_1 - x_0)$

Δp_i = absolute Änderung des Preises $(p_1 - p_0)$

Die **Preiselastizität ist im Normalfall negativ**, da mit einer Preiserhöhung eine sinkende Nachfrage beziehungsweise mit einer Preissenkung eine steigende Nachfrage verbunden ist. Abbildung C-44 zeigt, dass die Preiselastizität von der ihr zugrundeliegenden Preis-Absatz-Funktion abhängt. Bei beiden Preis-Absatz-Funktionen steigt die Nachfrage infolge des sinkenden Preises. Allerdings ist der Nachfrageanstieg bei niedriger Preiselastizität (B) geringer.

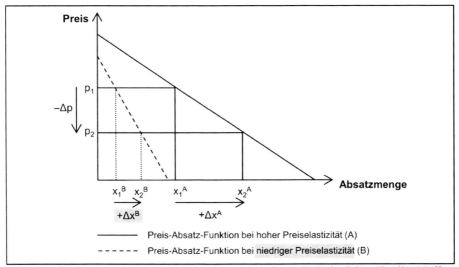

Abb. C-44: Preis-Absatz-Funktionen bei hoher und niedriger Preiselastizität (Quelle: Meffert et al. 2012, S. 474)

Bei $\eta = -1$ liegt eine **einheitselastische Nachfrage** vor: Die nachgefragte Menge sinkt (steigt) um den gleichen Prozentsatz, den der Preis zuvor gestiegen (gesunken) ist. Bewirkt eine Preisänderung keine oder eine sehr geringe Nachfrageänderung, handelt es sich um eine **unelastische Nachfrage** (Abbildung C-45). Bei einer **anormal elastischen Nachfrage** ist die Preiselastizität positiv.

Beispiele zur Preiselastizität

	t_0	t_1		sehr preiselastische Nachfrage ($\eta < -1$)
p	60	50	$\eta = \dfrac{\dfrac{+1000}{3000}}{\dfrac{-10}{60}} = -2$	• Preisänderung bewirkt überproportionale Nachfrageänderung • zB bei vergleichbaren Substitutionsgütern (Tafelschokolade, Molkereiprodukte): bei sinkendem (steigendem) Preis kaufen Kunden der Konkurrenz (wandern Kunden zur Konkurrenz)
x	3000	4000		

	t_0	t_1		unelastische Nachfrage ($-1 < \eta < 0$)
p	5	25	$\eta = \dfrac{\dfrac{-4}{100}}{\dfrac{+20}{5}} = -0{,}01$	• Preisänderung bewirkt unterproportionale Nachfrageänderung • zB bei Produkten für dringliche Bedürfnisse (Medikamente); schwer vergleichbaren Dienstleistungen (Zahnarzt); Produkten, die nicht durch andere ersetzbar sind (Heizöl)
x	100	96		

	t_0	t_1		anormal elastische Nachfrage ($\eta > 0$)
p	4000	6000	$\eta = \dfrac{\dfrac{+5}{10}}{\dfrac{+2000}{4000}} = +1$	• Preiserhöhung (-senkung) bewirkt steigende (sinkende) Nachfrage • zB wenn mit steigendem (sinkendem) Preis zunehmende (abnehmende) Exklusivität assoziiert wird (Snobeffekt; demonstrativer Konsum); wenn Preis Qualitätsindikator (zB Antiquitäten)
x	10	15		

Abb. C-45: Beispiele zur Preiselastizität

2.22 Preisbewusstsein
2.221 Preisinteresse, -kenntnis und -beurteilung

Das **Preisbewusstsein** umfasst alle psychischen Zustände und Prozesse von Nachfragern gegenüber dem Preis als Merkmal von Kaufentscheidungsalternativen. Es ist ein hypothetisches Konstrukt, um Kaufverhalten zu erklären (siehe Kapitel B.I.2.2, Psychologie der Nachfrage). **Komponenten des Preisbewusstseins sind Preisinteresse, -kenntnis und -beurteilung** (Abbildung C-46). Auf der Grundlage dieser Erklärungsansätze ziehen Anbieter von Produkten und Dienstleistungen ihre marketingrelevanten Schlüsse (Psychologie des Angebots) und bestimmen den Preis.

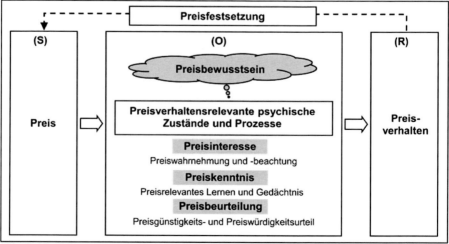

Abb. C-46: Komponenten des Preisbewusstseins

Das **Preisinteresse** ist als Bedürfnis zu verstehen, nach Preisinformationen zu suchen und diese bei Kaufentscheidungen zu berücksichtigen (Diller 2008, S. 101). Preise werden über die Sinne wahrgenommen und beachtet. Anschließend erfolgt die Verarbeitung der Preisinformationen im Arbeitsspeicher. Dort geschieht der Abgleich mit den Preisinformationen aus dem Gedächtnis (**Preiskenntnis**). Erhält der Konsument neue, ihm bislang unbekannte Informationen (z.B. kurzfristige Sonderpreis-Aktion für ein bestimmtes Produkt), lernt er diese Informationen und integriert sie in seinem vorhandenen Schema (z.B. Kenntnis des üblichen Preises und der Marke dieses Produkts, Kenntnis der Preise von Konkurrenzmarken). Auf der Grundlage seiner Preiskenntnis kann der Konsument den Preis beurteilen. Mit **Preisbeurteilung** sind die kognitiven Prozesse der Verarbeitung und Bewertung von Preisinformationen zu Preisgünstigkeits- und Preiswürdigkeitsurteilen gemeint (Diller 2008, S. 138ff.).

2.222 Preisgünstigkeits- und Preiswürdigkeitsurteile

Beim **Preisgünstigkeitsurteil** vergleicht der Nachfrager das Entgelt eines Produkts mit dem von Alternativangeboten, wobei er diese Produkte als austauschbar wahrnimmt. Er kann eine **Einstufung** vornehmen, ob das interessierende **Produkt günstiger oder teurer als die anderen Produkte** dieser Kategorie ist.

Bei dieser Preisbeurteilung wird der Konsument durch Referenzpreise unterstützt. **Referenzpreise** (auch Ankerpreise genannt) basieren auf der Adaptionsniveautheorie (GEO Themenlexikon Psychologie 2007, S. 14). Das Adaptionsniveau eines Menschen ist sein persönliches Bezugssystem für die Beurteilung von Sinnesreizen (z.B. Tonhöhe, Lichtstärke, Farbkontrast). Die subjektive mittlere Reizausprägung (persönliches Nullniveau) bildet sich aufgrund der eigenen Erfahrungen im Umgang mit ähnlichen Reizen. Das Nullniveau fungiert als Bezugsniveau und ermöglicht die drei Urteilskategorien, dass der Reiz als durchschnittlich bzw. über- oder unterdurchschnittlich beurteilt wird. Übertragen auf den Preis als Reiz stellt der Referenzpreis das Bezugssystem dar. Anhand des **mittleren Referenzpreises** kann der Konsument beurteilen, wie günstig Preise sind (das Produkt hat einen durchschnittlichen Preis bzw. ist teurer oder günstiger als die Produktalternativen). Der subjektive mittlere Wert kann das Ergebnis interner und externer Referenzpreise sein (Meffert et al. 2012, S. 484). Preise, die dem Konsumenten bekannt sind, hat er in seinem Gedächtnis gespeichert (**interne** Referenzpreise). **Externe** Referenzpreise resultieren aus Beobachtungen des Konsumenten während der Kaufentscheidungssituation, die er in seinen Preisbeurteilungsprozess integriert (z.B. Preisgegenüberstellung im Geschäft, wenn der durchgestrichene vorherige Preis in Verbindung mit dem niedrigeren Sonderpreis eine besondere Kaufgelegenheit („Schnäppchen") signalisiert).

Preiswürdigkeitsurteile beziehen sich auf die gegenüberstellende Beurteilung von Preis und Qualität (Diller 2008, S. 139). Dieses **subjektive Preis-Leistungs-Verhältnis des Konsumenten** lässt ihn das Verhältnis zwischen seinem individuellen Produktnutzen und dem zu zahlenden Preis abwägen. Die subjektive Einschätzung,

ob ein Produkt oder eine Dienstleistung einen „würdigen" Preis hat, fällt dem Nachfrager oft angesichts der Vielfalt und Komplexität des Angebots schwer. Dies wiederum birgt für ihn das Kaufrisiko, einen Fehlkauf zu tätigen. Um sich die Kaufentscheidung zu erleichtern und das Kaufrisiko zu reduzieren, kann er eine **preisabhängige Qualitätsbeurteilung** vornehmen. Demnach wird ein Produkt oder eine
Dienstleistung qualitativ umso besser eingeschätzt, je höher der Preis ist. Das Ausmaß der preisabhängigen Qualitätsbeurteilung wird beeinflusst von
• Motiven (z.B. Streben nach sozialer Anerkennung und Prestige bei der Kaufentscheidung)
• kognitiven Faktoren (z.B. Kauf- und Produkterfahrung, Markenloyalität) und
• situativen Faktoren (z.B. wirtschaftliche Situation des Haushalts, Zeitdruck beim
  Einkauf) (Diller 2000, S. 164).

Eine Untersuchung dieser Faktoren führte u.a. zu der Erkenntnis, dass der Preis
umso weniger als Qualitätsindikator gilt, je größer die Kauf- und Produkterfahrung
und stärker die Markenloyalität ist. Demgegenüber wird gerade bei neuen und noch
unbekannten Produkten eine preisabhängige Qualitätsbeurteilung vorgenommen.

2.3 Preispolitische Strategien
2.31 Skimming- und Penetration-Strategien

Die Skimming- und Penetration-Strategien sind Strategietypen, die bei Produktneueinführungen angewandt werden. Sie sind in idealisierter Form in Abbildung C-47
dargestellt. Bei der **Skimming-Strategie** wird in der Einführungsphase des Neuprodukts ein relativ hoher Preis bei niedrigen Absatzmengen und relativ hohen Stückkosten gefordert. Während immer mehr Konkurrenten auf den Markt kommen, wird
der Preis dann sukzessiv gesenkt, ohne den preisstrategischen Korridor zu verlassen.

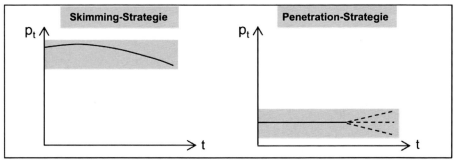

Abb. C-47: Skimming- und Penetration-Strategie in idealisierter Form (Quelle: Simon 1995,
S. 87); die grauen Flächen deuten den „preisstrategischen Korridor" an

Anhand der **Penetration-Strategie** soll schnell ein Massenmarkt erschlossen werden. Der Anbieter fordert zunächst einen Preis deutlich unterhalb des gewinnmaxi-
malen Preises. Oft erwirtschaftet er erst in späteren Phasen Gewinn. Die dann gegeben Preisentwicklung ist uneinheitlich, wobei auch hier der strategische Korridor

nicht verlassen wird. Abbildung C-48 fasst Vorgehen, Ziele und Einsatzbedingungen beider Strategien zusammen.

		Skimming-Strategie	**Penetration-Strategie**
Vorgehen	**Einführungs- phase**	Relativ hoher Preis, bei geringen Absatz- mengen	Preis liegt deutlich unter dem gewinn- maximalen Preis
	Spätere LZ-Phasen	Preis wird sukzessive gesenkt bei - zunehmender Markterschließung - zunehmendem Konkurrenzdruck	Preisentwicklung ist uneinheitlich; erst in späteren LZ-Phasen werden Gewinne realisiert
Ziele		• **Schnelle Amortisation** der Neupro- duktinvestitionen • **Abschöpfung der Preisbereitschaft** der Nachfrager	• **schnelle Diffusion** des Neuprodukts • schnelle Erschließung eines **Massen- markts**
Bedingungen, die für den Einsatz der Strategie sprechen		• große Anzahl an **Innovatoren**, die das Produkt nachfragen • schnelle Veralterungsgefahr, daher geringe Amortisationszeit benötigt • **geringe Substituierbarkeit** durch andere Produkte • für hohen Preis bekommt Nachfrager **bes. Nutzen** (zB Prestige, Qualität) • Nachfrager haben starken Produktbe- darf u. **hohe Preisbereitschaft** • **Markteintrittsbarrieren** können aufgebaut werden (z.B. Patente) • durch hohen Einführungspreis **hohe Deckungsbeiträge** zur Finanzierung der Einführungsanstrengungen	• durch **schnelles Absatzwachstum** trotz niedriger Stückdeckungsbeiträge hohe Gesamtdeckungsbeiträge • **hohe Preiselastizität der Nachfrage**, so dass durch niedrige Preise die Markentreue zu Konkurrenzprodukten gebrochen werden kann • **geringer Preis ist Markteintritts- barriere** für Konkurrenten (jedoch kann dieser unterboten werden) • preissensible **Marktsegmente** müssen ausreichend **groß** sein • keine Konflikte vorhanden bzgl. **Marken- image** (niedriger Preis= durchschnittliche (und nicht minderwertige) Qualität")

Abb. C-48: Vorgehen, Ziele und Bedingungen der Skimming- und Penetration-Strategie (vgl. Simon 1995, S. 87ff.; Meffert et al. 2012, S. 496ff.)

2.32 Preisdifferenzierung

Ausgangspunkt der Preisdifferenzierung ist die Marktsegmentierung (Simon 1995, S. 97). Für identische bzw. nahezu identische Produkte oder Dienstleistungen werden bei den identifizierten Marktsegmenten unterschiedlich hohe Preise gefordert. Die **Formen der Preisdifferenzierung**, deren Bedeutung und entsprechende Beispiele gehen aus Abbildung C-49 hervor.

Vorrangiges **Ziel** der Preisdifferenzierung ist, den Gewinn durch **Abschöpfung der Konsumentenrente** zu steigern. Die Konsumentenrente ist die Differenz zwischen dem Marktpreis und dem Geldbetrag, den Konsumenten äußerstenfalls zu zahlen bereit sind. Beispielsweise sind die beiden Nachfrager A und B an einem neuen Kinofilm interessiert, der in Kürze im modernen Kinocenter der Stadt angeboten wird. A möchte gern zur Kinopremiere, denn da ist der Hauptdarsteller des Films anwesend. So ist A bereit, die Kinokarte mit deutlichem Preisaufschlag zu erwerben.

Formen der Preis-differen-zierung	Bedeutung Die Forderung unterschiedlicher Preise für die gleiche Leistung		Ziel Gewinn-steigerung durch...	Beispiele
	ist abhängig von...	ist ausgelöst durch...		
zeitlich	... der Tageszeit, Wochenzeit, Jahres-zeit des Kaufzeit-punkts	zeitabhängige • Kostenunterschiede (zB Beschaffungskosten saisonaler Früchte) • Präferenzunterschiede (zB Urlaub in Nebensaison)	Auslastung der Kapazitäten	– Halbtageskarte im Skigebiet – Zoo-Eintritt nach Wochentag – saisonale Flug- u. Hoteltarife
räumlich	... geographisch abgegrenzten Teil-märkten wie Länder, Regionen, Städte, Stadtteile	geographisch bedingte • Kostenunterschiede (z.B. Transportkosten bei Naturstoffen) • Präferenzunterschiede (kulinarische Spezialität)	Abschöpfung der Preis-bereitschaft	– höherer Preis für Weißwurst in Flensburg – günstigerer Preis für Autos im Aus-land
personell	... nachfragerspezifi-schen Eigenschaften, z.B. Alter, Geschlecht, Beruf	nachfragerspezifische Präferenzunterschiede (Versicherungsbedarf nach Berufsgruppen)	langfristige • Kunden-bindung • Kundenwert-steigerung	– Studenten-abonnements – Risiko-/ Kranken-versicherung für Freiberufler
quantitativ	... der Abnahme-menge	mengenabhängige • Kostenunterschiede (durchschnittliche Stück-kosten in Abhängigkeit von abgenommener Menge) • Einsparungen d. Nachfr.	• Erhöhung der Kunden-treue • Kapazität auslasten	– Packungsgrößen bei Lebensmitteln – Bonusprogramm einer Fluggesell-schaft
Preis-bündelung	... den zu einem An-gebot gebündelten Leistungen	• Cross Selling-Bedarf der Nachfrager • Einsparungsmöglichkeiten der Nachfrager	• erschwerten Preis-vergleich • CrossSelling-Umsätze	– Laptop + Software + ext. Festplatte – Hotel: Übernach-tung, Frühstück, Drink, Massage

Abb. C-49: Bedeutung und Ziele der Formen der Preisdifferenzierung

B hingegen möchte den Film gern sehen, aber nicht den für das Kinocenter üblichen Eintrittspreis bezahlen. Davon ausgehend, dass es viele gibt, die wie B denken, könnte mit jedem dieser potentiellen Kinobesucher wie bei einem orientalischen Basar ein individueller Eintrittspreis ausgehandelt werden. Dies ist der theoretische Idealfall der Preisdifferenzierung (Simon 1995, S. 107). Wenn der Kinobetreiber als Anbieter in der Lage ist, die Gruppe der Nachfrager in Segmente mit unterschiedli-chen Maximalpreisen zu zerlegen, dann kann er differenzierte Eintrittspreise für die gleiche Leistung anbieten (abgesehen von dem „Ausnahmepreis" für eine Filmpremie-re z.B. differenziert nach Tages-, Wochenzeit; Schüler, Auszubildende, Erwach-sene etc.). Die Nachfrager sind weiterhin in ihrer Kaufentscheidung frei, selektieren sich selbst und der Kinobetreiber kann seinen Gewinn steigern.

2.4 Methoden der Preisfindung
2.41 Kostenorientierte Preisfindung

Die zur Preisfindung benötigten Kosteninformationen liefern Rechnungswesen bzw. Kostenrechnung. Obwohl **marktwirtschaftlich kein direkter Zusammenhang zwischen Kosten und Preis** besteht, werden die Kosten häufig zur Preisfindung herangezogen. Die Ansätze der Voll- und Teilkostenbasis sowie der lang- und kurzfristigen Preisuntergrenze sind Abbildung C-50 zu entnehmen. Aus den dort angegebenen Gründen ist die Preiskalkulation auf Vollkostenbasis für preispolitische Entscheidungen nicht geeignet.

	Preiskalkulation auf		Preisuntergrenze
	Vollkostenbasis	**Teilkostenbasis**	
Ansatz	• Berücksichtigung aller anfallenden Kosten (variable und fixe Kosten) • Kosten-plus-Preisbildung: $$p = k \cdot (1 + \frac{g}{100})$$ p = Preiskalkulation k = Selbstkosten g = Gewinnzuschlag (in%)	• Berücksichtigung nur der variablen Kosten sowie eines Deckungsbeitragszuschlags $$p = k_v \cdot (1 + \frac{ds}{100})$$ p = Preiskalkulation k_v = variable Stückkosten ds = Deckungsspannen-zuschlag (in %)	• langfristige PUG: – Durchschnittskosten pro Stück (inkl. Fixkosten) – Unternehmen kann nur dann auf Dauer am Markt bestehen, wenn Preise Kosten decken können • kurzfristige PUG: $$p = k_v$$
preis-politische Bedeutung	• Zuweisung der Fixkosten nicht nach Verursachungs-prinzip, sondern eher willkürlich (Verteilungsschlüssel) • prozyklische Wirkung: bei rückläufigem (steigendem) Absatz erhöht sich (sinkt) Fixkostenbelastung je Stück • Zirkelschluss: zur Preiskalkulation ist Absatzprognose notwendig; realisierte Absatzmenge hängt vom zu kalkulierenden Preis ab	• Ermittlung der variablen Kosten nach Verursachungs-prinzip • Fixkostenabdeckung wird eventuell nicht genügend beachtet (ruinöse Preissenkungen als Folge) • zur Vermeidung dieses Problems Solldeckungsspannen, die den Kostendeckungsbedarf erfüllen	• Ermittlung der variablen Kosten nach Verursachungs-prinzip • kurzfristige PUG sinnvoll, wenn der Umsatz mit dem erzielbaren Preis wenigstens die variablen Kosten deckt $(p > k_v)$ • die positive Differenz zwischen p und k_v trägt zur Fixkostendeckung bei

Abb. C-50: Methoden zur kostenorientierten Preisfindung (Becker 2009, S. 516ff.; Meffert et al. 2012, S. 514ff.)

Eine kostenorientierte Preisfindung, die sich zugleich an den Nachfragern orientiert, ist anhand des **Target Costing** möglich (Abbildung C-51). Ausgangspunkt des Target Costing-Verfahrens ist der am Markt realisierbare Preis für ein Produkt, der beispielsweise anhand der zu messenden Preisbereitschaft in Erfahrung gebracht wird (Nachfrageorientierung). Von diesem geplanten Absatzpreis wird die angestrebte Gewinnmarge (**target margin**) subtrahiert und man gelangt zu den erlaubten Kosten, die bei den Produktteilen bzw. Produktionsprozessen höchstens entstehen dürfen (**allowable costs**). Sie werden den geschätzten Kosten (**drifting costs**) gegenübergestellt, die auf gegenwärtigen Produktions- und Vertriebsbedingungen basieren (Diller 2008, S. 353).

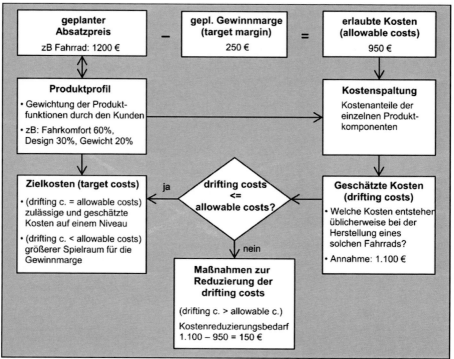

Abb. C-51: Vorgehen des Target Costing (in enger Anlehnung an Meffert et al. 2012, S. 516)

Sind die geschätzten Kosten größer als die erlaubten Kosten (drifting costs > allowable costs), kann der geplante Absatzpreis nicht zu den entsprechenden Zielkosten erreicht werden. Dementsprechend ist der geplante Preis anzupassen und eine neue **Rückrechnung der Kosten** beginnt. Befinden sich geschätzte und erlaubte Kosten auf einem Niveau, dann stellt dieser Wert die Zielkosten dar (**target costs**), die bei gegebenen Marktbedingungen (z.B. Konkurrenzsituation) und unter Berücksichtigung der für den Nachfrager relevanten Produkteigenschaften maximal anfallen dürfen.

2.42 Konkurrenzorientierte Preisfindung

Die Konkurrenzeinflüsse bei der Preisfindung sind vor allem bei der Marktform des Angebotsoligopols zu berücksichtigen. Wenige Anbieter stehen vielen Nachfragern gegenüber und der Marktanteil des einzelnen Unternehmens ist entsprechend groß. Verändern sich die abgesetzten Mengen des einen Unternehmens, wirkt sich dies auf den Absatz der Konkurrenten aus. In der Unternehmenspraxis geschieht die konkurrenzorientierte Preisfindung oft anhand von **Leitpreisen**. Ein Anbieter gilt als **Preisführer** für die restliche Anbietergruppe, die als **Preisfolger** nachziehen.

Es lassen sich zwei Arten von Preisführerschaft unterscheiden: Das marktführende Unternehmen ist der Preisführer, dem sich die anderen Anbieter preispolitisch unterordnen (**dominierende Preisführerschaft**). Bei der **barometrischen Preisführerschaft** gibt es nicht den einzelnen überlegenen Anbieter, sondern mehrere, die gleich stark sind und im Wechsel die aktive Rolle im Preiswettbewerb übernehmen. Es gibt viele preispolitische Anlässe und Probleme, die einen oder einige wenige Anbieter in der **Rolle des Preisführers** benötigen, z.B. (Diller 2008, S. 269):

- Einführung eines neuen Preis- oder Konditionensystems (z.B. Flatrate)
- Überspringen traditioneller Preisschwellen (z.B. barometrisch bei Schokolade)
- Leitpreise großer Mineralölgesellschaften mit freien Tankstellen als Preisfolger
- Erschließung neuer Preislagen (z.B. Preise für Premium-Mineralwasser durch bekannte Markenanbieter).

2.43 Nachfrageorientierte Preisfindung

Ausgangspunkt der nachfrageorientierten Preisfindung ist die Überlegung, dass alle anderen Marketing-Mix-Instrumente bereits festgelegt sind und nur der Preis variiert wird (**Ceteris-paribus-Bedingung**). Jede Preisvariation geht mit einer Änderung der nachgefragten Mengen einher. Die Relationen nachgefragter Mengen zu alternativen Preisen münden in der **Preis-Absatz-Funktion** (Abbildung C-52).

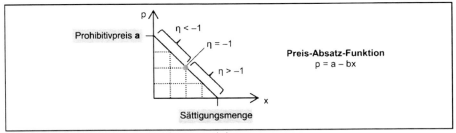

Abb. C-52: Normalfall der Preis-Absatz-Funktion

Beim Höchstpreis (**Prohibitivpreis**) besteht keine Nachfrage nach dem Gut. Die **Sättigungsmenge** wird erreicht, wenn der Preis p = 0 ist. Die Steigung b kann als Proportionalitätsfaktor interpretiert werden, der besagt, wie sich die Menge verändert, wenn der Preis um eine Einheit verändert wird. Bei einer Preiselastizität von genau –1 ändern sich die nachgefragte Menge und der Preis um den gleichen (absoluten) Prozentsatz (einheitselastische Nachfrage).

Oft verlaufen die Preis-Absatz-Funktionen nicht linear, sondern weisen „Knicke" auf, da ihre negative Steigung nicht an allen Stellen gleichgroß ist. Eine solche empirisch nachvollziehbare Funktion ist die sogenannte **doppelt geknickte Preis-Absatz-Funktion** (Abbildung C-53). Sie folgt der Erkenntnis, dass sich ein Unternehmen im Bewusstsein seiner Kunden eine besondere Position aufbauen kann, weshalb die Kunden die Produkte dieses Unternehmens präferieren.

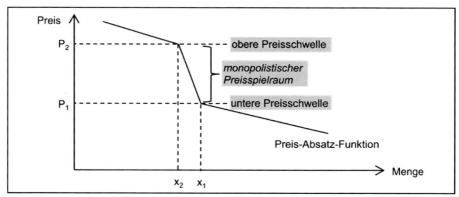

Abb. C-53: Doppelt geknickte Preis-Absatz-Funktion (Quelle: Becker 2009, S. 522)

Durch die Anziehungskraft des Unternehmens („**akquisitorisches Potential**") kann es sich wie ein Monopolist verhalten und preispolitische Spielräume ausschöpfen, ohne wesentliche Absatzrückgänge fürchten zu müssen (**monopolistischer Preisspielraum**). Die Grenzen dieses Bereichs sind Preisschwellen. Sie werden definiert als jene Preise, bei denen sich die Preisbeurteilung sprunghaft ändert (Diller 2008, S. 128). **Absolute Preisschwellen** sind die vom Individuum akzeptierten Ober- und Untergrenzen des Preises. Die **obere** Preisschwelle kann durch folgende Frage an potentielle Kunden des Produkts in Erfahrung gebracht werden: „Wie viel wären Sie maximal bereit, für dieses Produkt auszugeben?" (Simon 1995, S. 40). **Untere** Preisschwellen resultieren aus preisbedingten Qualitätszweifeln (Diller 2008, S. 128f.). Das Individuum fällt sein Preiswürdigkeitsurteil und verknüpft mit dem niedrigen Preis eine schlechte Produktqualität. **Relative Preisschwellen** liegen in dem vom Nachfrager akzeptierten Preisbereich zwischen der oberen und unteren absoluten Preisschwelle. Innerhalb dieses Bereichs lässt sich das Preisgünstigkeitsempfinden des Nachfragers kategorisieren in „sehr billig", „billig", „normal", „teuer", „sehr teuer". Die relativen Preisschwellen liegen an den Kategoriegrenzen (z.B. zwischen „normal" und „teuer").

Die Kenntnis von Preisschwellen ist wichtig, da bei deren Über- oder Unterschreitung mit deutlichen Absatzänderungen zu rechnen ist. Es wird ein Zusammenhang zwischen Preisschwellen sowie gebrochenen, runden und glatten Preisen vermutet („**psychologische Preise**") (Meffert et al. 2012, S. 486f.):
• gebrochene Preise haben als Endziffer 1 bis 9 (z.B. 2,99 €)
• runde Preise werden auf volle 10 Cent gerundet (z.B. 1,50 €)
• glatte Preise lauten auf volle Euro-Beträge (z.B. 5 €).
Allerdings konnten empirisch die Preisschwellen bei psychologischen Preisen nicht durchgängig nachgewiesen werden (Diller 2008, S. 130). Untersuchungen im Lebensmitteleinzelhandel (LEH) ergaben, dass etwa Dreiviertel aller eingescannten Preise mit der Endziffer 9 enden. Die Auspreisung mit runden Preisen vermeidet der LEH, weil er knapp darunter Preisschwellen vermutet. Tendenziell liegen im Ein-

zelhandel Preisschwellen bei glatten Preisen (z.B. 100 €), die im Vergleich zu gebrochenen Preisen (z.B. 99,99 €) als „ehrlicher" wahrgenommen werden.

Um Preis-Absatz-Funktionen empirisch bestimmen zu können, wird die Preisbereitschaft der Nachfrager ermittelt. Methoden zur **Messung der Preisbereitschaft** sind beispielsweise

- Preisexperimente (Manipulation des Preises und anschließende Beobachtung des Kaufs/Nichtkaufs des Produkts)
- Storetests (Tests verschiedener Produktpreise unter realen Bedingungen in Geschäften) und
- Befragungen (z.B. von internen Vertriebsmitarbeitern oder externen Branchenexperten hinsichtlich ihrer geschätzten Absatzmenge bei unterschiedlichen Preisen).

Die Preisbereitschaft der Nachfrager kann auch durch deren **direkte Befragung** ermittelt werden. Neben der alleinigen Frage, wie viel der Befragte maximal für das betroffene Produkt zu zahlen bereit sei, ist eine weitere Möglichkeit die **van Westendorp-Methode** (van Westendorp 1976). Der Proband bekommt vier Fragen über ein Produkt gestellt (http://wirtschaftslexikon.gabler.de/Definition/van-westendorp-methode.html):

1) Bei welchem Preis wäre das Produkt zu teuer, so dass Sie es nicht kaufen würden? (zu teuer)
2) Bei welchem Preis würden Sie das Produkt als teuer bezeichnen, aber dennoch geneigt sein, es zu kaufen? (teuer)
3) Welchen Preis würden Sie als angemessen bezeichnen, so dass Ihnen ein guter Gegenwert für Ihr Geld geboten wird? (akzeptabel)
4) Welche Preis empfinden Sie als so niedrig, dass Sie Zweifel an der Qualität des Produkts bekommen und es nicht kaufen würden? (zu niedrig)

Fallstudien zu C.IV.2 Preispolitik		
Bezeichnung	*Fallstudie*	*Schwerpunkt/Aufgabe*
C.IV.2 (1)	Semmelverlach	kurzfristige Preisuntergrenze
C.IV.2 (2)	Flower GmbH	Penetrations- oder Skimmingstrategie
C.IV.2 (3)	BoSie-Haushaltsgeräte	Messung des Preisbewusstseins; Vebleneffekt und Haushaltsgeräte
C.IV.2 (4)	Beautiful	Preisbewusstsein; Vebleneffekt und dekorative Kosmetik
C.IV.2 (5)	Meal Machine	Break-Even-Absatzmenge; kritische Preisschwelle; Preiselastizität
C.IV.2 (6)	Hotel Sleep&More	Preisdifferenzierung

C. IV.2 (1) Fallstudie „Semmelverlach"

Das Verlagshaus „Semmelverlach" ist im Zeitschriftenmarkt mit dem Sport- und Satiremagazin „Sport-Spott" vertreten. Während früher Sport-Spott als einziges Magazin dieser Themenkombination auf dem Markt eine komfortable Position hatte, sind innerhalb der letzten Jahre mehrere Konkurrenzprodukte auf den Markt gekommen. Dies wirkte sich zunehmend auf den Absatz von Sport-Spott aus. Hinzu kommt noch die zunehmende Bedrängnis durch das elektronische Zeitschriftenangebot, weshalb der Auslastungsgrad der Zeitschriften-Druckmaschine derzeit bei lediglich 50 Prozent liegt. Die monatliche Druckkapazität beträgt 190.000 Hefte.

Herr Kalkulicks ist beim Semmelverlach für Sport-Spott verantwortlich. Er weiß, dass sich die Fixkosten (Autorenhonorare, Personalkosten etc.) auf etwa 100.000 € pro Monatsausgabe belaufen. Als variable Kosten für Papier, Druckerschwärze, Maschinenlaufzeiten etc. fallen 0,75 € pro Heft an. Für jedes verkaufte Heft erhält der Verlag 2,50 €. Sport-Spott hat seit einigen Monaten eine Auflage von 95.000 Stück pro Monat, wobei durchschnittlich 3 % nicht verkäufliche Remittendenexemplare sind.

Aufgaben:
a) Ermitteln Sie den Gewinn, den der Verlag pro Zeitschriftenausgabe von Sport-Spott erzielt!
b) In der letzten Ausgabe von Sport-Spott hat der Verlag in seiner Rubrik Motorradsport einen Testbericht diverser Maschinen veröffentlicht. Der Hersteller des Testsiegers fragt bei Herrn Kalkulicks an, ob dieser bereit sei, für eine große Werbekampagne zusätzlich 90.000 Exemplare des Heftes nachzudrucken.
   Erläutern Sie zunächst, was unter dem Begriff „kurzfristige Preisuntergrenze" zu verstehen ist. Bestimmen Sie dann auf der Basis der kurzfristigen Preisuntergrenze der Druckerei den Mindestpreis pro Heft für den Zusatzauftrag.
c) Der bekannte TV-Moderator Stefan Krähe hat in seinen letzten Shows mehrfach aus der Sport-Spott zitiert. Dies wirkte sich sehr positiv auf die Absatzzahlen von Sport-Spott aus und der Auslastungsgrad der Druckmaschine ist auf 80 Prozent gestiegen. Was empfehlen Sie vor diesem Hintergrund Herrn Kalkulicks im Hinblick auf den o.g. Zusatzauftrag?

C. IV.2 (2)   Fallstudie „Flower GmbH"

Siehe Fallstudientext unter C. III. (5) Fallstudie „Flower GmbH"

Aufgabe:
Der Preis vieler Heckenpflanzen bemisst sich auch danach, wie jung beziehungsweise hoch sie gewachsen sind. So ist beispielsweise eine Taxus-Jungpflanze (ca. 20 cm hoch) für etwa 20 GE erhältlich. Ein mehrere Jahre alter Taxus, der etwa 1,80 m hoch ist und sich besonders als Heckensichtschutz eignet, kostet etwa 150 GE.

Die Flower GmbH hat einen besonderen Dünger entwickelt, der das Wachstum von Heckenpflanzen (insbesondere Taxus) um bis zu 30 % beschleunigen kann. Das Produkt mit dem Namen „Fast Grow" ist ausgetestet und zur Patentierung angemeldet. Herr Emsig sucht für „Fast Grow" nach einer geeigneten Preisstrategie. Er zieht die Skimming- und die Penetration-Strategie in Betracht. Welche empfehlen Sie ihm?

C.IV.2 (3) Fallstudie „BoSie-Haushaltsgeräte"

Siehe Fallstudientext unter B. I. (3)

Aufgaben:
Auf der Suche nach Möglichkeiten, die Altgerätebesitzer doch zu erreichen, überlegt Herr Kühli, ob er eine Art „Abwrackprämie" anbieten soll. Demnach käme der Konsument in den Genuss eines Steuervorteils von etwa 200 Euro, wenn er ein besonders energieeffizientes Gerät kauft.
a) Erläutern Sie vor diesem Hintergrund den Begriff ʹPreisbewusstseinʹ bei Nachfragern von Haushaltsgroßgeräten!
b) Wie kann das Preisbewusstsein und -verhalten beim Kauf von Haushaltsgroßgeräten empirisch erfasst werden? Unterlegen Sie Ihre Ausführungen mit zwei Beispielen!
c) Ist bei den Käufern von Haushaltsgroßgeräten ein so genannter Vebleneffekt zu erwarten?

C. IV.2 (4) Fallstudie „Beautiful"

Siehe Fallstudientext unter B. I. (1)

Aufgaben:
a) Erläutern Sie den Begriff Preisbewusstsein! Nehmen Sie dabei konkreten Bezug zu den Nachfragern der Produktlinie ʹHarlemʹ!
b) Erläutern Sie den sogenannten Vebleneffekt anhand der Konsumenten von Markenprodukten dekorativer Kosmetik!

C. IV. 2 (5) Fallstudie „Meal Machine"

Die Bedom AG ist ein traditionelles Unternehmen, das sich auf die Produktion von kleineren Küchengeräten spezialisiert hat. Ursprünglich bot das Unternehmen nur Kaffeemaschinen unter der Marke „Bedom Café" an. Das Produktfeld wurde im Laufe der letzten Jahre systematisch erweitert. Zu den Bedom-Produkten, die alle in ihrer Zielgruppe eine hohe Bekanntheit und gehobene Qualitätsanmutung aufweisen, zählen
- Bedom Café (Kaffeemaschine)
- Bedom Café Pad (Maschine für Kaffeepads)

- Bedom Tee (Teezubereiter)
- Bedom Mix (Handmixer)
- Bedom Microwave (Mikrowelle)
- Bedom Toast (Toaster).

Die Forschungs- und Entwicklungsabteilung der Bedom AG hat eine Küchenma-schine (Arbeitstitel: „Meal Machine") entwickelt, bei der die Rezepte einschließlich Garzeiten etc. für 25 Standardgerichte gespeichert sind. Über eine kleine, ausklapp-bare Tastatur können mit Hilfe einer standardisierten Maskensteuerung Rezepte für weitere Gerichte selbst eingegeben werden. Außerdem kann man der Maschine über die Tastatur mitteilen, für wie viele Personen das jeweilige Gericht gekocht werden soll. Das Display zeigt dann an, welche Zutaten in welcher Menge benötigt werden. Die Zutaten werden in bestimmte Fächer der Maschine gefüllt und die Maschine kocht selbständig das jeweilige Gericht.

Der Endverbraucherpreis beläuft sich auf 980 €. Die variablen Stückkosten, in denen bereits ein durchschnittlicher Händlerzuschlag enthalten ist, betragen 650 €. Die Fixkosten liegen bei 11 Mio. € pro Jahr. Im ersten Jahr nach Markteinführung konn-ten 34.800 Meal Machines abgesetzt werden.

Aufgaben:
a) Ermitteln Sie die Break-Even-Absatzmenge der Meal Machine und erläutern Sie deren Bedeutung für die Bedom AG!
b) Mittlerweile ist ein Konkurrenzprodukt auf den Markt gekommen, dessen Preis unterhalb von dem für die Meal Machine liegt und das nicht so viele Funktionen wie die Meal Machine aufweist. Der Produktmanager der Meal Machine, Herr G. Wusstwie, überlegt, ob der Preis für die Meal Machine gesenkt werden muss, um eventuell drohende Absatzeinbußen aufzufangen.
   b1) Bis zu welchem Wert kann der Preis für die Meal Machine gesenkt werden, ohne in die Verlustzone zu geraten?
   b2) Bevor Herr G. Wusstwie eine Entscheidung über die mögliche Preissenkung trifft, möchte er die Preisschwellen seines „monopolistischen Preisspiel-raums" in Erfahrung bringen. Er denkt über eine direkte Befragung von aktu-ellen und potentiellen Nachfragern solcher Küchenmaschinen anhand der van Westendorp-Methode nach. Wie würden die Fragestellungen nach dieser Me-thode lauten?
c) Wie würde sich eine Erhöhung des Preises um 50 € auf den Gewinn auswirken, wenn durch die Preiserhöhung ein Absatzrückgang der Meal Machine von 12 % hervorgerufen würde? Bestimmen Sie für diesen Fall die Preiselastizität der Nachfrage!

C. IV. 2 (6) Fallstudie „Hotel Sleep & More"

Die „Sleep & More GmbH" ist eine Hotelkette auf dem deutschen Markt und betreibt unter der Marke „Sleep & More Hotels and Resorts" deutschlandweit 15 und europaweit 32 Häuser mit etwa 2.500 Mitarbeitern. Die eine Hälfte der Hotels mit drei bis fünf Sternen sind Ferienhotels (Resorts), die andere Hälfte Business-Hotels für Geschäftsleute. Angesichts der starken Konkurrenz im Markt für Hotels der gehobenen Mittelklasse sieht sich der Geschäftsführer der Kette, Herr Kalkuliks, zunehmend mit der Herausforderung konfrontiert, die Preise für das Leistungsangebot zu differenzieren. Daher offeriert er – vorwiegend online – folgende Preis-Leistungsangebote:

1) „Genießen Sie mit unserem „Sleep & More"-Familiensommer einen Kurzurlaub, Wohlfühlfaktor inklusive:
1 Übernachtung im Doppelzimmer inklusive Frühstücksbuffet (kein Einzelzimmer möglich); max. 2 Kinder bis 12 Jahre im Zimmer der Eltern kostenfrei (weitere Kinderermäßigungen nach Vereinbarung); 52 € pro Erwachsenen, zzgl. 5,90 € je Kind Frühstücksbuffet".

2) „Nutzen Sie das Wochenende, entfliehen Sie aus dem täglichen Einerlei und gönnen Sie sich Erholung und Entspannung in herrlichen Städten:
XXXL-Wochenende für 2 Personen, Freitag bis Sonntag, inklusive Frühstück in unserem Haus in
Bad Icks (bis Üpsilon nur zwanzig Kilometer): 250 €
Zett (nahe bei Omega): 199 €".

3) „Im Zentrum von Wissenschaft, Wirtschaft und Medien sowie direkt auf dem Messegelände nahe des Linber-Flughafens erwartet Sie unser modernes Business-Hotel, genau das Richtige für Sie, egal ob Tagung oder Seminar. Unser Service ist individuell und aufmerksam, denn wir wollen unseren Beitrag leisten, dass Sie einen erfolgreichen und entspannten Business-Aufenthalt in Linber haben:
Übernachtung mit Frühstücksbuffet (ab 6 Uhr) sowie zu Ihrer individuellen Entspannung eine Hot Stone-Massage oder ein Dampfbad (unser Dampfbad ist rund um die Uhr für Sie geöffnet); (Einchecken bis 24 Uhr, Auschecken ab 6 Uhr): 69 € pro Person".

Aufgabe:
Erläutern Sie die bei den drei Beispielen angewandten Formen der Preisdifferenzierung

2.5   Rechtliche Aspekte zu Preisen und Konditionen
2.51 Vertragsschluss
2.511 Vertragsfreiheit

Zahlreiche Vorschriften und verschiedene Gesetze versperren den Blick darauf, dass im Grundsatz immer noch die **Vertragsfreiheit** gilt: Sie ist die Freiheit des Einzelnen, seine Lebensverhältnisse im Rahmen der Rechtsordnung durch zivilrechtliche Verträge eigenverantwortlich zu gestalten. Die Vertragsfreiheit ist Hauptbestandteil der Privatautonomie und als Teil des Grundrechts auf freie Entfaltung der Persönlichkeit verfassungsrechtlich gewährleistet (Art. 2(1) GG). Der Einzelne ist grundsätzlich frei in seiner Entscheidung,
• **ob und mit wem** er Verträge schließt (Abschlussfreiheit) und
• **mit welchem Inhalt** er sie schließt (Gestaltungsfreiheit).

Von diesem Grundsatz gibt es natürlich **Ausnahmen**:
• In bestimmten (wenigen) Fällen besteht für Unternehmen ein Abschlusszwang (**Kontrahierungszwang**), so zum Beispiel im Bereich der Personenbeförderung, der Energieversorgung und der Haftpflichtversicherung.
• Dagegen ist in zahlreichen Regelungen die **Gestaltungsfreiheit** der Vertragspartner im Hinblick auf den Vertragsinhalt **beschränkt**, insbesondere dann, wenn es gilt, tendenziell schwächere Vertragspartner zu schützen, so zum Beispiel Mieter, Versicherungsnehmer, Arbeitnehmer, Verbraucher. In solchen Fällen sind die den Schwächeren schützenden Regelungen **zwingend** und können nicht durch einen Vertrag zulasten des Schwächeren abgeändert werden.

2.512 Allgemeine Geschäftsbedingungen (AGB)

Selbst wenn vertraglich etwas vom Gesetz Abweichendes geregelt werden kann, ist zumindest das Recht der Allgemeinen Geschäftsbedingungen (AGB) gemäß §§ 305-310 zu beachten: Die **AGB** (das "Kleingedruckte") sind **alle für eine Vielzahl von Verträgen vorformulierten Vertragsbedingungen**, die eine Vertragspartei (Verwender) der anderen Vertragspartei bei Vertragsschluss stellt. Sie schränken aufgrund der häufig bestehenden wirtschaftlichen Macht des Verwenders die Vertragsfreiheit des anderen (Kunden, Verbraucher) faktisch stark ein.

Für das Unternehmen, welches AGB im Geschäftsverkehr einsetzt, haben AGB zwei **Vorteile**:
• Mit gleich lautenden AGB lässt sich insbesondere bei Massengeschäften ein **rationelles Vertragsmanagement** bewerkstelligen.
• Da erfahrungsgemäß zumindest Konsumenten die AGB des verwendenden Unternehmens vor Vertragsschluss nicht eingehend prüfen, erhält das Unternehmen die Möglichkeit, **vertragliche Risiken** weitestgehend auf den anderen **abzuwälzen**.

Wegen des letztgenannten Vorteils unterwirft das AGB-Recht (§§ 305 – 310) die im Wirtschaftsleben eingesetzten AGB einer Inhaltskontrolle mit dem Ziel, dass **unangemessen benachteiligende AGB** des Verwenders **unwirksam** sind (§ 307(1)). Dabei stellt sich zunächst die Frage, ob das AGB-Recht überhaupt (ganz oder teilweise) auf den konkreten Vertrag anwendbar ist (§ 310). Im Anschluss daran ist zu prüfen, ob die vom Unternehmen verwendeten AGB in den konkreten Vertrag einbezogen worden sind (§§ 305 – 305c). Erst jetzt werden die einzelnen AGB inhaltlich überprüft (Inhaltskontrolle, §§ 307-309). Entsprechen sie inhaltlich nicht den Anforderungen des AGB-Rechts, insbesondere weil sie den Kunden entgegen dem Gebot von Treu und Glauben unangemessen benachteiligen, sind sie unwirksam. Stattdessen gelten die gesetzlichen Vorschriften (§ 306).

2.513 Geschäfte mit minderjährigen Kunden

Minderjährige Konsumenten werden für die Wirtschaft immer wichtiger. Gleichwohl sind Kinder und Jugendliche aufgrund mangelnder geistiger und seelischer Reife und Erfahrung häufig nicht in der Lage, die rechtlichen und wirtschaftlichen Folgen von abgeschlossenen Verträgen zu überblicken. Deswegen werden sie vom Gesetz in umfassender Weise geschützt:
• **Kinder**, die noch nicht das siebte Lebensjahr vollendet haben (also noch nicht sieben Jahre alt sind), sind geschäftsunfähig. Sie können keine Verträge abschließen, auch nicht mit Zustimmung ihrer Eltern (§ 104).
• **Minderjährige** von 7-17 Jahren sind beschränkt geschäftsfähig (§ 106). Die Wirksamkeit der von ihnen vorgenommenen Rechtsgeschäfte hängt von der Einwilligung oder Genehmigung der Eltern ab (§§ 107, 108). Darüber hinaus können sie mit den ihnen überlassenen Finanzmitteln („Taschengeld") wirksam altersgerechte Verträge abschließen (§ 110).

2.52 Kaufvertrag

Der Kauf (§§ 433 ff) ist zweifellos das im täglichen Leben bedeutsamste Rechtsgeschäft. Gegenstand des Kaufvertrags können **bewegliche** und **unbewegliche Sachen** sein, also vom Dauerlutscher für 20 ct bis zum Schloss mit englischem Garten für 20 Mio. €. Nicht nur Sachen, sondern auch Rechte und sonstige Gegenstände (z.B. Hypotheken, Forderungen, Software, Patente, Lizenzen) können käuflich erworben werden (so genannter **Rechtskauf** § 453). Die folgenden Ausführungen konzentrieren sich auf den Sachkauf.

Mit Abschluss eines Kaufvertrags verpflichtet sich der **Verkäufer**, dem Käufer die Sache körperlich zu übergeben und rechtlich das Eigentum an der Sache zu verschaffen. Darüber hinaus muss die Sache frei von Sach- und Rechtsmängeln sein.

Der **Käufer** hingegen ist verpflichtet, an den Verkäufer den vereinbarten Kaufpreis zu zahlen und die gekaufte Sache abzunehmen.

Eine Kaufsache ist **frei von Sachmängeln**, wenn sie
• bei Gefahrübergang die vereinbarte Beschaffenheit ("Soll-Beschaffenheit") hat oder

mangels Vereinbarung
• sich für die nach dem Vertrag vorausgesetzte Verwendung eignet oder
• für die gewöhnliche Verwendung eignet und eine Beschaffenheit aufweist, die üblich ist und die der Käufer erwarten kann, wobei unter bestimmten Voraussetzungen Werbeäußerungen des Verkäufers oder des Herstellers berücksichtigt werden (Erwartungshorizont eines Durchschnittskäufers), § 434(1).

Beispiele für Sachmängel: Vase mit Sprung, schimmelige Wurst, Gebäude mit Hausschwamm, falscher Stand des km-Zählers des gebrauchten Pkw, Ausfall einer üblichen Funktion an einer Maschine, „echter Picasso" von unbekanntem Maler, fehlende Bebaubarkeit des Grundstücks. Für die Frage, ob die gelieferte Sache einen Sachmangel aufweist, ist zunächst von Bedeutung, ob die Vertragsparteien eine **Vereinbarung über die Beschaffenheit** der veräußerten Sache getroffen haben. Nur wenn das nicht der Fall ist, kommt es auf **objektive Gesichtspunkte** an wie z.B. die vertraglich vorausgesetzte Verwendung oder die übliche Beschaffenheit. Wenn z.B. ein im Kaufvertrag genau beschriebener gebrauchter Pkw veräußert wird, kann der Käufer keinen Neuwagen verlangen. Dagegen wird beim Kauf einer Tüte Milch über die Beschaffenheit des Getränks regelmäßig nicht gesprochen, das heißt: Vereinbart ist die übliche Beschaffenheit, die der Käufer regelmäßig erwarten kann. Die Milch sollte also nicht sauer sein.

Zur Beschaffenheit gehören auch die **öffentlichen Äußerungen des Herstellers** oder des Verkäufers in der Werbung. So liegt z.B. ein Sachmangel vor, wenn der tatsächliche Kraftstoffverbrauch eines Pkws mehr als fünf Prozent höher ist als in der Werbung des Herstellers angegeben.

Eine Kaufsache hat auch dann **einen Sachmangel**, wenn
• die vereinbarte Montage durch den Verkäufer unsachgemäß durchgeführt wurde
• die Montageanleitung mangelhaft ist („IKEA-Regel"), es sei denn, die Sache ist fehlerfrei montiert worden
• eine andere Sache oder eine zu geringe Menge geliefert wird (qualitatives oder quantitatives aliud), § 434(2), (3).

Eine Kaufsache ist **frei von Rechtsmängeln**, wenn Dritte in Bezug auf die Sache keine oder nur die im Kaufvertrag übernommenen Rechte gegen den Käufer geltend machen können (§ 435). **Beispiele für Rechtsmängel**: Rechte eines Dritten an der

Sache (z.B. Pfandrecht, Hypothek, Sicherungseigentum) oder staatliche Befugnisse an der Sache (z.B. Beschlagnahmerecht). Demgegenüber sind auf einem Grundstück liegende öffentlich-rechtliche Abgaben (z.B. Grundsteuer, Anliegerbeiträge) kein Rechtsmangel, § 436(2).

Der vom Gesetz festgelegte **Zeitpunkt für die Mangelfreiheit** ist der Gefahrübergang, meistens der Termin der körperlichen Übergabe der Sache (§ 446). Ab diesem Termin ist der Käufer in der Lage, die Sache zu schützen. Es kommt somit nicht darauf an, ob mit der Übergabe auch schon das Eigentum an der Sache übertragen worden ist oder ob stattdessen ein so genannter Eigentumsvorbehalt vereinbart wurde, wonach der Käufer nicht schon mit der Übergabe der Sache, sondern erst dann Eigentümer wird, wenn er den Kaufpreis vollständig bezahlt hat (§ 449).

Soweit nichts anderes vereinbart ist, trägt der Verkäufer die **Kosten der Übergabe und Versendung an den Erfüllungsort**, § 448(1). Er muss die Sache angemessen verpacken und ordnungsgemäß versenden. Darüber hinaus hat er den Käufer über die Möglichkeiten der Sachnutzung zu informieren (Instruktionspflichten, z.B. Bedienungsanleitung oder Schulung) und vor drohenden Gefahren bei der Nutzung der Sache zu warnen (z.B. über die Nebenwirkungen eines Arzneimittels), § 242.

2.53 Information über den Preis

Mit der Preisangabenverordnung (PAngV) werden die Verpflichtungen des Unternehmens hinsichtlich der **Darstellung des Preises** gegenüber dem Verbraucher (B2C-Bereich) eingehend geregelt. Wer gegenüber Konsumenten (Letztverbrauchern) Waren oder Dienstleistungen anbietet oder damit wirbt, hat den so genannten **Endpreis** anzugeben inklusive aller Preisbestandteile und der Umsatzsteuer (§ 1 PAngV). Die Regelung bezweckt in erster Linie, dass die Verbraucher Preise vergleichen können. Die Angabe des Endpreises bedeutet allerdings nicht, dass der genannte Betrag auch Bestandteil des Vertrages werden muss. Es bleibt Unternehmen und Verbraucher unbenommen, in Preisverhandlungen einzutreten, um letztendlich einen anderen Betrag als verbindlichen Preis festzulegen.

Die Preisangaben des Unternehmens müssen der allgemeinen Verkehrsauffassung sowie den Grundsätzen von **Preisklarheit** und **Preiswahrheit** entsprechen. Preise müssen den angebotenen Waren oder Dienstleistungen eindeutig zuzuordnen sowie leicht erkennbar und deutlich lesbar oder sonst gut wahrnehmbar sein. Bei der Aufgliederung von Preisen ist der Endpreis hervorzuheben. Soweit es allgemein üblich ist, muss auch die Verkaufs- oder Leistungseinheit und die Gütebezeichnung angegeben werden, auf die sich der jeweilige Preis bezieht (z.B. der Preis pro Kilogramm, Liter, Meter etc.).

Wer abgepackte Waren oder Verkaufseinheiten ohne Umhüllung nach Gewicht, Volumen, Länge oder Fläche anbietet (wie typischerweise im Einzelhandel), hat neben dem Endpreis auch den Grundpreis (Preis je Mengeneinheit einschließlich der Umsatzsteuer und sonstiger Preisbestandteile) in unmittelbarer Nähe des Endpreises anzugeben (§ 2 PAngV). Kann ein Endpreis nicht angegeben werden, weil er zeit- oder verbrauchsabhängig ist (z.B. beim Mobilfunkvertrag), muss das anbietende Unternehmen die variablen Kosten benennen.

Bei **Fernabsatzverträgen**, insbesondere Angeboten oder Werbung im Internet, muss das Unternehmen extra darauf hinweisen, dass der Preis die Umsatzsteuer und sonstige Preisbestandteile enthält, und darüber informieren, ob zusätzlich noch Liefer- und Versandkosten anfallen. Sofern diese Kosten in Rechnung gestellt werden, ist deren Höhe anzugeben.

Weiterhin trifft die Preisangabenverordnung Regelungen für die Ausstellung von Waren in Schaufenstern, Schaukästen etc (§ 4), Leistungsverzeichnisse (§ 5), für die Gesamtkosten bei Krediten (§§ 6, 6a; z.B. der effektive Jahreszins) sowie für bestimmte Branchen (Gaststätten, Beherbergungsbetriebe, Tankstellen, Parkplätze (§§ 7, 8)).

2.54 Ausstieg des Kunden aus dem Vertrag (Überblick)

Der Endverbraucher hat mehrere **Möglichkeiten, den geschlossenen Vertrag wieder zu beenden:**
- So hat er bei verschiedenen Vertragstypen bzw. Vertriebsformen (Haustürgeschäfte, Fernabsatzverträge, Verbraucherdarlehen, Versicherungsverträge) das Recht, seine Vertragserklärung zu **widerrufen** und damit den Vertrag zu beenden (siehe Kapitel C.IV.2.55 Verbraucherschutz bei bestimmten Verträgen).
- Er kann eine mangelfreie Sache zurückgeben, falls dies mit dem Verkäufer vertraglich vereinbart ist.
- Im Fall des Verkaufs einer mangelhaften Sache stehen dem Käufer **Mängelgewährleistungsrechte** zu, unter anderem die Möglichkeit des Rücktritts vom Kaufvertrag (siehe Kapitel C.IV.2.52 Kaufvertrag).
- Schließlich kann der Verkäufer auch aus **Kulanzgründen**, etwa weil es sich um einen Stammkunden handelt, eine Sache zurücknehmen.

2.55 Verbraucherschutz bei bestimmten Verträgen und Vertriebsformen

Einen Überblick, wie der Verbraucher bei bestimmten Verträgen und Vertriebsformen geschützt wird, liefert Abbildung C.54.

	Haustür-geschäfte §§ 312, 312a	Fernabsatz-verträge §§ 312b-312g	Verbraucher-darlehen etc. §§ 491-505, 506-510	Versicherungs-Verträge VVG
Vertrags-partner	jegliche Verträge zwischen Unternehmen und Verbrauchern (bei Versicherungsverträgen auch Unternehmen als Versicherungsnehmer)			
Verträge und Vertriebs-formen	• Privatwohnung • Arbeitsplatz • Freizeit-veranstaltung • öffentliche Verkehrsmittel, Verkehrsfläche	Vertragsschluss • unter ausschließlicher Verwendung von Fern-kommunikationsmitteln • im Rahmen eines für den Fernabsatz orga-nisierten Vertriebs- oder Dienstleistungssystems, § 312b (2)	• Verbraucherdarlehen • Zahlungsaufschub • Finanzierungs-leasing • Teilzahlungsgeschäft • Ratenlieferungs-vertrag	Praktisch alle Ver-sicherungsverträge; Ausnahme: Großrisiken gemäß § 210 VVG
Beispiele	• Geschäfte an der Haustür • Kaffeefahrten • Busreisen	• Versandhandel • Teleshopping • Telefonverkauf • Online-Handel		
vorvertragl. Information, Doku-mentation		§§ 312c(1), (2), 360 Art. 246 §§ 1,2 EGBGB	§ 491a Art. 247 EGBGB	§ 7 VVG § 10a VAG
Widerrufs-/ Rückgabe-recht	§§ 312, 356	§§ 312d, 355, 356	§ 495, 508(1), 510(1)	§ 8 VVG
Rechts-folgen des Widerrufs	§§ 357, 346 ff.			§ 9 VVG
Regelungs-zweck	Gefahr der psychischen Beeinflussung	fehlende Informations-und Prüfungsmöglichkeit	Unerfahrenheit mit Krediten und ähnlichen Verträgen	Unerfahrenheit mit Versicherungs-verträgen

Abb. C.54: Verbraucherschutz bei bestimmten Verträgen und Vertriebsformen

Bei vertraglichen Willenserklärungen, zu denen der Verbraucher am Arbeitsplatz, in seiner Privatwohnung („**Haustürgeschäfte**"), anlässlich einer Freizeitveranstaltung des Vertragspartners ("Kaffeefahrten") oder bei einer überraschenden Ansprache in Verkehrsmitteln oder auf öffentlichen Verkehrswegen (z.B. Fußgängerzone) be-stimmt worden ist (übliche Geschäfte des **Direktvertriebs**), ist die Gefahr besonders hoch, dass der Verbraucher seine (zu schnell oder wenig überlegt) getroffene Ent-scheidung später bereut. Der Verbraucher wird vor übereilt geschlossenen Verträgen geschützt, indem das Gesetz ihm gem. § 312 BGB ein **Widerrufs- oder Rückgabe-recht** einräumt.

Bei **Fernabsatzverträgen** bedarf der Verbraucher eines besonderen Schutzes, da er zum Zeitpunkt des Vertragsschlusses dem Unternehmer nicht körperlich begegnet und sich ihm keine Möglichkeit eröffnet, die Ware vor Vertragsschluss zu sehen und zu prüfen. Folglich hat der Verbraucher ein **Widerrufs- oder Rückgaberecht**, das er ausüben kann, nachdem ihm die Ware zugesandt wurde (§ 312d). Fernabsatzverträge sind Verträge über die Lieferung von Waren oder über die Erbringung von Dienstleistungen, die zwischen einem Unternehmer und einem Verbraucher im Rahmen eines für den Fernabsatz organisierten Vertriebs- oder Dienstleistungssystems unter ausschließlicher Verwendung von Fernkommunikationsmitteln abgeschlossen werden (§ 312b). **Fernkommunikationsmittel** sind Kommunikationsmittel, die zur Anbahnung oder zum Abschluss eines Vertrags ohne gleichzeitige körperliche Anwesenheit der Vertragsparteien eingesetzt werden können, insbesondere Briefe (Mailing), Kataloge (Versandhandel), Telefonanrufe (cold calls), Telekopien, E-Mails sowie Rundfunk und Telemedien (Internet).

Darüber hinaus hat der Unternehmer gegenüber dem Verbraucher im Hinblick auf seine Identität und die Vertragsumstände umfassende **Informationspflichten**, die zeitlich gestaffelt bei Vertragsanbahnung, vor Vertragsschluss und bald danach zu erfüllen sind. Insbesondere muss er spätestens bis zur vollständigen Erfüllung des Vertrages, bei Waren spätestens bei Lieferung, dem Verbraucher die Informationen auf einem dauerhaften Datenträger zur Verfügung stellen (§312(1), (2); Art. 246 AGBGB). Schließlich obliegen dem Unternehmen bei **Verträgen im elektronischen Geschäftsverkehr** besondere Pflichten (§ 312g in Verbindung mit Art. 246 EGBGB § 3).

Widerrufs- und Rückgaberecht versetzen den Verbraucher in die Lage, sich ohne Grund einseitig von einem mit einem Unternehmer geschlossenen Vertrag zu lösen. Diese Rechte bilden deshalb eine Ausnahme von der Regel, dass geschlossene Verträge grundsätzlich verbindlich sind, auch wenn sie vielleicht im Nachhinein wirtschaftlich unvorteilhaft erscheinen (pacta sunt servanda).

Wird einem Verbraucher durch Gesetz ein Widerrufsrecht eingeräumt, so ist er an seine auf den Abschluss eines Vertrages mit einem Unternehmer gerichtete **Willenserklärung nicht mehr gebunden**, wenn er sie fristgerecht widerrufen hat. Der Widerruf muss keine Begründung enthalten und in Textform oder durch Rücksendung der Sache innerhalb von zwei Wochen erfolgen. Zur Fristwahrung genügt die rechtzeitige Absendung, § 355(1). Die **Widerrufsfrist** beginnt mit dem Zeitpunkt, an dem dem Verbraucher eine deutlich gestaltete Belehrung über sein Widerrufsrecht zur Verfügung gestellt worden ist. Weitere Voraussetzungen enthält § 355(3). Das Widerrufsrecht erlischt spätestens sechs Monate nach Vertragsschluss, wobei im Falle der Warenlieferung die Frist nicht vor dem Tag des Eingangs beim Verbraucher beginnt, § 355(4).

Die **Rücksendung der Ware** erfolgt auf Kosten und Gefahr des Unternehmers. Lediglich bei einer Bestellung bis zu einem Betrag von 40 Euro dürfen dem Verbraucher die regelmäßigen Kosten der Rücksendung vertraglich auferlegt werden, § 357(3). Bei Abschluss eines Fernabsatzvertrages nutzt der Verbraucher üblicherweise innerhalb der Zweiwochenfrist die gelieferte Sache. **Wertersatz** für den Gebrauch der Sache muss er allerdings nur unter bestimmten (engen) Voraussetzungen leisten (§ 312 e). **Vertragliche Abweichungen** von den gesetzlichen Regelungen zulasten des Verbrauchers (§§ 312 i, 511) sowie des Versicherungsnehmers (§ 18 VVG) sind verboten.

2.56   Mängelgewährleistung beim Kauf; Garantie
2.561 Grundlagen

Wie bereits dargestellt, muss der Verkäufer die Sache frei von Sach- oder Rechtsmängeln liefern. Entscheidender Zeitpunkt für die Mangelfreiheit ist der Gefahrübergang, d.h. grundsätzlich die körperliche Übergabe der verkauften Sache an den Käufer (§ 446). Ist die **Sache mangelhaft**, hat der Käufer gemäß § 437 grundsätzlich folgende **Rechte**:

- Zunächst kann er gemäß § 439 **Nacherfüllung** verlangen, d.h. entweder Beseitigung des Mangels (Nachbesserung „Reparatur") oder Lieferung einer mangelfreien Sache (Nachlieferung „Umtausch"). Der Verkäufer hat sämtliche zum Zweck der Nacherfüllung erforderlichen Aufwendungen zu tragen, insbesondere Transport-, Wege-, Arbeits- und Materialkosten.

Bleibt die Nacherfüllung aus,
- kann der Käufer gemäß §§ 440, 323, 326(5) vom Vertrag zurücktreten oder nach § 441 den **Kaufpreis mindern** und
- gemäß §§ 440, 280, 281, 283, 311a **Schadensersatz oder** nach § 284 **Aufwendungsersatz** verlangen.

Die **Mängelgewährleistungsrechte** sind allerdings **ausgeschlossen** beziehungsweise **beschränkt**, wenn
- der Käufer den Mangel bei Vertragsschluss kennt (vgl. im einzelnen § 442)
- eine gepfändete Sache in einer öffentlichen Versteigerung als solche verkauft wird (§ 445)
- bei B2B-Käufen der Käufer (Unternehmenskunde) seiner Untersuchungs- und Rügepflicht gemäß § 377 HGB nicht nachgekommen ist.

Denkbar ist, dass der Verkäufer Mängelgewährleistungsansprüche abzuwehren versucht mit dem Argument, der Sachmangel habe nicht schon bei der Übergabe vorgelegen, sondern sei erst später entstanden. Handelt es sich bei dem Käufer um einen Verbraucher (Verbrauchsgüterkauf (B2C) §§ 474 ff), gilt jedoch zu seinen Gunsten für die ersten sechs Monate nach der Übergabe der Sache eine **Beweislastumkehr**:
- Stellt sich innerhalb der Sechsmonatsfrist ein Sachmangel heraus, wird gesetzlich vermutet, dass die Sache bereits bei Gefahrübergang mangelhaft war (§ 476). Der

Verkäufer muss also beweisen, dass die Sache bei ihrer Übergabe an den Verbraucher keine Mängel hatte (was er regelmäßig nicht kann).
• Nach Ablauf der Sechsmonatsfrist allerdings geht die Beweislast auf den Verbraucher über: Jetzt muss der Käufer im Streitfall beweisen, dass der Sachmangel
schon bei Übergabe der Sache vorgelegen hat.
Die Mängelgewährleistungsrechte im Falle einer mangelhaften Sache sind streng zu
unterscheiden von der von vielen Unternehmen aus Gründen der Verkaufsförderung
dem Kunden eingeräumten Möglichkeit, innerhalb einer Frist die (mangelfreie) Sache gegen Gutschrift oder Rückzahlung des Kaufpreises zurückzugeben (siehe Kapitel C.IV.2.54).

2.562 Regress in der Lieferkette

Muss im Falle eines Verbrauchsgüterkaufs der **Verkäufer** einer neu hergestellten
Sache diese als Folge ihrer Mangelhaftigkeit zurücknehmen oder eine Kaufpreis-
minderung über sich ergehen lassen, kann er **bei seinem Lieferanten Rückgriff
nehmen** (§ 478). Dies gilt für die gesamte Lieferkette bis zum Hersteller (§ 478(5),
so genannter "Regress in der Lieferkette"). Dies erscheint sachgerecht, da der Sachmangel oft nicht beim Händler, sondern bei der Herstellung der Sache entstanden ist.
Der **Rückgriffsanspruch** des Verkäufers **verjährt** frühestens zwei Monate nach
dem Zeitpunkt, zu dem er als Unternehmer die Ansprüche des Verbrauchers erfüllt,
spätestens fünf Jahre nach Ablieferung der Sache durch den Lieferanten an den
Unternehmer (§ 479).

2.563 Zusätzliche Garantie

Zusätzlich zu den gesetzlichen Mängelgewährleistungsansprüchen kann der Verkäu-
fer, aber auch ein Dritter (zum Beispiel der Hersteller) eine **Garantie** übernehmen
für die Beschaffenheit der Sache oder dafür, dass die Sache für einen bestimmten
Zeitraum eine bestimmte Beschaffenheit behält (Haltbarkeitsgarantie), § 443. Beim
Verbrauchsgüterkauf (B2C) muss die Garantieerklärung einfach und verständlich
abgefasst sein (§ 477) und folgende Informationen enthalten:
• Den Hinweis auf die gesetzlichen Rechte des Verbrauchers sowie darauf, dass
Mängelgewährleistungsrechte durch die Garantie nicht eingeschränkt werden und
• den Garantieinhalt sowie alle wesentlichen Angaben, die für die Geltendmachung
der Garantie erforderlich sind, insbesondere die Dauer und den räumlichen Gel-
tungsbereich des Garantieschutzes sowie Name und Anschrift des Garantiegebers.

2.564 Verjährung der Gewährleistungsansprüche

Ansprüche unterliegen grundsätzlich der Verjährung, §194(1). Die Verjährung tritt
durch bloßen **Zeitablauf der Verjährungsfrist** ein. Sie führt nicht zum Erlöschen

(Untergang) des Anspruchs, sondern gewährt dem Schuldner eine **Einrede**: Er kann die Erfüllung des Anspruchs dauerhaft verweigern (Leistungsverweigerungsrecht), §214(1). Hat jedoch der Schuldner die Einrede nicht geltend gemacht, sondern – vielleicht sogar in Unkenntnis der Verjährung – geleistet, kann er das Geleistete nicht zurückfordern (§214(2)). Die Verjährung dient vor allem dem Rechtsfrieden. Werden Ansprüche lange Zeit nicht geltend gemacht, drohen irgendwann einmal große bis unüberwindliche Beweisschwierigkeiten in Bezug auf die Anspruchsvoraussetzungen.

Ansprüche wegen eines Sach- oder Rechtsmangels (§ 437) bei einer beweglichen Sache verjähren grundsätzlich in zwei Jahren (§ 438(1) Nr. 3). Die Frist beginnt mit der Ablieferung der Sache beim Käufer (§ 438(2)). Hat der Verkäufer den Mangel arglistig verschwiegen, sind Gewährleistungsansprüche erst nach Ablauf von drei Jahren verjährt (§ 438(3) i.V.m. § 195).

Bestimmte Umstände oder Ereignisse (z.B. Verhandlungen zwischen Gläubiger und Schuldner, vom Gläubiger veranlasste Rechtsverfolgung) **hemmen den Ablauf der Verjährungsfrist**, d.h. der Zeitraum, während dessen die Verjährung gehemmt ist, wird in die Verjährungsfrist nicht eingerechnet (§209). Welche Ereignisse eine Hemmung bewirken, ist in §§203-208, 210, 211 festgelegt. In bestimmten Fällen kann die **Verjährungsfrist** sogar **erneut** zu laufen **beginnen** (§212). Bei einem solchen Neubeginn fällt die bisher verstrichene Zeit weg.

2.565 Vertragliche Abweichung von gesetzlichen Regelungen

Grundsätzlich können die Gewährleistungsansprüche vertraglich beschränkt oder ausgeschlossen werden (§ 444), z. B. der zwischen Privatpersonen getätigte Verkauf eines gebrauchten Pkw „unter Ausschluss jeglicher Gewährleistung". Auf eine solche Vereinbarung kann sich der Verkäufer aber nicht berufen, soweit er den Mangel arglistig verschwiegen oder eine Garantie für die Beschaffenheit der Sache übernommen hat.

Handelt es sich um einen **Verbrauchsgüterkauf** (B2C), sind für den Verbraucher nachteilige Beschränkungen oder Ausschlüsse seiner Rechte, die vor der Mitteilung des Mangels an den Unternehmer vereinbart worden sind, generell unwirksam, §475(1). Lediglich der Ausschluss bzw. die Beschränkung eines etwaigen Schadensersatzanspruchs ist erlaubt, § 475(3), ebenso eine Verkürzung der Verjährung bei Mängeln an gebrauchten Sachen auf bis zu einem Jahr, § 475(2).

3. Distributionspolitik

Aufgabe der Distributionspolitik ist die Verteilung von Produkten oder Dienstleistungen vom Hersteller zum Endkäufer. Distributionspolitische **Ziele** beziehungsweise Zielinhalte sind (Meffert et al. 2012, S. 545):

- **Vertriebskosten und Handelsspanne** (z.B. Nutzung kostengünstiger Absatzkanäle, die eine geringe Handelsspanne verlangen; mit Handelsspanne ist die Differenz zwischen Einstands- und Verkaufspreis gemeint)
- **Distributionsgrad** (z.B. Erhöhung des ungewichteten Distributionsgrads der Marke x in Supermärkten um y Prozent innerhalb eines Halbjahres)

$$\text{ungewichteter Distributionsgrad} = \frac{\substack{\text{Zahl der Absatzmittler, die das Produkt führen} \\ \text{(während eines best. Zeitraums bzw. zu einem best. Zeitpunkt)}}}{\substack{\text{Gesamtzahl der Absatzmittler, die die Warengruppe im} \\ \text{Sortiment führen und so das Produkt führen könnten} \\ \text{(zB Gesamtzahl aller Lebensmitteleinzelhandelsgeschäfte)}}} \cdot 100$$

$$\text{gewichteter Distributionsgrad} = \frac{\text{Umsatz der Absatzmittler mit dem Produkt}}{\substack{\text{Gesamtumsatz der Absatzmittler} \\ \text{mit der betroffenen Warengruppe}}} \cdot 100$$

- **Distributionsdichte** (Verhältnis der Anzahl der Verkaufsstellen eines geographisch abgegrenzten Verkaufsgebiets, die ein bestimmtes Produkt führen, zur Gesamtfläche oder Gesamtbevölkerung des Verkaufsgebiets)
- **Image des Absatzkanals** (z.B. Exklusivvertrieb für eine als solche positionierte Premium-Marke)
- **Kooperationsbereitschaft** der Absatzmittler, den Hersteller bei der Umsetzung seines Marketingkonzeptes zu unterstützen (z.B. Quantität und Qualität der zur Verfügung gestellte Regalplatzfläche)
- **Zeitbedarf und Flexibilität beim Aufbau des Absatzkanalsystems** (z.B. Dauer der Absatzmittlergewinnung, bis ein bestimmter Distributionsgrad erreicht ist)
- **Beeinflussbarkeit und Kontrollierbarkeit des Absatzkanals** (z.B. hinsichtlich der Warenpräsentation am Point of Sale).

Distributionspolitische Entscheidungen betreffen die Festlegung der Absatzkanalstruktur, der vertraglichen Beziehung zwischen Hersteller und Absatzmittler und die Entscheidungen der Marketinglogistik.

3.1 Absatzkanalstruktur

Ein **Absatzkanal** ist der Weg der Verteilung eines Produktes oder einer Dienstleistung bis zum Endkäufer. Zu den am Absatzkanal beteiligten Personen und Institutionen zählen Absatzmittler und Absatzhelfer.

Absatzmittler sind rechtlich und wirtschaftlich selbständige Organe, die von Lieferanten Waren kaufen und das Eigentum an diesen erwerben. Die Produkte werden im Wesentlichen unverändert an andere Absatzmittler oder Endkäufer verkauft (z.B. Großhändler, Einzelhändler). **Absatzhelfer** sind rechtlich und wirtschaftlich selbständige Organe, die bei der Verteilung von Waren und Informationen mitwirken, ohne selbst Eigentümer der Waren zu werden. Ihnen kommt eine eher unterstützende Funktion zu (z.B. Speditionen, Handelsvertreter).

3.11 Entscheidungstatbestände

Die Entscheidungen zur Absatzkanalstruktur gehen aus Abbildung C-55 hervor.

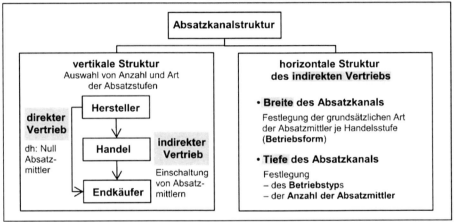

Abb. C-55: Entscheidungen zur Festlegung der Absatzkanalstruktur

3.12 Direkter Vertrieb

Bei dem direkten Vertrieb besteht ein unmittelbarer Kontakt zwischen Hersteller und Endkunden. Es werden keine Absatzmittler eingeschaltet. Wesentliche Formen des Direktvertriebs sind
- **Haustürgeschäfte**: Verkauf geschieht an der Haustür des Kunden, auf sog. Kaffeefahrten etc. (z.B. bei Eiern, Tiefkühlkost, Getränken, Zeitungsabonnements)
- **Partyverkauf**: Warenangebot während eines geselligen Beisammenseins im Haushalt potentieller Abnehmer (z.B. Tupperware, Wein, Kosmetika)
- **Fahrverkauf**: Warenangebot in rollenden Läden (z.B. in ländlichen Regionen, bei Großveranstaltungen)
- **herstellereigene Filialen**: Filialen sind vom Hersteller abhängig, also nicht selbständig (z.B. Modehersteller, die ihre Waren über eigene Filialsysteme vertreiben)
- **Factory Outlet Center**: Verkaufsniederlassungen verschiedener Hersteller in einem Gebäude (oft Markenware; deutlich niedrigere Preise als im Einzelhandel)
- **Telefonverkauf**
- **Direktvertrieb über das Internet** (als alleiniger Vertriebskanal (z.B. Amazon) oder als ein Kanal im Mehrkanalsystem, siehe Kap. C.IV.3.14 Mehrkanalvertrieb)

- **Verkaufsorgane**: unternehmenseigene Vertriebsmitarbeiter (Reisende) oder unternehmensfremde Handelsvertreter; Abbildung C-56 enthält einen synoptischen Vergleich der beiden Vertriebsformen.

		Reisender	Handelsvertreter
Vertragliche Bindung		• §§ 84ff. HGB • **unselbständig** • **stark weisungsgebunden**	• §§ 59ff. HGB • **selbständig** • nicht weisungsgebunden
Entlohnung		größtenteils **fix** (Provision, Prämie etc.)	fast nur **variabel** (daher kaum Fixkosten)
Kündigung		wie bei jedem **Angestellten**	**evtl. Ausgleichsanspruch** nach § 89 b HGB
Einsatz-möglichkeiten		im **Außen- und Innendienst**	nur im **Außendienst** und wie vertraglich vereinbart
Steuerungs-möglichkeiten		**gut** wegen Weisungsgebundenheit gegenüber Unternehmen	**begrenzt** bzw. im Rahmen der vertraglichen Vereinbarungen
Kundenbeziehung	**Kunden-kontakt**	• nach **Vorgabe der Vertriebsleitung** • intensiv	• nach **eigener Disposition** • abgestimmt mit Unternehmen
	Verhalten gegenüber Kunden	• vertritt Interessen des Unternehmens • **Identifikation mit Unternehmen** fördert den Verkaufserfolg	• vertritt **vorwiegend eigene und Kundeninteressen** • bildet eigenen Kundenstamm • konzentriert sich ggf. auf Kunden mit hoher Provision
	Kontakte zu Abnehmern	• gemäß Vertriebsprogramm • **persönliche Beziehungen**	**vielseitigere Kontakte** zu unterschiedlichen Firmen
Tätigkeit	**Bericht-erstattung**	• **regelmäßig** • Vorschriften bzgl. Inhalt, Form, Umfang, Häufigkeit	• **nach Vereinbarung** • eher seltener und in geringem Umfang
	Arbeitsweise	in erster Linie unternehmensorientiert	unternehmens- und einkommensorientiert
	Kapazität	konzentriert auf **ein Unternehmen**	verteilt auf **mehrere Unternehmen**
	Neben-funktionen	• **Verkaufsförderung** • **Markterkundung** • **Kundendienst**	• je **nach Vereinbarung** • müssen meistens extra vergütet werden
	Reiseroute	Planung durch Verkaufsleiter	eigene Planung
	Verkaufs-training	**fester Bestandteil** der Aus- und Weiterbildung	**freiwillig** oder nach Vereinbarung
Nachwuchs-förderung		• aus den eigenen Reihen • auf dem Stellenmarkt	auf dem Stellenmarkt

Abb. C-56: Vergleich der Vertriebsformen Handelsvertreter und Reisende (vgl. Meffert et al. 2009, S. 240f.)

3.13 Indirekter Vertrieb

Bei der Gestaltung des indirekten Vertriebs ist zu entscheiden, wie viele und welche Handelsstufen zwischen Hersteller und Endkunden liegen. Aus Herstellersicht können die zwischengeschalteten **Handelsbetriebe als Gatekeeper** bei der Distribution von Waren und Informationen bezeichnet werden. Denn von ihrer Entscheidung, das Produkt zu listen, hängt es letztlich ab, ob es für die Kunden im Markt verfügbar ist. Die stationären Handelsbetriebe haben einen begrenzten Regalplatz und weisen diesen jenen Produkten zu, die aufgrund vorhandener Nachfrage die höchsten Deckungsbeiträge erwarten lassen (**derivative Nachfragemacht des Handels**) (http://wirtschaftslexikon.gabler.de/Archiv/2902/gatekeeper-v5.html).

Insbesondere schwache Herstellermarken laufen Gefahr, von Händlern nicht gelistet zu werden bzw. nicht lange im Sortiment zu verbleiben. Daher reagieren Hersteller immer häufiger mit einer **Vertikalisierung** ihrer Absatzkanäle. Sie übernehmen selbst distributionspolitische Aufgaben, die traditionell vom Handel erfüllt werden (Meffert et al. 2012, S. 555ff.). Beispiele hierfür sind das Prinzip des **Shop-in-Shop** (eine größere Fläche im Handelsgeschäft wird mit dem Mobiliar des Herstellers eingerichtet) und **Factory Outlets** (in fabriknahen Lagerhallen werden Retouren und Restposten, aber auch aktuelle Waren verkauft).

3.131 Betriebsformen und Betriebstypen

Als **Betriebsform des Handels** werden bestimmte Erscheinungsformen des Handels zusammengefasst, die sich in einem oder mehreren Merkmalen ähnlich sind und deutlich von anderen unterscheiden. Beispielsweise lassen sich Betriebsformen differenzieren anhand des Merkmals
• Kundenkreis: Großhandel (Kunden sind Wiederverkäufer sowie Weiterverarbeiter, z.B. des Handwerks sowie gewerbliche Verwerter) und Einzelhandel (Endkunden)
• Betätigungsfeld: Binnen- und Außenhandel
• Organisationsform: Kooperationsformen (Zusammenarbeit von Handelsunternehmen der gleichen Stufe (horizontal) oder vertikal mit vor- und nachgelagerten Stufen) und Konzentrationsformen des Handels (Betriebsstätten werden von einer Zentrale einheitlich geführt).
Betriebstypen sind Varianten einer bestimmten Betriebsform, die sich hinsichtlich der eingesetzten Marketinginstrumente ähneln. Beispielsweise sind
• Betriebstypen des Großhandels:
  – Cash&Carry-Betriebe (Selbstbedienungsgroßhandel)
  – Spezialgroßhandel (z.B. Schrauben-, Knopfgroßhandel)
• Betriebstypen des Einzelhandels:
  – Warenhaus (branchenübergreifendes breites Sortiment inklusive Lebensmittel, mind. 3000 qm, Innenstadt-/ Centerlage)
  – Kaufhaus (ähnlich wie Warenhaus, jedoch schmaleres, tiefes Sortiment, branchenhomogen, ohne Lebensmittel, z.B. für Bekleidung, Kinderspielzeug, Möbel)

- Supermarkt (Lebensmitteleinzelhandel, auch Non-Food-Angebot, zur Nahversorgung, mind. 400 qm, eventuell mit Shop-in-Shop, z.B. von Bäckereien)
- Verbrauchermarkt (breites Food-/Non-Food-Angebot, 1000 bis 5000 qm Verkaufsfläche, relativ niedrige Preise, eher Stadtrandlage)
- Fachgeschäft (schmales, sehr tiefes Sortiment mit hohem Sortimentsniveau, Fachberatung, Serviceorientierung, höhere Preise)
- Einkaufszentrum (räumliche Konzentration von Einzelhandels- sowie Dienstleistungsbetrieben, z.B. Gaststätte, Reinigung, Reisebüro)
- Versandhaus (Distanzprinzip: unpersönlicher Kontakt zwischen Verkäufer und Käufer über Katalog, Website etc.; Universal- sowie Spezialversender, z.B. für Wein, Lederwaren, Jagd-/ Golfsportbedarf)
- Online-Shop (Angebot und Verkauf von Waren über das Internet; Kunden können über das Internet die Waren betrachten, bestellen und bezahlen)
• Betriebstypen der Kooperations- und Konzentrationsformen:
  - Einkaufsgemeinschaft (Zusammenarbeit von Handelsunternehmen der gleichen Stufe im Hinblick auf die Beschaffung)
  - freiwillige Ketten (Großhändler kooperiert mit ausgesuchten Einzelhändlern)
  - Filialunternehmen (z.B. zentral geführte Filialen des Bekleidungseinzelhandels).

3.132 Anzahl der auszuwählenden Absatzmittler

Die Anzahl der auszuwählenden Absatzmittler bemisst sich nach dem angestrebten Distributionsgrad (Abbildung C-57).

	Distribution		
	intensiv	**selektiv**	**exklusiv**
Beschränkung der Auswahl der Absatzmittler	**keine** quantitative oder qualitative Beschränkung; Distribution über alle interessierten Händler	**Qualitative Auswahl**, zB hinsichtlich der Kriterien: • Personalqualifikation • Geschäftsgröße • Kundendiensteinrichtungen • Geschäftslage etc.	• die **qualitativ** ausgesuchten Absatzmittler werden zudem in ihrer **Quantität** beschränkt • Extremfall: gebietsbezogener Exklusivvertrag mit einzelnen Händlern
Erwartungen an die Distribution	Überallerhältlichkeit der Produkte (**Ubiquität**)	• Überdurchschnittliche Verkaufsanstrengungen • **Kontrolle**, wie Produkt von Händlern angeboten wird	• **geschäftliche Exklusivität** für das Produkt • hochmotivierte, qualifizierte **Verkaufsunterstützung**
Beispiele	Güter des täglichen Bedarfs (zB Brot, Getränke)	höherwertige Güter (zB Haushalts-, Sportgeräte)	hochwertige Markenprodukte (zB Textilien, Schmuck)

Abb. C-57: Intensive, selektive und exklusive Distribution (Kotler et al. 2007, S. 865ff.)

Bei der **intensiven** Distribution werden alle interessierten Händler mit dem Produkt beliefert. Die **exklusive** Distribution ist eine Sonderform der **selektiven Distribution**, da die nach qualitativen Kriterien ausgewählten Absatzmittler zusätzlich in ihrer Anzahl begrenzt werden.

3.133 Push- und Pull-Strategien

Die Push- und Pull-Strategien dienen zur Akquisition von Absatzmittlern sowie zur Pflege der Beziehungen zwischen Hersteller und Handel (Abbildung C-58).

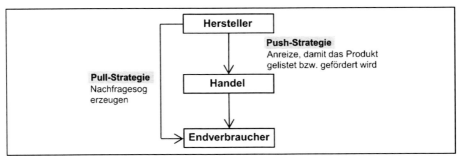

Abb. C-58: Push- und Pull-Strategie im Absatzkanal

Bei der **Push-Strategie** bietet der Hersteller den Absatzmittlern Anreize, sein Produkt zu listen und gegenüber denen der Konkurrenz zu fördern (z.B. durch einen qualitativ höherwertigen Regalplatz). Der Hersteller unterstützt die Verkaufsbemühungen der Absatzmittler in sachlicher, finanzieller, personeller und organisatorischer Hinsicht, um so sein Produkt in das Regal „hineinzudrücken" (siehe Kapitel C.IV.4.35 Verkaufsförderung). Die **Pull-Strategie** richtet sich an den Endverbraucher. Durch gezielte Werbung für das Produkt möchte der Hersteller einen Nachfragesog erzeugen, damit die Umworbenen aktiv im Geschäft nach dem Produkt fragen und der Absatzmittler sich veranlasst sieht, es zu listen. Die beiden Strategien werden in der Regel nicht alternativ angewandt, sondern miteinander kombiniert.

3.14 Mehrkanalvertrieb
3.141 Konzepte des Online- und Offline-Vertriebs

Mehrkanalvertrieb (Multi-Channel-Distribution) liegt vor, wenn Absatzkanäle kombiniert werden, die ein Kunde wahlweise nutzen kann, um Leistungen eines Anbieters nachzufragen (Wirtz 2008, S. 3ff.). Der Vertrieb der Leistungen kann unter Einbeziehung des Internet (**Online-Vertrieb**) und/oder über Geschäfte erfolgen (**Offline-Vertrieb**). Beispielsweise werden Zeitschriften über Tabakgeschäfte/ Kioske, den Lebensmitteleinzelhandel, Tankstellen etc. und Uhren mittlerer Preislage über Waren-, Kaufhäuser, Uhrenfachgeschäfte, Online-Shops vertrieben.

Es gibt unterschiedliche **Konzepte**, die ein Anbieter zum Mehrkanalvertrieb über das Internet (Electronic Commerce, kurz E-Commerce) und die stationären Handelsbetriebe wählen kann, z.B. (Heinemann 2010, S. 71):
- Ursprünglich stationäre Einzelhändler (sogenannte „Brick&Mortar-Anbieter" mit Geschäften aus „Stein und Mörtel"), die einen zusätzlichen elektronischen Absatzkanal zur Unterstützung des stationären Hauptabsatzkanals (Lead Channel) ein-

richten und so zum „Click&Mortar-Anbieter" werden; z.B. Parfumhersteller, der über die Douglas Holding AG vertreibt
- Stationäre Einzelhändler, die mit Betreibern von Online-Shops kooperieren, um von deren Know-how zu profitieren; z.b. Bekleidungsmarke Bogner in Kooperation mit Primondo/Quelle
- ursprüngliche Mehrkanalsysteme (stationärer Handel kombiniert mit Katalogversand), die um den Online-Kanal erweitert werden; z.B. Produkte, die über Tchibo vertrieben werden.

3.142 Konzept des Mobile Commerce

Der E-Commerce und der mobile Online-Handel (Mobile Commerce) grenzen sich vor allem durch die verwendeten Endgeräte ab (Heinemann 2012, S. 4). Um mobil – also standortungebunden – einkaufen zu gehen (Mobile Shopping), wird ein Gerät für den mobilen Einsatz benötigt, insbesondere das Smartphone. Gängige Anwendungen im Mobile-Commerce sind (Heinemann 2012, S. 8ff.):
- **Mobile-Shopping Website**: Da mobile Webseiten nicht betriebssystemspezifisch entwickelt werden, kann der Kunde die Seiten frei wählen. Durch Zugriff auf das mobile Internet bezieht er jederzeit und überall kaufrelevante Informationen, z.B. über Preise und Produkte.
- **Mobile Shopping-Apps**: Die App muss speziell für das Betriebssystem des mobilen Endgerätes entwickelt sein. Anders als bei der mobilen Website können die Apps auf smartphonespezifische Funktionen zugreifen und erlauben so eine personalisierte Anwendung. Ein besonderes Erfolgspotential für Kaufentscheidungen über Mobile Shopping-Apps ist vor allem dann gegeben, wenn die Apps unmittelbar dem bereits vorhandenen Online-Shop angeschlossen sind.
- **Mobile Shopping im stationären Handel**: Anhand von Mobile Shopping-Apps mit bestimmten Service-Funktionen werden Kunden, die unterwegs sind, in die sich in der Nähe befindlichen Geschäfte gelockt (Store-Locators). Angesichts der Smartphone-Ortung des Kunden via GPS erhält er Informationen aus seiner unmittelbaren Umgebung. Die Unternehmen H&M und ZARA ermöglichen so ihren Kunden, die nächstgelegene Filiale aufzusuchen und aktuelle Angebote wahrzunehmen. Vorab werden dem Kunden über SMS oder Email **Mobile Coupons** zugesendet, die er als Barcode ausdruckt oder auf dem mobilen Endgerät speichert. Weitere Anwendungen, die den Kunden beim Mobile-Shopping im stationären Handel unterstützen, sind **In-Store-Navigation** (in großen Geschäften mit entsprechender Produktauswahl) und **Self-Checkout-App** (Kunde kann während des Geschäftsbesuchs alle zum Kauf anstehenden Waren selbst einscannen).

Da der Nutzer der mobilen Technologie weder an einen bestimmten Ort noch an eine bestimmte Zeit gebunden ist, spielen **mobile Dienste**, die unmittelbar auf dem Smartphone nutzbar sind, eine besondere Rolle (Heinemann 2012a, S. 86ff., 103). Abgesehen von den gängigen mobilen Messaging-Services wie SMS, MMs etc. ist das Angebot mobiler Dienste mittlerweile recht umfassend, z.B.:
- **Mobile TV** (Fernsehen mit mobilem Endgerät, um z.B. Produktvideos zu zeigen)

- **Mobile Music** (Musiktitel herunterladen, z.B. zur Untermalung des Webauftritts)
- **Mobile Navigation** (Navigation über GPS, z.B. Standortdaten von Tankstellen)
- **Mobile 2.0** (Nutzung der Web 2.0-Funktionen im mobilen Internet, insbesondere Wikipedia, Videoportale wie YouTube, private Netzwerke und Communities)
- **Location Based Services** greifen auf ortsbezogene Daten zurück, z.B.:
  - Lokalisierung von Personen oder Orten zu genauen Zeitpunkten
  - Suche nach Positionen (Geschäfte, Restaurants) in der Nähe
  - Wegführung dorthin
  - Informationen über die aktuelle Verkehrslage mit Empfehlungen (z.B. im Stau).
- **Augmented Reality**: Auf dem Handy-Display erscheinen standortbezogene Informationen, z.B. zu Werbeaktionen, Geschäften, Sehenswürdigkeiten.
- **Geocaching** (wikipedia.org/wiki/Geocaching sowie Heinemann 2012a, S. 88): Es handelt sich um eine elektronische Schatzsuche. Im Internet werden die geografischen Koordinaten der versteckten Geocaches veröffentlicht. Dies sind wasserdichte Behälter mit einem Logbuch sowie Tauschgegenständen (auch Werbegeschenke oder Gutscheine). Der Finder des Caches trägt sich in das Logbuch ein und legt den Behälter zurück ins Versteck. Der Fund wird im Internet auf der zugehörigen Seite veröffentlicht. So kann der Versteckter („Owner") des Cashes die Geschehnisse rund um den Geocache verfolgen.
- **Quick Response** (QR) (Heinemann 2012a, S. 88): Mithilfe von Handykamera und Lese-Software erscheinen Zusatzinformationen auf dem Display. Das Handy wird auf den QR-Code gerichtet (quadratische Matrix aus schwarzen und weißen Punkten, die die kodierten Daten binär darstellen), fotografiert und decodiert. Resultat sind Websites, Zugangscodes oder Mobile-Shops. Die britische Supermarktkette Tesco bietet den Mobil-Dienst an, indem auf dem Display die gescannten Supermarktregale und QR-Codes erscheinen und der Nutzer in den Mobile-Shop gelenkt wird, wo er Lebensmittel bestellen kann.

3.2 Ausgewählte vertragliche Vertriebssysteme

Bei vertraglichen Vertriebssystemen wird die Kooperation zwischen selbständig bleibenden Industrie- und Handelsunternehmen anhand individualvertraglicher Vereinbarungen geregelt (vgl. Ahlert 1981, S. 45f.). In Abbildung C-59 sind wesentliche vertragliche Vertriebssysteme in das Spektrum der Beziehungen zwischen den Systempartnern eingeordnet.

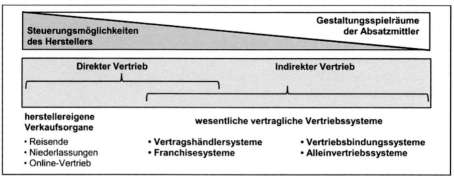

Abb. C-59: Einordnung wesentlicher vertraglicher Vertriebssysteme (in Anlehnung an Wöllenstein 1996, S. 62)

3.21 Vertriebsbindungs- und Alleinvertriebssysteme

Im Rahmen eines **Vertriebsbindungssystems** verpflichtet der Hersteller die Händler zur Einhaltung eines bestimmten Absatzwegs, der nach Abnehmergruppen und Absatzgebieten spezifiziert ist (Florenz 1991, S. 51). Es werden nur ausgewählte Absatzmittler in das System aufgenommen, die qualitativen Kriterien entsprechen (**Selektivvertrieb**). Typische Selektionsklauseln betreffen
- personelle Händlermerkmale (z.B. Qualifikation und Anzahl der Mitarbeiter)
- leistungsprogrammbezogene Merkmale (z.B. Bereitstellung geeigneter Verkaufs- und Lagerflächen)
- finanzielle Merkmale (z.B. Finanzkraft des Händlers).

Die zwischen Hersteller und Händlern vereinbarten Vertriebsbindungen sind
- **räumlicher Art** (z.B. Begrenzung des Absatzgebietes)
- **personeller Art** (Beschränkung auf bestimmte Kundengruppen)
- **zeitbezogen** (z.B. Beschränkungen der Vertriebszeit neuer und auslaufender Modelle; maximale Lagerungsdauer verderblicher Waren)
(Ahlert 1996, S. 198).

Bei einem **Alleinvertriebssystem** selektiert der Hersteller die Händler anhand qualitativer Kriterien und begrenzt sie zahlenmäßig. Anhand räumlicher Vertriebsbindungen wird das Betätigungsfeld des Händlers auf ein genau definiertes Absatzgebiet beschränkt. Dafür sichert ihm der Hersteller eine exklusive Belieferung zu (**Exklusivvertrieb**). Neben der Verpflichtung des Händlers, das Sortiment des Herstellers umfassend zu listen, kann er auch zur Übernahme absatzfördernder Maßnahmen verpflichtet werden (z.B. Werbung, Marktforschung, Reparaturdienstleistungen).

3.22 Vertragshändler- und Franchisesysteme

Die rechtlichen Grundlagen des Vertragshändlers sowie der Begriff sind gesetzlich nicht ausdrücklich geregelt. Zwischen Hersteller und Vertragshändler wird ein Rahmenvertrag geschlossen, der die gegenseitigen Rechte und Pflichten beinhaltet. Dabei ist der Gestaltungsspielraum des Vertragshändlers relativ begrenzt. Charakteristisch für **Vertragshändler** ist, dass sie

- ständig im eigenen Namen und auf eigene Rechnung vertraglich spezifizierte Waren in vertraglich festgelegten Gebieten vertreiben
- Absatzbindungen erfüllen müssen (z.B. Abnahme von Mindestmengen der Vertragsware; Unterhaltung eines Ersatzteillagers; Bereitstellung von Wartungs- und Reparaturleistungen)
- die absatzpolitischen Instrumente im Sinne des Herstellers ausgestalten (z.B. Sortiments-, Verkaufsraumgestaltung, Werbemaßnahmen, Preisaktionen).

Der Vertragshändler ist in das Vertriebsnetz des Herstellers integriert, das dieser vollständig steuern kann. Ein Vertragshändlersystem betreibt z.B. die VW-Gruppe.

In einem **Franchisesystem** sucht der Franchisegeber rechtlich selbständig bleibende Händler (Franchisenehmer), die im eigenen Namen und auf eigene Rechnung Leistungen an Dritte absetzen und dabei Namen, Warenzeichen und Ausstattung des Franchisegebers verwenden. Die Leistungen, Pflichten und Vorteile des Franchisesystems für Geber und Nehmer sind in Abbildung C-60 zusammengefasst.

	Franchisegeber	Franchisenehmer
Leistungen / Pflichten	geschlossenes System	
	• Überlassung des **System-Know-hows** • Hilfe beim Betriebsaufbau	• **vorbehaltloser Einsatz** für das System • Führung des Geschäfts nach vorgegebenen Richtlinien
	Systemerhalt	
	• laufende Aus-/ Weiterbildung • **laufende Beratung** • Erhaltung der Wettbewerbsfähigkeit des Systems	• Inanspruchnahme der Dienstleistungen • periodische Daten-/ Ergebnismeldung • **Akzeptanz der Kontrollen** • Wahrung der Betriebsgeheimnisse
	Marketing	
	• Bereitstellung des **Markenzeichens** • **Sortimentsplanung** • **kommunikationspolitische Aktivitäten**: Werbung, Verkaufsförderung, Aktionen etc.	• **Verwendung der Marke** des Franchisegebers • **Sortimentsbildung nach Systemvorgaben** • ausschließlicher **Leistungsbezug beim Franchisegeber** • Abgabe/Gebühr an den Franchisegeber
Vorteile	• Sicherstellung und **Kontrolle des Absatzwegs** • **Reduzierung der Kapitalbindung** durch Verzicht auf eigene Filialen • das hohe persönliche **Engagement der Franchisenehmer** trägt zur Erhaltung der Wettbewerbsfähigkeit des Systems bei	• **unternehmerische Selbständigkeit** (trotz Weisungs-/ Kontrollrechte der Franchisegeber) • Partizipation am Know-how des Franchisegebers • **Reduzierung des Floprisikos der Selbständigkeit** • Nutzung der Vorteile großer Unternehmen (zB Image/Bekanntheit; Sicherheit/Beständigkeit)

Abb. C-60: Leistungen, Pflichten und Vorteile von Franchisegeber und -nehmer

Der Franchisegeber erstellt das unternehmerische Gesamtkonzept, das der Franchisenehmer selbständig an seinem Standort umsetzt. Man unterscheidet drei Erscheinungsformen des Franchising (Kotler et al. 2007, S. 882):

* Beim **herstellergeführten Einzelhändler-Franchising** werden die Produkte über
  regionale selbständige Händler vertrieben, z.B. Kamps (Bäckereien), Yves Rocher
  (Kosmetik).
* Das **herstellergeführte Großhändler-Franchising** ist beispielsweise auf Märkten
  mit Abfüllbetrieben als Franchisenehmer zu finden (z.B. Coca-Cola): diese werden
  vom Franchisegeber mit Sirup, Maschinen, Know-how beliefert und übernehmen
  die Fertigstellung der Produkte (Sirup mit Kohlensäure versetzen, abfüllen etc.).
* Beim **Dienstleistungs-Franchising** sucht der Dienstleistungsanbieter Einzelhändler als Franchisenehmer aus, die für ihn die Dienstleistung erbringen (z.B. McDo-
  nald´s, Tui/First Reisebüros, Schülerhilfe/Nachhilfe).

3.3 Marketinglogistische Entscheidungen

Grundsätzliches **Ziel** der Marketinglogistik ist, dem Nachfrager das richtige Produkt
in der richtigen Menge am richtigen Ort zur richtigen Zeit im richtigen Zustand zu
minimalen Logistikkosten bereitzustellen. Daraus resultieren die Oberziele der Logistik, den Lieferservice zielgruppengerecht zu optimieren (**Marktorientierung**)
sowie Logistikkosten und Ressourcenverbrauch (**Ressourcenorientierung**) zu mi-
nimieren (Abbildung C-61) (Ehrmann 2008, S. 61f., Meffert et al. 2012, S. 589).

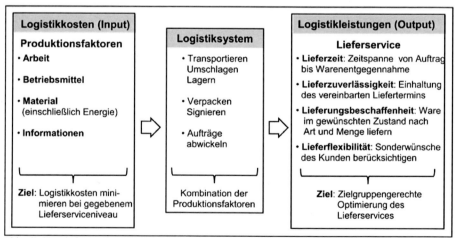

Abb. C-61: Lieferservice als Oberziel der Marketinglogistik (in enger Anlehnung an Pfohl
2010, S. 20, Meffert et al. 2012, S. 589f., Ehrmann 2008, S. 61f.)

Neben der Markt- und Ressourcenorientierung sind **ökologische Logistikziele** zu
berücksichtigen. Um die Belastungen der natürlichen Umwelt in allen logistischen
Stufen zu begrenzen, gibt es mittlerweile eine Reihe wesentlicher Gesetze und Verordnungen, beispielsweise das Kreislaufwirtschafts- und Abfallgesetz sowie die

Verpackungsverordnung, die die Entsorgung von Transport-, Verkaufs-, Umverpackungen regelt (Ehrmann 2008, S. 526). So ist die Logistik auch im Zusammenhang mit der **Redistribution** zu sehen. Diese umfasst alle Prozesse nach dem Konsum von Produkten, die sich mit der Wiedergewinnung von Rohstoffen aus Abfällen, dem Abfallrecycling und der Abfallentsorgung beschäftigen (http://wirtschaftslexikon.gabler.de/Definition/redistribution.html). Wesentliche Funktionen der Redistribution betreffen

- die Wiedergewinnung von Abfällen (Abfälle erfassen, sammeln, transportieren, lagern, sortieren)
- das Abfallrecycling (wiederverwenden/-verwerten, weiterverwenden/ -verwerten)
- die Abfallentsorgung (deponieren, kompostieren, verbrennen).

Gemäß der **3-V-Philosophie** (Abfall vermeiden, vermindern, verwerten) werden Ressourcen geschont, indem Produkte so konstruiert sind, dass sie mehrfach verwendbar, langlebiger und schadstoffärmer sind (http://wirtschaftslexikon.gabler.de/ Definition/kreislaufwirtschaftsgesetz.html). Diese Philosophie wird rechtlich durch die Altautorücknahmeverordnung und die Elektronikschrottverordnung gestützt. Letztere regelt beispielsweise die Verpflichtung des Herstellers, Elektronikschrott (z.B. ausgediente Computer), der nicht im Hausmüll entsorgt werden darf, kostenlos zurückzunehmen.

Fallstudien zu		
C.IV.3 Distributionspolitik		
Bezeichnung	*Fallstudie*	*Schwerpunkt/Aufgabe*
C.IV.3 (1)	Heiz-Focus BR	direkter versus indirekter Vertrieb; Multi-Channel-Distribution; Augmented Reality; Quick Response(QR)-Code
C.IV.3 (2)	Mildt & Hüpfli	Absatzkanal; Distributionsgrad
C.IV.3 (3)	Flower GmbH	Handel als Gatekeeper
C.IV.3 (4)	Farbenhersteller Kunterbunt	Kritischer Umsatz; Vergleich Reisender und Handelsvertreter

C. IV. 3 (1) Fallstudie „Heiz-Focus BR"

Das Unternehmen „Heiz-Focus BR" ist eine Manufaktur für Öfen zur Wärmegewinnung. Das Design aller Öfen wird von **B**. **R**enner (seine Initialen sind Bestandteil des Firmennamens) persönlich entwickelt. Die Konstruktion und Produktion der Kaminöfen geschieht ausschließlich mit etwa 150 hauseigenen Ingenieuren, Technikern und Facharbeitern. Der für die größtenteils von Hand gefertigten Öfen benötigte Qualitätsrohstahl stammt aus den weltbekannten Khyssen-Stahlhütten.

Folgende Ofenkategorien (OK) werden von „Heiz-Focus BR" bundesweit ausschließlich über Ofen- und Kamin-Einzelhändler angeboten:
OK 1: Kaminöfen (für fossile Brennstoffe):
      Freistehende Öfen für den Wohnraum oder den Garten
OK 2: Kachelöfen (für Briketts oder Holz):
      Gemauerter Zimmeröfen, die meistens nur kurz beheizt werden und dann als Speicheröfen fungieren; daher werden Kachelöfen oft zur Unterstützung der Zentralheizung von Ein- und Zweifamilienhäusern nachgefragt
OK 3: Heizungsherde:
      Kaminöfen mit integrierter Kochstelle, auch mit Backfach
OK 4: Der individuelle Ofen oder Kamin:
      Maßanfertigung von Kamin- oder Kachelöfen nach den Kundenwünschen.

Während des Interviews neulich mit einem Fachmagazin antwortete B. Renner auf die Frage, was das Besondere an seinen Produkten sei: „Die Ofenmaterialien und Funktionen sind bestens und für das Design unserer Öfen haben wir bereits mehrere Auszeichnungen bekommen. Wir sind auch sehr flexibel bei Kundenwünschen, seien sie noch so speziell. Wie mich einer unserer Händler neulich informierte, äußerte ein Kunde, dass ihm dieses langwierige Schichten der Holzscheite im Ofen und umständliche Anzünden zu lang dauern würde. Sein Wunsch sei ein Ofen, der in Sekunden sein Feuer entfachen kann. Wir machten uns an die Arbeit, einen solchen Ofen zu entwickeln – und bald hat unser Modell ´Hot Spot MMSA´ (MMSA steht für ´Mach mich schnell an´) Marktreife."

Als B. Renner auch noch nach seinem Vertriebskonzept befragt werden sollte, winkte er schnell ab mit der Begründung, er müsse jetzt weg. Sein enger Mitarbeiter Klaus Klug, der B. Renners Reaktion beobachtet hatte, fragte ihn nach dem Grund hierfür, worauf B. Renner etwas beschämt erwiderte: „Leider bin ich nur beim Ofen-Thema Experte. Der Vertrieb ist nicht mein Ding. Angeblich soll ja Multi-Channel-Distribution für uns das Richtige sein. Wenn ich mal wüsste, was das ist."

Aufgaben:
a) Unterstützen Sie nun Herrn B. Renner! Erläutern Sie ihm den Begriff „Multi-Channel-Distribution" und nennen Sie ihm Ansatzpunkte zur Ausgestaltung dieses Vertriebskonzepts!
b) Das Ofen-Modell ´Hot Spot MMSA´ hat nun Marktreife und ist zur Patentierung angemeldet. Klaus Klug, der sich gut in den relevanten Online-Communities auskennt, hat festgestellt, dass es offensichtlich viele Ofen-Interessierte gibt, die ein sekundenschnelles Entfachen des Feuers wünschen. Auch hat er zahlreichen Online-Kommentaren den Wunsch nach einem individuell gefertigten Ofen oder Kamin entnehmen können. Er schlägt B. Renner vor, doch gerade für diese Modelle einen Direktvertrieb aufzubauen. Was meinen Sie?

Entwickeln Sie zunächst eine tabellarische Gegenüberstellung des direkten und indirekten Vertriebs der Produkte von Heiz-Focus BR anhand der Kriterien
- Vertriebskosten
- Kontrolle der Marketingaktivitäten
- Zielgruppenansprache
- Aufbaudauer
- Flexibilität.
Geben Sie dann Herrn B. Renner eine Empfehlung und gehen Sie insbesondere auf den ´Hot Spot MMSA´-Ofen und die OK 4-Produkte ein!

c) Klaus Klug kennt sich auch gut bei mobilen Diensten aus, die unmittelbar auf dem Smartphone nutzbar sind. Er empfiehlt B. Renner darüber nachzudenken, ob für das Ofenangebot die spezifischen Mobile-Funktionen „Augmented Reality" und „Quick Response" genutzt werden könnten. Erläutern Sie diese Funktionen anhand konkreter Beispiele für das Unternehmen Heiz-Focus BR.

C. IV. 3 (2) Fallstudie „Mildt & Hüpfli"

Siehe Fallstudientext unter C. IV. 1 (9)

P. Raliné glaubt, dass sich künftig im Schokoladenmarkt Nischen ergeben für den Vertrieb der Mildt & Hüpfli-Produkte über Geschäfte, die von Chocolatiers geführt werden. Chocolatiers sind auf Schokoladenprodukte spezialisiert, arbeiten handwerklich mit vorgefertigter Schokoladenmasse und sind daher von den industriellen Schokoladenherstellern zu unterscheiden. P.Raliné ist überzeugt: „Solche feinen, von Chocolatiers geführten Läden mit Leckereien aus Schokolade findet man in allen großen Einkaufsstraßen Europas. Das ist gut für uns, denn diese Läden kaufen dann unsere hochwertige Schokoladenmasse zur Weiterverarbeitung – und vielleicht auch künftig unsere hochwertigen, handgefertigten Schokoladengeschenke wie unsere Musiker-Combo."

Aufgaben:
a) Visualisieren Sie den von P. Raliné angesprochenen Absatzkanal der Schokoladenmasse und -geschenke von Mildt & Hüpfli!
b) P. Raliné beabsichtigt im Hinblick auf die über Chocolatiers vertriebenen Produkte (Schokoladenmasse und -geschenke) von Mildt & Hüpfli einen ungewichteten Distributionsgrad von 90 Prozent. Was meint P. Raliné damit? Welche Informationen benötigt er zur Bestimmung des gewichteten Distributionsgrads?

C. IV. 3 (3) Fallstudie „Flower GmbH"

Siehe Fallstudientext unter C. III. (4) „Flower GmbH"

Aufgabe:
Der Preis vieler Heckenpflanzen bemisst sich auch danach, wie jung beziehungsweise hoch sie gewachsen sind. So ist eine Taxus-Jungpflanze (ca. 20 cm hoch) für etwa 20 GE erhältlich. Ein mehrere Jahre alter Taxus, der etwa 1,80 m hoch ist und sich besonders als Heckensichtschutz eignet, kostet etwa 150 GE. Die Flower GmbH hat einen besonderen Dünger entwickelt, der das Wachstum von Heckenpflanzen (insbesondere Taxus) um bis zu 30 Prozent beschleunigen kann. Das Produkt mit dem Namen „Fast Grow" ist ausgetestet und zur Patentierung angemeldet.

Der Produktmanager von „Fast Grow", Herr Emsig, befürchtet Akzeptanzprobleme für das neue Produkt bei den Gärtnereien, die er als „Gatekeeper" im Absatzkanal bezeichnet. Was meint Herr Emsig damit?

C. IV. 3 (4) Fallstudie „Farbenhersteller Kunterbunt"

Das Unternehmen Kunterbunt ist ein Hersteller von Farben für den Anstrich von Raumwänden und Fassaden. Der Vertrieb der Produkte erfolgt bislang ausschließlich über Handelsvertreter. Diese verkaufen die Farben an Baumärkte sowie an Malerbetriebe, die die Farben weiterverarbeiten. Die Handelsvertreter sind alle als Mehrfirmenvertreter tätig. Sie übernehmen für das Unternehmen Kunterbunt zusätzliche Dienstleistungen (z.B. monatliche Berichte über die kunden- und wettbewerbsbezogenen Entwicklungen am Farbenmarkt; regelmäßige Gespräche mit den Farben-Category-Managern in Baumärkten). Für diese Dienstleistungen erhalten die Handelsvertreter von dem Unternehmen Kunterbunt ein monatliches Fixum von 500 €. Zudem bekommt jeder fünf Prozent Provision für die von ihm getätigten Umsätze. Die Geschäftsleitung von Kunterbunt zieht in Erwägung, künftig anstelle der Handelsvertreter Reisende einzusetzen. Der Leiter der Personalabteilung geht davon aus, dass jedem Reisenden ein monatliches Fixum von 4.500 € (inkl. gesetzlicher Personalnebenkosten) gezahlt werden muss. Weiterhin erhält der Reisende 350 € für ein Langzeit-Coaching durch das Institut ´Fit im Beruf´, 300 € für die Kfz-Kosten, 200 € für Spesen und eine umsatzabhängige Prämie in Höhe von einem Prozent.

Aufgaben:
a) Errechnen Sie den „kritischen Umsatz" je Monat pro Außendienst-Mitarbeiter (Handelsvertreter bzw. Reisender) und interpretieren Sie das Ergebnis!
b) Herr Counter, der Vertriebscontroller von Kunterbunt, schätzt, dass der durchschnittliche Monatsumsatz eines Außendienst-Mitarbeiters bei ca. 128.000 € liegen kann. Wie hoch darf der Provisionssatz der Handelsvertreter maximal sein, wenn das Unternehmen Kunterbunt aus Kostengründen auch in Zukunft nur Handelsvertreter (und keine Reisenden) einsetzt?

3.4   Vertriebsrecht
3.41   Vertragshändler

Die Rechtsposition des Vertragshändlers ist gesetzlich nicht geregelt. In der Praxis werden meist langfristige Rahmenverträge zwischen Hersteller und Vertragshändler über den Vertrieb der Markenprodukte des Herstellers geschlossen. Typisches Beispiel sind die Verträge zwischen den Kfz-Herstellern und ihren Vertragshändlern.

Der Vertragshändler verpflichtet sich, die Produkte des Herstellers bzw. des Händlers im eigenen Namen und auf eigene Rechnung zu vertreiben. Dabei hat er sich in die Verkaufsorganisation des Herstellers einzugliedern, insbesondere seinen Außenauftritt im Sinne des Herstellers zu gestalten. Dafür erhält er zumeist das so genannte Recht des **Alleinvertriebs**: Der Hersteller weist dem Vertragshändler exklusiv ein bestimmtes geographisches Gebiet zu, indem er sich dazu verpflichtet, keine weiteren Vertragshändler in diesem Gebiet einzusetzen oder als Hersteller im Direktvertrieb tätig zu werden. Das Recht des Alleinvertriebs wird häufig mit der Pflicht des Vertragshändlers zum **Alleinbezug** und einer Mindestabnahme verbunden, d.h. der Vertragshändler darf die Produkte des Herstellers oder damit konkurrierende Produkte nur vom Hersteller beziehen und ist **zur Abnahme einer Mindestzahl von Produktstücken** pro Zeitraum verpflichtet.

Gemäß den Regelungen der Vertikalgruppenfreistellungsverordnung der EU (Vertikal-GVO) darf der Hersteller mit dem Vertragshändler allerdings keine verbindlichen Vereinbarungen darüber treffen, zu welchen Preisen der Vertragshändler die Produkte weiterveräußert. Es können von Seiten des Herstellers lediglich **unverbindliche Preisempfehlungen** gegeben werden.

Der Vertragshändler muss **regelmäßig** für die Produkte **werben** und den Hersteller über seine Erfahrungen mit den Kunden informieren. Er muss ein **Lager** für die Produkte bzw. Ersatzteile vorhalten und einen **Kundendienst** einrichten.

Bei **Beendigung** des Vertragshändlervertrages steht dem Vertragshändler unter Umständen ein Ausgleichsanspruch entsprechend den Regelungen des Handelsvertreterrechts zu (vgl. § 89 b HGB analog; siehe Kapitel C.IV.3.43).

3.42 Franchising

Das Franchising ist ein spezielles, aus den USA stammendes **Geschäftsmodell**, das den Vertrieb von Waren, Erzeugnissen und Dienstleistungen zum Gegenstand hat. Dabei kann wie folgt unterschieden werden:

- Vertriebsfranchising: Vertrieb von Waren aller Art
- Produktfranchising: Herstellung von Erzeugnissen oder Weiterverarbeitung von Produkten
- Dienstleistungsfranchising: Erbringung von Dienstleistungen.

Kombinationen der drei Ausprägungen sind selbstverständlich ebenfalls denkbar.

Der Franchisenehmer ist noch stärker in die Vertriebsorganisation des Franchisegebers eingebunden, als dies im Verhältnis zwischen Hersteller und Vertragshändler der Fall ist. Meist ist der Franchisenehmer **nach außen kaum als selbstständiges Unternehmen erkennbar** bzw. erweckt den Eindruck einer unselbstständigen Niederlassung des Franchisegebers (vgl. z.B. die McDonald's-Restaurants oder die einzelnen Hotels der bekannten Hotelketten, z.B. Holiday Inn).

Der Franchisenehmer ist verpflichtet, das vom Franchisegeber erworbene Geschäftsmodell (Marke, Produktpalette, Werbung), welches zumeist in einem Franchise-Handbuch eingehend beschrieben wird, zu übernehmen. Der Franchisegeber hat umfassende Kontrollrechte im Hinblick darauf, ob der Franchisenehmer seinen Verpflichtungen nachkommt. Im Einzelnen hat der **Franchisenehmer** – über die Pflichten eines Vertragshändlers hinaus – folgende **Pflichten**:
- Zahlung von Franchisegebühren, vor allem für die Überlassung des geschäftlichen Know-how und der Weiterentwicklung des Geschäftsmodells
- Teilnahme an Schulungsveranstaltungen zur Weiterbildung im Hinblick auf das Franchise-Geschäftsmodell
- Förderung des Franchisesystems im Vertragsgebiet
- Offenlegung der eigenen Geschäftsunterlagen gegenüber dem Franchisegeber.

Je detaillierter die inhaltlichen Vorgaben von Seiten des Franchisegebers sind, umso mehr besteht allerdings die Gefahr, dass die Gerichte im Streitfall den Franchisenehmer nicht als selbstständigen Kaufmann, sondern als weisungsabhängigen Arbeitnehmer des Franchisegebers sehen mit allen sich daraus ergebenden arbeitsrechtlichen Konsequenzen (siehe nachfolgendes Kapitel 3.43).

3.43 Handelsvertreter

Der Gesetzgeber hat die wirtschaftlich äußerst bedeutsame Position des Handelsvertreters in §§ 84 - 92 c HGB eingehend geregelt. Ein Handelsvertreter ist ein selbstständiger Gewerbetreibender (also ein Unternehmer und Kaufmann im Sinne des Handelsrechts), der ständig damit betraut ist, **für ein anderes Unternehmen** (z.B. für einen Hersteller) **Geschäfte zu vermitteln** (Vermittlungsagent) oder **in dessen Namen abzuschließen** (Abschlussagent), § 84(1) HGB. Er ist selbstständig tätig, wenn er im Wesentlichen frei seine Tätigkeit gestalten und seine Arbeitszeit bestimmen kann. Zu diesem Zweck schließen Handelsvertreter und Unternehmen einen **Handelsvertretervertrag** (Agenturvertrag), wodurch auf beiden Seiten eine Reihe im Gesetz im Einzelnen formulierter Pflichten entsteht.

Bei der Durchführung dieser meist langfristigen Geschäftsbeziehung ist darauf zu achten, dass der für die Selbstständigkeit notwendige **Handlungsspielraum** des Handelsvertreters erhalten bleibt. Andernfalls läuft das Unternehmen Gefahr, dass der Handelsvertreter im Falle eines Rechtsstreits von den Arbeitsgerichten nicht als selbstständiger Gewerbetreibender, sondern als abhängiger Arbeitnehmer des Unternehmens angesehen wird, verbunden mit den bekannten arbeitsrechtlichen Folgen.

Primär ist der Handelsvertreter verpflichtet, sich um die **Vermittlung oder den Abschluss von Geschäften** zu Gunsten des Unternehmens zu bemühen (Kundenbesuche tätigen, den relevanten Markt beobachten), wobei er – anders als der Handelsmakler – nicht unparteiisch ist, sondern die Interessen des Unternehmens zu wahren hat. Ist der Handelsvertreter als Abschlussagent tätig, schließt er die entsprechenden Verträge mit dem Kunden im Namen des Unternehmens als Stellvertreter im Sinne des § 164 ab.

Weiterhin ist der **Handelsvertreter verpflichtet,**
• das Unternehmen mit den erforderlichen Nachrichten zu versorgen, insbesondere ihm jede Geschäftsvermittlung bzw. jeden Geschäftsabschluss unverzüglich mitzuteilen (§ 86(2) HGB)
• Geschäfts- oder Betriebsgeheimnisse des Unternehmens geheim zu halten und nicht für eigene Zwecke zu verwerten (§ 90 HGB).

Das Unternehmen ist verpflichtet, für vom Handelsvertreter vorbereitete bzw. abgeschlossene Geschäfte Provision zu zahlen (§§ 87-87c, 354 HGB). Neben dieser **Abschluss- bzw. Vermittlungsprovision** kann der Handelsvertreter gegebenenfalls weitere Vergütungen verlangen:
• eine Delkredereprovision (credere (lat., ital.): glauben, vertrauen), falls der Handelsvertreter auch für die Erfüllung der Verbindlichkeit des Kunden aus dem vermittelten Geschäft einzustehen hat, z.B. durch Übernahme einer Ausfallbürgschaft (§ 86 b HGB)
• eine Inkassoprovision für von ihm auftragsgemäß beim Kunden eingezogene Geldbeträge (§ 87(4) HGB).

Der Unternehmer hat dem Handelsvertreter
• die zur Ausübung der Tätigkeit erforderlichen Unterlagen (Muster, Zeichnungen, Preislisten, Drucksachen, Geschäftsbedingungen) zur Verfügung zu stellen (§ 86 a HGB)
• Ersatz der entstandenen Aufwendungen zu leisten, falls dies vereinbart oder üblich ist (§ 87 b HGB).

Das Handelsvertreterverhältnis kann **beendet** werden durch
- Zeitablauf (bei befristeten Verträgen),
- Aufhebungsvertrag,
- Kündigung (§§ 89, 89a HGB),
- Tod des Handelsvertreters (§§ 675(1), 673) oder
- Insolvenz des Unternehmens (§§ 116, 115 InsO).

Nach Beendigung des Vertragsverhältnisses kann der Handelsvertreter einen angemessenen **Ausgleich** verlangen
- für die beim Unternehmen zukünftig entstehenden Vorteile aus dem Geschäftsbeziehungen mit Kunden, die der Handelsvertreter geworben hat (geschaffener goodwill) sowie
- für voraussichtliche Provisionsausfälle mit diesen Kunden (§ 89 b HGB).

Der Ausgleichsanspruch entsteht allerdings nicht, wenn der Handelsvertreter nur nebenberuflich tätig ist (§ 92 b (1) HGB).

Unternehmen und Handelsvertreter können für die Zeit nach Ende des Vertragsverhältnisses eine schriftliche **Wettbewerbsabrede** (Wettbewerbsbeschränkung oder Wettbewerbsverbot) vereinbaren mit einer Laufzeit von maximal zwei Jahren (§ 90a HGB). In diesem Fall ist das Unternehmen verpflichtet, für die Dauer der Wettbewerbsbeschränkung eine angemessene Entschädigung zu zahlen (**Karenzentschädigung**).

3.44 Handelsmakler

Der Handelsmakler übernimmt die gewerbsmäßige Vermittlung von Verträgen über Waren, Wertpapieren, Versicherungen, Güterbeförderungen, Schiffsmiete oder sonstige Gegenstände des Handelsverkehrs, **ohne** damit aufgrund eines Vertragsverhältnisses **ständig betraut zu sein** (§§ 93(1) HGB). Infolgedessen hat er auch nicht die Interessen einer der Vertragspartner zu vertreten, sondern steht unparteiisch zwischen beiden Vertragspartnern (der "ehrliche" Makler). Konsequenterweise erhält er, soweit nicht anders vereinbart, von jeder Seite die Hälfte des Maklerlohns (§ 99 HGB). Zu den weiteren Verpflichtungen des Handelsmakler vgl. §§ 93-104 HGB.

3.45 Logistik

Zum Bereich der Logistik gehören insbesondere alle Transportdienstleistungen. Diese sind vor allem
- die Fracht einschließlich der Seefracht und der Luftfracht,
- die Spedition und
- das Lagergeschäft.

3.451 Fracht

Mit Abschluss eines Frachtvertrages übernimmt der **Frachtführer** als gewerbliches Unternehmen die Verpflichtung, **ein Gut**
• auf dem Landweg,
• auf Binnengewässern oder
• mit Luftfahrzeugen
zum Bestimmungsort zu befördern und dort an den Empfänger abzuliefern. Der **Absender** ist verpflichtet, die vereinbarte **Vergütung (Fracht) zu zahlen** (§ 407 HGB). Vertragspartner sind also der Frachtführer und der Absender, nicht aber der Empfänger. Im Gegensatz zum Frachtführer muss der Absender kein Unternehmen sein; vielmehr kann es sich auch um einen Verbraucher handeln.

Der **Frachtführer** ist im Einzelnen verpflichtet,
• das Gut vom Übernahmeort zum Bestimmungsort zu befördern (§ 407(1) HGB)
• für die betriebssichere Verladung zu sorgen (§ 412(1) HGB)
• das Gut fristgerecht abzuliefern (§ 423 HGB)
• die Weisungen des Absenders bzw. später des Empfängers zu befolgen oder einzuholen (§§ 418, 419 HGB).

Der **Absender** ist dazu verpflichtet,
• das Gut so zu verpacken, dass es vor Verlust oder Beschädigung geschützt ist und dem Frachtführer keine Schäden entstehen (§ 411 HGB)
• das Gut – falls erforderlich – zu kennzeichnen (§ 411 HGB)
• im Fall der Beförderung eines gefährlichen Guts den Frachtführer entsprechend zu unterrichten (§ 410 HGB)
• auf Verlangen des Frachtführers einen Frachtbrief auszustellen und erforderliche Begleitpapiere zu übergeben, z.B. für die Zollabfertigung (§§ 408, 409, 413 HGB)
• bei Ablieferung die Fracht zu zahlen (§§ 407(2), 420 HGB)
• dem Frachtführer entstandene Aufwendungen zu ersetzen (§ 420(1) HGB).

Für entstandene Schäden haftet der Frachtführer gemäß den Bestimmungen in §§ 425-438 HGB. Soweit die Beförderung aufgrund eines einheitlichen Frachtvertrages mit verschiedenen Beförderungsmitteln durchgeführt wird (sog. **multimodaler Transport**), gelten die besonderen Regelungen in §§ 453 - 452 d HGB.

3.452 Spedition

Durch Speditionsvertrag wird der **Spediteur** als gewerbliches Unternehmen verpflichtet, die **Versendung des Gutes zu besorgen**. Er organisiert den Transport des Gutes, ohne selbst das Gut zu befördern (§§ 453, 454 HGB).

Der **Versender** ist verpflichtet, die vereinbarte **Vergütung zu zahlen**. Die Vergütung wird fällig, wenn das Gut dem Frachtführer übergeben worden ist (§ 456 HGB).

Im Rahmen der Beförderungsorganisation muss der **Spediteur**
• das Beförderungsmittel und den Beförderungsweg bestimmen,
• die ausführenden Unternehmen, insbesondere den Frachtführer auswählen sowie
• eventuelle Schadensersatzansprüche des Versenders sichern (§ 454(1) HGB).
Statt einen Frachtführer mit der Beförderung zu beauftragen, kann der Spediteur die Beförderung des Gutes auch selbst vornehmen (§ 458 HGB).

Soweit vereinbart sorgt der Spediteur für die Versicherung und Verpackung des Gutes, seine Kennzeichnung und die Zollbehandlung (§ 454(2) HGB). Bei der Erfüllung seiner Verpflichtungen hat der Spediteur die Interessen des Versenders wahrzunehmen und dessen Weisungen Folge zu leisten (§ 454(4) HGB).

Neben seiner Vergütungspflicht hat der **Versender** – ähnlich wie der Frachtführer – die Verpflichtung,
• das Gut zu verpacken,
• es zu kennzeichnen,
• für die Versendung erforderliche Urkunden zur Verfügung zu stellen und
• dem Spediteur alle zur Erfüllung des Speditionsvertrages erforderlichen Auskünfte zu erteilen (§ 455 HGB).

Für **Schäden**, die durch den Verlust oder die Beschädigung des in seiner Obhut befindlichen Gutes entstehen, haftet der Spediteur in gleicher Weise wie der Frachtführer (§ 461(1) HGB). Die Haftung bei anderen Schäden richtet sich nach § 461(2) HGB.

3.453 Lagerung

Vertragspartner des Lagergeschäfts sind der **Lagerhalter** einerseits und der Einlagerer andererseits. Lagerhalter ist, wer **gewerbsmäßig Güter lagert und aufbewahrt** (§ 467 HGB). Die Lagerung kann als Einzellagerung oder als Sammellagerung ausgestaltet sein (§ 469 HGB). Mangels abweichender Regelungen ist grundsätzlich Einzellagerung vereinbart. Folglich müssen die zu lagernden Waren – von anderen eingelagerten Gütern getrennt – aufbewahrt werden.

Im Übrigen ist der **Lagerhalter** verpflichtet,
• dem Einlagerer die Besichtigung des Gutes, die Entnahme von Proben und die zur Erhaltung des Gutes notwendigen Handlungen zu gestatten,

- den Einlagerer im Falle zu befürchtender nachteiliger Veränderungen des Gutes zu unterrichten und
- das Gut auf Verlangen des Einlagerers zu versichern (§§ 471, 472 HGB).

Der **Einlagerer** ist verpflichtet,
- die vereinbarte Vergütung zu zahlen (§ 467(2) HGB)
- soweit erforderlich das Gut zu verpacken, zu kennzeichnen und entsprechende Urkunden zu Verfügung zu stellen; dies gilt nicht, wenn der Einlagerer ein Verbraucher ist (§ 468(1), (2) HGB)
- den Lagerhalter über gefährliche Güter zu informieren (§ 468(1) HGB)
- zu Gunsten des Gutes beim Lagerhalter entstandene Aufwendungen zu ersetzen (§ 474 HGB).

Besondere Regelungen gelten für die Ausstellung eines Lagerscheins durch den Lagerhalter (§§ 475c - 475g HGB). Nach Ablauf der Lagerzeit (Fristablauf oder Kündigung) kann der Einlagerer das Gut herausverlangen und der Lagerhalter die Rücknahme des Gutes verlangen (§ 473 HGB).

4. Kommunikationspolitik

Bezeichnet man generell den Austausch von Informationen als Kommunikation, so ist aus dem Blickwinkel des Marketings der Informationsaustausch zwischen Unternehmen und ihren Zielgruppen gemeint. Als Bestandteil des Marketing-Mix umfasst Kommunikationspolitik die systematische Planung, Umsetzung und Kontrolle aller Kommunikationsmaßnahmen eines Unternehmens hinsichtlich aller relevanten Zielgruppen, um die Kommunikations-, Marketing- und Unternehmensziele zu erreichen (Meffert 1986, S. 443, Meffert et al. 2012, S. 606). Die **kommunikationspolitischen Entscheidungen** sind Abbildung C-62 zu entnehmen. Ausgehend von der Situationsanalyse und den Marketingzielen ist die Kommunikationskonzeption mit den drei konzeptionellen Ebenen zu entwickeln. Die anschließende Erfolgskontrolle liefert die Basis für ein zielorientiertes Feedback. Die hierzu benötigte Messung der Kommunikationswirkung wurde bereits im Kapitel B.II.1.2 erörtert.

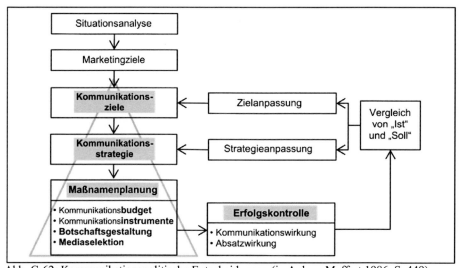

Abb. C-62: Kommunikationspolitische Entscheidungen (in Anl. an Meffert 1986, S. 449)

4.1 Kommunikationsziele

Kommunikationsziele kennzeichnen jene zukünftigen Zustände, die vom jeweiligen Unternehmen als erstrebenswert angesehen und durch kommunikative Maßnahmen erreicht werden sollen. Es lassen sich ökonomische und psychographische Kommunikationsziele unterscheiden. Bei der Formulierung **ökonomischer** Kommunikationsziele kommt die größte Bedeutung der Beeinflussung der Absatz- und Umsatzhöhe sowie des Marktanteils zu. Allerdings lassen sich keine eindeutigen Wirkungszusammenhänge aus ihnen ableiten, denn für die Wirkungen auf Absatzmenge, Umsatz und Gewinn ist letztlich der kombinierte Einsatz aller Marketinginstrumente verantwortlich. Weiterhin wirken sich Kommunikationsmaßnahmen oft erst zeitlich verzögert auf den Absatz aus (z.B.: Werbung mit Produktinformationen wird jetzt gesehen, jedoch erst bei der Wochen später zu treffenden Kaufentscheidung berücksichtigt). Vor diesem Hintergrund stehen die **psychographischen Kommunikationsziele** im Mittelpunkt der Kommunikationspolitik. Sie sind eng mit dem Stufenmodell der Kommunikationswirkung verknüpft (AIDA-Schema). Nach dem **AIDA-Schema** durchläuft eine Person, die mit einer Kommunikationsbotschaft kontaktiert wird, die Stufen

• **Attention** (Aufmerksamkeit)
• **Interest** (Interesse)
• **Desire** (Wunsch)
• **Action** (Aktion).

Das Aida-Schema ist als klassisches Stufenmodell der Kommunikationswirkung den Stimulus-Organismus-Response-Modellen zuzuordnen (siehe Kapitel B.I.2.1 S-O-R-Modell). Demnach soll beeinflussende Kommunikation letztlich den Konsumenten zum tatsächlichen Kaufabschluss veranlassen.

Dem Kaufverhalten geht ein psychischer Prozess voraus, der sich im Inneren des Konsumenten abspielt und mehrere Stufen umfasst. Damit der Konsument Aufmerksamkeit, z.B. für eine bestimmte Marke, entwickeln kann, muss ihm die Marke bekannt sein. Ist ihm die Marke bekannt, kann er neue Informationen, die er vom Markenanbieter erhält, seinem bisherigen Markenwissen hinzufügen und bei der nächsten Kaufentscheidung abrufen. So ist das **psychographische Oberziel** der Kommunikationspolitik die Bekanntmachung beziehungsweise der **Aufbau eines Bekanntheitsgrads**. Die Bekanntheit kann sich auf bestimmte Marken, auch Produkteigenschaften (z.B. unterschiedliche Produktvarianten) sowie das Unternehmen insgesamt beziehen.

Erst wenn der Bekanntheitsgrad hinreichend groß ist, bilden die Zielgruppen **Einstellungen und Images** gegenüber Marke oder Unternehmen als Einstellungsobjekt. Damit einstellungsorientierte Kommunikationsziele operational formuliert sind, müssen die unterschiedlichen Einstellungskomponenten berücksichtigt werden (siehe Kapitel B.I.2.214 Einstellungen). Mit Einstellungen ist auch eine Verhaltensabsicht verbunden. Die **Kaufabsicht** als Zielinhalt offenbart den engen Zusammenhang zwischen psychographischen und ökonomischen Kommunikationszielen. Denn Kommunikationspolitik übernimmt die Aufgabe, eine feste Handlungsabsicht im Sinne einer Kauf-Prädisposition zu bewirken. Solche verhaltensorientierten Kommunikationszielinhalte können beispielsweise lauten:

• Erhöhung der Markentreue beziehungsweise der Wiederkaufrate
• Intensivierung des Informationsverhaltens bei der Zielgruppe der „Meinungsführer" (beispielsweise um die Qualität der Informationen zu verbessern, die der Meinungsführer als „Kontaktbotschaft" an Personen seiner Bezugsgruppe weitergibt; siehe Kap. B.I.2.32 Bezugsgruppen).

Ein weiterer psychographischer Zielinhalt ist die Positionierung. Die **Positionierung** ist das Bestreben eines Unternehmens, sein Angebot so zu gestalten, dass es im

Bewusstsein des Zielkunden einen besonderen, geschätzten und von Wettbewerbern abgesetzten Platz einnimmt (Kotler et al. 2007, S. 423). Somit übernimmt die Positionierung konsumenten- und wettbewerbsbezogene Aufgaben. Im Rahmen der konsumentenorientierten Positionierung soll ein Vorstellungsbild von einer Marke geschaffen werden, das möglichst genau den Ansprüchen der jeweiligen Zielgruppe entspricht. Bezogen auf den Wettbewerb geht es vorrangig um die Profilierung und Alleinstellung der Marke im Konkurrenzumfeld.

Im Rahmen der **konsumentenorientierten Positionierung** kann das komplexe System von Kommunikationszielen auf eine einfache Struktur mit drei grundlegenden Zielen reduziert werden, wodurch das Verhalten beeinflusst werden soll (Abbildung C-63) (Kroeber-Riel 1993, S. 32ff.):

Bedingung für die Zielauswahl		Beeinflussungs- ziele		Wirkungen beim Botschaftsempfänger	
Bedürfnis trivial	→	**Information**	→	**rationale Beurteilung** des Angebots	→ Verhalten
Information trivial	→	**Emotion**	→	**emotionales Erlebnis** des Angebots	→ Verhalten
Bedürfnis und Information trivial	→	**Aktualität**	→	**Wahrnehmung** des Angebots als aktuelle Alternative	→ Verhalten

Abb. C-63: Die Beeinflussungsziele und ihre Bedingungen für ihre Wirksamkeit (Quelle: Kroeber-Riel 1993, S. 35)

- **Information** als Beeinflussungsziel:
  Informationen über Produkte beeinflussen nur dann das Verhalten, wenn sie beim Empfänger dessen Bedürfnisse ansprechen. Weiß der Konsument, welche Produkte seine Bedürfnisse erfüllen können, dann sind diese Bedürfnisse trivial. Man braucht nicht mehr an dieses Bedürfnis appellieren, sondern informiert darüber, dass es durch das angebotene Produkt erfüllt wird. Erwägt ein Konsument den Kauf eines Autos, das vor allem wirtschaftlich ist (günstiger Anschaffungspreis, niedriger Treibstoffverbrauch), dann braucht der Anbieter einer Automarke nicht emotional an das Wirtschaftlichkeitsstreben des Konsumenten appellieren. Stattdessen vermittelt er die Information, dass das beworbene Modell wirtschaftlich ist.
- **Emotion** als Beeinflussungsziel:
  Sind die relevanten Eigenschaften eines Produktes bekannt und unterscheidet sich eine Marke kaum in ihren Eigenschaften von konkurrierenden Marken (z.B. Zigaretten-, Biermarken), dann sind Informationen über die austauschbaren Eigenschaften trivial. Dies ist bei gesättigten Märkten mit ähnlichen Produkten der Fall, wenn sich eine Marke von anderen nur dadurch abheben kann, dass sie einzigartige Konsumerlebnisse vermittelt („Geschmack von Freiheit und Abenteuer").
- **Aktualität** als Beeinflussungsziel:
  Produkte, die triviale Bedürfnisse ansprechen und über die es kaum etwas zu informieren gibt, benötigen Aktualität. Dies sind vor allem Güter des täglichen Be-

darfs, die der Konsument benötigt, über die er sich jedoch kaum Gedanken macht (Low Involvement-Produkte). Die Produktmarke ist im Gedächtnis des Konsumenten und soll – z.B. anhand der Werbung – aktualisiert werden, also einen festen Platz im Arbeitsspeicher erhalten und letztlich den Umworbenen ohne besondere gedankliche Beteiligung zum Kauf veranlassen.

Die **wettbewerbsorientierte Positionierung** beabsichtigt die kommunikative Profilierung und Alleinstellung des Kommunikationsobjekts im Konkurrenzumfeld. Vorrangige Zielinhalte sind daher **Bekanntheits- und Imageziele**. Sie sind im Hinblick auf den Konsumenten und die Konkurrenz zu verbessern (Ist- versus Soll-Image).

Abbildung C-64 zeigt ein klassisches Positionierungsmodell. Die **Modellerstellung** geschieht in drei Schritten:
• Es sind die **relevanten nutzenspendenden Produkteigenschaften** mit messbaren zweipoligen Ausprägungen zu identifizieren. Da es oft mehr als zwei relevante Eigenschaften gibt, werden mehrere Positionierungsmodelle erstellt.
• Zur konsumentenorientierten Positionierung wird die **Idealvorstellung der Zielgruppe** bei beiden Produkteigenschaften eingetragen (mehrere Ideale möglich). Ziel ist, dass die eigene Markenposition so nah wie möglich am Ideal liegt.
• Zur **wettbewerbsbezogenen Positionierung** ist der Abstand der eigenen Marke zu den Konkurrenzmarken (gestrichelte Linie) so groß wie möglich zu halten.

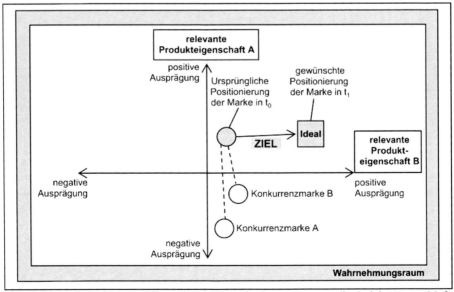

Abb. C-64: Aufbau eines zweidimensionalen Positionierungssystems (in Anlehnung an Meffert et al. 2008, S. 374)

Abbildung C-65 zeigt zwei Modelle für eine neu zu positionierende Outdoor-Zeitschrift, die sich überwiegend mit Themen außerhalb geschlossener Räume beschäftigt (z.B. Sport, Reisen). Im ersten Modell ist eine Positionierungslücke erkennbar: Demnach ist es sinnvoll, die neue Outdoor-Zeitschrift im mittleren Preisbereich anzusiedeln. Ihr Bild-/Textanteil liegt zwischen 80/20 und 40/60. Im zweiten Positionierungsmodell sind die beiden Idealvorstellungen der relevanten Produkteigenschaften „aktuell versus zeitlos" sowie „spezielle versus vielseitige Themen- und Länderauswahl" bereits von Konkurrenzzeitschriften belegt. Für die neue Outdoor-Zeitschrift besteht bei diesen Eigenschaften kein Ansatzpunkt, als einzigartig von der Zielgruppe wahrgenommen zu werden.

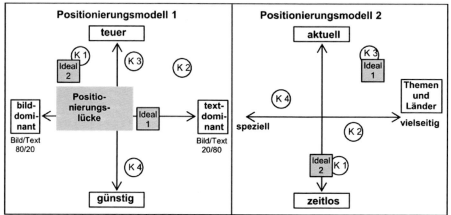

Abb. C-65: Positionierungsmodelle für eine Outdoor-Zeitschrift

4.2 Kommunikationsstrategie

Um die gesteckten Kommunikationsziele zu erreichen, ist der langfristige Verhaltensplan in Form einer Kommunikationsstrategie zu entwickeln. Dabei dient die **Corporate Identity als Orientierungsrahmen**. Alle systematisch eingesetzten Kommunikationsinstrumente sind aufeinander abzustimmen (Corporate Communications). Das Verhalten der Unternehmensmitglieder bringt ihre Identifikation mit den Werten und Zielen „ihres" Unternehmens zum Ausdruck (Corporate Behavior) und die Gestaltung des visuellen Erscheinungsbilds (Logo, Produktgestaltung etc.) ist langfristig festgelegt (Corporate Design).

Die **Entscheidungen der Kommunikationsstrategie** sind Abbildung C-66 zu entnehmen.

Entscheidungen	Bedeutung	Beispiel
Kommunikations-objekt	**Bezugsobjekte der Kommunikations-arbeit** (zB Produkte, Marken, Marken-familien, Dienstleistungen, Unternehmen)	Margarinemarke XYZ – Einzelmarke – Ziel: Erzeugung von Aktualität ("Premium-Marke", bes. Qualität)

Zielgruppen-auswahl	**Zielgruppenauswahl** anhand zB sozio-demographischer und psychographischer Kriterien **für die spezielle Kommunika-tionsarbeit/Kampagne**	– Männer/Frauen mit
		  - höherem Einkommen
		  - Gesundheitsbewusstsein/ Diätbedarf
		– alle bisherigen XYZ-Verwender

Instrumente-auswahl	Auswahl der **Instrumente, die für die spezielle Kommunikationsarbeit** bzw. Kampagne eingesetzt werden sollen	– Schwerpunkt Werbung (für viele Kontaktchancen) – flankierend Verkaufsförderung
Werbeträger-auswahl	Auswahl der **Werbeträger, in denen die Kommunikationsmittel geschaltet** werden	– TV (für hohe Kontaktzahl) – Zeitschriften (ggf. Special Interest-Magazine für Ernährung)
Gestaltungsstrategie (Copy Strategy)	beantwortet die Frage, „**was**" der Ziel-gruppe „**wie**" kommuniziert werden soll	
• **Promise/Benefit**	**Unique Selling Proposition** (USP): „einzigartiges Verkaufsversprechen" be-tont spezifischen Nutzen (Benefit) des Kommunikationsobjekts für die Zielgruppe	XYZ trägt wesentlich dazu bei, den Blutfettspiegel des Anwenders zu senken
• **Reason Why**	mind. eine Begründung / ein **Beweis** für die Zielgruppe, **dass der USP stimmt**	– XYZ hat hohen Anteil ungesättigter Fettsäuren (senken Cholesterin) – Marke XYZ als Qualitätsgarant – getestet durch Ernährungsinstitut
• **Gestaltungslinie**	legt **Stil und Charakter des Kommuni-kationsmittels** fest: – rationaler/ emotionaler Schwerpunkt – Text-Bild-Relation, Layout – Berücksichtigung Corp. Design (Logo…)	– rationale Argumentation – wissenschaftlich-informative Tonality – bisherigen Markenauftritt von XYZ beibehalten

Abb. C-66: Entscheidungen der Kommunikationsstrategie

4.3 Kommunikationsinstrumente
4.31 Klassische Werbung

Klassische Werbung ist die bewusste und kostenverursachende Einschaltung von (Massen-)Kommunikationsmitteln in verschiedenen Medien mit dem **Ziel**, beim Adressaten marktrelevante **Einstellungen und Verhaltensweisen** im Sinne der Unternehmensziele zu verändern (Berndt 1992, S. 224; Schweiger, Schrattenecker 2009, S. 116f.; Bruhn 2010, S. 373). Ausgehend von dieser Definition lässt sich Werbung folgendermaßen kennzeichnen:

Werbung
- ist eine Form der **unpersönlichen** Kommunikation: Die am Kommunikationspro-zess Beteiligten sind raum-zeitlich getrennt.
- ist eine Form der **mehrstufigen**, indirekten Kommunikation: Zwischen Werbung-treibenden und Zielpersonen sind Medien bzw. andere Elemente (z.B. Multiplika-

toren) geschaltet (Abbildung C-67). Beispiele für Multiplikatoren sind Prominente (z.B. Schauspieler) oder Zielgruppenrepräsentanten (z.B. Sportler), die das beworbene Produkt (z.B. Lebensmittel) anwenden und sich positiv darüber äußern („Das gebe ich meiner Familie." „Das hält mich fit.").

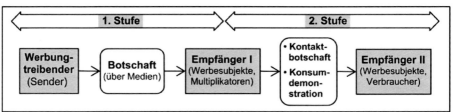

Abb. C-67: Mehrstufiges Kommunikationssystem (in Anlehnung an Meffert 1998, S. 667)

- verwendet Wort-, Bild-, Schrift-, Tonzeichen bzw. Kombinationen aus diesen: Die Zeichen dienen dazu, Botschaften zu verschlüsseln. Ergebnis sind die Werbemittel (z.B. Anzeige, Radio-Spot), die über Werbeträger (z.B. Zeitschrift, Radiosender) geschaltet werden. Ein **Werbeträger** ist ein Organ der Informationsübermittlung, das zur Streuung von Werbemitteln dient (Abb. C-68). **Out-of-Home-Medien** (Außenwerbung) werden im öffentlichen Raum und aus dem öffentlichen Raum auf „Jedermann" wirkend eingesetzt (Meffert et al. 2012, S. 637). **Werbemittel** sind die kreative Darstellung von Werbebotschaften. Analog bezieht sich der Begriff **Kommunikationsmittel** auf alle kommunikationspolitischen Instrumente.

Abb. C-68: Gliederung wichtiger Werbeträger (ohne Internet)

- richtet sich an ein **disperses Publikum**: Werbung wird öffentlich eingesetzt, ohne die Empfänger zu kennen.
- benötigt ein **Budget** zur Zahlung des leistungsbezogenen Entgelts: Das Entgelt ist
  - für die Gestaltung (z.B. Konzeption, Kreation, Anfertigung eines TV-Werbespots durch eine Werbeagentur im Auftrag des Werbungtreibenden) und
  - den Einsatz der Werbung zu zahlen (sogenannte **Schaltkosten**, z.B. Buchung der Fernsehsender und Sendezeiten für den Werbespot).
  Jährlich werden in Deutschland etwa 30 Mrd. € in klassische Werbung investiert. Diese und andere Angaben (z.B. in Form von Medienanalysen) beinhalten die Schaltkosten und nicht die Kosten für die Gestaltung.
- erfolgt vor dem Hintergrund der vorgegebenen Konzeption.

Es gibt vielfältige **Arten von Werbung**, die mit dem oder den genutzten Werbeträger(n) zusammenhängen. Die **Vor- und Nachteile** der Werbung in **Insertionsmedien** und elektronischen Medien enthält Abbildung C-69.

Werbung in Insertionsmedien		
Zeitungen Vermittlung tagesaktueller Informationen	**Zeitschriften** Unterhaltung/Information für breites bzw. spezielles Publikum	**Supplements** regelmäßig erscheinende, kostenlose Zeitungsbeilage
+ hohes Medieninvolvement (für argumentierende, informierende Werbung geeignet) + Imagetransfer der Seriosität möglich (zB Wirtschaftsteil) – wird nur einmalig zur Hand genommen	+ (Publikumszeitschriften) Freizeit-Kontaktsituation; (Fachzeitschr.) hohes Medieninvolvement; daher: bereit für Info.aufnahme + (Special-Interest-Zeitschriften, zB Sportarten, essen&trinken) Direktansprache der Zielgruppen + Mehrfachkontakte – Reaktanz (Anzeige überblättern)	+ hohe Druckqualität/Vierfarbdruck (positiv für Anzeigenqualität) + (bei Themenbezug, zB Mode, Reise, Auto) hohe Aufmerksamkeit für diesbezügliche Werbung + Mehrfachkontakte – Reaktanz (wenn Supplement-Thema für Leser uninteressant)
Werbung in elektronischen Medien		
Fernsehen Unterhaltung/ Information, Kombination mehrerer Sinne	**Hörfunk** regionale Gestaltungsmöglichkeit; häufig Zusatzmedium	**Kino** Kinobesuch als besonderes Erlebnis; häufig Zusatzmedium
+ größter Anteil am täglichen Medienzeitbudget (3,5 Std.) + komb. Reichweite 69 Mio. Personen (*), daher schnelle Bekanntmachung möglich + multisensorische Botschaften – Zapping (Programmwechsel) – oft nur wenig Aufmerksamkeit	+ gut für regionale Kampagnen (zB Testmärkte; Aktionstage) + preisgünstig + für KMU mit geringem Werbebudget geeignet – passives Medieninvolvement (eher beiläufige, unterschwellige Wahrnehmung)	+ Werbespots häufig länger als im Fernsehen + hohe Kontaktwahrscheinlichkeit + zielgruppengenau (bezogen auf filmspezifisches Publikum) – Reaktanz (wegen „zwangsläufiger" Werbung)

Abb. C-69: Vor- und Nachteile der Werbung in ausgewählten Insertionsmedien und elektronischen Medien; (*) kombinierte Reichweite siehe Meffert et al. 2012, S. 628

Ein wesentlicher **Vorteil** der **Out-of-Home-Medien** resultiert aus den Möglichkeiten der kreativen Produktpräsentation (z.B. Ballon in Flaschenform als Werbung einer Brauerei, Billboard am Fahrrad als Wegweiser zum Geschäft etc.). Dies wiederum bietet die Chance, dass die Aktion langfristig im Gedächtnis bleibt und konsumwirksam sein kann. Allerdings sind die Medien nicht für die Darstellung von Produkteigenschaften oder Images geeignet. Zudem ist die Messung der Werbewirkung problematisch.

4.32 Online-Kommunikation

Online-Kommunikation umfasst alle Kommunikationsaktivitäten zwischen Unternehmen und Nachfragern sowie zwischen Nachfragern untereinander. Sie beeinflussen die Marketing- und Unternehmensziele und werden über das Internet Protocol (IP) abgewickelt (Meffert et al. 2012, S. 653).

Die **kommunikationsbezogenen Besonderheiten** dieses Instruments sind in Abbildung C-70 zusammengefasst.

Besonderheiten der Online-Kommunikation	

Unternehmen	• Unternehmen können **detailliertere Informationen** über ihre Aktivitäten und Leistungen darstellen
	• Variation der **zielgruppenspezifischen Ansprache** möglich:
	  – personenbezogene Individualkommunikation („**One to One**")
	  – Ansprache einer eingegrenzten Zielgruppe („**One to Few**")
	  – Bereitstellung von Informationen für alle Nutzer („**One to Many**")
	• weltweite Präsentation des Unternehmens und seiner Produkte

Nachfrager	• Nachfrager muss **aktiv** einen Teil der vom Unternehmen bereitgestellten **Informationen abrufen** (zB auf Websites)
	• Nachfrager ist **vielseitig aktiv:**
	  – wählt interessante Inhalte aus und ruft sie ab
	  – fügt ggf. neue Inhalte hinzu
	  – bezieht Position (zB durch Email, in Diskussionsforen etc.)

Botschaften	• **Hypermedialität** der Botschaften, dh: verschiedene Mediengattungen (Film, Bild, Text etc.) lassen sich kombinieren • **Kommunikation in Echtzeit**, daher bes. zeitliche Aktualität der Botschaften • **globale Verfügbarkeit** der Botschaften
Interaktion ohne bzw. mit sozialen Medien	• **direkte Feedbackmöglichkeit** des Botschaftsempfängers sowie die daraus resultierenden Interaktionsmöglichkeiten • **Interaktionsmodell**

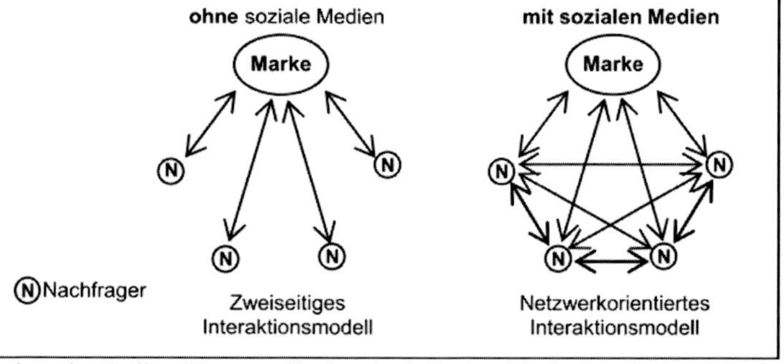

Abb. C-70: Besonderheiten der Online-Kommunikation (vgl. Bruhn, Marketing, 2010, S. 239; Burmann et al. 2010, S. 48; Meffert et al. 2012, S. 654f.)

Die **Instrumente** der Online-Kommunikation sind in Abbildung C-71 systematisiert (Meffert et al. 2012, S. 656ff.).

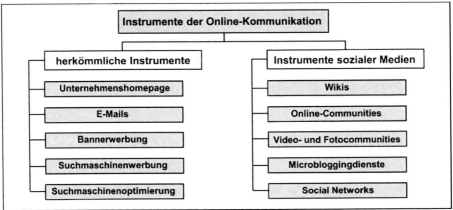

Abb. C-71: Ausgewählte Instrumente der Online-Kommunikation im Überblick

Die **Unternehmenshomepage** wird aktiv vom Nachfrager abgerufen. Damit dies geschieht, muss sie ihm einen Nutzen bieten, der sich in ihrer Gestaltung zeigt. Aus Sicht des Anbieters gibt es folgende **Erfolgsfaktoren der Homepagegestaltung** (Meffert et al. 2012, S. 657):

• Informationsangebot: Es werden alle Informationen bereitgestellt, an denen aktuelle und potentielle Nachfrager der Homepage interessiert sein können. Diese Informationen sind ständig zu aktualisieren (z.B. bei Sortimentsveränderungen).

• Übersichtlichkeit: Navigationshilfen (z.B. Inhaltsverzeichnis, Suchsysteme) unterstützen den Nachfrager bei seiner Informationssuche. Zudem können andere Kommunikationsmedien eingebunden werden (z.B. Videos, Diskussionsforen).

• Gestaltungsmaßnahmen: Die Qualität gestalterischer Maßnahmen (z.B. Hintergrundgrafiken, Farbgestaltung, Animationen) beeinflusst die Wahrnehmung und Bewertung der Homepage und wie lange der Nutzer auf ihr verweilt. Der Homepageanbieter kann hierbei das **Konzept des Priming** anwenden. Mit Priming ist generell die bewusste Darbietung eines Aktivierungsreizes (z.B. Stichwort) gemeint, um bestimmte Erinnerungen bzw. Gedächtnisinhalte auszulösen (Geo-Themenlexikon Psychologie 2007, S. 586). Diesem Konzept folgend nimmt der Nutzer einer Homepage aktivierende Reize ihrer Gestaltung selektiv wahr (z.B. Startseite: Stichwörter wie „Produktangebot", „Über uns"…; Videomaterial etc.). Die selektiv wahrgenommenen und verarbeiteten Informationen beeinflussen das Verhalten des Nutzers, beispielsweise hinsichtlich seiner gezielten Suche nach Informationen über das Produkt, das er kaufen möchte.

Die **Email**-Kommunikation ist der weltweit am stärksten verbreitete Internetdienst (Meffert et al. 2012, S. 658). Er dient dazu, einzelnen Personen oder Personengruppen in direkter Ansprache Nachrichten (Textform bzw. digitale Inhalte, z.B. Grafik, Musik) zukommen zu lassen. Dies kann beispielsweise in Form eines **Newsletters** mit Produkt- und Unternehmensinformationen geschehen. Gemäß § 3(1) TDDSG (Teledienstdatenschutzgesetz) und § 7(3) UWG (Gesetz gegen den unlauteren Wettbewerb) dürfen Newsletter nur an Personen versendet werden, die zuvor dem Versand ausdrücklich zugestimmt haben. Ausnahmen dieser Regelung sind beispielsweise Bestandskunden, B2B-Kontakte und Spendenwerbung (§ 28(3) BDSG (Bundesdatenschutzgesetz). Es gibt unterschiedliche Verfahren, das Einverständnis zu erhalten (z.B. Nachfrager trägt sich in ein Webformular ein und erhält per Email die Bestätigung seiner Registrierung). Die Email-Kommunikation ist relativ kostengünstig und bietet die Möglichkeit der personalisierten Direktkommunikation mit den Zielgruppen. Allerdings ist der häufig gegebene Spam-Charakter der Emails sowie die Begrenzung der Informationsübermittlung als nachteilig zu werten.

Ein **Banner** ist eine rechteckige Werbeform, die auf einer Website geschaltet wird und per Hyperlink mit dem Internetangebot des Werbenden verknüpft ist (http://wirtschaftslexikon.gabler.de/Definition/banner.html). Die **Bannerwerbung** wird nicht vom Nutzer angefordert. Es gibt vielfältige Bannertypen, z.B.
- animierte Banner (Einblendung von Texten und Grafiken)
- Sticky Banner (erscheint beim Webseitenaufruf und bleibt auch beim Scrollen der Seite sichtbar; kann vom Nutzer als penetrant/unangenehm empfunden werden)
- Streaming-Banner (lässt Werbevideos oder andere Animationen erscheinen)
- Pop-Up-Banner (erscheint nach einem festgelegten Schema (z.B. zeitlich) unaufgefordert auf der aufgerufenen Website; kann hohe Aufmerksamkeit bewirken)
- Pop-Down-Banner (liegen unter dem Browserfenster und tauchen erst beim Verlassen der Website auf; Website-Betrachter wissen nichts von ihrer Existenz).

Bannerwerbung kann gezielt auf den thematisch passenden Webseiten platziert werden. Dies ist für den Werbenden vorteilhaft, denn er kann die Adressaten des Banners gezielt selektieren. Zudem akzeptieren die Besucher der Webseite ihres Interessengebiets die dortigen Banner, wenn sie sich durch die thematisch passende Botschaft angesprochen fühlen. Nachteilig ist der Spam-Charakter von Bannern, insbesondere der besonders aufdringlich wirkenden (z.B. Pop-Up-Banner). Zudem ist der Informationsumfang der Botschaft stark eingeschränkt.

Im Rahmen der **Suchmaschinenwerbung** (Search Engine Marketing SEM) schalten Werbekunden ihre Anzeigen auf den Ergebnisseiten, die der Nutzer nach Eingabe von Suchbegriffen erhält. Er soll dazu veranlasst werden, auf die Anzeige zu klicken, um dann automatisch mit der Webseite des Werbenden verbunden zu werden. Die Anzeigen bei dem Marktführer Google umfassen in der Regel vier Zeilen (Überschrift, zwei Zeilen Beschreibungstext, Anzeige-URL), sind als solche erkennbar (hellgelber Hintergrund; Begriff „Anzeige") und ähneln den Suchergebnissen. Je Ergebnisseite werden maximal elf Anzeigen platziert, wobei die oberen drei Anzeigenplätze als erste wahrgenommen werden und für den Werbekunden besonders erstrebenswert sind. Die Anzeigen können auch auf anderen Webseiten erscheinen, wenn sie die thematische Nähe aufweisen. Der Werbekunde muss die für seine beworbene Leistung wesentlichen Schlüsselbegriffe (**Keywords**) nennen. Vorgehensweise und Bezahlung der Internetwerbung bei Google beinhaltet Abbildung C-72.

| Internetwerbung bei Google |||
Google AdWords		**Google AdSense**
Bedeutung	• Wortspiel zu „Adverts" (Werbeanzeigen) • **Keyword-Advertising**: Werbeanzeigen werden auf Webseiten als Werbeträger platziert, die thematisch zu den vom Werbekunden festgelegten Keywords passen • Anzeigen-Schaltung im Google Netzwerk: – **Google-Suchmaschinenwerbung** – Google **Werbenetzwerk** (Website- u. Blog-Partner des AdSense-Systems)	• Betreiber von Webseiten können Flächen ihrer Seiten als Werbeflächen an Google verkaufen (**Webseiten als Werbeträger**) • es kann sich jeder interessierte Betreiber einer Webseite bei AdSense anmelden • Google bestimmt, welche Werbeanzeigen eingeblendet werden; der Seitenbetreiber hat darauf keinen Einfluss
Ablauf	Suchmaschinenwerbung: • Google schaltet Werbeanzeigen abhängig vom eingegebenen Suchbegriff • Anzeige erscheint als eine von max. 11 auf der Seite mit den Suchergebnissen • Werbekunden können gezielt Suchbegriffe „kaufen", um mit ihrer Werbung möglichst prominent (Position eins bis drei) auf der Ergebnisseite zu erscheinen	• Seitenbetreiber meldet sich an • Google begutachtet die Qualität der Seite • Bewerbung erfolgreich: Betreiber erhält Werkzeuge zur Werbeflächenformatierung • die Inserenten für die Werbeflächen gewinnt Google u.a. über AdWords • die freie Werbefläche wird automatisch mit Werbung gefüllt, wenn das Umfeld der Seite zu den Keywords der Anzeige passt
Bezahlung	• Werbeeinblendung kostenlos; Zahlung nur, wenn Anzeige tatsächlich geklickt wird (**Cost-per-Click** CPC) • Werbekunde legt Monatsbudget/Maximalpreis für CPC fest (sog. max. CPC) • Werbekunden können **Suchbegriffe „kaufen"**: sie bieten Preis für jeden Click auf die Werbeanzeige, um Platzierung zwischen Position eins und drei zu erhalten • Bsp. (4-Wochen-Zeitraum): Kategorien „Banken"/„Tourismus" mit Suchbegriffen „online banking" 12,36 €, „günstiger kredit" 7,45 €, „urlaub" 1,98 €, „last minute" 3,60 €	• Google verwaltet die Werbekunden und die Seitenbetreiber • die **Einnahmen**, die Google von den Werbetreibenden erhält, werden **teilweise an den Seitenbetreiber** weitergegeben • AdSense ist nicht transparent: Seitenbetreiber weiß im Voraus nicht, wie viel er erhält • es gilt das Prinzip von Angebot (an Werbefläche durch die Seitenbetreiber) und Nachfrage (durch die Werbekunden)

Abb. C-72: Kennzeichnung der Internetwerbung bei Google (Müller et al. 2012, S.88);
http://de.wikipedia.org/wiki/Google_AdWords;
http://de.wikipedia.org/wiki/Google_AdSense)

Ziel der **Suchmaschinenoptimierung** (Search Engine Opimization SEO) ist, mit der eigenen Homepage möglichst weit oben bei den Suchergebnissen zu landen. Denn die ersten zehn Treffer von Suchanfragen werden vom Suchenden als relevant erachtet (Meffert et al. 2012, S. 663). Um dieses Ziel zu erreichen, müssen die Eigenschaften der Homepage auf den Suchalgorithmus der Suchmaschine ausgerichtet werden. Hierzu stehen auf SEO spezialisierte Dienstleister bereit.

Mit **sozialen Medien** ist ein Bündel internetbasierter Anwendungen verbunden, wodurch die Erstellung und der Austausch von User Generated Content UGC (vom Nutzer selbst produzierte Inhalte) möglich sind (Kaplan, Haenlein 2010, S. 61, Meffert et al. 2012, S. 666). Auf den **Wiki**-Informationsplattformen (z.B. Wikipedia, Wikileaks) teilen User Wissen mit, das ständig verändert werden kann. Die Informationen stehen zeitunabhängig und kostenlos zur Verfügung, sind allerdings im Hinblick auf ihre Richtigkeit nur eingeschränkt überprüfbar.

Personen, die sich **Online-Communities** anschließen, suchen den Austausch von Informationen und Erfahrungen mit Gleichgesinnten. So unterschiedlich wie die Interessengebiete sind auch die Communities (z.B. Spiele-, Brand-, Sport-, Mode-, Dating-Communities). Bei Brand-Communities tauschen die Teilnehmer markenbezogene Informationen aus („brand related UGC"), unter anderem hinsichtlich der eigenen Erfahrungen mit der Marke. Vorteile dieses Instruments betreffen den erweiterten Zugang zu interessierenden Informationen und die starke emotionale Bindung der Nutzer. Auch hier ist es nachteilig, dass die Richtigkeit der Angaben (z.B. hinsichtlich der Markenempfehlungen von Community-Mitgliedern) nicht nachprüfbar ist.

Video- und Foto-Communities (z.B. Youtube, myspace) bieten ihren Teilnehmern den Upload von Videos und Fotos an. Vorteile dieses Instruments sind der hohe Unterhaltungswert und die Möglichkeit, die Videos in die eigene Kommunikation zu integrieren (z.B. Versand als Email-Anhang). Nachteilig sind vor allem die rechtlichen Bedenken (Urheber-, Persönlichkeitsrechte).

Microbloggingdienste (z.B. Twitter) beinhalten die Veröffentlichung von kurzen Textnachrichten (max. 140 Zeichen, sogenannte Tweets). Die User dieser Dienste können anderen Usern folgen (sogenannte Follower). Die Anzahl der Follower kann als Indiz für den Einfluss des Users auf andere gewertet werden. Kommunikationspolitisch kann Twitter beispielsweise zum Aufbau einer Markenbeziehung beitragen, indem kurzfristige Angebote über Twitter beworben und die Teilnehmer um Feedback gebeten werden.

Bei **Social Networking-Sites** (z.B. Facebook, Xing) steht die soziale Komponente der Interaktion im Vordergrund (Burmann et al. 2010, S. 11f.). Reale Personen sind digital vernetzt und liefern einem definierten Empfängerkreis im Netzwerk diverse, auch private Informationen. Mit der Entwicklung von Location-based Social Networks kann via GPS-Signal der Aufenthaltsort von Usern ermittelt werden (Funktion Facebook Places bei Facebook). So ist es beispielsweise möglich, den Usern, die in den Filialen von Unternehmen eingecheckt haben oder in der Nähe bestimmter Geschäfte sind, ein persönliches Angebot zu offerieren (siehe Kap. C.IV.3.142 Mobile Commerce).

4.33 Public Relations

Öffentlichkeitsarbeit (Public Relations PR) umfasst die planmäßige, systematische und wirtschaftlich sinnvolle Gestaltung der Beziehungen zwischen dem Unternehmen und den Anspruchsgruppen (z.B. Kunden, Arbeitnehmer, Lieferanten, Aktionäre, Staat) mit dem **Ziel**, bei diesen Anspruchsgruppen **Vertrauen** zu gewinnen und zu erhalten (Meffert 1986, S. 493, Bruhn 2010, S. 417).

Anders als die anderen Kommunikationsinstrumente ist PR
- nicht nur auf die Absatzmärkte, sondern auch und insbesondere auf die Öffentlichkeit sowie die eigenen Mitarbeiter gerichtet
- in erster Linie auf das **Unternehmen als Ganzes** und nicht auf Produkte und Leistungen bezogen.

Die Öffentlichkeitsarbeit übernimmt folgende **Funktionen** (Meffert 1986, S. 494, Homburg, Krohmer 2009, S. 795f.):
- **Vermittlung von Informationen** an
  - unternehmensinterne Anspruchsgruppen, z.B. Mitarbeiter, Aktionäre, Betriebsrat, Außendienst
  - unternehmensexterne Anspruchsgruppen, z.B. Handel, Wettbewerber, potentielle Kunden, potentielle Mitarbeiter, Presse, Behörden sowie gesellschaftliche Gruppen wie Verbraucherorganisationen, Bürgerinitiativen, Umweltorganisationen
- Aufbau und Pflege von **Kontakten** und Beziehungen zu allen relevanten Gruppen (z.B. Teilnahme an Jobmessen und Hochschulveranstaltungen zwecks Rekrutierung potentieller Nachwuchskräfte)
- Aufbau, Pflege, Änderung des **Images** vom Unternehmen
- **Förderung des Absatzes** durch das gewonnene öffentliche Vertrauen
- Kommunikation des **gesellschafts- und sozialbezogenen Engagements** des Unternehmens (z.B. Unterstützung von sozialen und Bildungseinrichtungen)
- **Stabilisierung** des Unternehmens in kritischen Zeiten aufgrund der gefestigten Beziehungen zu den Anspruchsgruppen (z.B. Beziehungen eines Flughafens zu den Anliegern in der Nachbarschaft und Bürgerinitiativen gegen Fluglärm).

4.34 Sponsoring

Sponsoring umfasst die Bereitstellung von Geld, Sachmitteln, Dienstleistungen und/oder Know-how durch Unternehmen und Institutionen zur Förderung von Personen und/oder Organisationen, um damit bestimmte Marketing- und Kommunikationsziele zu erreichen (Drees 1992, S. 13ff., Meffert 1998, S. 709, Bruhn 2010, S. 6f.). Sponsoring ist vom **Mäzenatentum** abzugrenzen: Im Gegensatz zum Sponsoring unterstützt ein Mäzen, ohne hierfür einen ökonomischen Nutzen zu erwarten.

Abbildung C-73 erläutert die **Ziele**, **Bereiche** und das **Affinitätenkonzept des Sponsorings**.

Kommunikationsinstrument Sponsoring		
Ziele	• ökonomische Zielinhalte ⟹	Umsatz, Gewinn, Marktanteil
	• psychographische Zielinhalte ⟹ – **Imagetransfer** – Steigerung der **Bekanntheit** – **Kontaktpflege**	- Transfer Image des Sponsors versus Image des Gesponserten - zB Bekanntheit von Marke, (Neu)-Produkt - Kontakte zu Anspruchsgruppen/gesellschaftliches Engagement
Bereiche	• **Sport-Sponsoring** ⟹	- wichtigster Sponsoringbereich - vorrangig Image- und Bekanntheitsziele - Maßnahmen: zB Sportereignisse finanzieren; Unterstützung von Mannschaften oder Personen
	• **Kultur-Sponsoring** ⟹	- vorrangige Ziele: Imagetransfer, Kontaktpflege - Maßnahmen: zB Förderung/Unterstützung von Ausstellungen, Konzerten, Stipendien, Künstlern
	• **Sponsoring im sozialen / ökologischen Bereich** ⟹	- Unterstützung von gemeinnützigen Institutionen (zB Kirche) und Ausbildungsstätten - Kontaktpflege soll Corporate Social Responsibility des Unternehmens zum Ausdruck bringen

Affini-täten-Konzept (**)	• Verbindungslinien zwischen dem gewählten Sponsoring-bereich und ⟹
	– Produkten (**Produktaffinität**)
	– Zielgruppen (**Zielgruppenaffinität**)
	– Image (**Imageaffinität**)
		zB Sport-Sponsoring eines Reiseveranstalters (*):
		- Produktaffinität:
		  Welche Sportart steht in einer starken Beziehung zu den Produkten/Leistungen (Reiseangebot)?
		- Zielgruppenaffinität:
		  Welche Sportart findet das größte Interesse bei den Zielgruppen des Reiseveranstalters?
		- Imageaffinität:
		  Welche Imagedimensionen der Sportart(en) passen am besten zum Image des Veranstalters?

Abb. C-73: Ziele, Bereiche und Affinitätenkonzept des Sponsoring (*) Bruhn 2001, S. 275; (**) Bruhn, M. http://wirtschaftslexikon.gabler.de/Definition/sponsoring.html

4.35 Verkaufsförderung

Verkaufsförderung beinhaltet zeitlich befristete Maßnahmen mit Aktionscharakter, die auf nachgelagerten Vertriebsstufen (Verkaufspersonal des Herstellers, Handel, Nachfrager) durch **zusätzliche Anreize** die Kommunikations- und Vertriebsziele erreichen wollen (Bruhn 2010, S. 384, Kotler et al. 2011, S. 919). Aus Hersteller-sicht können je nach Zielgruppe Verbraucher-, Außendienst-, Händler- und Handels-Promotions unterschieden werden (Abbildung C-74).

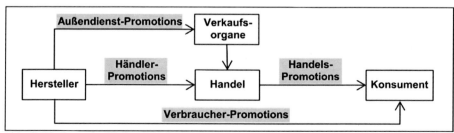

Abb. C-74: Arten der Verkaufsförderung

Außendienst-Promotions richten sich an das Verkaufspersonal (Reisende, Handelsvertreter). Der Leistungswille (Motivation) und das Leistungsvermögen der Verkaufsorgane sollen sich kurzfristig erhöhen. Zu den motivierenden Maßnahmen zählen beispielsweise Verkaufswettbewerbe und Boni, die außergewöhnliche Leistungen zusätzlich vergüten. Im Rahmen des vertikalen Marketing kommt den **Händler-Promotions** (Dealer-Promotions) eine Schlüsselrolle zu. Sie stellen ein Gegengewicht zur Nachfragemacht des Handels dar. Dieser soll dazu motiviert werden, sich besonders für die Marken des Herstellers einzusetzen. Auf diese Weise werden die Produkte in den Markt „hineingedrückt" (**Push-Effekt**). Darüber hinaus kann der Hersteller durch Dealer Promotions neue Händler gewinnen. Der Distributionsgrad erhöht sich und Konkurrenzmarken werden verdrängt. Der Hersteller unterstützt die Verkaufsbemühungen des Handels

* in sachlicher Hinsicht (z.B. Displays, Regalstopper)
* in finanzieller Hinsicht (z.B. Rabatte, Werbekostenzuschüsse)
* in personeller Hinsicht (z.B. Einsatz von Propagandisten, die Neuprodukte demonstrieren, Verkostungsaktionen durchführen etc.)
* in organisatorischer Hinsicht (z.B. Händlerseminare zur produktbezogenen Schulung).

Charakteristisch für **Handels-Promotions** (Retail Promotions) ist, dass der Handel die Maßnahmen plant und durchführt, um seine Leistungsfähigkeit gegenüber den Verbrauchern zu dokumentieren. Hierzu zählen preisgerichtete Maßnahmen (Sonderangebote, Preisaktionen) sowie die Schaufenster- und Ladengestaltung, um sich von der Konkurrenz abzuheben. Mögliche Ansatzpunkte verkaufsfördernder Schaufenster- und Ladengestaltung betreffen die

* Darstellung von Erlebnisbereichen (z.B. alles für den Wintersport)
* Darstellung von Problemlösungen (z.B. Instandhaltung und Modernisierung des Wohnbereichs)
* Darstellung von Bedarfsbündeln (z.B. Bekleidungs-Outfit für den Sommerurlaub).

Verbraucher-Promotions richten sich an den potentiellen Käufer eines Produkts am Point of Purchase (PoP). Sie sollen einen Nachfragesog (**Pull-Effekt**) hervorrufen, damit sich der Handel gezwungen sieht, die Produkte des Herstellers in sein Sortiment aufzunehmen. Hierzu gibt es

* verkaufsunmittelbare Promotions (kostenlose Proben, Mehrstückverpackung)
* verkaufsmittelbare Promotions (z.B. Preisausschreiben)
* Preisaktionen (z.B. Sonderpreise, Rückerstattungsangebote, Gutschein bzw. Coupon mit einem garantierten Preisvorteil).

4.36 Messen

Eine **Messe** ist eine zeitlich begrenzte, i.a. regelmäßig wiederkehrende Veranstaltung, auf der eine Vielzahl von Unternehmen einer oder mehrerer Branchen ausstellt und überwiegend an **gewerbliche Abnehmer** nach Muster vertreibt. In begrenztem Umfang können zu bestimmten Öffnungszeiten auch Letztverbraucher zum Kauf zugelassen werden (vgl. § 64 Gewerbeordnung). Während Messen sich überwiegend an gewerbliche Abnehmer wenden, sind **Ausstellungen** in erster Linie auf ein **all-**

gemeines Publikum ausgerichtet. Dieses wird „zum Zweck der Absatzförderung informiert" (§ 65 Gewerbeordnung). Es gibt eine Vielzahl von Messetypen, z.B. (Kirchgeorg 2003, S. 66ff.): Messen mit
• breitem Angebot (Universal-, Branchen-, Fachmessen)
• Angebotsschwerpunkt (Konsumgüter-, Investitionsgütermessen)
• regionaler, nationaler, internationaler Aussteller- und Besucherreichweite
• Bezug zur Richtung des Absatzes (Export-, Importmesse).

Jeder Messe ist neben der Order- bzw. Kaufmöglichkeit von Produkten oder Dienstleistungen die Eigenschaft eines komplexen Informations- und Kommunikationsereignisses mit einigen **Besonderheiten** zuzuschreiben:
• Da **Standort** und **Zeitraum** der Messe vorgegeben sind, kann sie nur in diesem vorgegebenen Rahmen – und nicht permanent, wie beispielsweise die Werbung – als Kommunikationsinstrument genutzt werden.
• Während der Messe laufen bei den Besuchern **spezielle (Kauf-)Entscheidungsprozesse** ab (Kaufverhalten von Repräsentanten oder Buying-Group eines Unternehmens). Diese müssen aus Sicht des Ausstellers bereits bei der Konzeption in der Vor-Messe-Phase berücksichtigt werden.
• Der Messeerfolg ist von den kommunikativen **Maßnahmen vor, während und nach der Messe** abhängig (Abbildung C-75).

	Vor-Messe-Phase	**Messe-Phase**	**Nach-Messe-Phase**
Oberziele	Bekanntmachung der Messebeteiligung	• Besucherakquisition • Kontaktpflege • Kontaktaufbau	Kommunikation mit Zielgruppen und Anspruchsgruppen
Teilziele und **Beispiele** für **Maßnahmen**	• **Information potentieller Besucher:** - persönlicher Kontakt durch Außendienst - Anzeigen - Einträge im Messekatalog - Messeberichte im Rahmen der PR • **Qualifizierung des Standpersonals:** - Verhaltenstraining - Training zur Argumentations- und Gesprächsführung - Briefing der verfolgten Messeziele	• **Gewinnung von Aufmerksamkeit und Interesse für den Stand:** - Messeinformationssystem werblich nutzen - Werbeaktionen auf bzw. vor dem Messegelände • **Kontaktpflege/-aufbau, Kompetenzdemonstration:** - persönliche Gespräche - Begleitveranstaltungen (Podiumsdiskussionen, Fachvorträge) • **anonymes Messepublikum aktivieren:** - Produktshows - Videoprojektionen	• **Kundenbindung:** - bestehenden Kundenkontakt fortsetzen - Kontaktaufnahme mit eingeladenen, jedoch nicht erschienenen Kunden • **Beziehungspflege:** - Nach-Messe-Informationen an Pressevertreter - allg. am Unternehmen Interessierte (z.B. Berufseinsteiger) mit Informationen versorgen • **Mitarbeiterbezogene Motivation:** - persönliche Gespräche/ Feedback - interner Messebericht

Abb. C-75: Phasenspezifische Ziele und Maßnahmen von Messen (in Anlehnung an Ueding 1998, S. 115, Meffert et al. 2012, S. 695)

4.37 Produkt Placement

Product Placement ist ein Kommunikationsinstrument, bei dem ein markiertes Objekt (Produkt oder Dienstleistung) für eine Gegenleistung (Entgelt, Sachleistung, werbliche Unterstützung) gezielt und bewusst im redaktionellen Teil eines Massenmediums (z.B. Film, Fernsehen, Computerspiel, Hörfunk) integriert wird (Rathmann, Enke 2011, S. 37). „Die kostenlose Bereitstellung von Waren und Dienstleistungen ist Product Placement, sofern die betreffende Ware oder Dienstleistung von bedeutendem Wert ist." (§ 2 (2) Ziff. 11 RStV Rundfunkstaatsvertrag). Dieser bedeutende Wert ist bspw. bei der Ausstattung eines Films mit Fahrzeugen gegeben. Abbildung C-76 zeigt Beispiele der **Erscheinungsformen** von Product Placement.

Klassifizierungs-merkmal	ausgewählte Erscheinungsformen	Beschreibung
Art des zu platzierenden Objekts	**Product Placement i.e.S.**	Einbindung von Markenprodukten in die Handlung; älteste Form von Placement
	Corporate Placement	Platzierung von Unternehmensmarken
	Innovation Placement	Platzierung eines neuen Produktes
	Location Placement	Platzierung von erkennbaren Orten, Regionen, Städten als Filmkulisse
Einsatzmedium	**Movie Placement**	Einbindung in die Handlung von Filmen
	Game Placement	Einbindung in die Handlung von Videospielen
	Music Placement	Einbindung in die Handlung von Musikvideos
Integrationsgrad	**On Set Placement**	Kein direkter Bezug zwischen Placement und Handlung
	Image Placement	Produkt steht thematisch im Mittelpunkt
Grad der Anbindung an den Hauptdarsteller	**Endorsed Placement**	Hauptdarsteller nimmt Bezug auf das platzierte Produkt
	Sub-Placement	Hauptdarsteller und Placement stehen in keinem direkten Bezug

Abb. C-76: Ausgewählte Erscheinungsformen des Product Placements (in Anlehnung an Vergossen 2004, S. 294f.; Homburg, Krohmer 2009, S. 809; Rathmann, Enke 2011, S. 40; Meffert et al. 2012, S. 709)

Die **Zielsetzungen** von Product Placement sind vielschichtig (Rathmann, Enke 2011, S. 38f.). **Filmproduzenten** wollen den Film so realitätsnah und glaubwürdig wie möglich erscheinen lassen. **Unternehmen**, die ihre Produkte im redaktionellen Teil eines Films oder Programms platzieren, verfolgen kommunikationspolitische Ziele (z.B. Erhöhung der Bekanntheit von Produkt-/ Unternehmensmarken, Veränderung von Markenimages) und möchten die Reaktanz des Zuschauers umgehen (z.B. Zapping; Werbeunterdrückung bei aufgezeichneten Sendungen).

4.4 Kommunikationsbudget
4.41 Bestimmung der Budgethöhe

Praxisrelevante **Methoden zur Bestimmung des Kommunikationsbudgets** zeigt
Abbildung C-77.

Methoden der Budgetierung		Bedeutung	Vor-/ Nachteile
Verhältnismethoden	**Umsatz- bzw. Gewinnanteil-Methode** (percentage-of-sales-method; percentage-of-profit-method)	• **Bezugsgröße:** vergangener, aktueller oder künftiger Umsatz; Gewinn (nicht eindeutig definiert) • **Prozentsatz:** kann fix oder variabel sein (zB Orientierung am Lebenszyklus)	+ Kommunikationsbudget kann einfach und schnell ermittelt werden (daher praxisrelevant) + geringer Datenaufwand + (Konkurrenz-Paritäts-M.) Marketing-Zielgröße (Marktanteil) und Berücksichtigung der Konkurrenz als wichtige Marktteilnehmer
	Methode der finanziellen Tragbarkeit (all-you-can-afford-method)	**Bezugsgröße:** Etatbestimmung in Abhängigkeit von den verfügbaren finanziellen Mitteln (oberhalb eines geforderten Mindestgewinns)	
	Konkurrenz-Paritäts-Methode (competitive-parity-method)	• **Bezugsgröße:** - vergleichbare Konkurrenzunternehmen - branchenüblicher Wert der Vergangenheit; Bezugsgröße ist Share of Voice (SoV): $SoV = \dfrac{\text{Werbeaufkommen des Unternehmens}}{\text{Gesamtwerbeaufkommen d. Segments}}$ • **Annahme:** Unternehmen gibt mindestens so viel für Kommunikationsarbeit aus wie die Konkurrenz, um den Marktanteil zu halten Markt-anteil (MA) ↑ SoV < MA (Marktführer) SoV = MA („Stillhalte"-Budget) SoV > MA (Marktherausforderer) → **SoV** (in %)	− Gefahr der prozyklischen Budgetierung (zB wenn Umsatz sinkt, sinkt auch Budget, obwohl es steigen müsste) − fehlender sachlogischer Zusammenhang (zB Methode d. finanziellen Tragbarkeit) − (Konkurrenz-Paritäts-M.) Verschiedenartigkeit der situativen Bedingungen der betrachteten Unternehmen erschweren den Vergleich
Zielabhängige Methode		• **Annahme:** Ursache-Wirkungs-Zusammenhang zwischen Budgethöhe und betrachteter Zielgröße • **Voraussetzungen:** - operational formulierte Kommunikationsziele - Festlegung der benötigten Werbeträger und Kommunikationsmittel zur Zielerreichung - Kenntnis der Kosten zur Erstellung und zur Schaltung der Kommunikationsmittel	+ logische Beziehung zwischen Zielgrößen u. Kommunikationsmaßnahmen + unternehmensinterne und -externe Einflussfaktoren (zB Position des Produkts im Lebenszyklus/Markt) − großer Planungsaufwand − Überprüfung der Zielerreichung problematisch

Abb. C-77: Methoden zur Ermittlung des Kommunikationsbudgets

4.42 Streuplanung

Die Streuplanung beinhaltet die **sachliche** Verteilung (Inter-/ Intramediaselektion) und **zeitliche Verteilung** des zuvor festgelegten Budgets auf Werbeträger und Werbeträgergruppen (Abbildung C-78). Das Budget soll so verteilt („gestreut") werden, dass es die richtige Zielgruppe zum richtigen Zeitpunkt mit der ausreichenden Anzahl an Werbekontakten erreicht zu möglichst geringen Kosten.

Schritte der Streuplanung	Bedeutung	Vorgehensweise
Intermedia-selektion	**Auswahl der Werbeträgergruppen** entsprechend ihrer Eignung, die Zielgruppen zu erreichen	**Vergleich der Werbeträgergruppen** mögliche Vergleichkriterien zB – botschaftsbezogene Eignung (Darstellungsmöglichkeiten mit Text, Bild, Ton, Sprache) – Eignung zur Zielgruppenansprache (zB Medien-Involvement: aktive/passive Mediennutzung) – Wirtschaftlichkeit (Reichweite, Kosten)
Intramedia-selektion	**Bestimmung spezieller Werbeträger** Resultat ist der optimale Streuplan: - Kontaktquantität (höchstmögliche Anzahl der **Kontaktchancen**) - Kontaktqualität (zB redaktionelles, werbliches Umfeld)	**Bestimmung der Kontaktquantität** wichtigste Kennzahl: *Reichweite* (RW) – *Breitenwirkung* (Summe der Kontaktchancen insgesamt: Brutto-, Netto-, kumulierte, kombinierte RW) – *Tiefenwirkung* (erreichte Kontakte pro Rezipient) zB *GRS, OTS, Visits, Page Impressions* **Bestimmung der Kosten** Kennzahl *Tausender-Kontakt-Preis*
Zeitliche Budget-verteilung	**Bestimmung von Schalthäufigkeit** („wie oft schalten?") **Schaltzeitpunkt** („wann schalten?")	**Kontakthäufigkeit** – Schaltung der Kommunikationsmittel *konzentriert* oder *kontinuierlich* – Vermeidung von Reaktanzen (zB negative Produkteinstellung wegen zuviel Werbung) **Platzierung von Werbeimpulsen** zB Nutzung des *Primacy-Recency-Effekts* zu Anfang oder Ende eines Werbeblocks

Abb. C-78: Schritte der Streuplanung (die *kursiv* hervorgehobenen Begriffe werden erläutert)

Die wichtigste Kontaktmaßzahl ist die **Reichweite** eines Werbeträgers, die generell die Anzahl der Personen beziffert, die mindestens einmal Kontakt mit einem Werbeträger hatten oder haben mit der Chance, das bei diesem Werbeträger eingeschaltete Kommunikationsmittel wahrzunehmen. Hierbei ist anzumerken, dass üblicherweise von Kontakten gesprochen wird, obwohl es eigentlich nur **Kontaktchancen** sind: Wer in einer Zeitschrift die Anzeige überblättert oder sich während des TV-Werbeblocks vom Fernseher abwendet, hat die Kontaktchance nicht genutzt, wird jedoch von den Mediaplanern als Kontakt registriert.

In Abbildung C-79 sind die praxisüblichen Reichweitenmaße erläutert. Sie geben Auskunft darüber, wie viel Personen durch eine oder mehrere Einschaltungen von Kommunikationsmitteln (z.B. Werbeanzeige, TV- oder Hörfunkspot) bei einem oder mehreren Medien (z.B. Zeitschrift, TV- oder Hörfunksender) erreicht wurden (**Breitenwirkung** von Medien).

Anzahl der Medien	Anzahl der Einschaltungen	
	einmalige Einschaltung	wiederholte Einschaltungen
ein Medium	**Bruttoreichweite *(Kontaktsumme)*** Gesamtzahl der erreichten Nutzer bei einem einmalig geschalteten Medium; Überschneidungen werden mit eingeschlossen zB – Leser pro Ausgabe bei Insertionsmedien (Zeitschriften, Zeitungen) – Passanten der Anschlagstelle eines Plakats – Besucher pro Woche im Kino	**Kumulierte Reichweite** Gesamtzahl aller Nutzer eines Werbeträgers, die bei mehrmaliger Belegung desselben erreicht werden, abzüglich interner Überschneidungen Berechnung: Bruttoreichweite multipliziert mit Anzahl der Belegungen abzüglich der Nutzer des Mediums, die wiederholt erreicht wurden (**interne Überschneidung**, zB weil Nutzer mehrere Ausgaben gelesen haben)
mehrere Medien	**Nettoreichweite** Personen, die von einem bzw. mehreren Werbeträgern mind. einmal erreicht wurden Berechnung: Bruttoreichweite abzüglich Zahl der Nachfrager, die mehrere Medien gleichzeitig nutzen (**externe Überschneidung** = Überlappung Leser-/ Seher-/Hörerschaft diverser Werbeträger)	**Kombinierte Reichweite** Personen, die bei mehreren Einschaltungen in verschiedenen Medien erreicht werden Berechnung: Bruttoreichweite abzüglich der externen und der internen Überschneidungen

Abb. C-79: Reichweitenmaße der Mediaplanung (vgl. hierzu Meffert 1998, S. 758)

Bei der kumulierten und kombinierten Reichweite sowie der Nettoreichweite werden die internen und externen Überschneidungen (Mehrfachkontakte mit dem gleichen Medium (intern) bzw. extern bei unterschiedlichen Medien) abgezogen. So erhält man genauere Angaben, wie viel Personen mit der Schaltung der Kommunikationsmittel erreicht wurden. Die Bruttoreichweite enthält Mehrfachkontakte, weshalb sie auch als **Kontaktsumme** bezeichnet wird.

Die **Tiefenwirkung** von Medien berücksichtigt die erreichten Kontakte pro Person. Zentrale Kennzahlen der Tiefenwirkung lauten „**Opportunity To See (OTS)**" und „Gross Rating Points (**GRP**)". Die Kennzahl OTS nennt die durchschnittliche Kontaktzahl pro Person, also wie oft die mindestens einmal erreichten Personen (Nettoreichweite) im Durchschnitt kontaktiert wurden:

$$OTS = \frac{Kontaktsumme}{Nettoreichweite}$$

Beispielsweise werden drei Ausgaben eines Werbeträgers belegt, der durchschnittlich 6 Millionen Personen erreicht (Kloss 2007, S. 266f.). Da die Überschneidungen bekannt sind (z.B. aus regelmäßigen Media-Analysen), ergibt sich nach drei Schaltungen eine Nettoreichweite von 10 Millionen Personen, mit denen $3 \cdot 6 = 18$ Mio. Kontakte erzielt wurden (Bruttoreichweite bzw. Kontaktsumme). Der OTS-Wert beträgt 18 Mio. Kontakte : 10 Mio. Personen = 1,8 Durchschnittskontakte.

Die Kennzahl **Gross Rating Points** (**GRPs**) setzt die erreichten Kontakte ins Verhältnis zur Zielgruppengröße.

$$\text{GRPs} = \frac{\text{Kontaktsumme}}{\text{Zielgruppengröße}} \cdot 100$$

Die GRPs entsprechen der Bruttoreichweite in Prozent. Sie sind ein Maß für den **Werbedruck** und dienen auch zur Beurteilung von Mediaplänen. Ein GRP besagt, dass die Kontaktsumme einem Prozent der Zielgruppe entspricht. Bei 100 GRPs entspricht die Kontaktsumme der Zielgruppe und bei 200 GRPs ist sie doppelt so groß. Die GRPs erlauben den Vergleich unterschiedlicher Medien („Wie viel kosten 100 GRPs im Fernsehen und wie viel im Hörfunk?") sowie Aussagen zum Werbedruck („Um uns gegenüber Konkurrent XY durchzusetzen, brauchen wir einen Werbedruck von 150 GRPs pro Woche.") (http://www.mdr-werbung.de/media-lexikon_g.html).

Zur Beurteilung der **Reichweite von Internetseiten als Werbeträger** und Bannern als Werbemittel dienen die in Abbildung C-80 zusammengefassten Kennzahlen.

Zur Bewertung der Kosten von Werbeträgern dient der **Tausend-Kontakte-Preis** (**TKP**). Der TKP gibt an, welche Kosten entstehen, um 1.000 Kontakte zu erzielen. Die Anzahl der Personen ist für den TKP unerheblich. So können die 1.000 Kontakte eine Person erreichen oder 1.000 Personen werden je einmal kontaktiert.

$$\text{TKP} = \frac{\text{Kosten je Einschaltung}}{\text{Kontaktsumme}} \cdot 1000$$

Kostet beispielsweise eine 1/1-seitige Farbanzeige, die in einer Zeitschrift geschaltet werden soll, 50.000 € und erreicht diese Zeitschrift 5 Mio. Leser, dann beträgt der TKP = 50.000 : 5 Mio. • 1.000 = 10 €. Der TKP lässt sich **gewichten**, um die zielgruppenspezifische Reichweite abzubilden:

$$\text{TKP} = \frac{\text{Kosten je Einschaltung}}{\text{Kontaktsumme} \cdot \text{Anteil je Zielgruppe}} \cdot 1000$$

Für den TKP der Bannerwerbung werden die Ad Impressions (Kontakte) eingesetzt.

Kennzahlen zur Bewertung der Reichweite von Internetseiten als Werbeträger		
Kontakt mit der Internet-seite	**Visits**	• Zahl der Besuche (Seitenabrufe) auf einer Internetseite innerhalb einer bestimmten Periode, z.B. innerhalb eines Monats • mehrere Seitenabrufe innerhalb 30 Minuten werden als ein Visit gezählt (*) • mit der Kontaktsumme bzw. Bruttoreichweite vergleichbar
	Unique Visitors	• Anzahl der Besucher, die die Seite in einer best. Periode aufgerufen haben • mit der Nettoreichweite vergleichbar
Verhalten auf der Internet-seite	**Page Im-pressions**	• Summe der aufgerufenen Unterseiten einer Internetseite • Aussagen über den Seiteneindruck der Nutzer (zB Seite ist interessant, gut/schlecht nutzbar, Landingpage einer Werbekampagne) • Page Impressions werden vom Seitenbetreiber erfasst
	View Time	Zeitspanne, die eine Internetseite inklusive Unterseiten betrachtet wurde
Kennzahlen zur Bewertung der Reichweite von Bannerwerbung		
Kontakt (-chance) mit dem Werbe-banner	**Ad Im-pressions**	• Anzahl der aufgerufenen Internet-/ Unterseiten innerhalb einer bestimmten Periode, auf denen Werbebanner platziert wurden • Zählung der möglichen Sichtkontakte (Kontaktchancen), unabhängig davon, ob das Werbebanner auch wahrgenommen wurde • Ad Impressions werden vom Adserver erfasst, d.h.: werden auf einer Inter-netseite zwei Banner platziert, zählt der Seitenbetreiber eine Page Impression und der Adserver zwei Ad Impressions (**)
Verhalten des Umwor-benen	**Ad Clicks**	• periodisierte Anzahl der Klicks auf einen Werbebanner und die damit ver-bundene Weiterleitung auf eine Interseite • dient zur Ermittlung, ob eine Werbebannerkampagne erfolgreich war
	Ad Click Rate	• Verhältnis von Ad Clicks und Ad Impressions • gibt die Wahrscheinlichkeit wieder, mit der bei Aufruf einer Seite mit Werbe-banner dieses auch angeklickt wird (durchschnittliche Klickrate 1-2%) (***) • dient zur Ermittlung, ob eine Werbebannerkampagne erfolgreich war
	Ad View Time	• Zeitspanne, die eine Seite mit platziertem Werbebanner betrachtet wurde • fraglich, wie viel Zeit davon für Bannerbetrachtung genutzt wurde

Abb. C-80: Kennzahlen zur Bewertung der Reichweite von Internetseiten als Werbeträger und von Bannern als Werbemittel (vgl. (*) http://de.wikipedia.org/wiki/Unique_Visit (**)http://www.techdivision.com/de_de/glossar/a/adimpressions.html (***) Gleich 2003, S. 294)

Die Inter- und Intramediaselektion der Werbeträger ist durch die **zeitliche Vertei-lung der Kommunikationsmittel** zu ergänzen. Im Hinblick auf die **Kontakthäu-figkeit** („Wie oft ein Werbemittel schalten?") können die Schaltungen von Kommu-nikationsmitteln intensiv und auf eine kürzere Zeitperiode **konzentriert** sein oder kontinuierlich über die gesamte Periode verteilt werden.

Eine sehr frühe und oft zitierte Untersuchung zum Thema „Lernen bzw. Vergessen von Werbebotschaften" stellte 13malige Anzeigenschaltungen, die wöchentlich vor-genommen wurden, jenen gegenüber, die im vierwöchentlichen Abstand erfolgten. Die Ergebnisse (Abbildung C-81) zeigten, dass bei wöchentlich wiederholtem Wer-beeinsatz der Lernerfolg (Erinnerung an die Werbebotschaft) schnell und relativ hoch anstieg.

Bei **kontinuierlich** über das Jahr verteilten Werbebotschaften stieg die Erinnerungsleistung beständig mit jedem Kontakt. Allerdings müssen die zugrundeliegenden Kommunikationskonzepte und situativen Bedingungen der Kommunikationsarbeit berücksichtigt werden. So bietet sich bei Produktangeboten mit saisonalem Schwerpunkt die konzentrierte Werbung an, während für dauernd benötigte Güter des täglichen Bedarfs die kontinuierliche Werbung empfehlenswert ist (Meffert et al. 2012, S. 734).

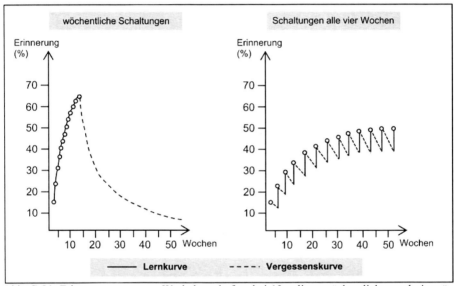

Abb. C-81: Erinnerungswerte an Werbebotschaften bei 13maliger wöchentlicher und vierwöchentlicher Schaltung (Quelle: Zielske 1959, S. 240)

Wird über den **Einschaltzeitpunkt** entschieden („Wann Werbemittel schalten?"), so ist die Platzierung innerhalb eines Werbeträgers zu konkretisieren. Dem **Primacy-Recency-Effekt** folgend platziert man beispielsweise Anzeigen zu Beginn und zum Ende eines Werbeträgers (erste/letzte Umschlagseite innen vorne/hinten). Analog kann der Effekt bei der Platzierung von TV-Spots in Werbeblöcken genutzt werden. Allerdings gilt es hierbei zu berücksichtigen, dass zu Beginn des Werbeblocks oft Zuschauer zu anderen Programmen zappen und daher am Ende des Werbeblocks geschaltete Spots eine höhere Reichweite erzielen, zumal die Zuschauer dann dem Fortlauf des Programms weiter folgen wollen (Meffert et al. 2012, S. 736).

4.5 Botschaftsgestaltung
4.51 Formale Gestaltungsfaktoren

Wesentliche formale Faktoren der Botschaftsgestaltung (Zeichen- bzw. Symbolsystem) werden in Abbildung C-82 gekennzeichnet und mit Beispielen erläutert.

Formale Faktoren	Kennzeichnung	Beispiele
Sprache	• **Darstellungsfunktion** • **Ausdrucksfunktion** • **Appellfunktion**	• Darstellungsfunktion: Aussagen über die Wirklichkeit, zB Verkäufer erläutert technisches Gerät • Ausdrucksfunktion: wenn Gefühle, Einstellungen, Meinungen gezeigt werden, zB Unternehmen zeigt via PR aufrichtiges Bedauern über die selbstverursachte Krise • Appellfunktion: Verhaltenssteuerung (Kap. C.IV.4.52)

Typographie	• **Erkenn-/ Lesbarkeit**
	
	• Berücksichtigung der **zu vermittelnden Atmosphäre**
	
	• weitere Gestaltungsparameter sind zB Buchstaben-, Wort-, Zeilenabstand, Spaltenbreite etc.
		• Schriftart mit Serifen (Zierabschlüsse an Buchstaben)
		  – zB Times New Roman (in Zeitungen)
		  – Texte tendenziell besser zu lesen (Lesefluss)
		  – kleine Schriftgröße wenig geeignet (zB am Monitor)
		  – wirkt eher konservativ, seriös
		• Schriftart ohne Serifen (zB Arial, Verdana)
		  – für Überschriften und Texte in kleinen Schriftgrößen
		  – wirkt eher modern, ggf. etwas nüchterner
		• Schrift ist als Bildinformation anzusehen, d.h.: erst wird die Schrift und dann der Text wahrgenommen **(*)**

Bilder	• **schnelle Kommunikation**
	
	• Ansprache emotionaler **Schemata**
	
	• rufen besondere **Gedächtnisleistungen** hervor
		• Bilder mittlerer Komplexität benötigen etwa 1 bis 2 Sekunden, um erfasst zu werden (während dieser Zeit nur 5 bis 10 Wörter erfassbar)
		• zB Schema Sonne, Strand etc. im Hinblick auf Urlaub
		• Erkenntnisse zum Bildgedächtnis: man erinnert
		  – reale Ereignisse besser als entsprechende Bilder
		  – Bilder besser als konkrete Wörter
		  – konkrete Wörter besser als abstrakte

Farben	• **Aufmerksamkeit** wecken • **realitätsnahe** Darstellung • **Identifizierungshilfe**	• eine gewünschte „Simulation" der Wirklichkeit (Photo) wird unterstützt durch reale Farben; dies wiederum wirkt sich positiv auf die Gedächtnisleistung aus • Farben unterstützen die Identifizierung von Marken

Format	• **optische** und **akustische** Zeichen
	• um **Aufmerksamkeit** zu steigern
	• **Wiedererkennungseffekt**
		• zB Anzeige: 1/1-seitiges oder blattbreites Format in Tageszeitung (aufmerksamkeitsstark)
		• akustische Zeichen zB:
		  – Musik als Gestaltungsfaktor von Werbespots
		  – Jingles (gesungener Slogan) und melodische Erkennungszeichen als Markenbestandteil

Platzierung	• **optische** und **akustische** Zeichen • um **Aufmerksamkeit** zu steigern	• zB Anzeige: Platzierung innerhalb einer Zeitschriftenausgabe vorne bzw. hinten (Primacy-Recency-Effekt) • akustische Zeichen zB Platzierung eines Werbe-Spots zu Beginn/am Ende des Werbeblocks

Abb. C-82: Formale Faktoren der Botschaftsgestaltung; hinsichtlich Typographie (*) Gierl, Schweidler 2010, S. 9

4.52 Inhaltliche Gestaltungsfaktoren

Zielgruppen als Empfänger kommunikativer Botschaften können eher emotional über Appelle oder rational argumentativ erreicht werden. **Appelle** sprechen beim

Empfänger bestimmte Gefühlsstrukturen wie z.B. Angst und Humor an (Abb. C-83). Er soll aufmerksam sein und zu einem bestimmten Verhalten animiert werden.

Inhaltliche Faktoren	Kennzeichnung	Beispiele
Appelle an Emotionen	Appelle • sprechen beim Empfänger **bestimmte Gefühlsstrukturen** an • sollen zu einem **bestimmten Verhalten animieren**	• Appelle mit Schlüsselreizen: – Kindchen-Schema: - Darstellung kleiner Kinder oder junger Tiere - künstlich erzeugte Schlüsselreize, zB Teddybär – erotische Appelle: - zB Darstellung von Zärtlichkeiten, nackten Menschen - evtl. Ablenkung vom Kommunikationsobjekt • Appell an Humor: – Reize zB Witz, Wortspiel, Ironie, Unter-/ Übertreibung – Problem, wenn Lacherfolg gegeben, jedoch Absender bzw. Produkt nicht mehr bekannt/identifizierbar • Angst-Appell: – angstinduzierende Botschaft mit gleichzeitiger Lösung – zB Versicherungen, Anti-Drogen-Kampagne • Slice-of-Life-Appell: – Anwendung des Kommunikationsobjekts im Alltag – ruft Gefühle wie Familienglück, Wohlbefinden hervor – zB „Frühstücks-Rama"; Streitgespräch zwischen Mieter und Wohnungseigentümer im Radio
Formen der Argumentation	Art und Weise, wie das in der kommunikativen Botschaft abgegebene **Nutzenversprechen** (consumer benefit) begründet wird (**reason why**)	• Plausibilitätsargumentation: – führt Erfahrungen, Traditionen an – zB (Großvater)„Diese Bonbons habe ich schon damals gemocht – und nun empfehle ich sie meinem Enkel." • rationale Argumentation: – Verwendung experimenteller oder empirischer Daten, um die Botschaft zu begründen – zB Vorher-Nachher-Darstellung (bei Kosmetika); Testergebnis (Stiftung Warentest) • einseitige und zweiseitige Argumentation: – Nennung von Argumenten für Kommunikationsobjekt (einseitig) und von Gegenargumenten, die widerlegt werden (zweiseitig) – zB „Der Produktpreis ist relativ hoch, dafür hat das Produkt folgende Nutzenvorteile…"

Abb. C-83: Inhaltliche Faktoren der Botschaftsgestaltung

Appelle, die sich die **Wirkung von Schlüsselreizen** zunutze machen, sind das Kindchen-Schema und die erotischen Appelle. Schlüsselreize sind besonders zuverlässige, emotional wirkende Reize. Es gibt visuelle, akustische, taktile und olfaktorische Schlüsselreize. Ihnen wendet sich der Konsument aufgrund eines biologisch vorprogrammierten und deshalb weitgehend unbewussten Verhaltens automatisch zu. Die Unterschiede zwischen **Argumentationsformen** resultieren aus der Art und Weise, wie das in der kommunikativen Botschaft abgegebene Nutzenversprechen begründet wird.

Fallstudien zu C.IV.4 Kommunikationspolitik		
Bezeichnung	*Fallstudie*	*Schwerpunkt/Aufgabe*
C.IV.4 (1)	McDoll´s	mehrstufiges Kommunikationssystem
C.IV.4 (2)	Kröti	Positionierung; Gestaltungsstrategie
C.IV.4 (3)	Ich will	Gestaltungsstrategie; Budgetierung
C.IV.4 (4)	Zeitgeist	Positionierung
C.IV.4 (5)	Spezisa	Positionierung
C.IV.4 (6)	Beauty Care	Kritische Würdigung der Positionierung
C.IV.4 (7)	TechWear	Positionierung; Kommunikations-Strategie; Sponsoring
C.IV.4 (8)	Raindrop	Tausend-Kontakte-Preis
C.IV.4 (9)	Herr Laifstail	Schaltplan; Tausend-Kontakte-Preis
C.IV.4 (10)	Lyma	Online-Kommunikation; Soziale Medien
C.IV.4 (11)	Atatoy	Krisen-PR
C.IV.4 (12)	Globit	Krisen-PR; Werbewirkung
C.IV.4 (13)	Fitness-Studio	Gestaltung der kommunikativen Botschaft

C. IV. 4 (1) Fallstudie „McDoll"

Vor einiger Zeit wurden TV-Spots des Werbetreibenden Mc Doll über unterschiedliche TV-Kanäle gezeigt, deren Botschaften in einer anderen als der sonst üblichen Art und Weise gestaltet waren: Das Unternehmen stellte seine Vorzüge als Arbeitgeber heraus, indem Arbeitnehmer unterschiedlichen Alters und in unterschiedlichen Positionen (z.B. Filialleiter, Seniorin als Teilzeitkraft) zu Wort kamen, kurz ihre Zweifel nannten, die sie vor der Bewerbung bei McDoll hatten und dann ihre klare Zufriedenheit mit ihrer Tätigkeit bei McDoll äußerten.

Aufgabe:
Visualisieren und erläutern Sie das dieser Vorgehensweise von Mc Doll zugrunde liegende mehrstufige Kommunikationssystem!

C. IV. 4 (2) Fallstudie „Kröti"

Siehe Fallstudientext unter C. II. (2) Fallstudie „Kröti"

Aufgabe:
Entwickeln Sie aus dem Blickwinkel von Herrn Ökol eine neue Positionierung und Gestaltungsstrategie für den „Kröti"-Haushaltsreiniger!

C. IV. 4 (3) Fallstudie „Ich will"

Siehe Fallstudientext unter C. II. (3), Fallstudie „Ich will"

Aufgaben:
a) Entwickeln Sie eine neue Positionierung und entsprechende Gestaltungsstrategie für „Ich will"!
b) Herr Schmalz möchte das Kommunikationsbudget bestimmen, das er im nächsten Kalenderjahr für „Ich will" benötigt. Er richtet extra eine temporäre Projektgruppe mit vier Mitgliedern ein. Leider können sich diese nicht einigen, welches Verfahren der Budgetierung praktiziert werden soll. Es stehen folgende vier Alternativen zur Disposition:
   1) Das Budget soll 3,5 bis 4% des Umsatzes des letzten Jahres betragen.
   2) Das Budget richtet sich nach den für Werbung verfügbaren finanziellen Mitteln.
   3) Das Budget soll sich am Share of Voice orientieren.
   4) Das Budget soll sich an der angestrebten Erhöhung des Bekanntheitsgrades des neuen „Ich will"-Slogans orientieren.
   Sie werden von Herrn Schmalz gebeten, die Projektgruppe bei der Auswahl des vorteilhaftesten Budgetierungsverfahrens zu beraten!

C. IV. 4 (4) Fallstudie „Zeitgeist"
Seit 1946 gibt es auf dem bundesdeutschen Markt die Wochenzeitung „Zeitgeist" aus dem Verlagshaus Soffistikäitit. „Zeitgeist" richtet sich vornehmlich an solche Leser, die an einer umfassenden, gut recherchierten Berichterstattung in Rubriken wie ´Politik´, ´Wirtschaft´, ´Wissenschaft´, ´Gesellschaft und Kultur´ sowie (seit 1995) ´Medien´ interessiert sind.

Im letzten Jahr sahen sich die Verantwortlichen von „Zeitgeist" mit einer deutlich sinkenden Auflage konfrontiert. Zehn Prozent der Abonnements wurden gekündigt. Als aus wirtschaftlichen Gründen das „Zeitgeist"-Magazin – eine vierfarbige, etwa fünfzig Seiten umfassende Beilage der Wochenzeitung, in der sich u.a. anspruchsvolle Rätsel mit hohem Unterhaltungswert befanden und das laut einer relativ aktuellen Leserumfrage über alle Altersgruppen beliebt war – eingestellt wurde, drohten weitere Abo-Kündigungen. Eine Leserumfrage (telefonische Befragung von eintausend Abonnenten der „Zeitgeist" Anfang des Jahres) lieferte die Erkenntnis, dass die Leser „Zeitgeist" als zu informationslastig und leseunfreundlich empfanden. Typische Einschätzungen diesbezüglich lauteten: „anstrengend zu lesen", „schwarze Wüste" (wegen des hohen, schwarz gedruckten Textanteils) und „eher langweilig".

Auf die Frage, wie denn eine als ´ideal´ empfundene Wochenzeitung aussehen könnte, lauteten wesentliche Äußerungen wie folgt:
- „bunter, aber nicht zu bunt"
- „informative, aber auch unterhaltende Berichterstattung"
- „gut recherchierte, umfassende Berichterstattung"
- „anspruchsvolle Unterhaltung (z.B. Kreuzworträtsel, mathematische und kulturelle
  Rätsel)".

Angesichts der problematischen Situation gab es Mitte des letzten Jahres personelle
Veränderungen bei den Herausgebern und in der Chefredaktion. Die neue Führung
beschloss einen Relaunch von „Zeitgeist" in Verbindung mit einer veränderten Positionierung und Gestaltungsstrategie.

Aufgabe:
Welche veränderte Positionierung empfehlen Sie der neuen Führung für die Wochenzeitung „Zeitgeist"?

C. IV. 4 (5) Fallstudie „Spezisa"

Die Franz Meyer GmbH & Co. KG ist eine 1909 im Ostallgäu gegründete Molkerei
mit etwa 400 Mitarbeitern. Unter der Marke „Spezisa" bietet der Hersteller Frischkäse, Natur- und Fruchtquark, Käsekuchen-Snacks und Mascarpone an. Neben
„Spezisa" führt die Molkerei noch drei weitere Marken, die zusammen einen Umsatzanteil von etwa zehn Prozent erwirtschaften und somit von deutlich geringerer
Bedeutung als die Hauptmarke sind. Alle Produkte der Molkerei unterliegen ständigen Qualitätskontrollen nach strengen Richtlinien. Auch die etwa einhundert Zulie-
ferer müssen höchsten Maßstäben genügen. Alle Zutaten wie Kräuter, Gewürze oder
Früchte werden von Firmen geliefert, deren Qualität und Leistungsfähigkeit regelmäßig geprüft wird.

Bis vor fünf Jahren bildeten Natur-, Weich- und Schmelzkäse sowie Quarkprodukte den Schwerpunkt der „Spezisa"-Produktpalette. Es handelte sich um ein Vollsor-
timent typischer Käsesorten und Quarkprodukte. Während dieser Zeit gab es weder
Produkt- noch Verpackungsinnovationen. Eine Verbraucheranalyse befasste sich
unter anderem mit der Wahrnehmung der „Spezisa"-Markenprodukte. Repräsentati-
ve Äußerungen der befragten Konsumenten lauteten:
- „Spezisa ist halt üblicher Käse!"
- „Die Spezisa-Produkte – egal, ob Käse oder Quark – sind zwar echt lecker, aber
  auch ganz schön teuer!"
- „Warum soll ich für die Spezisa-Produkte mehr bezahlen als für andere Käse- und
  Quarkprodukte? Das sehe ich nicht ein!"
- „Fettreduziert sind andere Produkte auch, und dabei noch günstiger als Spezisa."
Bezeichnenderweise waren die Umsätze der „Spezisa"-Produkte langsam, aber
kontinuierlich während dieser Zeit rückläufig.

Seit etwa vier Jahren umfasst das Angebot auch Spezialitäten für Frischkäse und Quark. Beispiele hierfür sind der mit exotischen Früchten und Mineralien angereicherte „Spezisa"-Quark für die kleine Mahlzeit zwischendurch, der „Spezisa"-Frischkäse in der Geschmacksrichtung Krabbe mit Gurke und Dill sowie die „Spezisa"-Scheiben aus Frischkäse. Letztere sind im relativ innovationsschwachen Käsescheibenmarkt besonders bemerkenswert. Denn die Herstellung der „Spezisa"-Frischkäsescheiben erfordert spezifisches Technologie- und Produktions-Know-how. Um ein solches, an aktuellen Konsumtrends orientiertes Angebot ständig bereitzustellen, werden mittlerweile jährlich bis zu zehn Millionen Euro in neue Produkte und Herstellungsverfahren investiert.

Aus inoffizieller Quelle weiß man, dass die Hauptwettbewerber A und B nicht über ein solches, spezifisches Know-how verfügen und nur sporadisch in neue Produkte und Verfahren investieren. Der Umsatzanteil innovativer Produkte und Verpackungen (z.B. Multipackangebote), die jünger als zwei Jahre sind, beträgt bei der Franz Meyer GmbH & Co. KG derzeit über 20 Prozent. Im Segment der Quark- und Frischkäseprodukte konnte die Molkerei im Laufe der letzten vier Jahre ihren Marktanteil kontinuierlich steigern und ist nun Marktführer.

Aufgaben:
a) Nehmen Sie eine kritische Würdigung der „Spezisa"-Markenpositionierung vor, die bis vor fünf Jahren galt!
b) Erläutern Sie nun das erfolgreiche „Spezisa"-Positionierungskonzept der letzten vier Jahre! Welche Gestaltungsstrategie könnte mit der Positionierung verbunden sein?

C. IV. 4 (6)   Fallstudie „Beauty Care"

Die „BEAUTY CARE AG" ist ein international tätiger Hersteller von Körperpflege- und Kosmetikprodukten. Der Produktmanager der Strategischen Geschäftseinheit Körperpflege, Herr Schöngeist, ist für folgende Produkte verantwortlich:

Produkt A: „BEAUTY women"   (Feuchtigkeitscreme für Frauen)
Produkt B: „BEAUTY women spezial"   (Feuchtigkeitscreme Frauen ab 50)
Produkt C: „BEAUTY young women"   (Feuchtigkeitscreme junge Frauen)
Produkt D: „BEAUTY men"   (Feuchtigkeitscreme für Männer)
Produkt E: „BEAUTY hair"   (Haarwaschmittel normales Haar)
Produkt F: „BEAUTY dryhair"   (Haarwaschmittel trockenes Haar).

Das Unternehmen plant die Markteinführung eines Kombiprodukts (Haarwaschmittel und Haarspülung in einem), das dem Anspruch der Konsumenten an die Haarpflege in besonderer Weise entsprechen soll. Dieses geruchsneutrale Produkt (Arbeitstitel: „BEAUTY haircare kombi") liefert den üblichen Nutzen eines Haarwaschmittels, beugt nachweisbar dem Haarspliss vor und unterstützt den natürlichen Haarglanz.

Anhand der Befragung einer repräsentativen Stichprobe wurde ermittelt, dass sich ein beachtlicher Anteil der Konsumenten ein solches Haarpflegeprodukt wünscht, das möglichst auch noch gut duftet. Ein wesentlicher Vorteil solcher Kombiprodukte liegt nach Ansicht der Befragten in der Zeitersparnis bei der Haarpflege. Diese Ansicht der Konsumenten wird aus folgender Äußerung deutlich, die als repräsentativ gilt: „Ich benutze manchmal das Kombiprodukt ´wash and care´, weil es so bequem ist: Nur ein einziger Wasch- und Pflegevorgang. Jedoch ist die Qualität nicht so gut. Die Haare sehen schnell stumpf und ungepflegt aus. Früher habe ich nur BEAUTY-Produkte benutzt. Da konnte ich mich immer auf die Qualität verlassen.“

Derzeit beschäftigt sich Herr Schöngeist mit der Positionierung des neuen Produkts. Das bisherige Resultat seiner Bemühungen ist Abbildung C-84 zu entnehmen. Da Herr Schöngeist noch nicht über die notwendigen Positionierungskenntnisse verfügt, kommt er nicht mehr weiter und ist auf Ihre Unterstützung angewiesen.

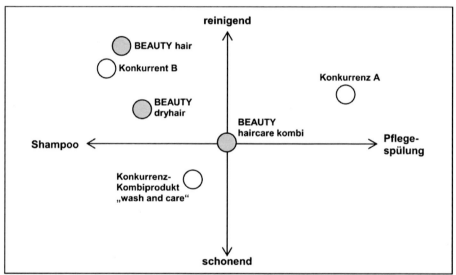

Abb. C-84: Positionierung des neuen Produkts (entworfen von Herrn Schöngeist)

Aufgabe:
Nehmen Sie eine kritische Würdigung des von Herrn Schöngeist angefertigten Positionierungsmodells vor! Welche Ansatzpunkte zur Verbesserung der Positionierung sehen Sie?

C. IV. 4 (7)   Fallstudie „TechWear“

Das Unternehmen TechWear GmbH ist ein Hersteller von Sport- und Freizeitbeklei-dung für den Outdoorbereich. Die Textilien sind wind- und wasserdicht sowie at-mungsaktiv aufgrund einer speziellen, unter der Marke „TW®“ patentierten Membran. Da die Membran aus ökologisch abbaubaren Materialien besteht, erhielt das Unternehmen als einziger Membranhersteller das Öko-Siegel ´Blue Sign´. Kunden der TechWear GmbH sind die Hersteller von Sport- und Freizeitbekleidung, die ihre Produkte mit der „TW®"-Membran ausstatten sowie die Fachgeschäfte und Kaufhäuser, die die Bekleidungsprodukte vertreiben. Jedes mit der „TW®"-Membran ausgestattete Kleidungsstück ist mit einem Etikett versehen, das über die Membran informiert. Die TechWear GmbH ließ vor kurzem eine repräsentative Imageanalyse durchführen. Eine wesentliche Erkenntnis dieser Analyse war, dass die Membran-Marke „TW®" als solide, aber konservativ wahrgenommen wird. Typische Einschätzungen diesbezüglich lauteten: „eher für konservative Bekleidung", „die Membran ist doch bei allen Kleidungsstücken, auch von anderen Marken, dieselbe", „eher was für Ältere", „unmodern". Als Pluspunkte wurden die gute Atmungsaktivität der Membran und ihre Zuverlässigkeit bei Wind, Regenwetter und Schnee genannt. Die ökologischen Bestandteile der Membran waren den Befragten eher unbekannt. Auf die Frage, wie denn eine als „ideal" empfundene Sport- und Freizeitbekleidung mit entsprechender Membran beschaffen sein könnte, lauteten wesentliche Äußerungen (Abbildung C-85):

„Ideale" Sportbekleidung	„Ideale" Outdoor-Freizeitbekleidung
• atmungsaktiv • wind- und wasserfest • ökologieorientiert • technologisch für höchste Outdoor-Ansprüche geeignet	• atmungsaktiv • wind- und wasserfest • ökologieorientiert • modisch

Abb. C-85: Die „Ideale" der Sportbekleidung und Outdoor-Freizeitbekleidung

Aufgrund dieser Ergebnisse beschließt die TechWear-Führung unter der Leitung von Herrn Heiteck, den kommunikativen Auftritt der Marke „TW®" vollständig zu überarbeiten.

Aufgaben:
a) Welche veränderte Positionierung und entsprechende Kommunikationsstrategie empfehlen Sie Herrn Heiteck für die Marke „TW®"? Berücksichtigen Sie bei Ihren Ausführungen sowohl die Sportbekleidung als auch die Outdoor-Freizeitbekleidung!
b) Erörtern Sie anhand geeigneter Kriterien, welche Sportart(en) die Tech Wear GmbH sponsern sollte!
c) Nehmen Sie eine kritische Würdigung des Sponsorings hinsichtlich seiner Eignung als Kommunikationsinstrument der TechWear GmbH vor!

C. IV. 4 (8) Fallstudie „Raindrop"

Die „Raindrop GmbH" ist ein Hersteller von wasserabweisender Bekleidung. Die Produkte der „Raindrop GmbH" haben einen echten Wettbewerbsvorteil gegenüber den Konkurrenzangeboten. So konnte vor einiger Zeit der Geschäftsführer P. Fiffig, ein engagierter Tüftler und Bastler in seiner Freizeit, einen besonderen Stoff entwickeln, der wasserabweisend und atmungsaktiv ist. Der Träger der Bekleidung schwitzt also nicht. Weiterhin liefern die Produkte der Raindrop GmbH einen besonderen Zusatznutzen: Dank der patentierten Erfindung von P. Fiffig ist es möglich, der wasserabweisenden Bekleidung die Struktur normaler Stoffe (z.B. Jeans-, Mantelstoff) zu geben. So bleibt das Erscheinungsbild normaler Bekleidung erhalten. Die Schnittführung und das Design der Produkte sind dem zielgruppenspezifischen Bedarf angemessen. Abbildung C-86 gibt einen Überblick des Produktprogramms mit den jeweiligen Marken, Zielgruppen, Preis- und Qualitätsniveaus:

Produkt- programm	Produkt- marken	Ziel- gruppen	Preis- niveau	Qualitäts- niveau
Standard- Regenbekleidung	„Raindrop- Regenschutz"	Frauen, Männer, Kinder	überdurchschnittlich bis hoch	überdurchschnittlich bis hoch
Wasserabweisende Bekleidung für Fahrradfahrer	„Raindrop- Regenschutz für Fahrradfahrer"	Frauen, Männer, Kinder	überdurchschnittlich bis hoch	überdurchschnittlich bis hoch
Wasserabweisende Bekleidung für Golfspieler	„Raindrop- Regenschutz für Golfspieler"	Frauen, Männer	hoch	hoch

Abb. C-86: Produktprogramm der Raindrop GmbH

Als im Rahmen einer kürzlich durchgeführten Konsumentenbefragung unter anderem die Frage nach der persönlichen Bedeutung dieses besonderen Zusatznutzens gestellt wurde, kamen sehr viele positive Äußerungen, z.B.:
- „Diese Regenbekleidung sieht ja überhaupt nicht aus wie Regenbekleidung, sondern wie meine sonstigen Jeanssachen auch." (betrifft Standard-Regenbekleidung)
- „Früher war mir mein Regencape für den Schulweg immer peinlich vor den Klassenkameraden. Die „Raindrop"-Klamotten finde ich echt cool – und die anderen finden das auch." (betrifft „Raindrop-Regenschutz für Fahrradfahrer")
- „Dem Golfspieler ist Regenwetter ein Greuel. Doch mit dieser Bekleidung, so chic und komfortabel, spiele ich auch bei Regenwetter gern." (betrifft „Raindrop-Regenschutz für Golfspieler")

Bisher war der Stellenwert der Kommunikationspolitik im Unternehmen nicht sehr hoch. Dabei verfolgt die Geschäftsleitung durchaus konsequent ihre Ziele im Sinne einer marktorientierten Unternehmensführung. Der für das Marketing des Unternehmens zuständige W. Endig ist bestrebt, den letztjährigen Marktanteil des Unternehmens um zwei Prozent innerhalb von zwölf Monaten zu steigern. Dieses ehrgeizige Ziel möchte er auch durch die Entwicklung einer entsprechenden Kommunikationsstrategie erreichen.

Aufgaben:
a) Entwickeln Sie eine Kommunikationsstrategie für „Raindrop"!

b) Herr W. Endig plant die Belegung von Zeitschriftenanzeigen für eine Werbekampagne bei der Zielgruppe der Golfspieler. Ihm stehen folgende Mediadaten zur Verfügung (Abbildung C-87):

Zeitschrift	Leser gesamt	Single-Haushalte (in Mio.)	2-Personen-Haushalte (in Mio.)	3-Personen-Haushalte (in Mio.)	Anzeigen-Preis (1/1 Seite)
Golf-Magazin	1,4	0,2	0,8	0,4	46.000 GE
Der Golfer	1,1	0,6	0,3	0,2	45.000 GE
Golf-Highlights	0,8	0,6	0,2	–	48.000 GE
Golf and more	1,2	0,4	0,4	0,4	40.000 GE

Abb. C-87: Mediadaten zu vier Zeitschriften

Für die Belegung der Zeitschriften hat W. Endig ein Budget von 450.000 GE zur Verfügung. Er hält es für angemessen, wenn drei Zeitschriften mit mindestens drei Schaltungen belegt werden. Er geht davon aus, dass sämtliche Single-Haushalte, 60 Prozent der Zwei-Personen-Haushalte und 20 Prozent der Drei-Personen-Haushalte zur Zielgruppe gehören. Erstellen Sie den Streuplan für Herrn W. Endig!

c) Nachdem der Streuplan für die „Raindrop GmbH" angefertigt war, zeigte sich die Anzeigenabteilung der Zeitschrift „Golf-Highlights" plötzlich verhandlungsfähig hinsichtlich des Anzeigenpreises (1/1 Seite). Wie hoch darf dieser höchstens sein, damit sich Herr W. Endig für eine Belegung in dieser Zeitschrift entscheidet? (Hinweis: Die sonstige Datenkonstellation ist unverändert.)

C. IV. 4 (9) Fallstudie „Herr Laifstail"

Herr Laifstail ist Betreiber des filialisierten Bekleidungsgeschäfts „Clothing Culture". Er wirbt jedes Jahr zum Saisonauftakt und -abschluss in regionalen zeitungsähnlichen Anzeigenblättern für sein Sortiment. Als Werbeträger seiner Anzeigen kommen drei Anzeigenblätter in Frage. Für diese Printwerbung, die er für das kommende Kalenderjahr plant, stehen ihm 100.000 € zur Verfügung. Die Schaltkosten je Ausgabe und Anzahl der Ausgaben pro Jahr sind Abbildung C-88 zu entnehmen.

Anzeigenblatt	Leser pro Ausgabe	Schaltkosten je Ausgabe	Ausgaben pro Jahr
Anzeigenblatt 1 (AB 1)	60.000	5.500 €	12
Anzeigenblatt 2 (AB 2)	180.000	7.500 €	6
Anzeigenblatt 3 (AB 3)	120.000	6.000 €	9

Abb. 88: Mediendaten zu den drei Anzeigenblättern

Herr Laifstail möchte mit seiner Printwerbung maximal viele Werbekontakte mit potentiellen Kunden erzielen. Aus einer ihm zugänglichen Werbeträgeranalyse weiß er, dass 80 % der Leser des Anzeigenblatts 1 potentielle Kunden seiner Geschäfte sind. Bei Anzeigenblatt 2 trifft dies lediglich auf ein Drittel und bei Anzeigenblatt 3 auf 70 % der Leser zu.

Aufgaben:
a) Welche Anzeigenblätter sollte Herr Laifstail auswählen, wenn er mit seinem Budget für Printwerbung die Zahl der Werbekontakte mit seinen potentiellen Kunden maximieren will?
b) Wie viele Ausgaben pro Anzeigenblatt belegt Herr Laifstail?
c) Wie viele Kundenkontakte kann Herr Laifstail mit der Printwerbung maximal erreichen?
d) Seit kurzem steht Herrn Laifstail in seinem Einzugsgebiet eine neue Zeitschrift als Werbeträger zur Verfügung. Diese hat pro Ausgabe 163.500 Leser, von denen 45 % potentielle Kunden der „Clothing Culture" sind. Die Schaltung einer Anzeige in der Zeitschrift kostet 7.507,80 €. Wie viel Prozent Nachlass muss die Zeitschrift Herrn Laifstail einräumen, wenn die Schaltung einen günstigeren Tausend-Kontakte-Preis (TKP) als bei den Anzeigenblättern ergeben soll?

C. IV. 4 (10) Fallstudie „Lyma"

Das Unternehmen „Lyma GmbH" stellt Schreibgeräte wie Füller, Kugelschreiber und Druckbleistifte her. Es wurde Anfang der 1950er Jahre gegründet und erwirtschaftete im letzten Jahr mit 350 Mitarbeitern einen Umsatz von 80 Millionen Euro. Allerdings betrug der Umsatz drei Jahre zuvor noch 90 Millionen Euro und ist seitdem kontinuierlich gesunken. Leander Lyma, der Alleingesellschafter und Enkel des Firmengründers, äußerte sich hierzu vor kurzem in einem Interview: "Unsere Markenprodukte stehen für Design und Qualität zum angemessenen Preis. Das wissen und schätzen unsere Kunden. Doch offensichtlich kommt unser werblicher Auftritt, insbesondere bei der jüngeren Generation der 14- bis 29-jährigen, nicht mehr an."

In der bisherigen preisgekrönten Kampagne, die seit zehn Jahren abgesehen von kurzen Unterbrechungen kontinuierlich läuft, werden auf doppelseitigen Anzeigen in den Publikumszeitschriften *Alpha*, *Beta*, *Gamma*, *Delta* und *Omega* die Produkte mit dem Claim „Lyma – die Lust am Schreiben" ausgelobt. Kontinuierliches Visual der Kampagne ist ein handschriftlich erstelltes Bild (z.B. Baum, Tier) mit einer handschriftlichen Aussage (z.B. „Was in ihm steckt, grenzt an ein Wunder") über der Produktabbildung (z.B. Kugelschreiber, Füller). Der Ansicht eines namhaften Meinungsforschungsinstituts folgend funktioniert die Kampagne vor allem deshalb nicht mehr, weil die jüngere Generation ihre eigene Handschrift nicht als etwas Positives erlebt, sondern als lästige Pflicht in der Schule oder im Beruf. Zudem teilt sie sich lieber mit Email, Chat und SMS als handschriftlich mit. Für eine neue Anzeigenkampagne, die wieder in den oben genannten Publikumszeitschriften geschaltet werden soll, ist der Claim „Lyma – kein Design schreibt besser" vorgesehen. Die schwerpunktmäßig emotionale Botschaftsgestaltung für Füller, Kugelschreiber und Druckbleistifte soll sich an die *Zielgruppen der Architekten, Maler, Journalisten und Studenten* wenden. Im Hinblick auf die *Schüler als Zielgruppe* soll die argumentative Auslobung von Füllern (z.B. „My First Lyma", ein Füller mit breiterer Feder für links- und rechshändig schreibende Schulbeginner) und Kombi-Geräten (z.B. „Lyma-Kombi", Kugelschreiber und Textmarker in einem) im Vordergrund stehen. Mit diesen Motiven sollen die Jugendmagazine *Icks* und *Üpsilon* belegt werden.

Aufgaben:
a) Konkretisieren Sie die Kommunikationsstrategien der bisherigen und der neuen Anzeigenkampagnen!
b) Leander Lyma beschließt, den bislang nur ansatzweise gegebenen kommunikativen Auftritt der Lyma GmbH im Internet grundlegend zu überarbeiten. Nennen und erläutern Sie wesentliche Erfolgsfaktoren, die die Lyma GmbH bei der Gestaltung ihrer Homepage beachten sollte!
c) Leander Lyma möchte auch „Suchmaschinenwerbung" und „Suchmaschinenoptimierung" betreiben. Welche konkreten Empfehlungen können Sie ihm geben?
d) Leander Lyma überlegt, ob er auch die kommunikationspolitschen Möglichkeiten sozialer Medien nutzen soll. Was meinen Sie?
e) In Kooperation mit Schreibwarengeschäften möchte die Lyma GmbH sogenannte „Schreib-Boxen" an die Kunden höherwertiger Schreibwaren verteilen. Diese Boxen enthalten Informationsmaterialien (kleine Folder) zu den Lyma-Produkten, einen Gutschein im Wert von zehn Euro, der beim Kauf eines Lyma-Produktes eingelöst werden kann, ein Notizbuch mit Einband in Lederoptik sowie einen kleinen Lyma-Leuchtstift.
Um welches Kommunikationsinstrument handelt es sich bei den „Schreib-Boxen"? Erläutern Sie kurz die Bedeutung des Instruments und welche Ziele die Lyma GmbH mit diesem Instrument verfolgt!

C. IV. 4 (11) Fallstudie „Atatoy"

Atatoy, einer der erfolgreichsten Autokonzerne der Welt, hat seit einigen Monaten millionenfach Produkte zurückgerufen, da sie offenkundig technische Mängel aufweisen und auch Fahrer solcher mangelhaften Atatoy-Fahrzeuge in schwerwiegende Unfälle verwickelt waren. Der Umgang des Unternehmens mit dieser misslichen Lage wird in der Fachpresse als ′Lehrbuchfall misslungener Krisenkommunikation′ bezeichnet. Beispiele hierfür sind folgende Verhaltensweisen des Unternehmens:
- Als die ersten Rückrufaktionen erfolgten, wurde seitens der Presse versucht, eine Stellungnahme des CEO (Chief Executive Officer) von Atatoy zu erhalten. Dieser lies ausrichten, er wolle sich nicht zu solchen Rückrufen oder anderen „Detailproblemen" äußern.
- Als nach geraumer Zeit Atatoy eine Pressekonferenz gab, erfolgte diese nicht in englischer, sondern japanischer Sprache. Der Sender CNN strahlte die Pressekonferenz im Original aus mit dem Hinweis ′No Translation′.

- Angesichts der technischen Probleme mit klemmenden Gaspedalen wurden diese nicht ausgetauscht, sondern geringfügig repariert. Die betroffenen Fahrzeugbesitzer erhielten den „Tipp", ohne Fußmatte zu fahren oder alternativ nicht mehr so fest auf das Gaspedal zu treten.

Aufgabe:
Im Rahmen der Krisen-PR sind bestimmte Verhaltensweisen der Unternehmensführung besonders empfehlenswert. Nennen Sie diese und erläutern Sie, warum die Krisen-PR von Atatoy als ´Lehrbuchfall misslungener Krisenkommunikation´ bezeichnet werden kann!

C. IV. 4 (12) Fallstudie „Globit"

Das Süßwarenunternehmen Wrestle Company ist einer der weltgrößten Hersteller von Kaugummi. Die Wrestle Company vertreibt ihre Marken in über 180 Ländern. In Deutschland wurde die Wrestle GmbH 1960 mit Sitz in Düsseldorf gegründet. Von dort aus wird das Geschäft im deutschen Markt geführt und die internationale Kommunikationsarbeit koordiniert. Als <u>Anfang der neunziger Jahre</u> des letzten Jahrhunderts bei den Verbrauchern eine Abnehm- und Schlankheitswelle begann, beschloss die Wrestle Company, den ersten zucker- und nahezu kalorienfreien Kaugummi unter der Marke „GLOBIT" auf den deutschen Markt zu bringen. Vor allem sportliche und gesundheitsbewusste Menschen sprach damals der lang anhaltende Pfefferminzgeschmack von GLOBIT an, der unter anderem durch den Ersatz von Zuckeraustausch- und Süßstoffen erzielt wurde. Da GLOBIT zuckerfrei ist, wurde das Produkt als Zahnpflegeprodukt positioniert. Der Slogan lautet seitdem: „GLOBIT – Minzfrische für gesunde Zähne". Allerdings zogen die Wettbewerber nach, so dass das ursprüngliche Markenattribut ´ohne Zucker´ für GLOBIT bald keine Besonderheit mehr darstellte. Denn mittlerweile sind mehr als achtzig Prozent aller Kaugummiprodukte zuckerfrei. Diese Entwicklung veranlasste das Unternehmen nach der Jahrtausendwende, die Marke GLOBIT im Markt weiter zu entwickeln und neu zu positionieren. Hierzu lieferten umfangreiche Konsumententests und Verbraucherstudien Aufschluss über Konsumtrends und Produktansprüche.

Für die Wrestle GmbH waren <u>letztes Jahr vor der GLOBIT-BALANCE-Positionierung</u> folgende Erkenntnisse der Studien von besonderer Bedeutung:
- Auf die Frage nach den Gründen des Konsums von Kaugummi gaben die 14- bis 29jährigen Befragten die folgenden typischen Antworten: „weil´s schmeckt" bzw. „Minzgeschmack gibt frischen Atem".
- Die befragten Konsumenten, die 30 Jahre und älter sind (abgekürzt ´Ü30´), kauen gern Kaugummi, wenn sie sich in alltäglichen Stress-Situationen befinden (insbesondere beim Autofahren, aber auch bei bestimmten Sportarten).
- Die Ü30-Konsumenten zählen Kaugummi zur Kategorie der Wohlfühl-Produkte.
- Die Ü30-Konsumenten legen gesteigerten Wert auf ihre Gesundheit. Sie geben für Bio- und Wellness-Produkte sowie für alternative Medizin etwa fünfzig Milliarden Euro pro Jahr aus (Tendenz steigend).

- Als gewünschte Geschmacksrichtungen eines „Wohlfühl-Kaugummis" gaben die befragten Ü30-Kaugummikonsumenten die exotischen Geschmacksrichtungen 'Papaya-Aloe Vera`, 'Himbeer-Zitronengras` und 'Heidelbeere` an.

Anfang dieses Jahres wurde GLOBIT-BALANCE im Markt eingeführt. Allein die exotischen Geschmacksrichtungen Papaya-Aloe Vera und Himbeer-Zitronengras erreichten im ersten Halbjahr einen Anteil von zehn Prozent am GLOBIT-Gesamtumsatz. Vor kurzem kam die Geschmacksrichtung 'Heidelbeere-Vitamin A` hinzu. Der Slogan der GLOBIT-BALANCE-Produkte lautet: „So fühle ich mich wohl".

Aufgaben:

a) Im Rahmen eines Kaugummi-Produkttests durch ein namhaftes Gesundheitsmagazin (durchschnittliche Auflage pro Jahr: eine Million Exemplare) wurde für das Produkt 'GLOBIT-BALANCE Heidelbeere-Vitamin A´ festgestellt, dass der Vitamin A-Gehalt sehr hoch sei. Dies könnte zu gesundheitsbeeinträchtigenden Reaktionen beim Konsumenten führen (z.B. Leberschädigung bei übermäßigem Konsum). Die Geschäftsführung der Wrestle GmbH sieht sich zur „Krisen-PR" veranlasst. Welche Ziele verfolgt die Wrestle GmbH durch die „Krisen-PR"?

b) Im Rahmen einer Werbewirkungsanalyse zur Einführungskampagne der GLOBIT BALANCE-Produkte erhielt die Wrestle GmbH folgende Ergebnisse:
   1) „Die Marke GLOBIT gehört zu den drei Top of Mind-Marken der befragten Kaugummikonsumenten."
   2) „Der gestützte Bekanntheitsgrad der Marke GLOBIT beträgt 100 Prozent."
   3) „70 Prozent der Befragten gaben an, dass sie sich im Hinblick auf die vorgelegte Ausgabe der Zeitschrift 'Health Care und Wellness` an die Anzeige für ein Kaugummiprodukt erinnern können. Fast ebenso viele hatten den Markennamen GLOBIT BALANCE bemerkt."

Nennen Sie das eingesetzte Verfahren zur Werbewirkungsmessung. Erläutern Sie es bitte kurz und interpretieren Sie die Ergebnisse!

C. IV. 4 (13) Fallstudie „Fitness-Studio"

Siehe Fallstudientext unter B. I. (2)

Aufgabe:

In Kürze kann die „Muckibude" ihr zehnjähriges Bestehen feiern. Dieses Jubiläum nimmt Anna Bolik zum Anlass, ein Werbeblatt (Din A 4-Größe) zu gestalten, um es in den Briefkästen der umliegenden Studentenwohnheime sowie in Gaststätten zu verteilen, auszulegen oder aufzuhängen, die von Studenten besucht werden.

Welche Empfehlungen zur Gestaltung der kommunikativen Botschaft können Sie Anna Bolik geben? Gehen Sie bitte auf sechs Gestaltungsfaktoren ein!

4.6   Recht des unlauteren Wettbewerbs
4.61 Zwecke des Lauterkeitsrechts; Begriffe

Das Gesetz gegen den unlauteren Wettbewerb (UWG) ist das Kernstück des so genannten **Lauterkeitsrechts**. Das Gesetz dient dem **Schutz der Mitbewerber, Verbraucher und sonstigen Marktteilnehmer vor unlauteren geschäftlichen Handlungen** einzelner Akteure. Darüber hinaus schützt es aber auch das Interesse der
Allgemeinheit an einem unverfälschten Wettbewerb (§ 1 UWG).

Gemäß der Generalklausel in § 3(1) UWG sind **unlautere geschäftliche Handlungen unzulässig**, wenn sie geeignet sind, die **Interessen von Mitbewerbern, Verbraucher oder sonstigen Marktteilnehmern spürbar zu beeinträchtigen**. Diese
Umschreibung einer unlauteren geschäftlichen Handlung ist naturgemäß zu unbe-
stimmt, um sie im konkreten Wirtschaftsleben auf die Vielzahl möglicher Verhaltensweisen der Unternehmen am Markt anwenden zu können. Deshalb enthält das
Gesetz in den einzelnen Bestimmungen und im Anhang eine Vielzahl von konkreten
Fallgruppen und Regelbeispielen, deren Systematik sich dem Leser leider nicht ohne
weiteres erschließt.

Bevor auf die einzelnen Beispiele näher eingegangen wird, sollen zunächst die zentralen Begriffe "Wettbewerb" und "geschäftliche Handlung" erläutert werden. Unter
einer **geschäftlichen Handlung** gemäß § 2(1) Nr.1 UWG versteht der Gesetzgeber
• jedes Verhalten einer Person
• zu Gunsten des eigenen oder eines fremden Unternehmens
• vor, bei oder nach einem Geschäftsabschluss,
• das mit der Förderung des Absatzes oder des Bezugs von Waren oder Dienstleistungen oder mit dem Abschluss oder der Durchführung eines Vertrages über Waren oder Dienstleistungen objektiv zusammenhängt.

Gemäß § 2(1) Nr. 6 UWG ist **Unternehmer** jede natürliche oder juristische Person,
die geschäftliche Handlungen im Rahmen ihrer gewerblichen, handwerklichen oder
beruflichen Tätigkeit vornimmt, darüber hinaus jede Person, die im Namen oder im
Auftrag einer solchen Person handelt. Mit anderen Worten: lediglich private und
unternehmensinterne Verhaltensweisen werden vom UWG nicht erfasst.

Generell lässt sich konstatieren, dass mit dem UWG der **Leistungswettbewerb**
geschützt und der Wettbewerb mit unfairen Mitteln zurückgedrängt bzw. verhindert
werden soll (Interesse der Allgemeinheit an einem "unverfälschten Wettbewerb").
Aus der Sicht des Marketing ist das Lauterkeitsrecht schwerpunktmäßig der **Kommunikationspolitik** zuzuordnen. Jedoch können auch Entscheidungen im Rahmen
der anderen Marketing-Mixes durchaus unlautere Verhaltensweisen beinhalten (z.B.
unwahre Angaben auf der Verpackung eines Produkts).

4.62 Unlautere geschäftliche Handlungen

Im UWG werden mittlerweile **zahlreiche Tatbestände für unlautere geschäftliche Handlungen** aufgeführt, die vor allem mit der letzten Gesetzesnovelle im Jahr 2009 eingefügt worden sind:
* 30 absolut verbotene geschäftliche Handlungen unabhängig davon, ob die Interessen anderer Marktteilnehmer spürbar beeinträchtigt werden ("Schwarze Liste" des Wettbewerbs), Anhang zu § 3(3) UWG
* 11 Regelbeispiele gemäß § 4 UWG sowie Regelbeispiele irreführender geschäftlicher Handlungen und irreführenden Unterlassens (§§ 5,5a UWG)
* vergleichende Werbung (§ 6 UWG)
* unzumutbare Belästigungen (§ 7 UWG)
* bestimmte Straftatbestände:
  – bewusst unwahre Werbung
  – Einsatz eines Schneeballsystems
  – Verrat von Geschäfts- und Betriebsgeheimnissen
  – Verwertung anvertrauter Vorlagen
  – Verleiten und Erbieten zum Verrat (§§ 16 - 19 UWG)
* Werbung mit einem Telefonanruf gegenüber einem Verbraucher ohne dessen Einwilligung (Ordnungswidrigkeit), § 20 UWG.

Häufig lassen sich konkrete geschäftliche Handlungen mehreren gesetzlichen Beispielstatbeständen gleichzeitig zuordnen. Einige Fallbeispiele dienen eindeutig dem Schutz bestimmter Akteure, andere kommen mehr als einem Akteur zugute. Am ehesten lassen sich die Beispiele nach ihren **Inhalten** einordnen. Eine **geschäftliche Handlung ist unlauter**, wenn
* sie **unwahre oder irreführende (zur Täuschung geeignete) Angaben** enthält; vgl. die folgenden Tatbestände:
  – Nr. 1 - 25 im Anhang zu § 3(3),
  – § 4 Nr. 3 - 5 UWG,
  – §§ 5, 5a UWG
* in **unlauterer Weise auf die Entscheidungsfreiheit des Verbrauchers** eingewirkt wird:
  – Nr. 26 - 30 im Anhang zu § 3 (3)
  – § 4 Nr.1, 2, 6 UWG
* in **unlauterer Weise vergleichend geworben** wird (§ 6 UWG) oder der **Ruf von Mitbewerbern ausgebeutet** wird oder **Mitbewerber gezielt behindert** werden (§ 4 Nr. 9, 10 UWG)
* sie in Bezug auf einen Mitbewerber **herabsetzend, verunglimpfend oder kreditschädigend** ist (§ 4 Nr.7, 8 UWG) oder durch sie ein Marktteilnehmer **unzumutbar belästigt** wird (§ 7 UWG)
* mit ihrer Vornahme **gegen eine gesetzliche Vorschrift** verstoßen wird, die auch dazu bestimmt ist, im Interesse der Marktteilnehmer das Marktverhalten zu regeln (unlauterer Vorsprung durch Rechtsbruch), § 4 Nr.11 UWG.

4.63 Wettbewerbsrechtliche Ansprüche

Die zivilrechtlichen Sanktionen bei unlauteren geschäftlichen Handlungen ergeben sich aus den §§ 8-11 UWG. Die potentiellen **Anspruchsberechtigten** sind in § 8(3) UWG genannt:
* Jeder Mitbewerber
* zuständige Verbände zur Förderung gewerblicher oder selbstständiger beruflicher Interessen nach Maßgabe weiterer Voraussetzungen (z.B. die Zentrale zur Bekämpfung unlauteren Wettbewerbs)
* Einrichtungen nach dem Unterlassungsklagengesetz (z.B. die Verbraucherverbände oder die Verbraucherzentrale Bundesverband)
* Industrie- und Handelskammern sowie Handwerkskammern.

Folgende **Ansprüche** sind denkbar:
* Beseitigung, Unterlassung (§ 8(1) UWG)
* Schadensersatz (§ 9 UWG)
* Gewinnabschöpfung (§ 10 UWG)
* Auskunft (§ 242 BGB)
* Kostenerstattung (§ 12(1) UWG).

Der **Beseitigungsanspruch** (§ 8(1) UWG) zielt auf die Beseitigung eines fortwirkenden rechtswidrigen Störungszustandes, z.B. der Widerruf wettbewerbswidriger Tatsachenbehauptungen, die Vernichtung von gefälschten Waren, die Herausgabe rechtswidrig erlangter Dokumente. Bei Wiederholungsgefahr kann das Unternehmen auch auf **Unterlassung** in Anspruch genommen werden, wenn die Gefahr droht, dass zukünftig weitere Verstöße gegen das Wettbewerbsrecht begangen werden. Der Unterlassungsanspruch hat im Wirtschaftsleben die größte praktische Bedeutung.

Eine vorsätzlich oder fahrlässig begangene, unzulässige geschäftliche Handlung lässt einen **Schadensersatzanspruch** entstehen (§ 9 UWG). In bestimmten Fällen kann der Berechtigte eine abstrakte Schadensberechnung vornehmen, indem er entweder den Gewinn herausverlangt, den der Verletzer durch seinen Wettbewerbsverstoß erzielt hat, oder die Zahlung einer fiktiven angemessenen Lizenzgebühr fordert (Lizenzanalogie). Bei vorsätzlichen Verstößen können die klageberechtigten Organisationen unter bestimmten Voraussetzungen den vom Verletzer erzielten **Gewinn abschöpfen** (§ 10 UWG).

Um seine Ansprüche beziffern bzw. belegen zu können, hat der Berechtigte gegenüber dem Verletzer einen allgemeinen **Auskunftsanspruch**. Schließlich besteht der in der Praxis äußerst bedeutsame **Anspruch auf Erstattung** der für die Abmahnung erforderlichen Aufwendungen (§ 12(1) UWG) (siehe die Ausführungen weiter unten). **Anspruchsgegner** ist zunächst der **Verletzer**, d.h. derjenige, der die unzulässige geschäftliche Handlung vorgenommen hat. Das kann z.B. ein Beschäftigter des

werbetreibenden Unternehmens sein, aber auch ein Beauftragter, z.B. die beauftrag-
te Werbeagentur. In diesen Fällen kann der Anspruch auch gegen das Unternehmen
selbst gerichtet werden (§ 8(2) UWG). Die **Verjährung** der genannten Ansprüche
ist in § 11 UWG geregelt.

4.64 Geltendmachung der Ansprüche

Wer einen Unterlassungsanspruch geltend macht, soll den Verletzer vor der Einlei-
tung eines gerichtlichen Verfahrens abmahnen und ihm Gelegenheit geben, den
Streit durch Abgabe einer strafbewehrten Unterlassungserklärung beizulegen
(§ 12(1) UWG). In der Praxis werden Streitigkeiten in den weitaus meisten Fällen
durch das Instrument der Abmahnung erledigt, so dass es eines kostspieligen und
zeitraubenden Gerichtsprozesses nicht mehr bedarf. Die Abmahnung ist eine ge-
schäftsähnliche Handlung mit folgendem Inhalt:
- Genaue **Bezeichnung** des behaupteten Wettbewerbsverstoßes, das heißt, die vor-
  geworfene unlautere geschäftliche Handlung wird konkret beschrieben, sinnvoll-
  erweise verbunden mit einer kurzen rechtlichen Würdigung
- **Aufforderung** an den Verletzer, eine **Unterlassungsverpflichtungserklärung**
  abzugeben, die mit einer angemessenen Vertragsstrafe bewehrt ist (regelmäßig von
  dem Abmahnenden bereits vorformuliert)
- **Setzung** einer Frist zur Abgabe dieser Erklärung
- **Androhung** gerichtlicher Schritte für den Fall, dass die Erklärung nicht fristgemäß
  abgegeben wird.

Mit der **Unterlassungsverpflichtungserklärung** verpflichtet sich der Verletzer
verbindlich, den konkreten Wettbewerbsverstoß in Zukunft zu unterlassen und für
jeden Fall der Zuwiderhandlung gegen die Verpflichtung eine Vertragsstrafe in
bestimmter Höhe zu bezahlen. Gibt der Verletzer eine solche Erklärung ab, hat er
die Wiederholungsgefahr beseitigt. Der Abmahnende hat Anspruch auf Aufwendungsersatz, beispielsweise die Kosten für den Rechtsanwalt (§ 12(1) UWG).

Gibt der Abgemahnte die **Erklärung** jedoch **nicht** ab, etwa weil er den Vorwurf für
ungerechtfertigt hält, muss er damit rechnen, dass der Abmahnende
- Klage bei Gericht erhebt und
- vorläufigen Rechtsschutz begehrt, indem er einen **Antrag auf Erlass einer einstweiligen Verfügung** nach den §§ 935, 940 ZPO stellt (vgl. § 12(2) UWG). Dieses
  Verfahren hat Eilcharakter; es dauert in der Regel nur wenige Tage. Das Gericht
  kann im einstweiligen Verfügungsverfahren bei besonderer Dringlichkeit auch ohne mündliche Verhandlung und ohne Anhörung des Abgemahnten durch Be-
  schluss entscheiden. Deshalb ist der Abgemahnte gut beraten, vorsorglich bei allen
  infrage kommenden Gerichten eine so genannte "Schutzschrift" zu hinterlegen, die
  alle wesentlichen Argumente zur Verteidigung seiner wettbewerbsrechtlichen Position enthält.

D. Datenschutz im Unternehmen
1. Grundlagen

In seinem Volkszählungs-Urteil von 1983 hat das Bundesverfassungsgericht aus dem Grundrecht eines jeden Menschen auf freie Entfaltung seiner Persönlichkeit (Art. 2 GG) das **Recht auf informationelle Selbstbestimmung** abgeleitet. Danach hat jeder Mensch das Recht, **über die Preisgabe und Verwendung seiner persönlichen Daten selbst zu bestimmen**. In der Folgezeit wurden von der Bundesrepublik und den Bundesländern Datenschutzgesetze erlassen, die den Umgang mit personenbezogenen Daten regeln.

Für den Umgang mit Daten im Unternehmensbereich ist das **Bundesdatenschutzgesetz** (BDSG) einschlägig. Das BDSG bezweckt, den Einzelnen davor zu schützen, dass er durch den Umgang mit seinen personenbezogenen Daten in seinem Persönlichkeitsrecht beeinträchtigt wird (§ 1(1) BDSG). Adressat dieses Gesetzes sind nicht nur Bundes- und Landesbehörden, sondern auch **Unternehmen als** so genannte **"nicht-öffentliche Stellen"** (§ 1(2) Nr. 3 BDSG). Für die Unternehmen gelten die Bestimmungen in §§ 1-11, 27-38a BDSG. Bei Marketingaktivitäten des Unternehmens im **Internet** ist in erster Linie das **Telemediengesetz** (TMG) anzuwenden, insbesondere die §§ 11-15a TMG. Nur wenn sich in diesem Gesetz keine Vorschriften finden, wird auf das BDSG zurückgegriffen.

Personenbezogene Daten im Sinne des BDSG sind **Einzelangaben über persönliche oder sachliche Verhältnisse** einer bestimmten oder bestimmbaren natürlichen Person (Betroffener), § 3(1) BDSG. Üblicherweise fallen in Unternehmen personenbezogene Daten im Hinblick auf Kunden, Lieferanten und Beschäftigte an. Zu den personenbezogenen Daten zählen praktisch alle Daten, die einer konkreten Person zugeordnet werden können wie z.B.
• Name
• Adresse
• Telefonnummer
• E-Mail-Adresse
• Alter, Geburtstag
• Geschlecht
• körperliche Merkmale
• Religion
• Zugehörigkeit zu Organisationen
• Ausbildung
• Beruf
• Konsumentenverhalten
• Vermögensverhältnisse usw.

Bestimmte personenbezogene Daten wurden vom Gesetzgeber als besonders sensibel eingestuft ("**besondere Arten personenbezogener Daten**" im Sinne des § 3(9) BDSG): dazu gehören Angaben über
• die rassische und ethnische Herkunft,
• politische Meinungen,
• religiöse oder philosophische Überzeugungen,
• Zugehörigkeit,
• Gesundheit oder
• Sexualleben.
Diese **sensiblen Daten** sind in einigen Fällen noch stärker geschützt als die übrigen Arten personenbezogener Daten (vgl. §§ 4a (3), 4d (5), 28(8) und (9), 29(5), 30(5), 30a (1) und (5), 35(2) Nr.2 BDSG; siehe spätere Ausführungen).

Für jegliche Art von personenbezogenen Daten gilt ein generelles **Verbot mit Erlaubnisvorbehalt**: Gemäß § 4(1) BDSG ist die **Erhebung, Verarbeitung und Nutzung** (EVN) personenbezogener Daten nur zulässig, soweit
• das BDSG oder eine andere Rechtsvorschrift dies **erlaubt oder anordnet** oder
• der Betroffene in freier Entscheidung (§ 4a BDSG) **eingewilligt** hat.

Was der Gesetzgeber unter der Erhebung, Verarbeitung und Nutzung (EVN) personenbezogener Daten versteht, ist in § 3(3)-(5) BDSG definiert:
•**Erheben** ist das Beschaffen von Daten über den Betroffenen: z.B. das Erfragen von Angaben in mündlicher Form oder durch einen Fragebogen, das Filmen oder Fotografieren von Personen im Ladenlokal oder auf dem Unternehmensgelände.
•**Verarbeiten** ist das Speichern, Verändern, Übermitteln, Sperren und Löschen personenbezogener Daten, im Einzelnen:
  – Speichern bedeutet das Erfassen, Aufnehmen oder Aufbewahren personenbezogener Daten auf einem Datenträger zwecks Weiterverarbeitung oder Nutzung.
  – Verändern ist das inhaltliche Umgestalten gespeicherter Daten.
  – Übermitteln bedeutet das Bekanntgeben gespeicherter oder durch Verarbeitung gewonnener Daten an einen Dritten durch Weitergabe, Einsichtnahme oder Abruf.
  – Unter Sperren versteht das Gesetz das Kennzeichnen von Daten zwecks Einschränkung ihrer weiteren Verarbeitung oder Nutzung; mit Löschen ist das Unkenntlichmachen gespeicherter Daten gemeint.
• **Nutzen** ist jede Verwendung personenbezogener Daten, soweit es sich nicht um Verarbeitung handelt.

Personenbezogene Daten sind grundsätzlich beim Betroffenen zu erheben (Grundsatz der **Direkterhebung**), § 4(2) BDSG. Dabei muss der Betroffene in umfassender Weise unterrichtet werden über die Identität des Unternehmens, die Zweckbestimmung der EVN und unter Umständen über potentielle Empfänger der erhobenen Daten (im einzelnen § 4(3) BDSG).

Die Voraussetzungen, die der Gesetzgeber an eine **vorherige (!) Einwilligung** durch den Betroffenen stellen, sind in § 4a BDSG festgelegt. Die Einwilligung muss
- auf der freien Entscheidung des Betroffenen beruhen,
- grundsätzlich in Schriftform erfolgen (§ 126 BGB) und
- falls sie in Formularverträgen als Bestandteil der Allgemeinen Geschäftsbedingungen erteilt werden soll, drucktechnisch besonders hervorgehoben sein.

Die Voraussetzungen für eine wirksame elektronische Einwilligung bei Internetvorgängen sind in § 13 TMG näher geregelt.

Von der denkbaren Einwilligung des Betroffenen einmal abgesehen, ist im BDSG konkret geregelt, unter welchen Voraussetzungen das Unternehmen besondere Techniken, insbesondere **Überwachungstechniken**, einsetzen darf und welche **Zwecke** mit der Erhebung, Verarbeitung und Nutzung von personenbezogenen Daten verfolgt werden dürfen. Hinsichtlich der Zwecke, die mit der Datenverarbeitung verfolgt werden, unterscheidet das BDSG grundsätzlich zwischen
- der EVN von personenbezogenen Daten **für eigene Geschäftszwecke** (§§ 28-28b BDSG; dazu Abschnitt 2) und
- der **geschäftsmäßigen** EVN von Daten **zum Zweck der Übermittlung** (§§ 29-30a BDSG; dazu Abschnitt 3).

Das Unternehmen erhebt, verarbeitet oder nutzt personenbezogene Daten für eigene Geschäftszwecke, wenn dies lediglich zur **Unterstützung der eigentlichen Geschäftsprozesse** geschieht (z. B. für die Zwecke der Vertragsdurchführung und -abwicklung). Dagegen erfasst die geschäftsmäßige EVN von Daten die Unternehmen, bei denen die **Daten selbst den Geschäftszweck** darstellen, wie z.B. Auskunfteien, Unternehmen des Adresshandels, Markt- und Meinungsforschungsinstitute.

2. Erhebung, Verarbeitung und Nutzung von Daten für eigene Geschäftszwecke

Die Grundregel für die EVN personenbezogener Daten durch Unternehmen ergibt sich aus § 28(1) BDSG: Danach ist die EVN personenbezogener Daten zulässig, wenn es für die **Begründung, Durchführung und Beendigung eines Schuldverhältnisses mit den Betroffenen erforderlich** ist, z.B. die Begründung, Durchführung oder Beendigung von Geschäftsbeziehungen mit Kunden oder Lieferanten.

In folgenden Situationen sind vom Unternehmen bei der EVN personenbezogener Daten **besondere gesetzliche Vorgaben** zum Schutz der betroffenen Personen zu beachten:
- die Verarbeitung oder Nutzung von im Unternehmen vorhandenen personenbezogenen Daten für Zwecke des **Adresshandels** oder der **Werbung** (§ 28(3)-(5) BDSG)

- die EVN von **besonderen Arten** personenbezogener Daten im Sinne des § 3(9) BDSG, § 28(6)-(9) BDSG
- die (nur unter engen Voraussetzungen zulässige) Übermittlung personenbezogener Daten über eine Forderung an **Auskunfteien**, z.B. die Weitergabe von Informationen über einen Anspruch gegenüber einem Kunden an die SCHUFA (§ 28a BDSG)
- die Erhebung oder Verwendung von **Wahrscheinlichkeitswerten** (Scorewerten) bezüglich einer Person über ihr zukünftiges Verhalten, z.B. ihr Zahlungsverhalten (Scoring), § 28 b BDSG
- die EVN personenbezogener Daten im Rahmen von **Telemediendiensten**, insbesondere beim Onlinehandel (§§ 12 - 15 a TMG).

3. Geschäftsmäßige Erhebung, Verarbeitung und Nutzung von Daten

Für Unternehmen und Institutionen, deren Unternehmenszweck die geschäftsmäßige EVN personenbezogener Daten ist (vor allem **Auskunfteien, Unternehmen des Adresshandels, Markt- und Meinungsforschungsinstitute**), hat der Gesetzgeber – wegen der zweifellos bestehenden Gefahren für die Persönlichkeitsrechte von Bürgern – in §§ 29-3a BDSG besondere Regelungen aufgestellt. Dabei ist zu beachten, dass Auskunfteien überhaupt nur diejenigen personenbezogenen Daten weiterverwenden dürfen, die von Unternehmen in rechtmäßiger Weise gemäß § 28a BDSG an die Auskunftei übermittelt worden sind.

4. Auftragsdatenverwaltung

§ 11 BDSG regelt den Fall, dass personenbezogene **Daten im Auftrag durch andere Stellen erhoben, verarbeitet oder genutzt werden** (Auftragsdatenverwaltung). Typischer Fall ist das Outsourcing von Datenverarbeitungstätigkeiten an spezialisierte Unternehmen wie z.B. externe Rechenzentren (Auftragnehmer). Trotz des Outsourcing bleibt das auftraggebende Unternehmen weiterhin voll dafür verantwortlich, dass die Datenschutzbestimmungen beim Auftragnehmer eingehalten werden. Folgerichtig darf der Auftragnehmer die personenbezogenen Daten nur im Rahmen der Weisungen des auftraggebenden Unternehmens erheben, verarbeiten oder nutzen (§ 11(3) BDSG). In § 11(2) BDSG sind Einzelheiten zur Auftragsvergabe geregelt.

5. Überwachungstechniken; mobile personenbezogene Speicher- und Verarbeitungsmedien

Die **Beobachtung öffentlich zugänglicher Räume** mit optisch-elektronischen Einrichtungen (Videoüberwachung, z.B. im Ladenlokal oder in einer Schalterhalle) sowie die Verarbeitung oder Nutzung der auf diese Weise erhobenen Daten ist gemäß §6b BDSG nur zulässig, wenn sie zur Wahrnehmung des Hausrechts oder berechtigter Interessen für konkret festgelegte Zwecke erforderlich ist (z.B. zum Zwecke der Gebäudesicherheit und des Schutzes des Eigentums) und keine Anhaltspunkte bestehen, dass schutzwürdige Interessen der Betroffenen überwiegen.

Die Tatsache der **Beobachtung muss nach außen erkennbar sein**, damit Betroffene entweder ihr Verhalten darauf ausrichten oder dem Beobachtungsfeld der Kamera ausweichen können. Können die derart erhobenen **Daten einer bestimmten Person** zugeordnet werden, ist diese gemäß §6b (4) BDSG zu benachrichtigen. Die Daten sind unverzüglich zu löschen, sobald sie zur Erreichung des Zwecks nicht mehr erforderlich sind oder schutzwürdige Interessen der Betroffenen einer weiteren Speicherung entgegenstehen (§ 6b (5) BDSG).

Gibt ein Unternehmen ein **mobiles personenbezogenes Speicher- und Verarbeitungsmedium** im Sinne des § 3(10) BDSG aus (z.B. eine elektronische Kundenkarte), hat es die Betroffenen über
• seine Identität und Anschrift
• die Funktionsweise des Mediums sowie
• die Rechte des Betroffenen und etwaige zu treffende Maßnahmen bei Verlust oder Zerstörung des Mediums
zu unterrichten (§ 6c BDSG).
Kommunikationsvorgänge, die auf dem Medium eine Datenverarbeitung auslösen, müssen für den Betroffenen eindeutig erkennbar sein (§ 6c (3) BDSG).

6. Grundsatz der Verhältnismäßigkeit

Für alle Aktivitäten des Unternehmens, die vom Gesetz erlaubt sind, gilt gleichwohl der **Verhältnismäßigkeitsgrundsatz**:
• Danach darf das Unternehmen nur die Daten erheben und verarbeiten, die für den gesetzlich erlaubten Zweck benötigt werden; insbesondere dürfen die erhobenen Daten später nicht für andere Zwecke verwendet werden, die vom Gesetz nicht abgedeckt sind.
• Weiterhin sind so wenig personenbezogene Daten wie möglich zu erheben, zu verarbeiten oder zu nutzen (Datensparsamkeit), § 3a BDSG. Soweit dies nach dem Verwendungszweck möglich ist, sind personenbezogene Daten zu anonymisieren oder zu pseudonymisieren. Auch diese Begriffe sind im Gesetz definiert (§ 3(6), (6a) BDSG):
    – **Anonymisieren** ist das Verändern personenbezogener Daten der Art, dass die Einzelangaben über persönliche oder sachliche Ergebnisse nicht mehr oder nur mit einem unverhältnismäßig großen Aufwand an Zeit, Kosten und Arbeitskraft

einer bestimmten oder bestimmbaren natürlichen Person zugeordnet werden
können.
– **Pseudonymisieren** bedeutet das Ersetzen des Namens und anderer Identifikati-
onsmerkmale durch ein Kennzeichen zu dem Zweck, die Bestimmung des Betroffenen auszuschließen oder wesentlich zu erschweren (z.B. die Matrikel-
Nummer eines Studierenden auf der von ihm bearbeiteten Klausur).

7 Rechte der Betroffenen; Datenschutzbeauftragter

Grundsätzlich werden, wie bereits weiter oben dargestellt, personenbezogene Daten
direkt beim Betroffenen erhoben, so dass er Kenntnis von dem Vorgang erhält (§
4(2) BDSG). Ist das ausnahmsweise nicht der Fall, ist der Betroffene von der Speicherung, der Art der Daten, der Zweckbestimmung der Erhebung, Verarbeitung oder
Nutzung und der Identität der verantwortlichen Stelle (d.h. des Unternehmens) zu
benachrichtigen (§ 33(1) BDSG). Nur in bestimmten Fällen besteht keine Pflicht
des Unternehmens zur Benachrichtigung (§ 33(2) BDSG).

Weiterhin steht jedem Betroffenen ein umfassender **Auskunftsanspruch** gegenüber
dem Unternehmen zu (vgl. im einzelnen § 34 BDSG). Sind personenbezogene Daten
unrichtig oder in rechtswidriger Weise erhoben, verarbeitet oder genutzt worden, hat
der Betroffene Ansprüche auf **Berichtigung, Löschung** oder **Sperrung** der Daten (§
35 BDSG). Ist durch das rechtswidrige Verhalten des Unternehmens beim Betroffenen ein Schaden entstanden, drohen dem Unternehmen sogar Schadensersatzansprüche (§ 7 BDSG). Die Rechte des Betroffenen auf Auskunft, Berichtigung, Löschung
oder Sperrung können nicht ausgeschlossen oder beschränkt werden (§ 6(1) BDSG).

Die Bestellung eines **betrieblichen Datenschutzbeauftragten** ist in §§ 4f, 4g
BDSG geregelt: Unternehmen, die personenbezogene Daten geschäftsmäßig zum
Zweck der Übermittlung, der anonymisierten Übermittlung oder für Zwecke der
Markt- oder Meinungsforschung automatisiert verarbeiten, haben unabhängig von
der Größe des Unternehmens immer einen betrieblichen Datenschutzbeauftragten
schriftlich zu bestellen. Das gleiche gilt für alle anderen Unternehmen, bei denen
mindestens zehn Beschäftigte ständig mit der automatisierten Verarbeitung personenbezogener Daten beschäftigt sind (§ 4f (1) BDSG).

Zum Datenschutzbeauftragten darf nur eine Person bestellt werden, die die zur Erfüllung ihrer Aufgaben erforderliche **Fachkunde und Zuverlässigkeit** besitzt. Er ist
der Unternehmensleitung unmittelbar unterstellt und ist in Ausübung seiner Fachkunde auf dem Gebiet des Datenschutzes **weisungsfrei** (§ 4f (3) BDSG). Der Datenschutzbeauftragte genießt Kündigungsschutz; dies gilt bis zum Ablauf eines Jahres

nach Beendigung seiner Bestellung. Weitere Rechte und Pflichten ergeben sich aus
§ 4f BDSG.

Der betriebliche Datenschutzbeauftragte hat gemäß § 4g BDSG auf die Einhaltung
des BDSG und anderer Vorschriften zum Datenschutz hinzuwirken. Er muss insbesondere die ordnungsgemäße Anwendung der Datenverarbeitungsprogramme über-
wachen und die bei der Verarbeitung personenbezogener Daten eingesetzten Beschäftigten mit den Anforderungen des Datenschutzes vertraut machen.

Lösungshinweise zu den Fallstudien

> **Lösungshinweise zu den Fallstudien**
> **A. Marketing als Managementaufgabe**

A. (1) Lösungshinweise zur Fallstudie „Windouklieni"

Aufgabe a):
Zur Abgrenzung des relevanten Marktes von Windouklieni können drei Kriterien herangezogen werden (vgl. Meffert et al. 2012, S. 189ff.):
– sachliche Abgrenzung: Welche Leistungen werden im Markt angeboten?
  Diese Frage kann sowohl anbieter- und produktorientiert als auch nachfrager-bezogen beantwortet werden. Der anbieter- und produktorientierten Marktab-grenzung folgend bilden Windouklieni und die vier wichtigsten Konkurrenten A, B, C und D als Anbieter von Fensterputzdienstleistungen den relevanten Markt. Allerdings wird so die Sichtweise des Verbrauchers nicht berücksichtigt. Für ihn ist z.B. nicht vorstellbar, dass ein Anbieter von Fensterputzdienstleistungen auch im gewissen Umfang eine Fassadenreinigung vornehmen kann (physisch-technisch ähnliche Dienstleistungen). Andererseits kann der Verbraucher vermuten, dass ein Anbieter von Fensterputzdienstleistungen auch Spezialdienste erbringen kann (Außenreinigung in hohen Stockwerken; Reinigung von Butzenscheiben), die jedoch nur Spezialisten vorbehalten bleiben. Im Hinblick auf die nachfragerbezogene Marktabgrenzung ist das reale Kaufverhalten bei Fensterputzdienstleistungen zu berücksichtigen. Es gibt z.B. potentielle Nachfrager, die diese Dienste nicht kaufen, weil sie der Ansicht sind, die Fenster selbst gründlicher zu putzen. Auch ist es denkbar, dass potentiellen Nachfragern nur die Anbieter Windouklieni und B bekannt sind, weshalb die Anbieter A, C und D keine Angebotsalternative (Substitutionsmöglichkeit) darstellen. Folglich würde Windouklieni den relevanten Markt weiter definieren als er real ist.
– zeitliche Abgrenzung: Ist der Markt zeitlich begrenzt?
  Fensterputzdienstleistungen können ganzjährig angeboten werden, sind allerdings nicht unabhängig von Witterungseinflüssen, die eine Erbringung der Dienstleistung erschweren bzw. vorübergehend verhindern (z.B. Sturm, Frost).
– räumliche Abgrenzung: Ist der Markt lokal, regional, national, international begrenzt? Das Einzugsgebiet ist ein lokal bis regional abgegrenzter Markt mit einer best. Anzahl relevanter Haushalte bzw. potentieller Nachfrager (Aufg. d).

Aufgabe b):
Mit dem Marktvolumen ist die aktuell von allen Anbietern abgesetzte Menge von Marktleistungen (bzw. die aktuellen Umsätze aller Anbieter) gemeint.

Marktvolumen MV = 1,85 + 1,2 + 1,6 + 2,1 + 2,5 = 9,25 Mio. Euro

Aufgabe c):
Marktanteil $_{Win}$ = (1,85 : 9,25) · 100 = 20%

Aufgabe d):
Mit dem Marktpotential ist die Gesamtheit aller möglichen Absatzmengen (bzw. Umsätze) eines Marktes gemeint.

$$\frac{85.305 \text{ Einwohner}}{1,9 \text{ Einwohner je Haushalt}} = 44.897 \text{ Haushalte}$$

Relevanter Fensterputzbedarf je Haushalt bei 60 % Eigenarbeit: $680 \cdot 0,4 = 272$ €
Marktpotential MP = 272 € $_{\text{je Haushalt}} \cdot 44.897$ Haushalte = 12,212 Mio. €

Aufgabe e):
$$\text{Sättigungsgrad} = \frac{\text{Marktvolumen}}{\text{Marktpotential}} = \frac{9,25 \text{ Mio. €}}{12,212 \text{ Mio.€}} \cdot 100 = 76\%$$

Interpretation:
100 – 76 = 24% der potentiell in Frage kommenden Haushalte verzichten auf das Fensterputzen durch gewerbliche Anbieter (weil sie befürchten, dass die Arbeiten nicht sorgfältig genug ausgeführt werden oder zu teuer sind). Diese Haushalte könnten theoretisch gezielt angesprochen werden (z.B. Werbung). Dies wäre jedoch angesichts der offenkundigen Barrieren gegen gewerbliche Fensterputzdienstleister sowie der erschwerten Identifikation dieser Haushalte wenig erfolgversprechend.

Aufgabe f):
Der relative Marktanteil ergibt sich wie folgt:

$$\text{rel. MA} = \frac{\text{Marktanteil eigene SGE}}{\text{Marktanteil SGE des stärksten Konkurrenten}}$$

$$= \frac{\text{Umsatz eigene SGE}}{\text{Marktvolumen}} : \frac{\text{Umsatz SGE des stärksten Konkurrenten}}{\text{Marktvolumen}}$$

$$= \frac{\text{Umsatz eigene SGE}}{\text{Umsatz SGE des stärksten Konkurrenten}}$$

$$\text{rel. MA}_{\text{Win}} = \frac{1,85 \text{ Mio €}}{2,5 \text{ Mio €}} = 0,74$$

$$\text{rel. MA}_{A} = \frac{1,2 \text{ Mio €}}{2,5 \text{ Mio €}} = 0,48$$

$$\text{rel. MA}_{B} = \frac{1,6 \text{ Mio €}}{2,5 \text{ Mio €}} = 0,64$$

$$\text{rel. MA}_{C} = \frac{2,1 \text{ Mio €}}{2,5 \text{ Mio €}} = 0,84$$

$$\text{rel. MA}_{D} = \frac{2,5 \text{ Mio €}}{2,1 \text{ Mio €}} = 1,19$$

Windouklieni sowie A, B und C sind Marktfolger. Marktführer ist Anbieter D.

A. (2) Lösungshinweise zur Fallstudie „Quellarius"

	2009	2011	2012
Umsatz „Afrodinaris"	165 Mio. €	156,8 : 0,98 = 160 Mio. €	156,8 Mrd. €
Umsatz Gesamtmarkt	2,3 Mrd. €	2,5 Mrd. : 1,01 = 2,475 Mrd. €	2,5 Mrd. €
Marktanteil	**7,2 %**	**6,5 %**	**6,3 %**

Abb. L-1: Marktanteile von „Afrodinaris"

Interpretation:
– Afrodinaris: deutlich sinkende Umsätze und Marktanteile; vor allem aufgrund eines Mengeneffekts: „Afrodinaris" ist ein Mineralwasser mit Markenqualität, weshalb es zum gehobenen Preis angeboten wird; Preissenkungen zwecks kurzfristigen Mengenwachstums scheidet als Maßnahme, den rückläufigen Entwicklungen zu begegnen, aus
– Gesamtmarkt: „erfreuliche" Absatzentwicklung, eher stagnierender Umsatz; Verlagerung des Marktes in Richtung preisgünstiger Mineralwasser
– Fazit: Verdrängungswettbewerb; Anbieter preisgünstiger Mineralwasser nehmen Anbietern von Marken-Mineralwasser Marktanteile ab; Unternehmen Quellarius muss einen anderen Ansatzpunkt als die Preissenkung finden, um sich mit seinen Markenprodukten im Wettbewerbsumfeld zu behaupten.

Lösungshinweise zu den Fallstudien
B.I. Marktpsychologie

B. I. (1) Lösungshinweise zur Fallstudie „Beautiful"

Aufgabe a):

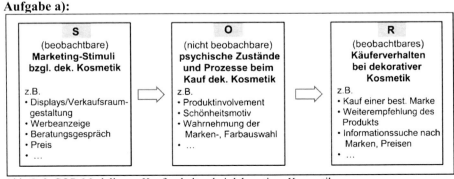

Abb. L-2: SOR-Modell zum Kaufverhalten bei dekorativer Kosmetik

Aufgabe b):

Konstrukt Involvement

Involvement bezeichnet generell das innere Engagement, mit dem sich das Individuum einem Gegenstand oder einer Aktivität zuwendet. Bezogen auf dekorative Kosmetik lassen sich die Involvementarten bspw. wie folgt konkretisieren:

– personenspezifisches Involvement:
  z.B. wenn sich eine Konsumentin „fanatisch" allen verfügbaren Informationen und Produkten der dekorativen Kosmetik zuwendet

– Botschaftsinvolvement:
  z.B. wenn eine Konsumenten besonders engagiert auf Mode-/ Farbtrends bei Werbeanzeigen von Markenprodukten (Kosmetik-, Bekleidungsprodukte) achtet

– situatives Involvement:
  z.B. wenn eine Konsumentin zum besonderen Anlass mit entsprechender Bekleidung den dazupassenden Lippenstift erwerben möchte

– Medieninvolvement:
  z.B. wenn eine Konsumentin aktiv (über einen Produktbericht, eine Werbeanzeige) oder eher passiv (über einen TV-Spot) Informationen zur dekorativen Kosmetik aufnimmt.

Motivation

Motivationen treiben emotional das Handeln an und richten es auf ein kognitives Ziel aus. Konsumrelevante Motive bei dekorativer Kosmetik sind beispielsweise:

– Preisvorteil gegenüber anderen Produktangeboten (Marke ´Harlem´)
– herausragende Pflege-/ Qualitätseigenschaften der Produkte (Marke ´Margret Oster´)
– dekorative Kosmetika als Modeattribut, um Anerkennung im sozialen Umfeld zu generieren (Prestigemotiv).

Wahrnehmung

Die Wahrnehmung ist ein aktiver Prozess der subjektiven und selektiven Informationsverarbeitung. Im Hinblick auf dekorative Kosmetik bedeutet dies:

– Damit die Kosmetikprodukte wahrgenommen werden (z.B. am Point of Sale), müssen die Marketingstimuli (z.B. Werbeplakat) über die Sinnesorgane (Ultrakurzzeitspeicher) aufgenommen werden.
– Die Konsumentin selektiert aus der Fülle von Marketingstimuli zur dekorativen Kosmetik jene, denen sie eine Bedeutung für sich beimisst.
– Sie konstruiert sich so ihre subjektive Marken-/ Produktwelt bei dekorativer Kosmetik.

B. I.(2) Lösungshinweise zur Fallstudie „Fitness-Studio"

Das Einstellungskonstrukt Gesundheitsbewusstsein umfasst alle Überzeugungen und Meinungen des Menschen zu gesundheitsrelevanten Aspekten. Für die Studentin B. Izepts können die Komponenten ihres Gesundheitsbewusstseins folgendermaßen konkretisiert werden:

– affektive Komponente:
  Die gefühlsmäßige Einschätzung der Gesundheit durch B. Izepts
  (z.B.: „Wenn ich mich sportlich betätige, fühle ich mich wohl.")
– kognitive Komponente:
  Das subjektive Wissen von B. Izepts über den Zusammenhang zwischen Gesundheit und Konsumverhalten
  (z.B.: „Es ist statistisch belegt, dass durch die richtige und genügende sportliche
  Betätigung und eine ausgewogene Ernährung die Wahrscheinlichkeit einer Tu-
  morentstehung reduziert wird.")
– konative Komponente:
  Die Absicht von B. Izepts, künftig mehrmals pro Woche ins Fitnessstudio zu
  gehen und sich nur noch gesund zu ernähren.

L.B.I. (3) Lösungshinweise zur Fallstudie „BoSie-HHgroßgeräte"

Aufgabe a):

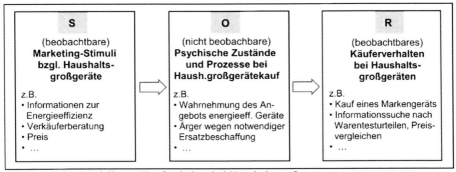

Abb. L-3: SOR-Modell zum Kaufverhalten bei Haushaltsgroßgeräten

Aufgabe b):
Konstrukt Involvement
Involvement bezeichnet generell das innere Engagement, mit dem sich das Individuum einem Gegenstand oder einer Aktivität zuwendet. Bezogen auf Haushaltsgroßgeräte lassen sich die Involvementarten bspw. wie folgt konkretisieren:
– personenspezifisches Involvement:
  Angesichts der Betrachtung von Haushaltsgroßgeräten als notwendige Werkzeuge (und nicht als Hobbyprodukte) ist die Annahme eines hohen personenspezifi-
  schen Involvements des sog. „Produktfanatikers" bei diesen Produkten unrealistisch.
– Botschaftsinvolvement:
  z.B. wenn ein potentieller Nachfrager, der den Bedarf eines neuen Geräts oder
  einer notwendigen Ersatzbeschaffung erkannt hat, ein Werbemittel (z.B. Zei-
  tungsbeilage) mit Produktinformationen hinsichtlich Preisvorteil und Energieein-
  sparung erhält und sich damit beschäftigt

– situatives Involvement:
z.B. wenn ein Geschäft mit Haushaltsgroßgeräten eine zeitlich begrenzte Sonderpreisaktion für solche Produkte durchführt oder vorübergehend Altgeräte in Zahlung nimmt und der potentielle Nachfrager sich diese Gelegenheit nicht entgehen lassen möchte

– Medieninvolvement:
z.B. wenn eine Nachfrager aktiv (z.B. Testbericht) oder eher passiv (z.B. TV-Spot) Informationen zu Haushaltsgroßgeräten aufnimmt.

Motivation
Motivationen treiben emotional das Handeln an und richten es auf ein kognitives Ziel aus. Konsumrelevante Motive bei Haushaltsgroßgeräten sind beispielsweise:
– Notwendigkeit einer Ersatzbeschaffung, um nicht auf den Produktnutzen (bspw. einer Wasch- oder Spülmaschine) verzichten zu müssen
– Preisvorteil gegenüber anderen Produktangeboten
– herausragende Energieeffizienzwerte (langfristiger Stromsparvorteil).

B. I. (4) Lösungshinweise zur Fallstudie „Homing-Trend"

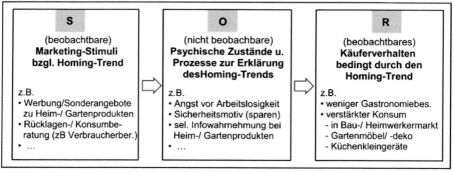

Abb. L-4: SOR-Modell zum „Homing-Trend"

B. I. (5) Lösungshinweise zum Fallbeispiel „Smartphones"

Aufgabe a):
Bei sozial „sichtbaren" Produkten wie Handys (auch Mode, Autos) sind sowohl Leitbild- als auch Mitgliedschaftsgruppen von Bedeutung, z.B.:
– VIP als Mitglied der Leitbildgruppe Schauspieler nutzt im Film das Handy einer bestimmten Marke
– Familienangehöriger/Freund/Vereinskollege gibt die Empfehlung für ein bestimmtes Handy.

Aufgabe b):

Der Meinungsführer ist Mitglied einer Bezugsgruppe, hat dort eine Schlüsselstellung und kann die Meinung anderer, die ihn um Rat bei der Smartphoneauswahl fragen, in der Produktmeinung und -auswahl beeinflussen, z.B.:

- VIP empfiehlt im Rahmen einer TV-Werbung eine bestimmte Smartphone-Marke
- Smartphone-Experten äußern sich im sozialen Umfeld (Freunde, Kollegen) über ihre Produkterfahrung und diesbezügliche Meinung.

Lösungshinweise zu den Fallstudien
B.II. Marketingforschung

B. II. (1) Lösungshinweise zum Fallbeispiel „Fragebogenskala“

- Ausgangspunkt ist die Bedingung, dass gilt:
  Je höher der Skalenwert, umso positiver ist die Einstellung der Person zu Fernsehwerbung.
- Diese Bedingung ist bei der Skala für Item 2 erfüllt: Je mehr diese Aussage nicht zutrifft, umso positiver wird die Fernsehwerbung gesehen.
- Bei den Items 1 und 3 ist die Bedingung nicht erfüllt, d.h.: Je höher der Skalenwert, umso negativer wird die Fernsehwerbung gesehen. Dies muss geändert werden, indem die Skala rekodiert wird:

<table>
<tr><td rowspan="2">Rekodierung notwendig bei Items 1 und 3

Item 1:
Durch Fernsehwerbung bin ich schon oft auf interessante Produkte aufmerksam geworden.

Item 3:
Gute Werbespots schaue ich mir gerne an.</td><td>Ursprüngliche Skala
trifft genau zu … trifft nicht zu
① ② ③ ④ ⑤</td></tr>
<tr><td>Rekodierte Skala
trifft genau zu … trifft nicht zu
⑤ ④ ③ ② ①</td></tr>
</table>

Abb.L-5: Rekodierung der ursprünglichen Skala

- Daraus resultieren folgende Skalenwerte für die Personen A und B hinsichtlich ihrer Einstellung zu Fernsehwerbung:
  Person A: $5 + 2 + 3 = 10$
  Person B: $4 + 4 + 4 = 12 > 10$
  Die Einstellung von Person B zur Fernsehwerbung ist positiver als die Einstellung von Person A.

B. II. (2) Lösungshinweise zur Fallstudie „Opinion4U"

Aufgabe a):
Die Gesamtkosten für die telefonische und die Online-Befragung sind den folgenden
Abbildungen zu entnehmen.

Telefonische Befragung, Rücklaufquote von **80 %**	
Stichprobenumfang	5.000 : 0,80 = 6.250 Personen
Telefongebühren	6.250 · 0,15 = 937,50 €
Interviewerkosten	6.250 : 15 = 416,7 also 417 Interviewertage 417 · 250 = 104.250 €
Gesamtkosten	937,50 + 104.250 = **105.187,50 €**

Abb. L6: Gesamtkosten der telefonischen Befragung (Rücklaufquote: 80%)

Telefonische Befragung, Rücklaufquote von **60 %**	
Stichprobenumfang	5.000 : 0,60 = 8.334 Personen
Telefongebühren	8.334 · 0,15 = 1.250,10 €
Interviewerkosten	8.334 : 15 = 555,6 also 556 Interviewertage 556 · 250 = 139.000 €
Gesamtkosten	1.250,10 + 139.000 = **140.250,10 €**

Abb. L-7: Gesamtkosten der telefonischen Befragung (Rücklaufquote: 60%)

Online-Befragung, Rücklaufquote von **15 %**	
Stichprobenumfang	5.000 : 0,15 = 33.334 Personen
Kontaktgenerierung	33.334 · 1,75 = 58.334,50 €
Fragebogen konzipieren u. testen	10.000 €
Datenaufbereitung/ -auswertung	33.334 · 1,65 = 55.001,10 €
Gesamtkosten	58.334,50 + 10.000 + 55.001,10 = **123.335,60 €**

Abb. L-8: Gesamtkosten der Online-Befragung

Fazit: Bei einer 80prozentigen Rücklaufquote der telefonischen Befragung wäre diese günstiger. Von einer 60prozentigen Rücklaufquote ausgehend wäre die Online-
Befragung zu bevorzugen. Herr Risörtsch kann jedoch so keine eindeutige Entscheidung fällen, sondern benötigt zusätzliche Informationen, die seine realistische Einschätzung der zu erwartenden Rücklaufquote unterstützen. Ein Ansatzpunkt hierbei
ist die kritische Rücklaufquote, bei der kostenbezogene Indifferenz zwischen telefonischer und Online-Befragung besteht (Aufgabe b).

Aufgabe b):

$$\frac{5.000}{q_{krit}} \cdot 0,15 + \frac{5.000}{q_{krit}} : 15 \cdot 250 = 123.335,60$$

$$q_{krit} = 0,68$$

Es besteht kostenbezogene Indifferenz bei einer Rücklaufquote von 68 Prozent.

Aufgabe c):

Kriterien	Telefonische Befragung	Online-Befragung
Kontrolle der Befragungs-situation	• Tel.-Nr. des Interviewpartners bekannt (spätere Rückfragen möglich) • geschulter Interviewer - bahnt Gespräch an - steuert den Gesprächsablauf - kann auf Fragen und Einwände des Befragten eingehen	• Online-Adresse des Befragten bekannt (spätere Rückmeldungen möglich) • keine Einsicht in die sonstige Befragungssituation (z.B.: befindet sich Befragter am Arbeitsplatz? Wenn ja: Großraumbüro?)
Fragebogen-umfang/ -dauer/ -qualität	• übliche Befragungsdauer (10-15 Min.) bei diesem komplexen Thema evtl. nicht ausreichend • kann ein gut geschulter Interviewer - den Befragten „Zeit vergessen lassen" - anhand Stimme/Sprache des Befragten zusätzl. rel. Informationen gewinnen (z.B. Zufriedenheit mit akt. Arbeitgeber)	• übliche Befragungsdauer (10-15 Min.) bei diesem komplexen Thema evtl. nicht ausreichend • abgesehen von den schriftlichen Antworten kaum zusätzliche Informationen (z.B. emotionaler Art) erfassbar
Stichproben-ermittlung	unterschiedliche Verfahren einsetzbar (zB bewusste Auswahl mit best. Arbeit-nehmerquoten; geschichtete Zufallsauswahl)	• Arbeitnehmer sind best. Bevölkerungs-ausschnitt (nicht unabhängig von der Internetdichte) • Identifikation der Befragungsteilnehmer problematisch (Selbstrekrutierung? Wie?)
Zeitraum der Befragungs-durchführung	je nach Anzahl zur Verfügung stehender Interviewer relativ schnelle Durchführung	sehr schnelle Durchführung als „Blitzumfrage" möglich

Abb. L-9: Kriterienspezifischer Vergleich zwischen telefonischer und Online-Befragung als Entscheidungsunterstützung von Herrn Risörtsch

Aufgabe d1):

Das Quotenverfahren (Meffert 1992, S. 191)
- ist ein bewusstes (nicht zufallsgesteuertes) Auswahlverfahren
- setzt voraus, dass alle bzw. ausgewählte untersuchungsrelevante Merkmale und deren Ausprägungen sowie ihre relative Verteilung (Quoten) in der Grundgesamtheit bekannt sind
- besagt, dass die Stichprobe auf der Grundlage der Quoten konstruiert wird; die Stichprobe ist in der Verteilung aller herangezogenen Merkmale für die Grundgesamtheit repräsentativ.

Im vorliegenden Fall
– sind die Ausprägungen der ausgewählten Merkmale (Branche, Anzahl der Beschäftigten, Raum der Markttätigkeit) sowie deren relative Verteilung (Quoten)
  in der Grundgesamtheit bekannt
– soll die Stichprobe auf der Grundlage der Quoten konstruiert werden, so dass die
  Stichprobe in der Verteilung aller herangezogenen Merkmale für die Grundgesamtheit der 10.000 Unternehmen repräsentativ ist.

Die Quotenanweisungen an den Interviewer, der 100 Interviews führen soll, lauten:
Insgesamt   100 Interviews,
davon   30 mit Arbeitgebern der Konsumgüterindustrie
                 70 mit Arbeitgebern der Dienstleistungsbranche
                 5 mit Arbeitgebern von mehr als 5.000 Beschäftigten
                 15 mit Arbeitgebern von 2.000 bis 4.999 Beschäftigten
                 35 mit Arbeitgebern von 500 bis 1.999 Beschäftigten
                 45 mit Arbeitgebern von weniger als 499 Beschäftigten
                 20 mit regional tätigen Arbeitgebern
                 50 mit national tätigen Arbeitgebern
                 30 mit international tätigen Arbeitgebern.

Aufgabe d2):
Bei der Klumpenauswahl (Meffert 1992, S. 193)
– wird die Grundgesamtheit in einander ausschließende Gruppen von Untersuchungseinheiten (Klumpen) unterteilt
– wird anschließend nach dem Zufallsprinzip eine entsprechende Auswahl von
  Klumpen getroffen
– werden alle den ausgewählten Klumpen zugehörigen Elemente in die Stichprobe
  einbezogen.

Beispiele für einander ausschließende Klumpen:
– Unternehmen der Konsumgüterindustrie des Bundeslands A; Unternehmen der
  Konsumgüterindustrie des Bundeslands B
– Dienstleistungsunternehmen des Bundeslands A; Dienstleistungsunternehmen
  des Bundeslands B
– Unternehmen der Konsumgüterindustrie mit 500 bis 1.999 Beschäftigten und
  nationaler Markttätigkeit im Bundesland A; Unternehmen der Konsumgüterindustrie mit 500 bis 1.999 Beschäftigten und nationaler Markttätigkeit im Bundesland B.

Die Unterschiede zwischen den Klumpen sollten möglichst gering und die Heterogenität innerhalb der Klumpen möglichst groß sein. Es ist dann eine Klumpenauswahl (Zufallsstichprobe) für die mündlichen Interviews der Arbeitgeber zu ihren
Employer Branding-Konzepten zu treffen. Die daraus resultierenden Ergebnisse
sollen auf die Grundgesamtheit (10.000 Dienstleistungsunternehmen und Unternehmen der Konsumgüterindustrie in fünf Bundesländern) verallgemeinert werden.

B.II. (3) Lösungshinweise zum Fallbeispiel „Einstellungsmessung"

Aufgabe a):
Grundannahmen des Fishbein-Modells:
- Einstellung einer Person gegenüber einem Produkt resultiert aus der Summe der Beurteilung dieses Produktes hinsichtlich verschiedener Produktmerkmale
- die für die Person relevanten Produkteigenschaften müssen als solche bekannt sein bzw. benannt werden.

Grundannahmen des Trommsdorff-Modells:
- Einstellung einer Person gegenüber einem Produkt resultiert aus dem Vergleich der Eigenschaften des Produktes mit den Eigenschaften des individuellen Idealprodukts
- die für die Person relevanten Produkteigenschaften müssen als solche bekannt sein bzw. benannt werden.

Aufgabe b):
Fishbein-Modell:
Konsument 1, Marke Alpha:
$$A_{1\,Alpha} = 4 \cdot 2 + 1 \cdot 5 = 13$$

Konsument 1, Marke Beta:
$$A_{1\,Beta} = 2 \cdot 2 + 5 \cdot 6 = 34$$

Konsument 2, Marke Alpha:
$$A_{2\,Alpha} = 5 \cdot 5 + 2 \cdot 2 = 29$$

Konsument 2, Marke Beta:
$$A_{2\,Beta} = 2 \cdot 5 + 3 \cdot 2 = 16$$

Interpretation:
Die Einstellung des Konsument 1 ist positiver bei Marke Alpha, während Konsument 2 für Produkt Beta eine positivere Einstellung aufweist.

Trommsdorff-Modell:
Konsument 1, Marke Alpha:
$$E_{1\,Alpha} = |2 - 4| + |6 - 1| = 7$$

Konsument 1, Marke Beta:
$$E_{1\,Beta} = |2 - 1| + |6 - 5| = 2$$

Konsument 2, Marke Alpha:
$$E_{2\,Alpha} = |5 - 5| + |2 - 2| = 0$$

Konsument 2, Marke Beta:

E_{2Beta} $= |5 - 2| + |2 - 2| = 3$

Während Produkt Beta den Idealvorstellungen von Konsument 1 recht nahe kommt, entspricht Produkt Alpha offensichtlich genau den Idealvorstellungen von Konsument 2.

B. II. (4) Lösungshinweise zur Fallstudie „Reffero"

Aufgabe a):
FAST ist die Abkürzung von „Facial Affect Scoring Technique". Es handelt sich um eine Beobachtungstechnik zur Gefühlsmessung, da eine Verbalisierung von Emotionen problematisch ist.

Im vorliegenden Fallbeispiel geht es um die Feststellung, ob sich potentielle Kunden von der Verpackung des in der Kassenzone platzierten Zauberwürfels emotional angesprochen fühlen.

Die Vorgehensweise der Technik im Fallbeispiel:
– Beobachtung der Kassenzone mit versteckter Kamera
– Beurteilung der Filme durch trainierte Kodierer:
   Diese können klare mimische Unterschiede zwischen Impulskäufern und Nichtkäufern feststellen.
– Eintragung der Beobachtungen in Bilderskalen (siehe Abbildung B-18). Dieser sogenannte Gesichtsatlas beinhaltet folgende Zonen:
   · Augenbrauen und Stirn
   · Augen und Augenlider
   · untere Gesichtspartie (Mund, Wangen, Nase, Kinn).
– Beispiele für emotionale Reaktionen seitens der Konsumenten, wenn sie den Zauberwürfel in der Kassenzone sehen:
   · Freude (b1, a2, m3)
   · Ärger (b4, a1, m4)
   · Neugierde (b2, a1, m1).

Aufgabe b):
EBA-Experiment:
– EBA ist die Abkürzung von **E**xperimental Group, **B**efore/**A**fter (vor/nach Einsatz bzw. Einfluss des unabhängigen Faktors). Die Experimental Group wird im Folgenden Testgruppe genannt.
– Es werden die abhängigen Variablen zeitlich vor und nach Einsatz der unabhängigen Variablen in einer Testgruppe gemessen.
   Abhängige Variable: Absatzzahlen des Zauberwürfels
   Unabhängige Variable: Verpackung des Zauberwürfels

Ergebnis des EBA-Experiments:
$x_1 - x_0 = 502 - 468 = 34$

mit $\quad x_0 =$ 	Verkaufszahl des Zauberwürfels mit alter Verpackung
	(Testgruppe; Zeitpunkt 0: Ende der erste Verkaufswoche)
$\quad x_1 =$ 	Verkaufszahl des Zauberwürfels mit neuer Verpackung
	(Testgruppe; Zeitpunkt 1: Ende der zweiten Verkaufswoche)

Interpretation des Ergebnisses:
– 	Die neue Zauberwürfel-Verpackung hat sich positiv auf den Verkauf ausgewirkt:
	Es wurden 34 Zauberwürfel mehr verkauft.
– 	Allerdings werden externe Störgrößen nicht berücksichtigt.
	Wenn z.B. der Anbieter eines Zauberwürfel-Konkurrenzprodukts namens „Üpsilon" in der Woche, während dieser der Zauberwürfel mit alter Verpackung angeboten wird, eine Sonderpreisaktion für „Üpsilon" durchführt und in der Woche, wenn der Zauberwürfel mit neuer Verpackung angeboten wird, „Üpsilon" wieder zum Ursprungspreis angeboten wird, kann dies zur Steigerung der Verkaufszahlen des Zauberwürfels geführt haben. Das heißt, die Absatzänderung des Zauberwürfels ist nicht eindeutig auf die Verpackungsänderung zurückzuführen.

Aufgabe c):
EBA-CBA-Experiment:
– 	CBA ist die Abkürzung von **C**ontrol Group, **B**efore/**A**fter (vor/nach Einsatz bzw. Einfluss des unabhängigen Faktors).
– 	Die Kontrollgruppe wird nicht dem Einfluss der unabhängigen Variablen ausgesetzt, d.h., sie findet im Testmarkt nur Zauberwürfel mit alter Verpackung vor.

Ergebnis des EBA-CBA-Experiments:
$(x_1 - x_0) - (y_1 - y_0) = (502 - 468) - (324 - 294) = 34 - 30 = 4$

mit $\quad x_0 =$ 	Absatz Zauberwürfel; Testgruppe; alte Verpackung; t_0 (Ende der erste Verkaufswoche)
$\quad x_1 =$ 	Absatz Zauberwürfel; Testgruppe; neue Verpackung; t_1 (Ende der zweiten Verkaufswoche)
$\quad y_0 =$ 	Absatz Zauberwürfel; Kontrollgruppe; alte Verpackung; t_0
$\quad y_1 =$ 	Absatz Zauberwürfel; Kontrollgruppe; alte Verpackung; t_1

Interpretation des Ergebnisses:
– 	Die neue Zauberwürfel-Verpackung hat nur eine sehr geringe positive Wirkung auf den Absatz.
– 	Die Wirkung der Verpackungsänderung wird bereinigt um „Entwicklungseffekte" (Meffert et al. 2012, S. 166), die sich in der Kontrollgruppe zeigen.
– 	Allerdings werden auch bei diesem Experiment externe Störgrößen nicht berücksichtigt.

- Die EBA-CBA-Versuchsanordnung entspricht den klassischen Grundsätzen des Experiments. Es erfolgt eine Trennung zwischen Personen einer Versuchs- bzw. Testgruppe einerseits, die der unabhängigen Variablen (auch Wirkungsfaktor bezeichnet) ausgesetzt waren und einer Kontrollgruppe andererseits, die dem Wirkungsfaktor nicht ausgesetzt war.
  (Quelle: http://wirtschaftslexikon.gabler.de/Definition/experiment.html)

Aufgabe d):
EA-CB-Experiment:
Bei dieser Versuchsanordnung geschieht die Erfassung der abhängigen Variablen (Verkaufszahlen des Zauberwürfels) zeitlich
- nach Einsatz der unabhängigen Variablen (d.h.: neue Verpackung) in der Testgruppe (**E**xperimental Group, **A**fter).
- vor Einsatz der unabhängigen Variablen (d.h.: alte Verpackung) in der Kontrollgruppe (**C**ontrol Group, **B**efore).

Ergebnis des CB-EA-Experiments:
$x_1 - y_0 = 502 - 294 = 208$

mit $x_1 =$ Absatz Zauberwürfel; Testgruppe; neue Verpackung; t_1
        $y_0 =$ Absatz Zauberwürfel; Kontrollgruppe; alte Verpackung; t_0

Ergebnis des CA-EA-Experiments:
$x_1 - y_1 = 502 - 324 = 178$

mit $x_1 =$ Absatz Zauberwürfel; Testgruppe; neue Verpackung; t_1
        $y_1 =$ Absatz Zauberwürfel; Kontrollgruppe; alte Verpackung; t_1

Interpretation der Ergebnisse:
- Bei beiden Typen von Versuchsanlagen besteht das Problem, dass a priori bestehende Unterschiede zwischen den Gruppen nicht herausgerechnet werden können.
  (Quelle: http://wirtschaftslexikon.gabler.de/Definition/experiment.html)
- Gruppenabhängige Störgrößen, die nicht berücksichtigt werden, können z.B. andere soziodemographische (z.B. Alter, Schicht) oder psychographische Merkmale (z.B. Konsumbedürfnisse) sein.
- Im vorliegenden Fall ist zumindest nicht auszuschließen, dass die Test- und die Kontrollgruppe Unterschiede aufweisen. Dementsprechend sind die Ergebnisse der Versuchsanlagen wenig hilfreich für Herrn Schoggi, ob der Zauberwürfel eine neue Verpackung erhalten soll.

Lösungshinweise zu den Fallstudien C.I. Situationsanalyse

C. I. (1) Lösungshinweise zur Fallstudie „Mucki Foods"

Aufgabe a):

Die Analyse der
- unternehmensexternen Chancen und Risiken des Markts für Kaffee und Pad-Brühsystem ist Abbildung L-10
- unternehmensinternen Stärken und Schwächen (Ressourcenanalyse) Abbildung L-11

zu entnehmen.

		Chancen	Risiken
allg. Markt-situation		• Kaffee beliebtestes Getränk (Marktsicherheit) • Wachstumsmarkt Pad-Systeme (Absatz-/ Umsatzpotential)	• Kaffeekonsum ist rückläufig (stagnierender Markt) • gestiegene Kaffee-Rohstoffpreise (Umsatz- bzw. Gewinneinbußen bei Kaffeeprodukten)
Marktteilnehmer	**Konsu-menten**	Preisbereitschaft für den Convenience-Nutzen (zusätzliches Umsatzpotential bei Brühgetränken)	
	Absatz-mittler	Online-Handel: Pad-Kauf mit Convenience-Nutzen verbunden zusätzl. Umsatzpotential bei Brühgetränken)	stationärer Handel: Barrieren bei Aufnahme der Pad-Sortenvielfalt (wegen des benötigten Regalplatzes; daher zB Zahlung von WKZ)
	Kon-kurrenz		Sonsoa als Brühsystem-Pionier in markt-beherrschender Position
Sonst. Un-ternehmens-umwelt			Brühsystem von Sonsoa patentrechtlich geschützt (Markteintrittsbarriere)

Abb. L-10: Chancen-Risiken-Analyse des Markts für Kaffee und Pad-Brühsysteme

	Stärken	Schwächen
Markt-position	weltweit führender Markenartikel-hersteller (in mehr als 150 Ländern vertreten)	• Kaffeekonsum ist rückläufig (stagnierender Markt) • gestiegene Kaffee-Rohstoffpreise (Umsatz- / Gewinneinbußen bei Kaffeeprodukten)
Produkt-angebot	• Pads für etablierte Marken („Josefs"-Pads, „Süschar"-Pads) profitieren von der bestehenden Markenreputation (Goodwill-Transfer) • „Cafimo"-Brühsystem wird patent-rechtlich geschützt: Kombi-Brühsystem ist ein Wettbewerbsvorteil („Cafimo" als Pionierprodukt)	bei Brühsystemen ist Mucki Foods ein später Marktfolger, das heißt: es muss mit „Cafimo" ein eigenständiger Wettbewerbsvorteil aufgebaut werden, um sich gegenüber der marktbeherrschenden Marke „Sonsoa" behaupten zu können
Vertrieb/ Markt-Know how	da Mucki Foods in mehr als 150 Ländern vertreten ist und die Märkte bzw.Markt-teilnehmer kennt: • Bedürfnislage hinsichtlich des Brüh-systems bekannt bzw. zu erforschen • schneller Marktzugang im Handel (Listung der Pads) wegen bisheriger Reputation von Mucki Foods-Marken)	• notwendige Zahlung von Werbekostenzu-schüssen, um mehrere Pad-Sorten im stationären Handel platzieren zu können • wenn die Pad-Sorten (z.B. „Süschar"-Pads) vom Markt nicht angenommen werden, kann dies zum Badwill-Transfer bei der Kakaomarke „Süschar" führen

Abb. L-11: Stärken-Schwächen-Analyse für die Getränkemarken und für „Cafimo"

Aufgabe b):
Bedeutung des Lebenszykluskonzepts
zeitraumbezogenes Marktreaktionsmodell: Annahme charakteristischer Regelmä-ßigkeiten des Absatzes bzw. Umsatzes von „Cafimo" und den Pad-Produkten

Aufgabe des Lebenszykluskonzepts
– Analyse der Bedingungslage des Unternehmens im Markt- und Wettbewerbsum-feld: Damit sind die Chancen und Risiken im Markt sowie die Stärken und Schwächen des Unternehmens gemeint.
– Herleitung von Schlussfolgerungen: Ausgehend von der analysieren Bedin-gungslage sind Empfehlungen zur Ausgestaltung der Marketinginstrumente für „Cafimo" und die Pad-Sorten zu entwickeln.

Aufgabe c):
Schwerpunktmäßiger Einsatz der Marketinginstrumente für „Cafimo":
– Einführungsphase:
  · in dieser Phase befindet sich „Cafimo"; sollten Produktmängel auftreten, sind diese sofort zu beheben
  · Bekanntmachung des Brühsystems und der Pad-Sorten
  · Preisstrategie ist festgelegt; ggf. bietet sich für „Cafimo" eine Abschöpfungs-strategie an (die Preisbereitschaft der Konsumenten, für den Zusatznutzen „Kombi-Brühsystem" mehr zu zahlen, wird abgeschöpft), wobei die Preisset-zung für Gerät und Pads sich am Marktführer „Sonsoa" orientieren sollte

· zum Markteintrittszeitpunkt müssen Händler gewonnen werden, die „Cafimo"
und die Pad-Sorten anbieten (ggf. Anreize z.B. in Form von WKZ, Rabattie-
rungen etc.)

– Wachstumsphase:
· Herausstellung des Wettbewerbsvorteils (Nutzenvorteile) gegenüber „Sonsoa",
unterschiedliche Heißgetränke (Kaffee, Cappuccino, Kakao, Tee) mit einer
Maschine aufbrühen zu können
· Intensivierung der
  - konsumentenbezogenen Werbung (Herausstellung der Produktnutzenvortei-
    le), um so einen Nachfragesog zu erzeugen
  - Werbung bzw. Anreize gegenüber dem Handel, um die Anzahl der das Gerät
    führenden Geschäfte zu erweitern und die Pads im Lebensmittelhandel zu
    platzieren (Erhöhung des Distributionsgrads)
· Fortsetzung der Preisstrategie; beobachten, ob bzw. wie sich der Preis für
„Sonsoa" entwickelt

– Reife-/ Sättigungsphase:
· ggf. Relaunch i.S.v. Wiederbelebung der Marke „Cafimo"; auch Produktvariation bzw. Modifikation möglich (z.B. neues Gerätedesign, verbessertes Bedie-
nungstableau)
· z.B. emotionale Herausstellung des modifizierten Designnutzens
· Auf- bzw. Ausbau des Multi-Channel-Handels (z.B. stationär über den Fachhandel und Warenhäuser sowie Online)

– Degenerationsphase:
· z.B. Ersatz des bisherigen „Cafimo"-Brühsystems durch Nachfolgemodell
· Preisnachlässe für das bisheriges Modell zwecks Lagerräumung; ggf. Inzah-
lungnahme des Altgeräts bei Kauf des neuen Modells.

Aufgabe d):
Folgende Kritikpunkte können anhand des erörterten Lebenszyklus-Modells für
„Cafimo" angeführt werden:

– keine Allgemeingültigkeit:
. hier liegt ein Produkt- bzw. Marken-Lebenszyklus vor
· wenn sich die Bezugsbasis ändert (z.B. Branchen- oder Markt-Lebenszyklus),
ändern sich auch Verlauf und Aussagekraft der Umsatz- und Gewinnentwick-
lung und damit des Lebenszyklus

– fehlende Gesetzmäßigkeit:
hier werden idealtypische Umsatz- bzw. Gewinnverläufe unterstellt, die dann
tatsächlich ganz anders aussehen können

– Marketingaktivitäten werden nicht berücksichtigt:
Die eigenen Marketingaktivitäten und diejenigen der Konkurrenz wirken sich auf
die Umsatz- und Gewinnverläufe aus, werden jedoch nicht berücksichtigt

– Phasenabgrenzung:
Die Kriterien zur Bestimmung der Phasengrenzen sind – ggf. bis auf die Einführungsphase (Gewinnschwelle) – uneinheitlich.

Daher besitzt das Lebenszyklusmodell keine normative Aussagekraft. Es ist keine Alternative, sondern Ergänzung zu anderen situationsanalytischen Ansätzen. Daher können die phasenspezifischen Marketing-Mix-Ansatzpunkte nicht nur auf der Grundlage des Lebenszyklusmodells entwickelt werden; sie bedürfen zudem einer ständigen Aktualisierung der Bedingungslage des Unternehmens.

C. I. (2) Lösungshinweise zur Fallstudie „Quellarius"

Die Analyse der unternehmensexternen Chancen und Risiken des Mineralwasser-markts ist Abbildung L-12 und der unternehmensinternen Stärken und Schwächen (Ressourcenanalyse) Abbildung L-13 zu entnehmen.

		Chancen	Risiken
	allg. Markt-situation	steigender Absatz trotz schlechten Wetters	stagnierende Umsatzentwicklung
Marktteilnehmer	Konsu-menten	• klass. Mineralwasser bes. beliebt • kalorienreduzierte Getränke für Über-gewichtige (Absatzpotential)	
	Absatz-mittler	Online-Handel: Pad-Kauf mit Convenience-Nutzen verbunden zusätzl. Umsatzpotential bei Brühgetränken)	Jede dritte Flasche über preisaggressive Discounter (Konkurrenzkampf wird über den Preis ausgefochten)
	Kon-kurrenz		Verdrängungswettbewerb (preisaggressive versus Markenanbieter)

Abb. L-12: Chancen-Risiken-Analyse des Mineralwassermarkts

	Stärken	Schwächen
Markt-position	seit einiger Zeit (mind. drei Jahre) im Markt etabliert, d.h.: Reputation	rückläufige Umsätze und Marktanteile für „Afrodinaris"
Produkt-/ Marken-angebot	Kalorienreduzierte Marken „Afroschorl" und „Afronektar" (d.h.: Produktangebot für Übergewichtige vorhanden)	„Afrodinaris" hat einen Anteil von 60 Prozent am Gesamtumsatz des Unternehmens, d.h.: große Abhängigkeit von dieser Marke
Vertrieb/ Markt-Know how	Thema Wellness wichtig, d.h.: Markttrend wird von Herrn Wotermän aufgegriffen (im Sinne der marktorientierten Unter-nehmensführung)	

Abb. L-13: Stärken-Schwächen-Analyse der „Quellarius GmbH"

C. I. (3) Lösungshinweise zur Fallstudie „Kaffeegetränke-Automaten GmbH"

Aufgabe a):
Arbeitstabelle für die Koordinaten des Portfolios:

	KC	MK	KG	KL
relativer Marktanteil (MA)	6 : 8 = 0,75	4 : 10 = 0,4	5,5 : 5,5 = 1	0,5 : 1 = 0,5
Markt- wachstum (MW)	0%	10%	–10%	5%
Umsatz- bedeutung	6 : 16 = 0,38	4 : 16 = 0,25	5,5 : 16 = 0,4	0,5 : 16 = 0,03

Abb. L-14: Arbeitstabelle für die Koordinaten des Portfolios der Kaffeegetränke-Automaten GmbH

Bei den Produkten KC, MK, KG und KL handelt es sich um strategische Geschäftseinheiten (SGE). Der relative Marktanteil ergibt sich wie folgt:

$$\text{rel. MA} = \frac{\text{Marktanteil eigene SGE}}{\text{Marktanteil SGE des stärksten Konkurrenten}}$$

$$= \frac{\text{Umsatz eigene SGE}}{\text{Marktvolumen}} : \frac{\text{Umsatz SGE des stärksten Konkurrenten}}{\text{Marktvolumen}}$$

$$= \frac{\text{Umsatz eigene SGE}}{\text{Umsatz SGE des stärksten Konkurrenten}}$$

Es besteht auch die Möglichkeit, anstelle des Marktanteils des stärksten Konkurrenten das arithmetische Mittel der Marktanteile der drei stärksten Konkurrenten heranzuziehen (vgl. Macharzina/Wolf 2008, S. 353).

Das Marktwachstum ist der Ausgangstabelle der Fallstudie zu entnehmen. Die Umsatzbedeutung ist wichtig für die Kreisgröße der GF im Portfolio (je wichtiger die SGE, umso größer der Kreis).

Dichotomisierung der beiden Achsen:
Für die Einteilung der beiden Achsen in „hohes/niedriges Marktwachstum" und „hoher/niedriger relativer Marktanteil" gibt es mehrere Möglichkeiten.

Dichotomisierung der y-Achse (Marktwachstum):
– durchschnittliches Branchenwachstum (arithmetisches Mittel), falls alle zu analysierenden SGE zur gleichen Branche gehören, hier:
(0% + 10% – 10% + 5%) : 4 = 1,25%

– Wachstum des Bruttosozialprodukts, falls die SGE unterschiedlicher Branchen betrachtet werden; hier: nicht anwendbar

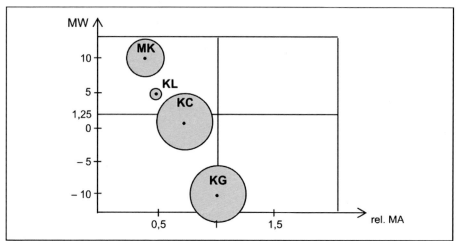

Abb. L-15: Portfolio für die Kaffeegetränke-Automaten GmbH
(Die Größe der Kreise entspricht der jeweiligen Umsatzbedeutung der SGE)

– Nullwachstum, wenn es SGE mit positiver und SGE mit negativer Wachstumsrate gibt und die Null in etwa die durchschnittlichen mittelfristigen Wachstumsaussichten der betrachteten Märkte repräsentiert (vgl. Haedrich/Tomczak 9196, S.
115, zitiert bei Becker 2009, S. 425); hier: Anwendung weniger sinnvoll, da die
Marktwachstumsraten zu sehr um die Null schwanken
– 10%-Regel (vgl. Macharzina/Wolf 2008, S. 353), wonach ein Marktwachstum
von mehr als zehn Prozent (weniger als zehn Prozent) auf stark wachsende
Märkte (schwach wachsende Märkte) hinweist; hier: nicht sinnvoll, da sich dann
alle SGE im Bereich schwach wachsender Märkte befinden würden.

Dichotomisierung der x-Achse (relativer Marktanteil):
Die Grenzwertziehung erfolgt in der Regel bei einem relativen Marktanteilswert von
1. Die durch den Wert x = 1 gehende Parallele zur y-Achse stellt ökonomisch den
Übergang von der Marktfolgerschaft zur Marktführerschaft dar:
– für SGE, die Marktfolger sind, gilt: relativer Marktanteil < 1
– für SGE, die Marktführer sind, gilt: relativer Marktanteil > 1

Ergänzend sei anzumerken, dass die Bestimmung der Werte, die die x- und y-Achse
dichotomisieren, durch denjenigen vorgenommen wird, der das Portfolio anfertigt.

Aufgabe b):

SGE	Normstrategie	Begründung
MK	Investitionstrategie	• beste Wachstumschancen • relativ umsatzstark
MK	Investitions-/ Offensivstrategie	• junges Produkt • zwar umsatzschwach, jedoch Wachstumschancen
KC	Desinvestitionsstratgie	• Poor Dog • jedoch: angestammtes Geschäft • wachstumsneutral, d.h.: kein schrumpfender Markt
KG	Abschöpfungs-/ Desinvestitionsstrategie	• schrumpfender Markt • Finanzmittelüberschüsse für MK und KL

Abb. L-16: Normstrategien für die SGE der Kaffeegetränke-Automaten GmbH

Aufgabe c):

Vorteile der Portfolioanalyse
- hoher Kommunikationswert:
  - die Portfolioanalyse gibt einen visualisierten Überblick, wo das Unternehmen mit seinen SGE steht
  - dadurch wird angeregt, sich mit strategischen Überlegungen für die SGE zu beschäftigen
- empirische Relevanz der Schlüsselgrößen (PIMS-Studie)
- leicht zu erstellen
- bei der Bestimmung der Marktposition wird die Konkurrenz berücksichtigt.

Nachteile der Portfolioanalyse
- Politischer Spielraum desjenigen, der das Portfolio erstellt:
  - SGE-Abgrenzung (z.B. Produkte, Marken, Geschäftsbereiche)
  - Dichotomisierung der Achsen (z.B.: bei welchem Marktwachstum?)
- Normstrategien sind zu undifferenziert:
  Die empfohlene Desinvestitionsstrategie für KC bedeutet, dass mittelfristig die SGE mit dem größten Umsatzanteil wegfallen soll. Wäre die Dichotomisierung der y-Achse beim Nullwachstum vorgenommen worden, hieße die normstrategische Empfehlung, in KC zu investieren.
- Lediglich zwei Faktoren bestimmen die Marktposition.

Fazit: Die Portfolio-Analyse ist lediglich ein weiteres Hilfsmittel bzw. Instrument zur Situationsanalyse, jedoch kein Ersatz für Managemententscheidungen.

Lösungshinweise zu den Fallstudien
C.II. Marketingziele

C. II. (1) Lösungshinweise zur Fallstudie „Sportswear AG"

Aufgabe a):
Ökonomische Marketingzielinhalte, z.B.:
- Anknüpfend an das Unternehmensziel „bestmöglicher Gewinn": Erschließung eines neuen Absatz- bzw. Umsatzpotentials mit der Produktlinie „walk & run"
- Erreichung eines bestimmten Marktanteils mit „walk & run" im Marktsegment „Sportbekleidung für die Laufsportarten"
- Erreichung eines bestimmten relativen Marktanteils (z.B. in Relation zum Markt-führer „Marathon")
- Gewinnung von X Erstkäufern der „walk & run"-Sportbekleidung innerhalb eines bestimmten Zeitraums
- (nachdem die Marke „walk & run" sich im Markt etabliert hat) Erhöhung der Wiederkaufrate, d.h. der markentreuen Kunden.

Psychographische Marketingzielinhalte, z.B.:
- Positionierung der Marke „walk & run" im Marktsegment „Sportbekleidung für die Laufsportarten" mit einzigartigen Produkt-/ Markeneigenschaften (z.B. bzgl. technisch-funktionaler Stoffqualität, die sich besonders für Laufsportarten eig-net), die als Wettbewerbsvorteil – z.B. gegenüber der Marke „Marathon" – aus-gelobt werden können
- Bestmögliche Zufriedenheit der Kunden mit den „walk & run"-Produkten
- Bekanntmachung der neuen Produktlinie „walk & run".

Während die Erreichung der ökonomischen Marketingzielinhalte anhand z.B. der tatsächlichen Absatzzahlen überprüft werden können, ist es zur Überprüfung der psychographischen Zielgrößen notwendig, entsprechende Daten zu erheben (z. B. Konsumentenbefragung zum Thema „persönliche Anforderungen an die Sportbe-kleidung für Laufsportarten").

Aufgabe b):
Damit Ziele operational, also messbar formuliert sind, müssen sie hinsichtlich In-halt, Ausmaß, Zeit- und Segmentbezug konkretisiert werden.
- Inhalt: gestützter Bekanntheitsgrad
- Ausmaß: Steigerung auf 70 %
- Zeitbezug: im ersten Jahr
- Segmentbezug: Produktlinie „walk & run" bzw. Käufer von Sportbekleidung für die Laufsportarten

Fazit: Die Zielsetzung ist operational formuliert.

C. II. (2) Lösungshinweise zur Fallstudie „Kröti"

Marketingproblem:
- Verlust der Marktführerschaft des „Kröti"-Haushaltsreinigers an den Konkurren-ten „Mister Sauber"
- Die Umweltverträglichkeit der Produkte ist im Vergleich zu Konkurrenzproduk-ten kein Alleinstellungsmerkmal (Unique Selling Proposition USP) mehr.
- „verstaubtes Öko-Image" der Marke „Kröti", d.h.: Imageveränderung notwendig.

Marketingziele:
Die Marketingziele sind messbar, d.h. nach Inhalt, Ausmaß, Zeitbezug und Seg-mentbezug zu formulieren.
- Ziel 1:
    · Rückgewinnung der Marktführerschaft (bzw. des Marktanteils von „Kröti" im Jahr 2000)
    · innerhalb der nächsten 12 Monate
    · im Haushaltsreinigermarkt
- Ziel 2:
    · Veränderung/Hinzufügung einer neuen Imagedimension (veränderte Positio-nierung) für den „Kröti"-Haushaltsreiniger
    · innerhalb der nächsten 12 Monate
    · im Haushaltsreinigermarkt.
Es können auch noch andere Marketingziele entwickelt werden, die z.B. das Image bzw. den Bekanntheitsgrad der anderen „Kröti"-Produkte (Waschpulver, Essigreini-ger, Geschirr- und Glasreiniger) betreffen.

C. II. (3) Lösungshinweise zur Fallstudie „Ich will"

Marketingproblem:
- Veränderungen im Markt und Verhalten der Teilnehmer:
    · zunehmendes Gesundheitsbewusstsein
    · neues Selbstbewusstsein junger Frauen
- bedrohlich empfundener Unterton der kommunikativen Auslobung von der Mar-ke „Ich will" (als „Ich muss" empfunden)
- rückläufiger Umsatz.

Marketingziele:
Die Marketingziele sind messbar, d.h. nach Inhalt, Ausmaß, Zeitbezug und Seg-mentbezug zu formulieren.
- Ziel 1:
    · Stabilisierung bzw. Steigerung des „Ich will"-Umsatzes auf das frühere Niveau
    · innerhalb der nächsten 12 Monate
    · im Markt für diätetische und Gesundheits-Lebensmittel

– Ziel 2:
  · Image der „Ich will"-Produkte verbessern, indem die Marke modernisiert bzw. verjüngt wird: die Marke soll als gesundheitsfördernd und zum Wohlbefinden beitragend positioniert werden
  · innerhalb der nächsten 12 Monate
  · Segmentbezug: junge KonsumentInnen von diätetischen und Gesundheits-Lebensmitteln.

Lösungshinweise zu den Fallstudien
C.III. Marketingstrategien

C. III. (1) Lösungshinweise zur Fallstudie „Sport Total"

Aufgabe a):
An die SGF bzw. in diesen Feldern tätigen SGE werden die <u>Anforderungen</u> gestellt, dass sie
– eine eigenständige, von anderen Geschäftseinheiten unabhängige Marktaufgabe besitzen
– sich von der Konkurrenz abheben
– einen eigenständigen strategischen Handlungsplan erlauben und
– einen eigenständigen Beitrag zur Steigerung des Unternehmenserfolgs leisten.

Diese Anforderungen sind <u>bei den von G. Schmeidig genannten SGE</u> nicht bzw. höchstens teilweise erfüllt:
– Es werden lediglich die Produkte von „Sport Total" genannt. So bleiben die Nachfragernutzen unberücksichtigt. Aus Nachfragersicht können z.B. sowohl die Bekleidung zum Wandern als auch die Bekleidung zum Golfen den Nutzen des „Wind- und Wetterschutzes" erfüllen. Daher ist die Anforderung der Eigenständigkeit nicht gegeben.
– Zudem sind diese SGE nicht zukunftsorientiert und heben sich nicht von der Konkurrenz ab.
– Werden für die SGE eigenständige strategische Handlungspläne durchgeführt, könnten mehrfache Anstrengungen ähnlicher Art praktiziert werden. Dies ist z.B. der Fall, wenn jede SGE für sich versucht, die sportartbezogene Bekleidung in jeder Abteilung in Szene zu setzen. Synergieeffekte – z.B. in der o.g. Form, dass Wind- und Wetter-Schutzkleidung in mehreren Sportarten benötigt wird – werden so nicht genutzt.

Aufgabe b):
Abells Ansatz zur Abgrenzung von Geschäftsfeldern beinhaltet die Dimensionen „Zielgruppen", „Bedürfnisse" und „Technologien". Übertragen auf die „Sport Total GmbH" können die Dimensionen wie folgt konkretisiert werden:

1) Wer ...
   (Vereine sowie Individualsportler der Sportarten Wandern/Klettern, Jogging/Walking, Golf, Tennis)
2) ... hat welche Bedürfnisse ...
   (Bedürfnisse bei Bekleidung: Mannschaftsidentifikation, Wind- und Wetterschutz, Sommersportbekleidung; Bedürfnisse bei Sportgeräten: Eignung des Sportgeräts für den Anfänger oder Fortgeschrittenen, also das Können in der jeweiligen Sportart)
3) ... und wie werden diese zufriedengestellt?
   (persönlich: Verkaufsgespräch am PoS, Beratung durch Trainer, individuelles Anpassen des Sportgeräts, z.B. Schlägerfitting; Online: z.B. Produktinformationen zu Passgrößen, Farbangeboten etc. bei Bekleidung, technisch-funktionaler Qualität des Sportgeräts sowie Bestellservice).

Da sich für diesen Ansatz in der vorliegenden Form (Abbildung L-17) zu viele Kombinationsmöglichkeiten ($5 \cdot 6 \cdot 5 = 150$) ergeben, ist die Komplexität stufenweise zu reduzieren. So können die Dimensionen beispielsweise in der Reihenfolge des klassischen Marketingansatzes konkretisiert werden: zuerst „Zielgruppen", dann „Bedürfnisse", dann „Technologie".

Mögliche SGF bzw. SGE für das Unternehmen sind z.B.:

SGF 1: Sportgeräte
        SGE 1a) Individualsportarten Wandern/Klettern, Jogging/Walking
        SGE 1b) Individualsportarten Golf und Tennis
        SGE 1c) Vereine
        SGE 1d) Golf- und Tennis-Profis

SGF 2: Online-Shop
        SGE 2a) Bestellservice Individualsportarten
        SGE 2b) Bestellservice Vereine
        SGE 2c) sportartspezifische Weiterbildung und Produktinformationen.

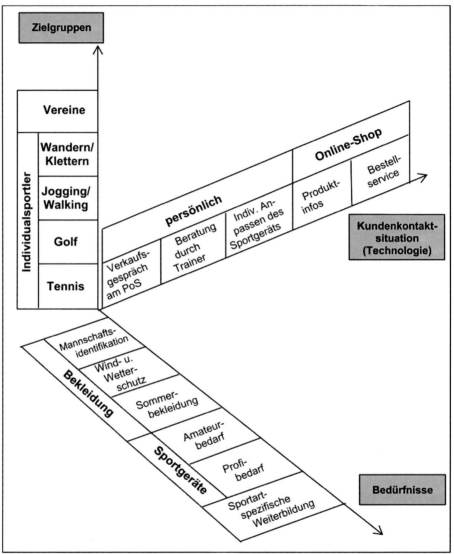

Abb. L-17: Strategische Geschäftsfelder nach Abell für die Sport Total GmbH

Kritische Würdigung des Abell-Ansatzes:
– räumliche Abgrenzung des Marktes fehlt (Raum einer Großstadt? Einer Region?)
– es wird eine Übereinstimmung von marktbezogenen SGF und unternehmensintern organisierten SGE benötigt (z.B.: Kompetenz- und Verantwortungsabgrenzung zwischen Leitung des Online-Shops (SGF2) und SGE 2a) bis 2c).

C.III. (2) Lösungshinweise zur Fallstudie „Foodli Deutschland AG"

Produkte, die nicht länger als drei Jahre auf dem Markt sind, befinden sich in der Einführungs-, Wachstums- oder frühen Reifephase ihres Marktlebens. Im Hinblick auf das BCG-Portfolio befinden sich diese Produkte in den Quadranten der „Question Marks", „Stars" und „Cash Cows". Die Question Marks und Stars sind finanzmittelbenötigend (Normstrategie: Investition), die Cash Cows finanzmittelfreisetzend (Normstrategie: Abschöpfung bzw. Desinvestition). Insofern strebt Herr G. Witzt nach einem günstigen Zielportfolio: Ein günstiges, d.h. finanziell ausgeglichenes und auf Zukunftssicherung des Unternehmens ausgerichtetes Zielportfolio ist dann gegeben, wenn Produkte (bzw. SGF, SGE)
- mit einem hohen Umsatzanteil im Cash Cow-Quadranten sind, da sie die Finanzmittel für die Question Marks und Stars liefern
- im Question Mark- und Star-Quadranten positioniert sind, da sie als Nachwuchs- und Wachstumsprodukte langfristig den Cash Flow-Bedarf des Unternehmens sicherstellen.

Mit diesem Zielportfolio von Foodli sind weitere marketingstrategische Ziele verknüpft, beispielsweise:
- forcierte Generierung und Weiterentwicklung von Produktinnovationen bis zur Marktreife (um genügend Question Marks zu erhalten)
- besondere Unterstützung der Question Marks durch das Marketing, um einen Flop der Produktneuheiten zu vermeiden und sie zur schnellen Amortisation zu führen
- Schaffung und Herausstellung eindeutiger Nutzenvorteile der Markenprodukte (z.B. nachweisbare Gesundheitsförderung eines neu entwickelten Functional Food-Produktes) als Wettbewerbsvorteile, um sich so klar gegen Niedrigpreisanbieter abzugrenzen und zu profilieren.

C. III. (3) Lösungshinweise zur Fallstudie „Quellarius"

Die strategischen Optionen nach der Ansoff-Matrix stellen Ansatzpunkte zur Erschließung neuer Wachstumsquellen für die Quellarius GmbH dar.

Markterschließungsstrategie
Ausschöpfung des Marktpotentials vorhandener Produkte in bestehenden Märkten, indem ein forcierter Einsatz von Marketinginstrumenten erfolgt, z.B.:
- verstärkte Werbung für „Afrodinaris", um die Produktverwendung bei bestehenden Kunden zu intensivieren
- Verkaufsförderungsaktionen (Gewinnspiele, Verkostungsaktionen), um Käufer zu gewinnen, die bislang Mineralwasser und Erfrischungsgetränke der Konkurrenz gekauft haben

Marktentwicklungsstrategie
Gewinnung zusätzlicher Absatzpotentiale, indem bestehende Produkte in neuen Märkten verfügbar sind, z.B.:
- Geographische Ausweitung des Absatzgebiets der Quellarius-Produkte auf internationale Märkte
- Gewinnung neuer Marktsegmente, indem z.B. „Afrodinaris" und auch die Fruchtschorlen als kalorienreduziert herausgestellt und so die Gesundheitsbewussten betont angesprochen werden

Produktentwicklungs-/ Sortimentserweiterungsstrategie
Neben der Schaffung echter Innovationen (hier: problematisch) Programmerweiterung durch zusätzliche Produktvarianten, z.B.
- Fruchtschorlen mit Geschmacksrichtungen, die im Trend liegen
- Mineralwasser mit Nährstoffen für den diätetischen Bedarf

Diversifikationsstrategie
Ausrichtung des Unternehmens mit neuen Produkten auf neue Märkte, z.B.
- horizontale Diversifikation:
  Die Kompetenz als Getränkehersteller nutzen und Bier- oder Molkeprodukte herstellen
- vertikale Diversifikation:
  · Herstellung von Verpackungen/Flaschen (Rückwärtsintegration in Richtung Beschaffungsmarkt)
  · Einrichtung von Trink-Bars (Vorwärtsintegration der nächsten Vertriebs(Handels)stufe).

C. III. (4) Lösungshinweise zur Fallstudie „Mucki Foods"

Die Mucki Foods hat die Marktauswahlentscheidung für „Cafimo" bereits getroffen. Es bleiben die Teilentscheidungen des Markteintritts und der Organisationsform.

Aufgabe a):
Wasserfallstrategie:
- „Cafimo" ist noch nicht im Heimatmarkt Deutschland vorhanden. Also geschieht zunächst der Markteintritt von „Cafimo" im Heimatmarkt.
- Wenn Mucki Foods die Erfahrung der Marktbearbeitung im Heimatmarkt gesammelt hat, kann der erste Auslandsmarkt für „Cafimo" zunächst Land E sein. So können die im Heimatland gesammelten Erfahrungen hinsichtlich des Vorgehens gegenüber der marktbeherrschenden Marke „Sonsoa" auf Land E übertragen werden.
- Andererseits bietet es sich an, „Cafimo" in den drei Ländern Alpha, Beta und Gamma einzuführen, da dort Pad-Brühsysteme noch unbekannt und chancenreich sind. In diesen Märkten wäre Mucki Foods mit „Cafimo" der Pionier und könnte diesbezügliche Strategievorteile nutzen.

– Von der Produkteinführung in Land F sollte wegen des hohen Risikos Abstand genommen werden.

Aufgabe b):
Sprinklerstrategie:
– Da Mucki Foods ein internationaler Konzern ist, kann er über die für diese Strategie benötigten finanziellen, personellen und Know how-Ressourcen verfügen.
– Der besondere Ressourcenbedarf resultiert aus den situativen Bedingungen, dass in den Ländern Alpha, Beta und Gamma ein Markt für Pad-Brühsysteme aufgebaut werden muss (z.B. besonderer Budgetbedarf für die Kommunikationspolitik in diesen Ländern), während im Heimatmarkt und Land Epsilon die von „Sonsoa" geschaffenen Markteintrittsbarrieren zu überwinden sind.
– Von der Produkteinführung in Land F sollte wegen des hohen Risikos Abstand genommen werden.

C.III. (5) Lösungshinweise zur Fallstudie „Flower GmbH"

Aufgabe a):
Die Flower GmbH verfolgte bislang die Strategie der Kostenorientierung: Qualitativ durchschnittliche Düngerprodukte in großen Mengen zum niedrigen Preis. Aus der großen Ausbringungsmenge resultieren Kostenvorteile, die beispielsweise durch die besonders effiziente Nutzung der Kompostieranlage bedingt sind. Die fixen Kosten der Anlage können auf eine größere Zahl abgesetzter Düngeprodukte verteilt werden.

Aufgabe b):
Mit der neuen Kompostieranlage, die die Qualität der Düngerprodukte deutlich verbessert, können die Optionen der Präferenzstrategien gewählt werden, z.B.:
– Innovationsorientierung:
Es kann ein Düngerprodukt entwickelt werden, das es so noch nicht gab und insofern als Pionierprodukt gilt *(siehe Fortsetzung dieser Fallstudie im Kapitel C. IV. 2 (3): der Beschleunigungsdünger „Fast-Grow")*
– Qualitätsorientierung:
Mit der Kompostieranlage sind qualitativ deutlich verbesserte Düngerprodukte herstellbar.
– Markierungsorientierung:
Die qualitativ höherwertigen Düngerprodukte werden mit einer eigenständigen Marke versehen.
– Programmbreite:
Die Flower GmbH kann jedem an Düngermitteln interessierten Nachfrager etwas anbieten (für normale, exotische, Bonsai-Pflanzen; für durchschnittliche bis gehobene Qualitätsansprüche).

Lösungshinweise zu den Fallstudien
C.IV. 1 Produktpolitik

C.IV.1 (1) Lösungshinweise zur Fallstudie „SkanMöb"

Bedarfsverbund:
Der Bedarfsverbund wird durch den gemeinsamen Ge- und Verbrauch von verschiedenen Gütern verursacht und ist bei komplementären Gütern gegeben.

Fallbeispiele für den Bedarfsverbund:
– Einkauf im Shopping Center:
  Briefpapier und -umschläge; Farben und Pinsel
– Einkauf bei SkanMöb:
  Bett und Matratze; Lampe und Leuchtmittel.

Nachfrageverbund:
Der Nachfrageverbund betrifft auch solche Produkte, die nicht durch gemeinsamen Ge- bzw. Verbrauch gekennzeichnet sind. Er entsteht häufig durch das Bedürfnis, möglichst rationell viele Einkäufe in einem Geschäft zu erledigen.

Fallbeispiele für den Nachfrageverbund:
– Shopping Center: Bekleidung etc. für das Kind
  SkanMöb: Einrichtungsgegenstände für das Kinderzimmer
– SkanMöb: (während der Mittagspause) Sichtung der Einrichtungsgegenstände und Online-Kauf zum anderen Zeitpunkt; Besuch der Skan-Möb-Kantine.

Kaufverbund:
Der Kaufverbund resultiert aus dem kaufwirksamen Nachfrageverbund und aus absatzpolitischen Maßnahmen. Er bezieht sich nur auf einen Kaufakt, während Bedarfs- und Nachfrageverbund in zeitlich unterschiedlichen Kaufakten geschehen können (one-stop-shopping).

Fallbeispiele für den Kaufverbund:
– Ein Kaufakt:
  Bei SkanMöb Sichtung der gewünschten Einrichtungsgegenstände, die „nebenan" im Café online gekauft werden; zugleich wird veranlasst, dass die Ware zugestellt wird; Einkauf von Lebensmitteln im Shopping Center.
– zusätzliche Kaufauslöser:
  z.B. Preisaktionen für andere als die benötigten Produkte; Mittagessen in der Kantine von SkanMöb; Produktdemonstrationen (z.B. Küchengeräte) im Shopping Center.

C.IV.1 (2) Lösungshinweise zur Fallstudie „Öko-Limo"

Es können unterschiedliche Kreativitätstechniken angewendet und auch miteinander kombiniert werden. Grundsätzlich sind folgende Aspekte zu konkretisieren:

Umfang und Zusammensetzung des Kreativitätsteams:
- Wie viele Personen? (z.B. beim Brainstorming ca. 4 bis 8 Personen)
- Wer? (z.B. aus unterschiedlichen Abteilungen der Brauerei, mit unterschiedlichen Altersstufen und Berufsbildern)
- keine hierarchischen Über-/ Unterordnungsstrukturen (Vorgesetzter, Mitarbeiter), um Kreativitätshemmnisse zu vermeiden
- es können auch mehrere Kreativteams eingesetzt werden, z.B. Repräsentanten von Käufer-Zielgruppen.

Thema der Kreativsitzung(en):
- Das Thema kann beispielsweise „Entwicklung einer Verpackung mit kreativem Pfiff für die Öko-Limo" lauten.
- Eine übliche Formulierung ohne den Zusatz „kreativer Pfiff" würde wahrscheinlich nur zu üblichen Lösungen führen.
- Ziel sollte sein, Verpackungsalternativen mit kreativem Pfiff zu gewinnen, die die Brauerei im Wettbewerbsumfeld profilieren (Verpackung als Wettbewerbsvorteil).

Moderator:
- Unabhängig von der Kreativitätstechnik benötigt das Kreativteam einen Moderator, der ergebnis- und personenneutral die Gruppe leitet und dafür Sorge trägt, dass „gute" Verpackungslösungen entwickelt werden, die als Wettbewerbsvorteil fungieren können.
- Da Herr Schaumschläger als direkt Betroffener nicht ergebnisneutral und im Hinblick auf teilnehmende Mitarbeiter oder Kollegen nicht personenneutral sein kann, ist er als Moderator nicht geeignet.

Ausgewählte Aspekte bei Kreativitätstechniken:
- Das Brainstorming eignet sich zur Generierung vieler kreativer Ideen (mind. 60, sonst kann nicht von einer intuitiv entwickelten Ideenkette gesprochen werden).
- Es bietet sich auch die Osborne-Checkliste an, da es bereits Produktverpackungen gibt und diese anhand der Fragestellungen der Checkliste kreativ modifiziert werden können.
- Kreativitätstechniken können auch miteinander kombiniert werden, wenn z.B. das Brainstorming zur Generierung von Parametern dient, um mit diesen einen morphologischen Kasten für die kreative Verpackung zu erstellen.

C.IV.1 (3) Lösungshinweise zur Fallstudie „All4Garden"

Aufgabe a):

Prozess der Neuproduktplanung für den neuen Spaten:
- Ideensuche:
  Generierung von Ideen für einen neuen Spaten anhand des Einsatzes von Kreativitätstechniken
- Grobauswahl der Ideen (Screening):
  Grobselektion der Ideen für den neuen Spaten, z.B. mittels Scoringmodell oder Mehrpunktabfrage (z.B. beim Einsatz des Brainstormings als Kreativitätstechnik erhält jeder Teilnehmer des Kreativtätsteams eine bestimmte Anzahl Klebepunkte, mit denen er seine „Lieblingsideen" markieren kann; die Ideen mit der größten Punktanzahl werden weiterverfolgt)
- Feinauswahl der Ideen:
  Einsatz von Auswahlverfahren für die Produktkonzepte (z.B. Conjoint-Analyse, um die Präferenzen der Konsumenten hinsichtlich der Eigenschaften des neuen Spatens zu ermitteln) und Wirtschaftlichkeitsanalysen (z.B. Break-Even-Analyse, um den zur Erreichung der Gewinnschwelle benötigten Marktpreis für den neuen Spaten zu ermitteln)
- Konzept-/ Produkttest:
  Bspw. können Prototypen des neuen Spatens potentiellen Konsumenten gezeigt werden; eine sich anschließende Befragung kann zu zielgruppenorientierten Anpassungen des Produktes führen.

Aufgabe b):

Es wird ein Team von sechs (ggf. zwölf) Personen zusammengestellt, die aus unterschiedlichen Bereichen und Berufsbildern des Unternehmens stammen. Die Fragestellung lautet: „Entwicklung eines neuen Spatens". Es kann sich um einen Workshop oder auch um Sitzungen zu unterschiedlichen Zeitpunkten handeln (z.B. erste Sitzung mit dem weißen und grünen Hut, zu späteren Zeitpunkten die anderen Hüte).

Beispiele für Äußerungen aus dem „hutspezifischen" Blickwinkel:
- weißer Hut:
  Analyse der Markttrends (z.B. Einsatzbereiche eines Spatens bei der Gartenarbeit; geäußerte Kritik am „All4Garden"-Spaten; geäußerter Wunsch nach einem elektrischen Spaten etc.)
- roter Hut:
  „Ich habe Angst um meinen Arbeitsplatz. Was ist, wenn irgendwann unsere Spaten und andere „All4Garden"-Produkte nicht mehr nachgefragt werden?"
- schwarzer Hut:
  „Es könnte problematisch sein, einen Spaten mit echtem Wettbewerbsvorteil zu entwickeln."

– gelber Hut:
„Durch einen neuartigen Spaten im Programm kann unsere betriebswirtschaftliche Existenz langfristig gesichert werden."
– grüner Hut:
„Wir entwickeln einen elektrischen Spaten, der es ermöglicht,
- dass auch große Flächen von einer Person in angemessener Zeit umgegraben werden
- durch einen Blattwechsel auch zum Stechen von Rasenkanten und zum Umpflanzen eingesetzt zu werden."
– blauer Hut:
„Es ist offensichtlich, dass es erfolgversprechende Ansatzpunkte für einen Spaten mit echtem Wettbewerbsvorteil gibt. Daher empfehle ich, im Rahmen einer nächsten Sitzung die Vor- und Nachteile der entwickelten Produktkonzepte zu diskutieren."

C.IV.1 (4) Lösungshinweise zur Fallstudie „Ich will"

Aufgabe a):
Punktsumme A = 12 + 8 + 8 + 6 + 4 = 38 < 40
Punktsumme B = 12 + 0 + 24 + 6 + 2 = 44 > 40

Interpretation: Produktkonzept A wird abgelehnt und B wird weiterverfolgt.

Kritik: Scoringmodelle sind in Zahlen ausgedrückte Meinungen der bewertenden Personen.

Die Aussagekraft von Scoringmodellen ist abhängig von der
– Auswahl/Anzahl der Kriterien:
Im vorliegenden Modell fehlen wesentliche Kriterien (z.B. Aufnahmebereitschaft des Handels für den neuen Energydrink; Angaben zum erwarteten Lebenszyklus des Produkts).
– Überschneidungsfreiheit der Kriterien:
Im vorliegenden Fall sind die Kriterien „Umsatzvolumen" und „erwarteter Absatz" nicht überschneidungsfrei. So kommt es zu einer Übergewichtung der Kriterien.
– subjektiven Sichtweise des Modellentwicklers:
Er entscheidet über die Kriterienauswahl und -gewichtung, Punktezuordnung und den kritischen Wert.

Aufgabe b):
Mögliche Ansatzpunkte der Produktvariation und -differenzierung von „Ich will" betreffen
– ästhetische Eigenschaften:
z.B. verändertes Design der Verpackung von „Ich will"-Produkten

- physikalisch-funktionale Eigenschaften:
  z.B. zusätzliche Geschmacksvarianten bei den „Ich will"-Milchprodukten; neue zusätzliche Tütensuppen-Angebote für Veganer
- symbolische Eigenschaften:
  z.B. spezielle Verpackungsform für die Tütensuppen (Form einer Suppenterrine); veränderter Slogan als integrierter Bestandteil der „Ich will"-Marke
- Value-Added-Services:
  z.B. Hotline-Nummer (auf Verpackung gedruckt) oder Internet-Adresse, worunter der Konsument Tipps zur Ernährung und Gesundheitsberatung erhält.

C.IV.1 (5) Lösungshinweise zur Fallstudie „Runners Need"

Aufgabe a):
Die Prinzipien, nach denen das Produktprogramm von „Runners Need" ausgerichtet ist, sind:
- Bedarfs- und Erlebnisorientierung der Nachfrager
  (Nutzen der Laufdämpfung, Gelenkeschonung)
- Orientierung nach Preislagen
  (zwei Schuhmarken mit unterschiedlichen Preislagen)
- Orientierung an der Selbstverkäuflichkeit der Ware
  (z.B. Beratungsbedarf hinsichtlich der technischen Funktionalität der Schuhe)

Aufgabe b):
Die vier „Neuheitsdimensionen" des neu entwickelten Laufschuhs:
- Subjektdimension
  (technisch-funktionale Herstellerneuheit; Nachfragerneuheit durch die neue Nutzenstiftung, z.B. Laufdämpfung)
- Intensitätsdimension
  (hoher Innovationsgrad, da es sich um eine Unternehmens- und Marktneuheit handelt)
- Zeitdimension
  (durch eine mögliche Patentierung ist keine schnelle Imitation seitens der Konkurrenz möglich)
- Raumdimension
  (Einführung des innovativen Laufschuhs zunächst im Heimatmarkt, später vielleicht im Ausland).

C.IV.1 (6) Lösungshinweise zur Fallstudie „Outdoor-Products"

Aufgabe a):
Die Prinzipien, nach denen das Produktprogramm von „Outdoor Products" ausgerichtet ist, sind:

– Bedarfs- und Erlebnisorientierung der Nachfrager
   (Bedarf nach Bekleidung und Ausrüstungsgegenständen zur Bewegung/sport-
   lichen Betätigung außerhalb geschlossener Räume)
– Orientierung nach Preislagen
   (zwei Marken mit unterschiedlichen Preislagen)
– Orientierung an der Selbstverkäuflichkeit der Ware
   (eventuell Beratungsbedarf bzgl. der technischen Funktionalität der Produkte;
   ggf. auch Stilberatung).

Aufgabe b):
Neuheitsdimensionen des „warming back pull":
– Subjektdimension
   (technisch-funktionale Herstellerneuheit; Nachfragerneuheit durch die neue
   Nutzenstiftung des Wärmekissens im Rückenbereich)
– Intensitätsdimension
   (hoher Innovationsgrad, da es sich um eine Unternehmens- und Marktneuheit
   handelt)
– Zeitdimension
   (durch eine mögliche Patentierung ist keine schnelle Imitation seitens der Kon-
   kurrenz möglich)
– Raumdimension
   (Einführung des innovativen Pullovers zunächst im Heimatmarkt, später vielleicht im Ausland).

Aufgabe c):
Timingstrategie des Markteintritts:
Markteintritt als Pionier

Vorrangiges Ziel dieser Strategie:
Entwicklung einer technologischen Innovation zwecks Ausnutzung der Vorteile
eines temporären Quasimonopols

Chancen der Strategie:
– preispolitischer Spielraum (Abschöpfung der Preisbereitschaft für den besonderen Produktnutzen)
– Imagevorteile als Innovator eines solchen Produktnutzens
– Patentiertes Wärmekissen kann für die Konkurrenz zur Markteintrittsbarriere
   werden

Risiken der Strategie:
– hoher Forschungs- und Entwicklungsaufwand
– hohe Kosten der Markterschließung (z.B. Bekanntmachung und Erläuterung der
   innovativen Technologie)
– Ungewissheit hinsichtlich der Nachfrageentwicklung.

Aufgabe d):
Mögliche Implikationen dieser Diffusionskurve sind beispielsweise:
- Gezielte Ansprache der Innovatoren (z.B. durch Direktkommunikation), um die Durchsetzung des warming back pull am Markt zu beschleunigen
- anfangs informierende Werbung zur Wirkungsweise der Heizkissen, um interessierte Innovatoren (z.B. des Jagd- und Golfsports) gezielt anzusprechen
- Abstimmung der Produktionsplanung je nach Übernahmezeitpunkt: In den frühen Phasen sind Nachfrageengpässe und später Überkapazitäten zu vermeiden.

C.IV.1 (7) Lösungshinweise zur Fallstudie „Foodli Deutschland AG"

<u>Ist die Kategorie des zu markierenden Produkts für das Unternehmen neu oder bereits vertreten?</u>
Zunächst ist zu klären, ob das Unternehmen bereits Markenprodukte derselben Kategorie im Sortiment führt, die in die markenstrategischen Überlegungen einzubeziehen sind.
- „Kinder-Pausensnack":
  Diese Produktkategorie ist bislang nicht im Sortiment der Foodli D AG vertreten. So kann der Kinder-Pausensnack als eine von der Dachmarke „Foodli" unabhängige Einzelmarke positioniert werden oder – analog zur Instantkaffeemarke („FoodliCafé") – mit der Dachmarke assoziiert werden (z.B. „FoodliSnack for Kids").
- „herzensguter Joghurt":
  Es gibt bereits die Joghurtmarke „CremeJog". So stellt sich hier die Frage, ob der „herzensgute Joghurt" unabhängig von „CremeJog" positioniert werden soll oder in die bisherige Marke integriert wird.

Es gibt grundsätzlich mehrere Markenstrategien, die passen können. So ist die folgende Strategieauswahl exemplarisch gemeint.

<u>„Kinder-Pausensnack":</u>
Einzelmarkenstrategie, d.h.: Das Produkt wird unter einer eigenen Marke angeboten, die keine Assoziationen zu bestehenden Marken des Unternehmens ermöglicht
- markenstrategische Vorteile:
  · Aufbau einer unverwechselbaren Markenpersönlichkeit als Functional Food-Produkt
  · kein Badwill-Transfer möglich (dies wäre bei einer markenstrategischen Verknüpfung mit der „Foodli"-Dachmarke zu befürchten)
  · geringer Koordinationsbedarf hinsichtlich des Marketing-Mix
- markenstrategische Nachteile:
  · die Einzelmarke trägt die Marketingaufwendungen alleine
  · die Einzelmarke benötigt einen echten Leistungsvorteil (dies könnte hier der Fall sein, wenn ein gesundheitsfördernder Nutzen des Produkts nachgewiesen werden kann und es sich nicht nur um Lippenbekenntnisse seitens des Herstellers handelt).

„herzensguter Joghurt“:
Familienmarkenstrategie, d.h.: Das Produkt wird in die bereits bestehende Marke „CremeJog“ integriert (z.B. „CremeJog herzensgut“)
– markenstrategische Vorteile:
  · Goodwill der Stammmarke „CremeJog“ kann auf das neue Produkt übertragen werden
  · daher auch schnellere Akzeptanz des neuen Produkts beim Handel
  · das Floprisiko ist geringer (dies ist ein angesichts der sehr hohen Floprate bei Functional Food-Neuheiten wesentliches Argument)
  · durch das neue Produkt mit neuem gesundheitsfördernden Benefit wird die Markenbindung der „CremeJog“-Konsumenten gestärkt
– markenstrategische Nachteile:
  · preispolitischer Spielraum des Markenprodukts kann evtl. nicht ausgenutzt werden, da die Konsumenten zunehmend preissensibel sind
  · hoher Koordinationsbedarf mit dem bisherigen Markenauftritt von „CremeJog“
  · Risiko des Badwill-Transfers auf die Marke „CremeJog“, wenn z.B. der gesundheitsfördernde Effekt des „herzensguten Joghurts“ nicht hinreichend ist.

C.IV.1 (8) Lösungshinweise zur Fallstudie „Navie Sun“

Aufgabe a):
Erster Auftrag:
Um möglichst viele Neuproduktideen zu generieren, bietet sich das Brainstorming an. Diese Technik kann – beispielsweise im Rahmen eines extra anberaumten Workshops – mit anderen Techniken kombiniert werden.

Ausgewählte Aspekte:
– ca. vier bis max. 10 Personen aus fachlich heterogenen Bereichen des Unternehmens, die in keiner hierarchischen Abhängigkeit zueinander stehen
– Brainstorming dient zur Ideengewinnung (mind. 60 Ideen) in max. 20 Minuten
– alle Ideen sind zu protokollieren und den Teilnehmern als Unterlage zugänglich zu machen (z.B. Fotos der Ideenplakate); diese Ideenkette kann auch nach der Sitzung ergänzt werden
– die Ideenbewertung erfolgt nach der Ideengewinnung (nicht gleichzeitig, da ansonsten kreativitätskillende Einflüsse zu befürchten sind)
– der Moderator kann aus dem Unternehmen stammen (allerdings aus einem Bereich, der nichts mit dem Auftrag zu tun hat) oder als unternehmensexterner Dienstleister hinzugezogen werden.

Zweiter Auftrag
Für diesen Auftrag können unterschiedliche Kreativitätstechniken herangezogen werden, z.B.:

– Osborn-Checkliste:
  Es existiert bereits das Produkt inkl. Verpackung. So bieten sich Fragestellungen
  an wie z.B.: Wie kann man die Verpackung vergrößern, verkleinern, modifizieren, ersetzen ...?"
– Gruppen-Mind Map:
  z.B. Auftrag in der Mitte (Stamm) und die Hauptäste mit Verpackungskriterien
  (Material, Funktion, Größe, Farben etc.); diesbezügliche Assoziationen werden
  in einer Gruppensitzung entwickelt
– Morphologischer Kasten:
  Gewinnung der voneinander unabhängigen Parameter und -ausprägungen (s.o.
  Äste bei Mind Map) mittels Brainstorming; durch Verknüpfung der Parameter-
  ausprägungen Verdichtung zu Verpackungskonzepten (z.B. 0,5 Liter-Behälter;
  kinderansprechende Form (Comic-Figur); nach Verbrauch der Sonnencreme als
  Sandspielzeug nutzbar etc.).

Aufgabe b):
Da es sich bei „Navie Sun Sonnencreme mit Insekten- und Zeckenschutz" um eine
Produktvariante handelt, die nicht eine andere ersetzt, sondern zusätzlich im Sorti-
ment geführt wird, liegt der Fall der Produktdifferenzierung vor.

Aufgabe c):
Nutzenbezogene Ansatzpunkte der Produktdifferenzierung von „Navie Sun Sonnen-
creme mit Insekten- und Zeckenschutz" betreffen
– ästhetische und symbolische Eigenschaften:
  Anpassung des Verpackungsdesigns der neuen Produktvariante an den bisherigen Markenauftritt der „Navie Sun Sonnenschutz"-Produkte (wenn der bisherige
  Markenauftritt beibehalten wird); ggf. zusätzliche Abbildung von Insekten und
  Zecken auf der Verpackung
– physikalisch-funktionale Eigenschaften:
  Zeckenschutz als einzigartiger Qualitätsvorteil
– Value-Added-Services:
  z.B. Hotline-Nummer (auf Verpackung gedruckt) oder Internet-Adresse, worunter der Konsument Tipps hinsichtlich der Vorbeugung oder Behandlung von Zeckenbissen und der Verbreitungsgebiete erhält.

C.IV.1 (9) Lösungshinweise zur Fallstudie „Mildt & Hüpfli"

Aufgabe a):
Anbietersicht:
– Markenfunktionen:
  · Sicherstellung der Funktion der Marke als Qualitätsgarant (z.B. Produktquali-
    tät: lange Dauer des Knetvorgangs der Schokoladenmasse)
  · Sicherstellung eines ideellen Nutzens

– Kundenbeziehungen:
   · Gewinnung von Erstkäufern/ Innovatoren für die Schokoladen-Combo
   · Wiederkaufverhalten (Markentreue) bei Mildt & Hüpfli-Produkten anregen
     und pflegen zwecks langfristiger Kundenbindung
– ökonomische Ziele:
   · Oberziel Gewinn
   · preispolitischer Spielraum durch Markenqualität
   · Wertsteigerung des Unternehmens durch die Reputation der Marke „Mildt &
     Hüpfli"
   · hohe Markentreuerate (Stammkunden).

Nachfragersicht:
– Risikoreduktion:
   · reduziertes Kaufrisiko, da die Marke „Mildt & Hüpfli" die besondere Produkt-
     qualität garantiert
   · die Marke als Qualitätsgarant verspricht Kontinuität, d.h.: die Produktqualität
     ist konstant hervorragend oder sogar noch verbessert
– Ideeller Nutzen:
   · Prestigenutzen durch Verschenken besonders hochwertiger Schokolade
   · Selbstdarstellung anhand des demonstrativen Konsums von „Mildt & Hüpfli"-
     Produkten (Abgrenzung zu jenen Konsumenten durchschnittlicher oder beson-
     ders preisgünstiger Schokoladenprodukte)
– Informationseffizienz:
   Marke „Mildt & Hüpfli" als „information chunk":
   · Angabe des Herstellers und anderer Produktinformationen
   · die Markierung der Produkte gibt dem Konsumenten Orientierung, wenn er im
     Geschäft vor dem Schokoladenregal steht
   · markentreue Konsumenten brauchen nur auf „Mildt & Hüpfli"-Produkte zu
     achten: sie erkennen diese sofort wieder (dies führt zur Zeitersparnis beim
     Einkauf).

Aufgabe b):
Es gibt grundsätzlich mehrere markenstrategische Optionen für „hochwertige Geschenke aus hochwertiger Schokolade". So ist die folgende Strategieauswahl exemplarisch gemeint.

Einzelmarkenstrategie:
Die Produkte werden unter einer eigenen Marke angeboten, die keine Assoziationen
zu „Mildt & Hüpfli" ermöglicht.

– markenstrategische Vorteile:
   · Aufbau einer unverwechselbaren Markenpersönlichkeit als „hochwertige Pro-
     dukte aus hochwertiger Schokolade"
   · kein Badwill-Transfer auf die Marke „Mildt & Hüpfli" möglich
   · geringer Koordinationsbedarf hinsichtlich des Marketing-Mix

– markenstrategische Nachteile:
  · die Einzelmarke trägt die Marketingaufwendungen alleine
  · die Einzelmarke benötigt einen echten Leistungsvorteil (dies könnte hier der
    Fall sein, da die Produkte – z.B. die Musiker-Combo – aus der qualitativ be-
    sonders hochwertigen Schokoladenmasse erzeugt werden und zudem handge-
    arbeitet sind).

Familienmarkenstrategie:
Die Produkte werden mit der Marke „Mildt & Hüpfli" assoziiert (z.B. für die Musiker-Combo „Mildt & Hüpfli Schoko-Combo)

– markenstrategische Vorteile:
  · Goodwill der Stammmarke „Mildt & Hüpfli" kann auf die „hochwertigen Pro-
    dukte aus hochwertiger Schokolade" übertragen werden
  · daraus ergibt sich ein preispolitischer Spielraum
  · daher auch schnellere Akzeptanz der neuen Produkte beim Handel (denn dieser
    weiß, ob die bisherigen Mildt & Hüpfli"-Produkte im Sortiment eher 'Renner-
    oder Penner-Produkte' waren)
  · das Floprisiko ist geringer, da die Produkte von bisherigen „Mildt & Hüpfli"-
    Stammkunden angesichts des Goodwill-Transfers eher akzeptiert werden
  · durch die neuen Produkte kann die Markenbindung der „Mildt & Hüpfli"-
    Stammkunden noch verstärkt werden

– markenstrategische Nachteile:
  · Risiko des Badwill-Transfers auf die Marke „Mildt & Hüpfli", wenn z.B. die
    aus Schokolade produzierte Musiker-Combo (also ein Lebensmittel) zu dem
    hohen Preis vom Konsumenten als dekadent eingeordnet wird und er diesbe-
    zügliche Markenwiderstände aufbaut
  · hoher Koordinationsbedarf mit dem bisherigen Markenauftritt von „Mildt &
    Hüpfli".

C.IV.1 (10) Lösungshinweise zur Fallstudie „Montes Gum"

Aufgabe a):
Markenausdehnungsstrategie:
Der Wert (bzw. positive Image-Bestandteile) der etablierten Marke „Montes" soll –
durch Verwendung des gemeinsamen Names „Montes" – auf die neuen Kaugummi-
Produkte „Montes-Gum" übertragen werden.

Markenstrategische Vorteile bzw. Chancen:
– Globalziel: schneller, effizienter Aufbau von Markenstärke für „Montes-Gum"
– Konsumentenebene:
  · reduzierter Lernaufwand (Marke „Montes" ist bekannt)
  · Risikoreduktion („Montes" als Qualitätsgarant)

· Informationssuchkosten werden gesenkt (Marke als Orientierungsanker und somit Zeitvorteil beim Einkauf)
– Handelsebene:
  · erhöhte Listungsbereitschaft beim Handel
  · Regalplatzsicherung (quantitativ und qualitativ, z.B. im Impulskauf anregenden Kassenbereich)
– Unternehmensebene:
  · gesteigerte Kaufbereitschaft für „Montes"-Produkte
  · Reduktion des Floprisikos von „Montes-Gum"
  · Spillover-Effekt: die Marke „Montes" wird hinsichtlich der Produkteigenschaft „Länge des Kaugenusses" revitalisiert

Markenstrategische Nachteile bzw. Risiken:
– mangelnde Akzeptanz von „Montes-Gum" möglich (z.B. wegen des bereits großen Angebots von Kaugummi-Marken)
– Opportunitätskosten, da auf den Aufbau einer neuen Kaugummi-Einzelmarke verzichtet wird
– negativer Spillover-Effekt (z.B. wenn die Kaugenusslänge beim neuen Kaugummi auch als nicht so gut eingeschätzt wird)
– Kannibalisierung der Produkte möglich: der Konsument kauft künftig nur noch „Montes-Gum" und keine „Montes"-Produkte mehr

Aufgabe b):
Arten der „Montes-Gum"-Verpackung (in der Kassenzone):
– Verkaufsverpackung
  (z.B. einzeln eingepackte Kaugummistreifen mit der Markierung „Montes-Gum")
– Umverpackung (z.B. bestimmte Anzahl von Kaugummistreifen, die nochmals gebündelt verpackt und als „Montes-Gum" markiert sind).

C.IV.1 (11) Lösungshinweise zur Fallstudie „Seats and Sofas"

Aufgabe a):
Der Deckungsbeitrag DB resultiert aus der Multiplikation der stückbezogenen Deckungsspanne DS mit der Absatzmenge. Hier wird die DS benötigt. Die angegebenen Fixkosten sind entscheidungsirrelevant.

$$DS = (p - k_v) \qquad \text{mit} \qquad p = \text{eindeutig zurechenbarer Erlös}$$
$$k_v = \text{eindeutig zurechenbare variable Kosten}$$

$DS_A = 1.950 - 1.177 = 773$
$DS_B = 3.190 - 1.756 = 1.434$
$DS_C = 990 - 438 = 552$
$DS_D = 1.750 - 1.090 = 660$
$DS_E = 890 - 960 = -70$

Angesichts der negativen Deckungsspanne des Biedermeiersofas ist dieses aus dem Sortiment zu nehmen. Der Erlös kann nicht mal die variablen Stückkosten decken.

Aufgabe b):
Ermittlung der neuen Deckungsspanne für E:
Die neue Deckungsspanne des Biedermeiersofas lautet:
$DS_{E\ neu} = 890 - 730 = 160$
Daraus folgt, dass E wieder ins Sortiment aufgenommen wird.

Überprüfung, ob ein Kapazitätsengpass vorliegt:
Ein Engpass liegt dann vor, wenn
Σ Kapazitätsbedarf > Kapazität

Entscheidungskriterium:

$$\Sigma\, x_{i\ max} \cdot \text{Produktionskoeffizient}_i \gtreqless \text{Kapazität}$$

Sortiment	Absatz-höchst-menge	(2) Prod.-koeff. PK	Kapazitäts-bedarf	(1) Deckungs-spanne DS	Relative DS $= \dfrac{(1)}{(2)}$	Rang
A	1.050	30	31.500	773	25,77	2
B	740	35	25.900	1.434	40,97	1
C	2.430	32	77.760	552	17,25	3
D	980	42	41.160	660	15,71	4
E	1.470	27	39.690	160	5,93	5

Abb. L-18: Rangermittlung der relativen Deckungsspannen

Als Kapazitätsbedarf ergeben sich 216.010 ZE (> 190.000 ZE). Daher ist das Kriterium der relativen Deckungsspanne (rel DS) heranzuziehen.
Beispiel zur Ermittlung der rel. DS:
rel DS $_A$ = 773 : 30 = 25,77
Das Möbelstück mit der höchsten rel DS erhält Rang 1 usw.

Die Möbelstücke werden in der Rangfolge B, A, C, D, E produziert. B, A, C, D können mit ihren Absatzhöchstmengen produziert werden. Mit dem dann noch verbleibenden Kapazitätsrest von 13.680 ZE können 506 Biedermeiersofas gefertigt werden (13.680 : 27 = 506).

C.IV.1 (12) Lösungshinweise zur Fallstudie „Sanfti"

Aufgabe a):
Funktionen der „Zupfbox":
– Schutz auf dem Transportweg

- Dimensionierung der Packungsgröße (100 Stück)
- Selbstpräsentation am Point of Sale (Markierung)
- Konsuminformation (z.B. „saugstark")
- Ge-/ Verbrauchserleichterung (z.B. Entnahme durch „zupfen")
- Rationalisierung (EAN-Code)
- Umweltschonung (recyclingfähiges Papier).

Aufgabe b):

Ein Wettbewerbsvorteil liegt dann vor, wenn das betroffene Leistungsmerkmal (Produkteigenschaft)
- für den Nachfrager wichtig ist (Wichtigkeit)
- vom Nachfrager wahrgenommen wird (Wahrnehmbarkeit)

und der mit dem Merkmal einhergehende Leistungsvorsprung
- von der Konkurrenz nicht schnell einholbar ist (Dauerhaftigkeit).

Überprüfung der „Zupfbox" als Wettbewerbsvorteil:
- Wichtigkeit:
  Die schnelle Entnahme von Taschentüchern kann für die Nachfrager ein wichtiges Leistungsmerkmal sein.
- Wahrnehmbarkeit:
  Das Leistungsmerkmal kann z.B. durch gezielte Werbung von den Nachfragern wahrgenommen werden.
- Dauerhaftigkeit:
  Da eine solche „Zupfbox" nicht patentierfähig ist und schnell von der Konkurrenz imitiert werden kann, liegt kein Wettbewerbsvorteil vor.

C.IV.1 (13) Lösungshinweise zur Fallstudie „Brat- und Grillbedarf"

Aufgabe a):

Tätigkeitsfeld von Herrn Broiler:
- Informationsaufgaben:
  Beobachtung der Teilnehmer des Marktes (Nachfrager, Konkurrenten, Absatzmittler) für Brat- und Grillbedarf
- Planungsaufgaben:
  Entwicklung eines Marketingkonzepts für den „SCG" (inklusive Abgrenzung des relevanten Marktes sowie Budgetierungskonzept)
- Kontrollaufgaben:
  Ablauf- und Ergebniskontrollen (z.B. Terminüberwachung; Kontrolle der Produktverfügbarkeit im Handel)
- Koordinationsaufgabe:
  Zusammenwirken der Konzeptbestandteile und Akteure (z.B. Werbung und Preiskalkulation für den SCG; unternehmensinterne Akteure (z.B. Produktion, Vertrieb; Key Account-Management) und unternehmensexterne Akteure (z.B. die den SCG führenden Handelsgeschäfte)).

Der Produktlebenszyklus des „SelfCleanGrill SCG" beginnt mit der Markteinführung. Die <u>Aufgaben von Herrn Broiler</u> beginnen vor Beginn des Produktlebenszyklus (Phase der Produktentwicklung):

- „Anwalt des Kunden":
  Herr Broiler kennt den Markt und die produktspezifischen Bedürfnisse potentieller Kunden.
- Datenerfassung durch Primär- und Sekundärforschung:
  Die Idee für den SCG entstand zufällig und war nicht das Ergebnis einer systematischen Ideensuche (mittels Kreativitätstechniken) oder speziellen Datenerhebung (z.B. Desk Research von Studien; gezielte Befragung).
- Analyse und Prognose der Marktchancen:
  Bestimmung von Absatz-/ Umsatz-, Marktpotential für den „SCG"
- Eckpfeiler des Marketingkonzepts:
  z.B. Bestimmung der Zielgruppen; Positionierung und Preiskalkulation des SCG; Absatzkanalstruktur; Gestaltungsstrategie der Werbung.

<u>Aufgaben von Herrn Broiler in der Phase der Markteinführung:</u>
- Kontrolle der Umsetzung der von Herrn Broiler benannten Eckpfeiler des Marketingkonzepts:
  z.B. Akzeptanz des SCG im Handel; werbliche Bekanntmachung des „SCG" im Markt (Aufbau des Bekanntheitsgrads)
- kontinuierliche Einbindung des Vertriebs:
  z.B. Feedback von den Handelsvertretern/Reisenden zu kunden- oder handelsspezifischen Äußerungen, die die Qualität des „SCG" betreffen (ggf. sofortige Reaktion auf Beschwerden).

<u>Aufgaben von Herrn Broiler in der Phase der Produktbetreuung:</u>
- permanente Überprüfung des Marketing-Mix:
  Initiierung/Koordination von Verbesserungen; Modifikation/Variation des „SCG" (ggf. Relaunch)
- kontinuierliche Koordinations- und Unterstützungsarbeit im Unternehmen:
  z.B. permanente Unterstützung des Vertriebs (Schulung hinsichtlich vorgenommener Produktveränderungen); Abstimmung mit der Produktion (Gewährleistung, dass genügend Stück des „SCG" zur Lieferung verfügbar sind) etc.

Aufgabe b):
Die Organisationsform könnte wie folgt aussehen (Abbildung L-19):

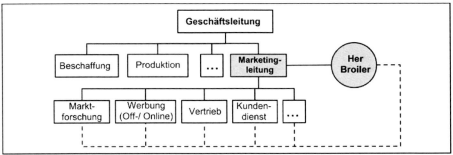

Abb. L-19: Entwurf für die Stabsorganisation bei der Brat- und Grillbedarf

Wesentliche Vorteile dieser Organisationsform:
- Expertenwissen von Herrn Broiler
- Marketing-/Geschäftsleitung wird entlastet

Wesentliche Nachteile dieser Organisationsform:
- Frust von Herrn Broiler:
  Obwohl sein Aufgabengebiet und seine Produktverantwortung umfangreich sind, ist er als Stabsstelle nur mäßig oder auch gar nicht mit formaler Weisungskompetenz ausgestattet.
- (versteckte) Entscheidungsbeeinflussung der Linieninstanz:
  Gegenüber der Linieninstanz (Marketing-/ Geschäftsleitung) hat Herr Broiler Informationsmacht (z.B. selektive Weitergabe relevanter Informationen) ohne Verantwortung (z.B. bei falschen Informationen oder Einschätzungen von Marktchancen des „SCG").

Lösungshinweise zu den Fallstudien
C.IV.2 Preispolitik

C.IV.2 (1) Lösungshinweise zur Fallstudie „Semmelverlach"

Aufgabe a):

$$
\begin{aligned}
\text{Gewinn}_{\text{Monat}} &= U - K \\
&= p \cdot x - k_v \cdot x - K_f \\
&= 2{,}50 \cdot (95.000 \cdot 0{,}97) - 0{,}75 \cdot 95.000 - 100.000 \\
&= 59.125
\end{aligned}
$$

Aufgabe b):

Kapazitätsauslastung:

$$
\begin{aligned}
&190.000 \text{ Hefte monatliche Druckkapazität} \\
&- 95.000 \text{ Hefte Sport-Spott} \\
&= 95.000 \text{ Hefte freie Kapazität für den Zusatzauftrag}
\end{aligned}
$$

Kurzfristige Preisuntergrenze:
Fixkosten sind definitionsgemäß kurzfristig nicht abbaubar. Sie sollen möglichst weitgehend gedeckt bzw. überdeckt werden. Ein Beitrag zur Deckung der Fixkosten – also der Deckungsbeitrag – wird dann erwirtschaftet, wenn der Preis über den variablen Stückkosten liegt. Somit liegt die kurzfristige Preisuntergrenze bei den variablen Stückkosten.

Kurzfristige Preisuntergrenze für den Zusatzauftrag:
$k_v = 0,75 \, €$
Jede Preishöhe (p), die diese variablen Stückkosten (kv) übersteigt, trägt dazu bei, die ohnehin anfallenden Fixkosten zu decken (Stückdeckungsbeitrag = $p - k_v$).

Aufgabe c):
Kapazitätsauslastung:
Die monatliche Druckkapazität ist zu 80 % ausgelastet, d.h.: Es ist nur noch für 38.000 Hefte freie Kapazität vorhanden.

Wenn Herr Kalkulicks den Zusatzauftrag dennoch in vollem Umfang wahrnehmen möchte, sind die zusätzlichen Kosten (z.B. Kapazitätserweiterung oder Fremdfertigung durch eine andere Druckerei) in der Kalkulation zu berücksichtigen.

C.IV.2 (2) Lösungshinweise zur Fallstudie „Flower GmbH"

Die für „Fast Grow" zu wählende Strategie ist die Skimming-Strategie. Das Produkt
– liefert dem Nachfrager für den hohen Preis einen besonderen Nutzen (Zeitersparnis, bis die mit Fast Grow gedüngte Hecke groß genug ist)
– ist nicht schnell durch ein anderes substituierbar (allerdings durch die bereits hoch gewachsenen Heckenpflanzen)
– findet angesichts des Zeitnutzenvorteils schnell Innovatoren, die hinsichtlich des Produktpreises relativ unsensibel sind
– ist ausgetestet und zu Patentierung angemeldet (Markteintrittsbarriere für Konkurrenten).

C.IV.2 (3) Lösungshinweise zur Fallstudie „BoSie-Haushalts-großgeräte"

Aufgabe a):
Komponenten des Preisbewusstseins der Nachfrager von Haushaltsgroßgeräten sind
– Preisinteresse:
    · Das Preisinteresse der Nachfrager von Haushaltsgroßgeräten ist erst dann geweckt, wenn der Geräteersatzbedarf akut wird. Sie nehmen Preisinformationen hinsichtlich dieser Geräte wahr und gleichen sie ab mit den Preisinformationen, die sie im Gedächtnis haben.

· Die Abwrackprämie für sein Altgerät kann das Preisinteresse des Nachfragers zusätzlich stimulieren.
– Preiskenntnis:
Der Kenntnis der Preise von Haushaltsgroßgeräten liegt ein persönliches Schema (semantisches Netz) zugrunde, z.B. mit folgenden Bestandteilen:
· Produktfeld Haushaltsgroßgeräte (Waschmaschine, Kühlschrank…)
· Marken (u.a. BoSie)
· gerätespezifische Preise.
Hinzu kommt die Information als Wissenserweiterung, dass eine Abwrackprämie angeboten wird.
– Preisbeurteilung:
· Zur Beurteilung der Preisgünstigkeit können die Nachfrager Referenzpreise heranziehen. Interne Referenzpreise sind die bereits im Gedächtnis gespeicherten Preise. Die Abwrackprämie stellt einen externen Referenzpreis dar, den der Nachfrager in sein Preisgünstigkeitsurteil der BoSie-Geräte integriert. Desgleichen gilt für die Kostenanalyse von Wäschetrocknern hinsichtlich ihrer Energieeffizienz.
· Das Preiswürdigkeitsurteil bezieht sich auf das vom Nachfrager wahrgenommene Preis-Leistungs-Verhältnis, z.B. bei den Haushaltsgroßgeräten der Marke BoSie. Eine preisabhängige Qualitätsbeurteilung ist hier weniger wahrscheinlich, da die Nachfrager Haushaltsgroßgeräte als Werkzeug ansehen, das zu funktionieren hat. Als Ersatz für den Preis als Qualitätsindikator kann bspw. das Qualitätsurteil eines objektiven Testinstituts sein.

Aufgabe b):
Erfassung der Preiswahrnehmung (in Anlehnung an Simon 1995, S. 103):
Beispiel: „Was muss man Ihrer Meinung nach so ausgeben, wenn man sich einen vernünftigen Kühlschrank kaufen möchte?"
(offene Frage; Freiraum für offene Antwort)

Erfassung der Preiskenntnis:
„Welche Preise der hier abgebildeten Waschmaschinen-Modelle kennen Sie?"
(Vorlage von Produktabbildungen; offene Frage; Freiraum neben jedem Modell für die Antwort)

Erfassung der Preisbeurteilung (in Anlehnung an Simon 1995, S. 103):
Beispiel: „Halten Sie den Preis für diesen Trockner (Vorlage einer Produktabbildung oder Produktdemonstration) für
- eher niedrig bzw. günstig
- angemessen
- teuer?"
(Vorgabe der drei Antwortkategorien zum Ankreuzen).

Aufgabe c):
Der nach Th. Veblen benannte Effekt besagt, dass der Preis als ein Qualitätsmerkmal eines Gutes angesehen wird. Es wird aufgrund seines höheren Preises bevorzugt. Dieses demonstrative Konsumverhalten zielt darauf ab zu zeigen, dass man sich dieses Produkt leisten kann und einen bestimmten sozialen Status hat. Ein Vebleneffekt ist bei Haushaltsgroßgeräten nicht zu erwarten. Denn diese sind – laut Ansicht des Marktkenners Herrn Kühli – lediglich „Werkzeuge", die funktionieren müssen und insofern zum Demonstrativkonsum nicht geeignet.

C.IV.2 (4) Lösungshinweise zur Fallstudie „Beautiful"

Aufgabe a):
Das Preisbewusstsein eines Nachfragers der Produktlinie ′Harlem′ umfasst
– die Wahrnehmung und Beachtung der Preise von ′Harlem′-Produkten:
   Die Preisstimuli (z.B. Sonderpreise, Preisvergleiche) werden über die Sinne aufgenommen und im Arbeitsspeicher verarbeitet (z.B. Vergleich mit der im Gedächtnis gespeicherten Preiskenntnis anderer Produktangebote)
– die Beurteilung der Preise von ′Harlem′-Produkten:
   Beim Preisgünstigkeitsurteil vergleicht der Nachfrager die Preise mit denen von Alternativangeboten (z.B. Einstufung als billiger oder teurer). Das Preiswürdigkeitsurteil bezieht sich auf die Beurteilung des Preis-Leistungsverhältnisses der ′Harlem′-Produkte (preisorientierte Qualitätsbewertung, z.B. Standardqualität der Produkte zum niedrigen Preis).

Aufgabe b):
Der Vebleneffekt bei Markenprodukten dekorativer Kosmetik impliziert, dass bei einer Preiserhöhung der Produkte die nachgefragte Menge dieser Produkte steigt. Eine wesentliche Begründung hierfür ist der Prestigenutzen (soziale Anerkennung), den der Nachfrager beim demonstrativen Konsum der gekauften Produkte – oder auch beim Verschenken dieser Produkte – erfährt.
– Die Konsumentin, die dem Vebleneffekt folgt, erwartet von ihrem sozialen Umfeld, dass es das teure Markenprodukt anerkennt und positiv mit ihrer Persönlichkeit in Verbindung bringt.
– Derjenige Konsument, der ein Markenprodukt dekorativer Kosmetik (z.B. Lippenstift) verschenken möchte, sich jedoch in dem Produktgebiet nicht auskennt, kann mit dem steigenden Preis besondere Qualität und Exklusivität assoziieren und dieses Produkt als besonders preiswürdig einstufen. Dies kann ihm in zweifacher Hinsicht nutzen: Er kann seine Unsicherheit reduzieren, etwas „Falsches" zu verschenken und zudem kann ihm die besondere Freude des/der Beschenkten relativ gewiss sein.

C.IV.2 (5) Lösungshinweise zur Fallstudie „Meal Machine"

Aufgabe a):
Anhand der Break-Even-Analyse wird die kritische Absatzmenge x_{krit} bei gegebenem Preis p ermittelt, bei der die Gewinnschwelle (Gewinn = 0) erreicht ist. Das heißt, alle anfallenden variablen Kosten ($k_v \cdot x$) und fixen Kosten (K_f) entsprechen genau dem Umsatz ($p \cdot x$):

$$p \cdot x = k_v \cdot x + K_f$$
$$980 \cdot x = 650 \cdot x + 11.000.000$$
$$x_{krit} = 33.333{,}33 \text{ also } 33.334 \text{ Stück}$$

Bei einer Absatzmenge von 33.334 Meal Machines decken die Umsätze die Kosten. Bei einer größeren (kleineren) Absatzmenge werden Gewinne (Verluste) erzielt.

Aufgabe b1):
Es ist nach dem Preis gefragt, bei dem unter Annahme der bisherigen Absatzmenge der Gewinn 0 ist:

$$G = p_{krit} \cdot x - k_v \cdot x - K_f = 0$$
$$(p_{krit} - k_v) \cdot x - K_f = 0 \text{ wobei } (p_{krit} - k_v) \text{ die Deckungsspanne d ist}$$
$$d = K_f : x = 11.000.000 : 34.800 = 316{,}09$$
$$p_{krit} = 966{,}09 \, (= 316{,}09 + 650)$$

Bei einem Absatzpreis von 966,09 € für die Meal Machine decken die Umsätze gerade die Kosten (Vollbeschäftigung unterstellt).

Aufgabe b2):
1) Bei welchem Preis wäre die Küchenmaschine zu teuer, so dass Sie sie nicht kaufen würden?
2) Bei welchem Preis würden Sie die Küchenmaschine als teuer bezeichnen, aber dennoch geneigt sein, sie zu kaufen?
3) Welchen Preis würden Sie als angemessen bezeichnen, so dass Ihnen mit dieser Küchenmaschine ein guter Gegenwert für Ihr Geld geboten wird?
4) Welche Preis empfinden Sie als so niedrig, dass Sie Zweifel an der Qualität der Küchenmaschine bekommen und sie nicht kaufen würden?

Aufgabe c):
Gewinn bei bisherigem Preis und bisheriger Absatzmenge:
$$G = U - K = (p - k_v) \cdot x - K_f =$$
$$(980 - 650) \cdot 34.800 - 11.000.000 = 484.000 \, €$$

Gewinn bei $p_{neu} = 1030$ € und $x_{neu} = 30.624$:
$$G = U - K = (p - k_v) \cdot x - K_f =$$
$$(1.030 - 650) \cdot 30.624 - 11.000.000 = 637.120 \, €$$
Der Gewinn würde sich auf 637.120 € erhöhen.

Die Preiselastizität der Nachfrage misst die Reaktion der Nachfrage auf Änderungen des Preises. Sie ist rechnerisch das Verhältnis der relativen Änderung des Absatzes zur relativen Preisänderung.

$$\text{Preiselastizität Meal Machine} = \frac{\frac{dx}{x}}{\frac{dp}{p}} = \frac{\frac{-4.176}{34.800}}{\frac{+50}{980}} = -2,4$$

Im vorliegenden Fall ist die Preiselastizität der Meal Machine-Nachfrage elastisch: Die Preiserhöhung führt zu einer sinkenden Nachfrage (Normalfall der sinkenden Preis-Absatz-Funktion: die Preiselastizität ist negativ).

C.IV.2 (6) Lösungshinweise zur Fallstudie „Hotel Sleep&More"

Leistungsangebot 1):
Es wurden mehrere Formen der Preisdifferenzierung angewandt.
– personell: Alter (Erwachsene, Kinder)
– quantitativ: Zwei Erwachsene (kein Einzelzimmer möglich)
– Preisbündelung: Übernachtung mit Frühstück (52 € je Erwachsenen).

Leistungsangebot 2):
Es wurden mehrere Formen der Preisdifferenzierung angewandt.
– räumlich: Bad Icks, Zett
– Preisbündelung: Mehrere Übernachtungen mit Frühstück.

Leistungsangebot 3):
Es wurden mehrere Formen der Preisdifferenzierung angewandt.
– personell: Geschäftsreisende mit besonderen Präferenzen (frühe Eincheck- und späte Auscheck-Zeiten; Entspannungsbedarf)
– Preisbündelung: Übernachtung mit Frühstück und Hot Stone-Massage oder Dampfbad (69 € pro Person)

Lösungshinweise zu den Fallstudien
C.IV.3 Distributionspolitik

C.IV.3 (1) Lösungshinweise zur Fallstudie „Heiz-Focus BR"

Aufgabe a):
Das Unternehmen Heiz-Focus BR vertreibt dann seine Produkte im Sinne der Multi-Channel-Distribution, wenn zu dem bereits bestehenden Absatzkanal (Ofen- und Kamin-Einzelhändler) der Internet-Handel hinzukommt. Ansatzpunkte des Vertriebs der Öfen über den Multi-Channel-Handel gehen aus Abbildung L-20 hervor.

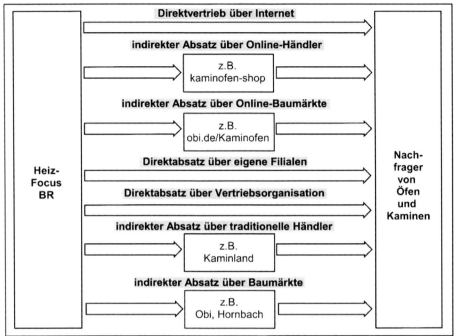

Abb. L-20: Ansatzpunkte des Multi-Channel-Handels der Produkte des Unternehmens Heiz-
Focus BR

Aufgabe b):
Abbildung L-21 beinhaltet die Gegenüberstellung des direkten und indirekten Vertriebs der Produkte von Heiz-Focus BR anhand der vorgegebenen Kriterien.
Empfehlung:
– als direkter Vertriebskanal nur den Online-Weg
– durch gezielte SEO (Search Engine Optimization) Kontaktanbahnung auch für
  die individuell gefertigten Öfen und Kamine (OK 4) und den ́Hot Spot MMSA ́
– indirekter Vertrieb:
  · Ofen- und Kamin-Einzelhändler (wie bisher)
  · eventuell indirekter Absatz von einigen Produkten aus OK 1 und OK 3 über
    ausgewählte Baumärkte; als Test sollte zunächst ein Baumarkt mit adäquatem
    Sortiment ausgewählt werden
  · über Online-Händler und -Baumärkte die Ofenkategorien OK 1 bis OK 3
  · bei Online-Anfragen bzgl. OK 4 Direktverbindung zur Unternehmens-Website
    herstellen, jedoch keine Bestellmöglichkeit einräumen, d.h.: individuell gefer-
    tigte Öfen und Kamine werden nicht online vertrieben
  · da das Modell ́Hot Spot MMSA ́ zusätzlichen Beratungsbedarf benötigt, kann
    ggf. eine gezielte Selektion der Online- und Offline-Händler vorgenommen
    werden, deren Beratungskompetenz entsprechend ist.

Kriterien	Direkter Vertrieb der Produkte von Heiz-Focus BR	Indirekter Vertrieb der Produkte von Heiz-Focus BR
Vertriebs-kosten	• Außendienst/eigene Filialen: sehr kostenintensiv • Online: Verpackungs-/ Transportkosten	kostengünstiger, da Online-/Offline-Handel Funktionen übernimmt (z.B. Brandschutzberatung; Ofen-Montage)
Kontrolle der Marketing-aktivitäten	• genaue und kontrollierbare Vorgaben an den Außendienst bei Kundenberatung • Online gezielte Marketingaktivitäten durchführbar und kontrollierbar	• Offline-Händler: nur bedingt möglich (z.B.: Herausstellung der H.-F. BR-Produkte gegenüber Konkurrenz) • bei Online-Händlern Aktivitäten auf Websites kontrollierbar
Zielgruppen-ansprache	• Außendienst/eigene Filialen: problematische Erfassung der potentiell an individuellen Öfen Interessierten • Online Pull-Effekt durch SEO: gezielte Informationssuche der Ofen-Interessierten führt zur Unternehmens-Website	• Händler haben direkten Kontakt zu potentiell an Öfen Interessierten • fraglich, ob Produktvorzüge (Design, Qualität) adäquat herausgestellt werden
Dauer des Aufbaus	• Außendienst/eigene Filialen: sehr lang, da alles neu aufgebaut werden muss • Online: schnell	relativ kurz, da auf bestehende Vertriebs-kanäle zurückgegriffen werden kann

Flexibilität	• Außendienst/eigene Filialen:
	  - Mitarbeiterwechsel nur unter Berück-sichtigung personalrechtlicher Bestimmungen
	  - Anpassung der Mitarbeiter an veränderte Marketingkonzepte (z.B. Individual-beratung zu Produktvnutzen)
	• Online unmittelbare Anpassung des Marketingkonzeptes
		• Offline-Händler :
		  - rel. leicht austauschbar (vertragliche Vereinbarungen berücksichtigen)
		  - wg. geringem Einfluss auf Handel Marketinganpassungen nur schwer-fällig (z.B. MMSA-Beratung)
		• bei Online-Händlern Anpassungen direkt möglich

Abb. L-21: Vergleich des direkten und indirekten Vertriebs des Unternehmens Heiz-Focus BR (Kriterienauswahl in Anlehnung an Meffert et al. 2009, S. 237)

Aufgabe c):

Anhand der integrierten Handy-Kamera wird die Umgebung erfasst (Augmented Reality). Dies kann beispielsweise ein Plakat mit einem Ofen von Heiz-Focus BR sein.

Neben Preis und Qualitätsaspekten können auch Zusatzinformationen (z.B.: „Was muss ich zum Brandschutz beachten?") auf dem Display erscheinen. Befindet sich auf dem Plakat auch ein QR(Quick Response)-Code, wird der Nutzer dieser Mobile-Dienste direkt zum Online-Shop weitergeleitet und kann den Ofen kaufen.

C.IV.3 (2) Lösungshinweise zur Fallstudie „Mildt & Hüpfli"

Aufgabe a):

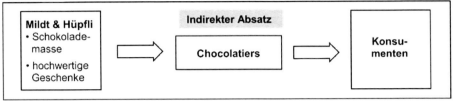

Abb. L-22: Absatzkanal von Mildt & Hüpfli

Aufgabe b):
Ungewichteter Distributionsgrad für die über Chocolatiers vertriebene Schokolademasse und die hochwertigen Geschenke:

$$\text{Ungewichteter Distributionsgrad} = \frac{\text{Anzahl der Chocolatiers, die die M\&H-Produkte verwenden bzw. führen}}{\text{Anzahl der Chocolatiers, die die M\&H-Produkte verwenden bzw. führen könnten}} = 90\,\%$$

Um den gewichteten Distributionsgrad bestimmen zu können, müssten Zähler und Nenner mit den jeweiligen Umsätzen, die mit den Produkten erzielt werden (Zähler) bzw. erzielt werden könnten (Nenner) gewichtet werden.

C. IV.3 (3) Lösungshinweise zur Fallstudie „Flower GmbH"

Handelsbetriebe können als Gatekeeper oder Pförtner bei der Distribution von Waren und Informationen bezeichnet werden. Allerdings gilt es zu beachten, dass stationäre Handelsbetriebe einen begrenzten Regalplatz haben und diesen jenen Produkten zuweisen, die aufgrund vorhandener Nachfrage die höchsten Deckungsbeiträge erwarten lassen (derivative Nachfragemacht des Handels) (http://wirtschaftslexi kon.gabler.de/Archiv/2902/gatekeeper-v5.html). Insbesondere schwache Herstellermarken laufen Gefahr, von Händlern nicht gelistet zu werden bzw. nicht lange im Sortiment zu verbleiben. Daher reagieren Hersteller oft mit einer Vertikalisierung ihrer Absatzkanäle. Sie übernehmen selbst distributionspolitische Aufgaben, die traditionell vom Handel erfüllt werden (Meffert et al. 2012, S. 555ff.). Beispiele hierfür sind das Prinzip des Shop-in-Shop (eine größere Fläche im Handelsgeschäft wird mit dem Mobiliar des Herstellers eingerichtet) und Factory Outlets (in fabriknahen Lagerhallen werden Retouren und Restposten, aber auch aktuelle Waren verkauft). Im Hinblick auf „Fast Grow" kommt den Gärtnereien als Gatekeeper im Absatzkanal eine mehrfache Filterfunktion zu:
−   Distributionsfilter: Betrifft die Entscheidung der Gärtnereien, ob „Fast Grow" gelistet und in das Sortiment übernommen wird; die Gärtnereien können be-

fürchten, dass „Fast Grow" anstelle der hochgewachsenen Taxuspflanzen gekauft würde und deshalb das Produkt nicht listen
– Beratungsfilter: Betrifft Beratungskompetenz des Verkaufspersonals der Gärtnereien, ob der Kunde zu „Fast Grow" adäquat beraten wird (z.B. Argumente, die
   für den Kauf von „Fast Grow"/hochgewachsenen Taxuspflanzen sprechen)
– Platzierungsfilter: Betrifft die Bereitstellung von quantitativer sowie qualitativer
   Regalplatzfläche für „Fast Grow"; wenn es gelistet wird, ist der Regalplatz dann
   verkaufsfördernd (z.B. Kassenzone oder Eintrittsbereich) oder versteckt, so dass
   „Fast Grow" nicht genügend Beachtung findet und ein Flop wird?

C.IV.3 (4) Lösungshinweise zur Fallstudie „Farbenhersteller Kunterbunt"

Aufgabe a):

$$K_{fix\ Vertr} + Provision_{Vertr} \cdot Umsatz = K_{fix\ Reis} + Prämie_{Reis} \cdot Umsatz$$
$$500 + 0{,}05 \cdot x = 4.500 + 350 + 300 + 200 + 0{,}01 \cdot x$$
$$x = 121.250\ \text{€}$$

Bei dem „kritischen Umsatz" in Höhe von 121.250 € sind die Kosten pro Außendienst-Mitarbeiter (Handelsvertreter bzw. Reisender) gleich hoch. Bei einem höheren Umsatz ist kostenrechnerisch der Reisende günstiger und sollte deshalb anstelle
des Handelsvertreters eingesetzt werden.

Aufgabe b):

$$500 + Provision_{Vertr} \cdot 128.000 = 5.350 + 0{,}01 \cdot 128.000$$
$$Provision_{Vertr} = 4{,}79\ \%$$

Lösungshinweise zu den Fallstudien C.IV.4 Kommunikationspolitik

C.IV.4 (1) Lösungshinweise zur Fallstudie „McDoll"

mehrstufiges Kommunikationssystem:
– Sender: Werbetreibender ist das Unternehmen McDoll
– Botschaft: Profilierung von McDoll als Arbeitgeber
– Empfänger I: Die aktuellen Arbeitnehmer von McDoll, die in TV-Spots auftreten
   und die Rolle von Multiplikatoren übernehmen; dies kann durch
   · Konsumdemonstration bzw. wie im vorliegenden Fall in Form einer
   · Kontaktbotschaft geschehen (nach dem Motto: „Ich arbeite bei McDoll und
     fühle mich dort wohl.")
– Empfänger II: Zur Gruppe dieser Botschaftsempfänger zählen
   · die potentiellen Kandidaten, die sich bei McDoll bewerben und
   · generell die Konsumenten von McDoll-Produkten.

C.IV.4 (2) Lösungshinweise zur Fallstudie „Kröti"

Ausgangspunkt sind die zuvor entwickelten Marketingziele *(siehe L. C. II. (2) Fallstudie „Kröti")*. Wichtig ist, dass das zu entwickelnde Kommunikationskonzept (Positionierung als Ziel und Gestaltungsstrategie, Teilaufgabe b)) in direktem Zusammenhang mit den konkretisierten Marketingproblemen und entsprechenden Marketingzielen steht.

Entwicklung einer neuen Positionierung:
Es sind zunächst die für die Konsumenten relevanten Produkteigenschaften von WPR-Produkten bzw. Haushaltsreinigern zu bestimmen. Dies waren damals laut Verbraucherbefragung:
– „gesundheitlich unbedenklich" (z.B. wegen Hautallergien)
– „wohltuender Geruch" (z.B. Citrus-, Meeresalgenduft)
Anschließend erfolgt im Wahrnehmungsraum die Positionierung
– der Konkurrenzmarken (hier: „Mister Sauber")
– des „Idealprodukts" (d.h.: wie Konsumenten ihren „idealen" Haushaltsreiniger sehen)
– der Marke „Kröti"-Haushaltsreiniger (Istzustand)
– des angestrebten Sollzustands für die Marke „Kröti"-Haushaltsreiniger:
  also das Kommunikationsziel, so nah wie möglich bei dem „Idealprodukt" der Konsumenten positioniert zu sein; die Konsumenten sollen nach einer bestimmten Zeit – z.B. nach einer mehrere Monate dauernden Imagekampagne – den „Kröti"-Haushaltsreiniger als ideal wahrnehmen.

Visualisierung der Positionierung:

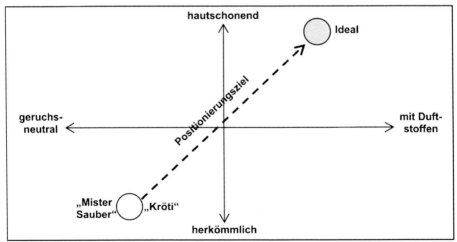

Abb. L-23: Positionierungsmodell für den „Kröti"-Haushaltsreiniger

Gestaltungsstrategie für den „Kröti"-Haushaltsreiniger:
– kommunikatives Nutzenversprechen:
  aa) hautschonend
  bb) gut riechend (alternativ z.B.: Wellness, auch beim Putzen)

– Begründung des Versprechens:
  zu aa) Marke „Kröti" als Garant für Umwelt- und Gesundheitsverträglichkeit
      aller „Kröti"-Produkte
  zu bb) Zugabe von Duftstoffen beim „Kröti"-Haushaltsreiniger

– Gestaltungslinie:
  · bisherigen Markenauftritt (Logo, Vorgaben des Corporate Designs) beibehalten
  · Tonality:
    zu aa) Schwerpunkt sachlich-informativ (z.B. hinsichtlich der Erläuterung,
        dass der „Kröti"-Haushaltsreiniger hautschonend und für Allergiker ge-
        eignet ist)
    zu bb) Schwerpunkt emotional (z.B. hinsichtlich der mit Frühlings- oder Na-
        turbildern unterlegten Auslobung des Produktdufts).

C.IV.4 (3) Lösungshinweise zur Fallstudie „Ich will"

Ausgangspunkt sind die zuvor entwickelten Marketingziele *(siehe L. II. (4), Fallstudie „Ich will")*. Wichtig ist, dass das zu entwickelnde Kommunikationskonzept
(Positionierung als Ziel und Gestaltungsstrategie, Teilaufgabe a)) in direktem Zusammenhang mit den konkretisierten Marketingproblemen und entsprechenden
Marketingzielen steht.

Aufgabe a):
Entwicklung einer neuen Positionierung:
Es sind zunächst die für die Konsumenten relevanten Produkteigenschaften von
diätetischen und gesundheitsfördernden Lebensmitteln zu bestimmen:
– „diätetische/cholesterinsenkende Eigenschaften" (diese Eigenschaften erfüllt
  „Ich will" bereits)
– „Beitrag des Produkts zum Wohlbefinden".

Anschließend erfolgt im Wahrnehmungsraum die Positionierung
– der Konkurrenzmarken (hierüber ist nichts bekannt)
– des „Idealprodukts" (d.h.: wie Konsumenten die „idealen" Produkte für den
  diätetischen Bedarf sehen)
– der Marke „Ich will" (Istzustand)
– des angestrebten Sollzustands für die Marke „Ich will":
  Also das Kommunikationsziel, so nah wie möglich bei dem „Ideal" der Konsumenten positioniert zu sein; die Konsumenten sollen nach einer bestimmten Zeit
  (z.B. nach einer mehrere Monate dauernden Imagekampagne) die diätetischen
  Markenprodukte von „Ich will" als für sich ideal wahrnehmen.

Visualisierung der Positionierung:

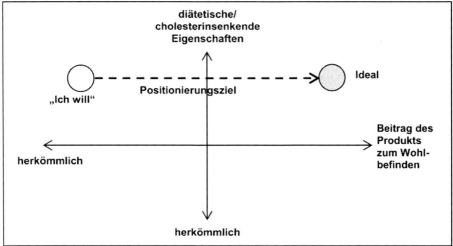

Abb. L-24: Positionierungsmodell für die Marke „Ich will"

Gestaltungsstrategie für die Marke „Ich will":
– kommunikatives Nutzenversprechen:
  Gesundheitsförderung, gesteigertes Wohlbefinden
– Begründung des Versprechens:
  · Marke „Ich will" als Qualitätsgarant
  · neuer Slogan (z.B.: „Genuss und Gesundheit", „Etwas Gutes für mich", „Ich
    fühl mich gut, so wie ich bin")
– Gestaltungslinie:
  · bisherigen Markenauftritt (Logo, Corporate Designs beibehalten)
  · Tonality:
    Emotionaler Schwerpunkt mit neuen Visuals (z.B. Testimonials, die ihre Zu-
    friedenheit mit den „Ich will"-Produkten kommunizieren).

Aufgabe b):
Alternativen 1) und 2):
Diese Verfahren sind aus folgenden Gründen zur Budgetbestimmung ungeeignet:
– Es besteht kein Ursache-Wirkungs-Zusammenhang zwischen dem Vorjahresum-
  satz der „Ich will"-Produkte bzw. den verfügbaren finanziellen Mitteln und dem
  Kommunikationsbudget.
– Es besteht die Gefahr des prozyklischen Werbeverhaltens. Denn wenn z.B. der
  Prozent-vom-Umsatz-Methode gefolgt wird, dann wird bei sinkendem Umsatz
  für „Ich will" weniger (statt mehr) in die Kommunikationsarbeit investiert.

Alternative 3):
–   Bei diesem Verfahren sind Budget-Fehlentscheidungen möglich, wenn z.B. Sondereinflüsse wie kostspielige Produktneueinführungen der Konkurrenz das Gesamtwerbeaufkommen besonders erhöhen und das Bild des Marktes verzerren.
–   Positiv anzumerken ist, dass eine Orientierung am Marktanteil als Marketing-Zielgröße vorliegt.

Alternative 4):
–   Dieses Verfahren ist geeignet, da ein Ursache-Wirkungs-Zusammenhang zwischen Kommunikationszielinhalt (Bekanntheitsgrad) und Budget besteht.
–   Allerdings wird die Kenntnis der Kommunikationswirkung (hier: Recall-Wert des Slogans) benötigt, um den Grad der Zielerreichung abschätzen zu können.

C.IV.4 (4) Lösungshinweise zur Fallstudie „Zeitgeist"

Entwicklung einer neuen Positionierung:
Es sind zunächst die für die Konsumenten relevanten Produkteigenschaften einer Wochenzeitung zu bestimmen. Dies waren damals laut Leserumfrage:
–   Einbeziehung von Farben in die Zeitungsgestaltung
–   Form der Berichterstattung
–   Ausmaß der einer Berichterstattung vorausgegangenen Recherche
–   Rubrik Unterhaltung.

Anschließend erfolgt im Wahrnehmungsraum die Positionierung
–   der Konkurrenzmarken (hierüber ist nichts bekannt)
–   des „Idealprodukts" (wie Konsumenten ihre „ideale" Wochenzeitung sehen):
    ·   „bunter, aber nicht zu bunt"
    ·   „informative, aber auch unterhaltende Berichterstattung"
    ·   „gut recherchierte, umfassende Berichterstattung"
    ·   „anspruchsvolle Unterhaltung (z.B. Kreuzworträtsel, mathematische und kulturelle Rätsel"
–   der Marke „Zeitgeist" (Istzustand)
–   des angestrebten Sollzustands für die Marke „Zeitgeist":
    Also das Kommunikationsziel, so nah wie möglich bei dem „Idealprodukt" der Konsumenten positioniert zu sein; die Konsumenten sollen nach einer bestimmten Zeit – z.B. nach einer mehrere Monate dauernden Imagekampagne – die Wochenzeitung „Zeitgeist" als ideal wahrnehmen.

Visualisierung der Positionierung:
Es gibt unterschiedliche Möglichkeiten der Messung der Produkteigenschaften (bipolare Ausprägungen der Eigenschaftsachsen) und der Kombination der Produkteigenschaften. Daher haben die folgenden Modelle nur exemplarischen Charakter (Abbildungen L-25 und L-26).

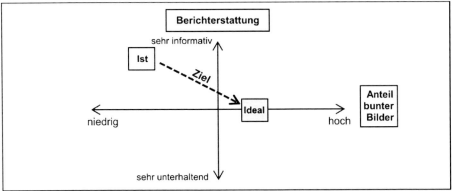

Abb. L-25: Positionierungsmodell 1 für die Wochenzeitung „Zeitgeist"

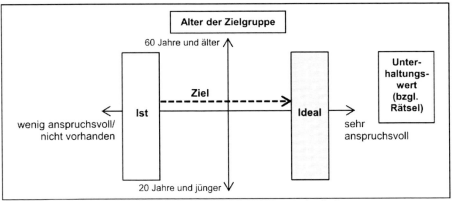

Abb. L-26: Positionierungsmodell 2 für die Wochenzeitung „Zeitgeist"

C.IV.4 (5) Lösungshinweise zur Fallstudie „Spezisa"

Aufgabe a):

Kritische Würdigung der „Spezisa"-Markenpositionierung zu Beginn des Jahrtausends:

- Die „Spezisa"-Produkte werden als lecker, jedoch teuer eingeschätzt (d.h.: positive Wahrnehmung des Produktnutzens Geschmack, negative Wahrnehmung des Produktpreises)
- Für den Konsumenten gibt es keinen preisadäquaten Zusatznutzen („Warum für Spezisaprodukte mehr bezahlen …").
- Die Fettreduktion der Produkte ist kein besonderer Zusatznutzen mehr („Fettreduziert sind andere auch…").

Daraus ergibt sich die Schlussfolgerung, dass die für die Konsumenten relevanten Produkteigenschaften dem Unternehmen nicht bekannt waren und somit die Positionierung der „Spezisa"-Produkte aktualisiert werden musste.

Aufgabe b):

„Spezisa"-Positionierungskonzept der letzten vier Jahre:

Es wurden zunächst die für die Konsumenten relevanten Produkteigenschaften von Käse- und Quarkprodukten bestimmt. Aus den Äußerungen der befragten Konsumenten konnte folgendes geschlussfolgert werden: Angesichts der o.g. Aspekte sowie der sonstigen Verbrauchereinschätzungen („Spezisa ist halt üblicher Käse"…) musste das Unternehmen einen Zusatznutzen für die „Spezisa"-Produkte entwickeln, der die Verbraucherbedürfnisse berücksichtigte und zudem wieder eine Alleinstellung im Wettbewerbsumfeld erlaubte. Das Unternehmen sah zwei Ansatzpunkte:

– Entwicklung einer Käseinnovation in der ansonsten innovationsschwachen Branche, um einen einzigartigen Wettbewerbsvorteil aufzubauen („Spezisa"-Frischkäsescheiben)

– Angebot von ungewöhnlichen Käse- und Quarkprodukten (z.B. „Spezisa"-Quark mit exotischen Früchten und Mineralien als kleine Mahlzeit zwischendurch).

Anschließend erfolgt im Wahrnehmungsraum die Positionierung

– der Konkurrenzmarken (hierüber ist nichts bekannt)

– des „Idealprodukts" (d.h.: wie Konsumenten ihre „idealen" Käse- und Quarkprodukte sehen)

– der Marke „Spezisa" zu Beginn des Jahrtausends (Istzustand)

– des damals angestrebten Sollzustands für die Marke „Spezisa": Also das Kommunikationsziel, so nah wie möglich bei der „Idealmarke" für Käse- und Quarkprodukte positioniert zu sein; die Konsumenten sollten nach einer bestimmten Zeit – z.B. nach einer mehrere Monate dauernden Imagekampagne – die „Spezisa"-Produkte als ideal wahrnehmen.

Visualisierung der Positionierung:

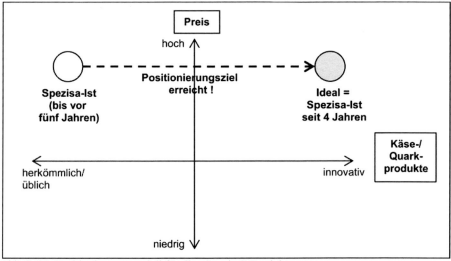

Abb. L-27: Positionierungsmodell für die „Spezisa"-Produkte

Gestaltungsstrategie für die Marke „Spezisa":
- kommunikatives Nutzenversprechen:
  · neuartige Quark-/ Frischkäseprodukte
  · wie bisher gehobene Qualität der Produkte
- Begründung des Versprechens:
  · Anwendung eines innovativen Verfahrens (Know-how) zur Herstellung von Frischkäsescheiben
  · Marke „Spezisa" als Qualitätsgarant
- Gestaltungslinie:
  · bisherigen Markenauftritt (Logo, Vorgaben des Corporate Designs) beibehalten
  · für die innovativen Frischkäsescheiben sachlich-informativer Schwerpunkt
  · gegebenenfalls „Slice-of-Life"-Appell (z.B. offensichtlich genießende Person in der Pause mit einer „Spezisa"-Zwischendurchmahlzeit).

C. IV. 4 (6) Lösungshinweise zur Fallstudie „Beauty Care"

Kritische Würdigung des Positionierungsmodells von Herrn Schöngeist:
- Es sind nicht die für die Konsumenten relevanten Eigenschaften eines Haarpflegeproduktes dargestellt.
- Der Nutzen des Shampoo-Pflege-Kombi-Produkts (Zeitvorteil) wird nicht berücksichtigt.
- Die Idealvorstellungen der Konsumenten sind nicht eingetragen. So entspricht dieses Modell nicht dem Verständnis einer Positionierung als Ziel.
- Abgesehen von den genannten Schwächen ist das Positionierungsmodell üblich bzw. durchschnittlich und kann auch nur solche durchschnittlichen Ansatzpunkte liefern, sich im Konkurrenzumfeld zu profilieren.

Ansatzpunkte zur Verbesserung des Positionierungsmodells:
- Mögliche relevante Positionierungseigenschaften eines Haarpflegeproduktes:
  · Vorbeugung vor Haarspliss
  · Unterstützung des natürlichen Haarglanzes
  · Hinzufügung von Duftstoffen.
- Eine Positionierungsachse sollte die „Shampoo-Pflege-Kombi-Produkte" betreffen. Dann kann der diesbezügliche Zeitvorteil zur Bestimmung des Ideals herangezogen werden.

C.IV.4 (7) Lösungshinweise zur Fallstudie „TechWear"

Aufgabe a):
Entwicklung einer neuen Positionierung:
Es sind zunächst die für die Konsumenten relevanten Produkteigenschaften der Sport- und Freizeitbekleidung mit der Membranmarke „TW®" zu bestimmen (s.u. bei „Idealprodukt").

Anschließend erfolgt im Wahrnehmungsraum die Positionierung
- der Konkurrenzmarken (hierüber ist nichts bekannt)
- des „Idealprodukts". Laut repräsentativer Imageanalyse lauten die Idealausprä-
  gungen der Bekleidungs- und Membraneigenschaften:
  · „atmungsaktiv"
  · „wind- und wasserfest"
  · „ökologieorientiert"
  · „technologisch für höchste Outdoor-Ansprüche geeignet"
    („TW®" bei Sportbekleidung)
  · „modisch" („TW®" bei Freizeitbekleidung).
- der Sport- bzw. Freizeitbekleidung, die mit der Membranmarke „TW®" ausgestattet ist (Istzustand)
- des angestrebten Sollzustands für die Sport- und Freizeitbekleidung mit der
  Membranmarke „TW®":
  Also das Kommunikationsziel, so nah wie möglich bei dem „Idealprodukt" der
  Konsumenten positioniert zu sein; die Konsumenten sollen nach einer bestimmten Zeit – z.B. nach einer mehrere Monate dauernden Imagekampagne – die
  Sport- und Outdoor-Freizeitbekleidung mit „TW®"-Membran als ideal wahrnehmen.

Visualisierung der Positionierung von Sportbekleidung mit „TW®":

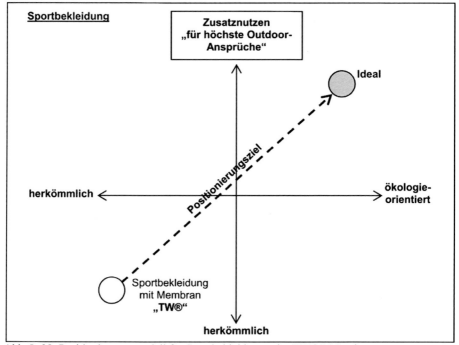

Abb. L-28: Positionierungsmodell für Sportbekleidung mit „TW®"-Membran

Visualisierung der Positionierung bei Outdoor-Freizeitbekleidung mit „TW®":

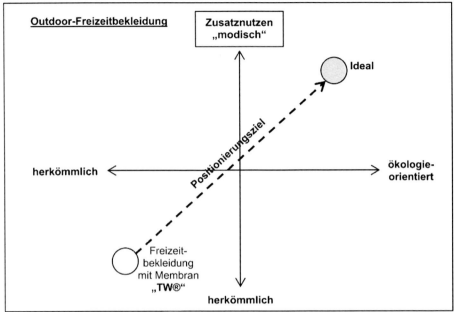

Abb. L-29: Positionierungsmodell für Outdoor-Freizeitbekleidung mit „TW®"-Membran

Kommunikationsstrategie für die Marke „TW®":
– Kommunikationsobjekt:
   Sport- und Freizeitbekleidung von TechWear, die mit der Membranmarke „TW®" ausgestattet ist (sowie andere Bekleidungsmarken, deren Produkte die Membran enthalten)
– Zielgruppen:
   · alle Konsumenten mit Interesse für Sport- und Outdoor-Freizeitbekleidung
   · bisherige Kunden von Sport- und Outdoor-Freizeibekleidung mit „TW®"-Membran
   · ökologiebewusste Konsumenten
– Kommunikationsinstrumente und Werbeträgerauswahl:
   · Werbung (wie bisher sowie – falls noch nicht geschehen – Online-Kommunikation, z.B. im Rahmen des Suchmaschinen-Marketing)
   · Verkaufsförderung (z.B. Informationen zur „TW®"-Membran an den damit ausgestatteten Bekleidungsprodukten)
   · Sponsoring (Sportsponsoring, siehe Aufgabe b).

– Gestaltungsstrategie:

Komponenten der Gestaltungsstrategie	Sportbekleidung	Outdoor-Freizeitbekleidung
Promise/Benefit	**Nutzen 1)** Ökologieorientierte Membran	
	Nutzen 2) für höchste Outdoor-Ansprüche geeignet	**Nutzen 3)** modisch
Reason Why	**zu 1)** • Ökologische Materialien • Öko-Siegel	
	zu 2) Marke „TW®" als Qualitätsgarant	**zu 3)** • Farben, Schnitte der Bekleidungsmarken • Marke „TW®" als Qualitätsgarant
Gestaltungslinie	**zu 1)** sachlich-informativ (Erläuterungen zu Membran und Öko-Siegel)	
	zu 2) emotional (zB Slice-of-Life-Appell: Testimonial, aktiv bei einer Outdoor-Sportart, sagt seine Meinung zur Qualität von Bekleidung u. Membran)	**zu 3)** emotional (zB demonstrativer Konsum von Bekleidung mit „TW®"-Membran durch prominente Mode-/Stilikone)

Abb. L-30: Gestaltungsstrategie für Sport- und Outdoor-Freizeitbekleidung mit der Membranmarke „TW®"

Aufgabe b):
Geeignete Kriterien zur der Entscheidung, welche Sportart(en) die Tech Wear GmbH sponsern sollte, resultieren aus dem Affinitätenkonzept des Sponsoring:

– Zielgruppenaffinität: Welche Sportart(en) finden das größte Interesse bei den Zielgruppen der TechWear GmbH? Mögliche Sportarten sind z.B.
  · extreme Outdoor-Sportarten (z.B. Climbing, Rafting)
  · Fahrrad fahren, Mountainbiking
  · Laufen, Walking
  · Segeln
  · Golf.
Zudem sind umweltbewusste Sportler mit Interesse für ebensolche Sportbekleidung gezielt anzusprechen.

– Produktaffinität: Welche Sportart(en) stehen in einer stärkeren Beziehung zu den Produkten der TechWear GmbH? Mögliche Sportarten sind z.B.
  · extreme Outdoor-Sportarten (wegen besonderer Anforderungen an die Sportbekleidungs- und Membraneigenschaft "technologisch für höchste Outdoor-Ansprüche geeignet")
  · Laufen, Walking (wegen besonderer Anforderungen an die Produkt-/ Membraneigenschaft "atmungsaktiv")

· Segeln, Golf (wegen besonderer Anforderungen an die Produkt-/ Membraneigenschaft „wind- und wasserfest")
· Fahrrad fahren, Mountainbiking (wegen besonderer Anforderungen an die Produkt-/ Membraneigenschaft „ökologieorientiert")

– Imageaffinität: Welche Imagedimensionen der Sportarten passen besonders zu den Produkten der TechWear GmbH? Die Produkteigenschaften
· „atmungsaktiv" und
· „wind- und wasserfest" (Zuverlässigkeit bei Wind, Regen, Schnee)
sind bereits als Pluspunkte der mit „TW®" ausgestatteten Bekleidung bekannt. Es sind somit aktuell vorrangig folgende Produkteigenschaften und Imagedimensionen zu kommunizieren:
· „ökologieorientiert" (Sport- und Outdoor-Freizeitbekleidung; Öko-Siegel „TW®")
· „technologisch für höchste Outdoor-Ansprüche geeignet" (Sportbekleidung)
· „modisch" (Outdoor-Freizeitbekleidung).

Aufgabe c):
Kritische Würdigung des Sponsorings:
Vorteile:
– bessere Zielgruppenansprache in nicht-kommerziellen Situationen
– Dokumentation gesellschaftlicher Verantwortung (durch Ökologieorientierung bei Produkten und Membran)
– Umgehung von Nachteilen anderer Instrumente (z.B. Werbung: Informationsüberlastung; negative Einstellung/Reaktanz gegenüber der Werbung)
– vergleichsweise kostengünstiges Instrument.
Nachteile:
– Gefahr der Reizüberflutung bei gesponserten Veranstaltungen, wenn z.B. zu viele Sponsoren sich engagieren
– mögliche Barrieren bei den gesponserten Sportlern (z.B. wenn die Passform der Bekleidung nicht stimmt)
– Gefahr des Glaubwürdigkeitsverlustes, wenn Markenimage und Sponsoring-Engagement auseinanderklaffen (z.B. wenn der Skisport, dessen Einfluss auf die natürliche Umwelt umstritten ist, gesponsert würde).

C.IV.4 (8) Lösungshinweise zur Fallstudie „Raindrop"

Aufgabe a):
Mögliche Ansatzpunkte der Kommunikationsstrategie für die Raindrop GmbH:
– Kommunikationsobjekt ist die Marke „Raindrop".
– Zielgruppen sind
· Frauen, Männer und Kinder mit Standard- oder Spezialbedarf nach Regenbekleidung sowie
· alle bisherigen Kunden von „Raindrop"-Produkten.

– Kommunikationsinstrumente und Werbeträgerauswahl: Werbung (z.B. Anzeigen in Publikumszeitschriften), eventuell ergänzt durch Verkaufsförderung (z.B. Produktangebot-Aktionen in Abhängigkeit von Jahreszeit und Wetter)

– Gestaltungsstrategie:

· Promise/Benefit:

    aa) atmungsaktive Kleidung

    bb) Struktur normaler Stoffe/Anmutung wie normale Bekleidung (und nicht wie typische Regenbekleidung)

· Reason Why:

    aa) Marke „Raindrop" als Qualitätsgarant

    bb) Patent

· Gestaltungslinie:

    aa) Marke „Raindrop" und bisheriges Corporate Design beibehalten

    bb) informativ-rationale Erläuterung bzgl. Patent; emotionale Auslobung der Stoffanmutung (z.B. Slice-of-Life-Appell im Hinblick auf das Regenwetter und den Bedarf entsprechender Bekleidung).

Aufgabe b):

$$TKP_{\text{Golf-Mag}} = \frac{46.000}{200.000+800.000 \cdot 0,6+400.000 \cdot 0,2} \cdot 1000$$

$$= 60,53 \text{ GE (Rang 3)}$$

$$TKP_{\text{Golfer}} = 54,88 \text{ GE (Rang 1)}$$

$$TKP_{\text{Golf High}} = 66,67 \text{ GE (Rang 4)}$$

$$TKP_{\text{G. a. more}} = 55,55 \text{ GE (Rang 2)}$$

Ausgehend von dem Budget (450.000 GE) und der gelanten Belegung von drei Zeitschriften mit mindestens drei Schaltungen ergibt sich:

$3 \cdot 45.000 + 3 \cdot 40.000 + 3 \cdot 46.000 = 393.000$ GE

$450.000 - 393.000 = 57.000$ GE sind übrig

Es wird noch eine weitere Schaltung im Medium mit dem niedrigsten TKP (Der Golfer) vorgenommen. 12.000 GE bleiben als Rest.

Streuplan:

Der Golfer:	4 Schaltungen
Golf and more:	3 Schaltungen
Golf Magazin:	3 Schaltungen

Aufgabe c):

$$\frac{p}{(600.000 + 200.000 \cdot 0,6)} \cdot 1.000 \leqq 60,53 \text{ GE}$$

$$p = 43.581,60 \text{ GE}$$

Nur bei einem Anzeigenpreis von weniger als 43.581,60 GE sollte Herr W.Endig die Zeitschrift „Golf-Highlights" anstelle der Zeitschrift „Golf-Magazin" belegen.

L.C.IV.4 (9) Lösungshinweise zur Fallstudie „Herr Laifstail"

Aufgabe a):
Gefragt ist nach dem Tausend-Kontakte-Preis:

$$TKP_{AB1} = (5.500 : (60.000 \cdot 0,8) \cdot 1.000) = 114,58 \text{ GE}$$

$$TKP_{AB2} = 125 \text{ GE}$$

$$TKP_{AB3} = 71,43 \text{ GE}$$

Für die Belegung der Anzeigenblätter gilt die Rangfolge:
1. Rang: AB3
2. Rang: AB1
3. Rang: AB2

Aufgabe b):
Gefragt ist nach dem Streuplan (auch Schaltplan genannt):

Anzeigen-blatt	Ausgaben pro Jahr	Schalt-kosten pro Anzeige	Anzahl der Anzeigen) (Schaltplan)	Schalt-kosten kumuliert	restliches Budget
AB 3	9	6.000	9	54.000	46.000
AB 1	12	5.500	8**	98.000*	2.000
AB 2	6	7.500	–	–	–

(*) 54.000 + 8.000 · 5.500 = 98.000
(**) 46.000 : 5.500 = 8,36

Abb. L-31: Schaltplan der Raindrop GmbH

Aufgabe c):
Maximale Kundenkontakte:
AB3:   9 Ausgaben · (120.000 · 0,7)   =   756.000
AB1:   8 Ausgaben · (60.000 · 0,8)   =   384.000
                                             1.140.000   max. Kundenkontakte

Aufgabe d):

Gefragt ist nach der Anzeigenpreisreduktion bei der neuen Zeitschrift, damit diese (und nicht das bislang günstigste Anzeigenblatt AB3 mit einem TKP von 71,43 GE) als Anzeigenmedium gewählt wird.

$$\frac{x}{163.500 \cdot 0,45} \cdot 1.000 \leqq 71,43 \text{ GE}$$

$$x = 5.255,46$$

$$\frac{7.507,80 - 5.255,46}{7.507,80} \cdot 1.00 = 30 \text{ \%}$$

Die neue Zeitschrift muss einen Nachlass von mindestens 30% bei den Schaltkosten einräumen, damit diese von Herrn Laifstail bevorzugt wird.

C.IV.4 (10) Lösungshinweise zur Fallstudie „Lyma"

Aufgabe a):

Die Ausgestaltung der Richtlinien der zielgruppenspezifischen Kommunikations-strategien ist in Abbildung L-32 zusammengefasst.

Aufgabe b):

Wesentliche Erfolgsfaktoren der Unternehmenshomepage von Lyma betreffen das Informationsangebot, die Übersichtlichkeit und die Gestaltung.

Informationsangebot:
- alle relevanten Informationen bereitstellen, z.B. über
  · Kombiprodukte
  · Füller für Erstklässler
  · Vielfalt des Sortiments
- ständige Aktualisierung der Informationen, z.B.
  · bei Sortimentsveränderungen
  · saisonal (z.B. Herausstellung von „My first Lyma" zu Schulbeginn).

Übersichtlichkeit:
Unterstützung der Informationssuche durch
- Navigationshilfen, z.B.
  · Inhaltsverzeichnisse
  · Suchsysteme
- Nutzung der Hypermedialität, z.B.
  · Einblendung eines Erstklässlers, der „My first Lyma" nutzt (um den Füller als geeignetes Instrument zu profilieren, eine schöne Handschrift zu entwickeln)
  · Einbindung von Diskussionsforen (z.B. zur Frage, welche Berufsgruppen die Handschrift als Ausdruck der Persönlichkeit benötigen).

Komponenten der Kommunikationsstrategie	Alte Kampagne	Neue Kampagne	
		Zielgruppe Architekten …	Zielgruppe Schüler
Positionierung	Markenprodukte; Design und Qualität zum angemessenen Preis		
Zielgruppen	undifferenziert	• Architekten • Journalisten • Studenten	• Schüler • Schenkende (zB Großeltern)

Kommunikationsobjekt	alle Produkte der Marke Lyma	Lyma - Füller
		   - Kugelschreiber
		   - Druckbleistifte
			Lyma - Füller
			   - My first Lyma
			   - Kombi-Geräte

Kommunikationsinstrument	Anzeigen-Kampagne		
Werbeträger	Alpha, Beta, Gamma, Delta, Omega		Icks, Üpsilon
Promise/ Benefit	Nutzen 1) Gute Qualität zum angemessenen Preis		
	Nutzen 2) Besonderes Design zum angemessenen Preis		Nutzen 3) schülerger. Qualität
Reason Why	1), 2), 3) Marke Lyma als Qualitätsgarant		
			3) Feder für Links-/ Rechtshänder
Gestaltungslinie	Marke Lyma (Corporate Design) beibehalten		
		Schwerpunkt emotionale Zielgruppenansprache	Argumentative und emotionale Zielgruppenansprache

Abb. L-32: Richtlinien der zielgruppenspezifischen Kommunikationsstrategien

Gestaltungsmaßnahmen:
Wesentliche Gestaltungsmaßnahmen betreffen
- die Hintergrundgrafik der Homepage (klare und prägnante Stimuli, z.B. Logo der Marke Lyma, angedeutete Silhouette unterschiedlicher Schreibgeräte)
- Farbgestaltung (z.B. Farben zur Unterstützung der Website-Navigation; auch: Farben des Corporate Designs von Lyma)
- Animationen (z.B. unterschiedliche Berufs- bzw. Tätigkeitsfelder, die Schreibgeräte benötigen: Architekt, der dem Bauherrn etwas skizziert; Schüler und Studenten, die Kombi-Geräte nutzen etc.)

Aufgabe c):
Suchmaschinenwerbung (Search Engine Marketing SEM):
- ermöglicht eine genaue Platzierung des Unternehmehmenslinks bei interessierten Nachfragern (vgl. Meffert et al. 2012, S. 662)
- z.B. bei Google:
  - Verlinkung zur Lyma-Homepage erscheint nur, wenn bestimmte Suchbegriffe eingegeben wurden
  - es ist zwar erkennbar, dass es sich um Werbung handelt (die Werbung ist zartgelb unterlegt), jedoch ist die Darstellung der Werbung vergleichbar mit den Suchergebnissen
  - die Bezahlung erfolgt gemäß Anzahl der Klicks auf die Werbung
- Problematik der Suchmaschinenwerbung:
  - Links werden nicht wahrgenommen und nur die Suchergebnisse werden weiterverfolgt
  - die Bezahlung pro Klick kann zu hohen Kosten führen, da oft auf der ersten Seite der Suchergebnisse alle Links angeklickt werden
  - Identifikation der relevanten Suchbegriffe (Keywords).

Suchmaschinenoptimierung (Search Engine Optimization SEO):
- gezielte Maßnahmen ermöglichen, die eigene Homepage möglichst hoch in den Ergebnissen relevanter Suchanfragen zu platzieren (auf der ersten Ergebnisseite der Suchanfrage)
- Maßnahmen der SEO:
  - Ausrichtung der Unternehmenshomepage auf den Suchalgorithmus der Suchmaschine (hierzu kann Leander Lyma spezialisierte Dienstleister ansprechen)
  - zum Angebot o.g. auf SEO spezialisierter Dienstleister zählt auch die gezielte Keyword-Auswahl (z.B.: Lyma, Füller, Design, Schreiben, My first Lyma, ...).

Aufgabe d):
Mögliche Ansatzpunkte für Leander Lyma, soziale Medien in die Online-Kommunikation einzubeziehen, sind z.B.:

Zielgruppendifferenzierung (vgl. Meffert et al. 2012, S. 666ff.):
- die Digital Natives (14 bis 29 Jährige) sind mit sozialen Medien aufgewachsen; für sie stehen Unterhaltung und Kontakte im Vordergrund
- die älteren Nutzer (Digital Immigrants) mussten ein neues Mediennutzungsverhalten erlernen; sie haben vorrangig Bedarf nach Transaktionen und Informationen.

Austausch von User Generated Content (UGC):
- generell umfasst der UGC alle möglichen Inhalte, die über das Internet verbreitet werden können und die außerhalb eines professionellen Umfeldes generiert wurden

- Fallstudienbezogene Beispiele für „brand related UGC":
  · Austausch von persönlichen Einschätzungen zum Preis-Leistungsverhältnis von „Lyma"
  · Austausch der Erinnerungen an Erlebnisse mit „Lyma"-Produkten
  · Austausch der Erfahrungen mit „Lyma"-Produkten (im privaten, schulischen, beruflichen Bereich).

Einige Subinstrumente sozialer Medien (vgl. Meffert et al. 2012, S. 672):
- Wikis:
  User stellen ihr Wissen zur Marke „Lyma" auf Wikipedia ein
- Brand-Communities:
  In Markenblogs (z.B. www.brands-wanted.de) tauschen sich die User über die „Lyma"-Markenprodukte und ihre diesbezüglichen Erfahrungen, Erinnerungen, Meinungen etc. aus
- Social Networks:
  · auf Facebook findet ein Austausch privater Daten über „Lyma"-Produkte statt (Informationen, Erfahrungen, Fotos, Filme)
  · gegebenenfalls in einer Facebook-Gruppe namens „Lyma"
  · Leander Lyma muss die Facebook-Nutzer dazu veranlassen, dass sie die Gruppe 'liken' bzw. den Gruppennamen 'posten', so dass andere Facebook-Nutzer aus dem persönlichen Umfeld desjenigen, der postet, sich die Gruppe anschauen und ggf. selbst 'liken' können.

Aufgabe e):
Kommunikationsinstrument:
Verkaufsförderung, genauer: Verbraucher-Promotion.

Bedeutung des Instruments:
- Oft einmalige Aktionen von kurzfristiger Dauer
- häufig in unmittelbarer Kundennähe (z.B. am Point of Sale)
- die Wirkung anderer Instrumente (z.B. Werbung) wird vollendet bzw. gesteigert.

Ziele, die die Lyma GmbH mit den Schreib-Boxen verfolgt:
- Bekanntmachung der neuen Positionierung der „Lyma"-Produkte
- die aktuellen bzw. potentiellen Kunden sollen sich mit den „Lyma"-Produkten auseinandersetzen, so dass sie gezielt in Geschäften bzw. online die Produkte nachfragen (Erzeugung eines Nachfrage-Sogs)
- über den Gutschein sollen weitere Kontakt- und Absatzchancen mit „Lyma"-Produkten generiert werden.

C.IV.4 (11) Lösungshinweise zur Fallstudie „Atatoy"

Die Krisen-PR von Atatoy ist angesichts der folgenden gewählten Vorgehens- und Verhaltensweisen „lehrbuchartig misslungen":

Empfehlungen im Rahmen der Krisen-PR	Vorgehensweise von Atatoy und deren Konsequenzen
Präsenz im Markt: proaktive Kommunikation mit der Öffentlichkeit, um das aufgebaute Vertrauen nicht zu verlieren	**CEO taucht ab:** • die Öffentlichkeit wird verunsichert • der Vertrauensverlust beginnt
Sorgfältige Pressearbeit: besonders sorgfältige Pressearbeit mit klaren und sachlichen Antworten, auch auf unbequeme Fragen	**Desaströse Pressearbeit:** • Atatoy nimmt keine Stellung zu „Detailproblemen" (Bagatellisierung) • Pressekonferenz nur für Japanisch-Kenner • erweckt Eindruck der Vertuschung
Konzept darlegen: Unternehmen legt schonungslos offen, wie es mit der Krise umzugehen gedenkt	**Vogel-Strauß-Politik:** • Atatoy äußert sich hierzu nicht • Eindruck der Vertuschung/Inkompetenz wird verstärkt

Abb. L-33: Die misslungene Krisen-PR von Atatoy

C.IV.4 (12) Lösungshinweise zur Fallstudie „Globit"

Aufgabe a):
Ziele der Krisen-PR seitens der Wrestle GmbH:
– Stabilisierung/Rückgewinnung des Vertrauens der Öffentlichkeit in die Marke
– Abwehren möglicher Imageschäden
  · für die Marke „Globit Balance", deren Produktvariante ('Heidelbeere Vitamin A' direkt betroffen ist
  · für die Marke „Globit", die der Konsument angesichts der übereinstimmenden Markierung direkt assoziiert und er so verunsichert wird.

Aufgabe b1):
– Verfahren: Ungestützter Bekanntheitsgrad (Markenrecall)
– Erläuterung des Verfahrens:
  · z.B. Antwort auf die Frage: „Welche Kaugummimarken kennen Sie?"
  · die zuerst genannten Marken sind die Top of Mind
  · die Top of Mind-Marken haben die höchste Chance, gekauft zu werden
– Interpretation des Ergebnisses:
  Die „Globit"-Produkte werden von den Kaugummikäufern bevorzugt.

Aufgabe b2):
– Verfahren: Aided Recall (gestützte Markenbekanntheit)
– Erläuterung des Verfahrens:
  · der Proband erhält eine Vorlage mit Kaugummi-Marken
  · dann Befragung der Probanden, z.B.: „Welche der hier aufgeführten Kaugummimarken sind Ihnen bekannt?"

· die Top of Mind-Marken haben die höchste Chance, gekauft zu werden
– Interpretation des Ergebnisses:
Besser geht´s nicht!

Aufgabe b3):
– Verfahren: Recognition-Test (Wiedererkennungsverfahren)
– Erläuterung des Verfahrens:
· dem Probanden wird das gelernte Material (z.B. Zeitschriftenanzeigen mit Kaugummimarken; auch: künstlich zusammengestellte Zeitschrift) vorgelegt
· dann Befragung des Probanden, z.B.: „Welche dieser Anzeigen haben Sie schon mal gesehen?" oder: "An welche Anzeigen können Sie sich erinnern?"
· Wiedererkennung der Marke kann reichen, dass das Produkt später gekauft wird
– Interpretation des Ergebnisses:
· hoher Recognitionwert
· gute Chancen für „Globit Balance", dass die Marke beim nächsten Einkauf beachtet bzw. gekauft wird.

C. IV. 4 (13) Lösungshinweise zur Fallstudie „Fitness-Studio"

Ansatzpunkte zur Ausgestaltung des Werbeblatts von Anna Bolik:
– Text / Sprache:
· an Studenten und jungen Menschen orientierte Wortwahl (z.B. mit Preisangeboten für das schmale Budget fitnessorientierter Studenten)
· hierzu eine aufmerksamkeitsstarke Headline, die z.B. einen ´Preisknüller des Monats´ extra für Studenten herausstellt
– Typographie:
· Wahl einer Typographie, die die Botschaft unterstützt
· hier: z.B. ´Comic´-Typographie, die jugendlich anmutet
– Bild:
· z.B. emotionale Ansprache über die Abbildung besonders athletischer Körper
· weitere Möglichkeiten: ´Vorher-/ Nachher-Darstellungen´ (vor und nach dem längerfristigen Besuch des Fitnessstudios); Abbildung der Ausstattung des Fitnessstudios
– Farbe und Slice-of-Life-Appell:
z.B. realistisches Foto einer Situation (Slice of Life) im Fitnessstudio, wenn Sportler trainieren und sich an den Geräten des Studios betätigen
– zweiseitige Argumentation:
z.B. wenn Anna Bolik den relativ hohen Preis für ein Jahresabo als einen negativen Aspekt, der gegen das Fitnessstudio spricht, anführt; diesen kann sie sofort widerlegen, indem sie Umfang und Vielfalt des Leistungsangebots auslobt und ein ausgewogenes, auch günstiges Preis-Leistungs-Verhältnis des Studios betont.

Literaturverzeichnis zum Marketing

Abell, D.F. (1980): Defining the business – The Starting Point of Strategic Planning, Englewood Cliffs, New Jersey.

Ahlert, D. (1981): Vertragliche Vertriebssysteme zwischen Industrie und Handel, Wiesbaden.

Ahlert, D. (1996): Distributionspolitik. Das Management des Absatzkanals, 3. Auflage, Stuttgart.

Ansoff, H.I. (1966): Management-Strategie, München.

Ansoff, H.I. (1981): Die Bewältigung von Überraschungen und Diskontinuitäten durch die Unternehmensführung – Strategische Reaktionen auf schwache Signale, in: Steinmann, H. (Hrsg.): Planung und Kontrolle, München, S. 233-264.

Backhaus, K. (1995): Investitionsgütermarketing, 4. Auflage, München.

Backhaus, K., Büschken, J., Voeth, M. (2003): Internationales Marketing, 5. Auflage, Stuttgart.

Backhaus, K., Erichson, B., Plinke, W., Weiber, R. (2008): Multivariate Analysemethoden: Eine anwendungsorientierte Einführung, 12. Aufl., Berlin/Heidelberg.

Baumgarth, C. (2008): Markenpolitik. Markenwirkungen – Markenführung – Markencontrolling, Wiesbaden.

Becker, W. (1973): Beobachtungsverfahren in der demoskopischen Marktforschung, Stuttgart.

Becker, J. (2006): Marketing-Konzeption, 8. Auflage, München.

Becker, J. (2009): Marketing-Konzeption. Grundlagen des ziel-strategischen und operativen Marketing-Managements, 9. akt. und ergänzte Auflage, München.

Becker, J. (2013): Marketing-Konzeption. Grundlagen des ziel-strategischen und operativen Marketing-Managements, 10. überarb. und erw. Auflage, München.

Berekoven, L., Eckert, W., Ellenrieder, P. (2009): Marktforschung. Methodische Grundlagen und praktische Anwendung, 12. Auflage, Wiesbaden.

Berndt, R., Hermanns, A. (Hrsg.): Handbuch Marketing-Kommunikation. Strategien, Instrumente, Perspektiven, Wiesbaden.

Bliemel, F.W., Fassot, G. (1995): Produktmanagement, in: Tietz, B., Köhler, R., Zentes, J. (Hrsg.): Handwörterbuch des Marketing, 2. Auflage, Stuttgart, Sp. 2120-2135.

Böhler, H. (1995): Marktforschung, 3. Auflage, Stuttgart.

Brockhoff, K. (1999): Produktpolitik, 4. Auflage, Stuttgart.

Bruhn, M. (2010): Kommunikationspolitik. Systematischer Einsatz der Kommunikation für Unternehmen, 6. Auflage, München.

Burmann, Ch., Blinda, L., Nitschke, A. (2003); Konzeptionelle Grundlagen des identitätsbasierten Managements, in Burmann, Ch. (Hrsg.): Arbeitspapier Nr. 1 des Lehrstuhls für innovatives Markenmanagement (LiM), Universität Bremen, Bremen.

Burmann, Ch., Halaszovich, T., Hemmann, F. (2012): Identitätsbasierte Markenführung. Grundlagen – Strategie – Umsetzung – Controlling, Wiesbaden.

Buzzell, R.D., Gale, B.T. (1989): Das PIMS-Programm. Strategien und Unternehmenserfolg, Wiesbaden.

Crow, L.E., Lindquist, J.D. (1985): Impact of Organizational und Buyer Characteristics on the Buying Center, in: Industrial Marketing Management, Vol. 14, S. 49-58.

Diller, H. (2000): Preiszufriedenheit bei Dienstleistungen, in: Die Betriebswirtschaft, 60. Jg., Heft 5, S. 570-587.

Diller, H. (2008): Preispolitik, 4. vollständig neu bearbeitete und erweiterte Auflage, Stuttgart.

Ehrmann, H. (2008): Logistik, 6. Aufl., Ludwigshafen.

Ekman, P., Friesen, W.V., Tomkins, S. (1971): Facial Affect Scoring Technique: A First Validity Study, in: Semiotica, Jg. 3, Nr.1, S. 37-58.

Esch, F.-R. (Hrsg.) (2000): Moderne Markenführung. Grundlagen – Innovative Ansätze – Praktische Umsetzungen, 2., akt. Auflage, Wiesbaden.

Esch, F.-R., Brunner, Ch., Gawlowski, D., Goertz, S. (2010): Der Einfluss von Portfolio-Werbung auf die Einstellung und das Image von Dachmarken: eine empirische Untersuchung, in: transfer Werbeforschung und Praxis, 2/2010, S. 6-30.

Fantapié Altobelli, C., Hoffmann, S. (2011): Grundlagen der Marktforschung, Konstanz/München.

Fishbein, M. (1966): The Relationships between Beliefs, Attitudes, and Behavior. In: Feldman, S. (Hrsg.): Cognitive Consistency, New York/London/Sydney 1966, S. 199-223.

Fishbein, M., Ajzen, I (1975): Belief, attitude, intention and behavior: an introduction to theorie and research. Reading, MA et al.

Florenz, P.J. (1991): Konzept des vertikalen Marketing. Entwicklung und Darstellung am Beispiel der deutschen Automobilwirtschaft, Bergisch Gladbach u.a.

Freter, H. (1983): Marktsegmentierung, Stuttgart.

GEO Themenlexikon Psychologie (2007): Denken, Fühlen, Handeln, Bd. 1 und 2; Gruner + Jahr AG & Co. KG.

Hansen, U., Henning-Thurau, Th., Schrader, U. (2001): Produktpolitik, 3. Auflage, Stuttgart.

Haedrich, G., Tomczak, T. (1996): Produktpolitik, Stuttgart.

Heinemann, G. (2012a): Der neue Mobile-Commerce. Erfolgsfaktoren und Best Practices, Wiesbaden.

Heinemann, G. (2012): Der neue Online-Handel. Erfolgsfaktoren und Best Practices, 4. vollst. überarb. Auflage, Wiesbaden.

Heinemann, G. (2010): Der neue Online-Handel. Erfolgsfaktoren und Best Practices, 2. akt. und erw. Auflage, Wiesbaden.

Henderson, B.D. (1974): Die Erfahrungskurve in der Unternehmensstrategie, Frankfurt a.M.

Kirchgeorg, M. (2003): Funktionen und Erscheinungsformen von Messen, in: Kirchgeorg, M., Dornscheidt, W.M., Giese, W., Stoeck, N. (Hrsg.): Handbuch Messe-Management. Planung, Durchführung und Kontrolle von Messen, Kongressen und Events, Wiesbaden, S. 51-72.

Kirchler, E. (2011): Wirtschaftspsychologie. Individuen, Gruppen, Märkte, Staat, 4. vollst. überarb. und erw. Auflage, Göttingen u.a.

Kloss, I. (2007): Werbung – Handbuch für Studium und Praxis, 4. vollst. überarb. Auflage, München.

Köhler, R. (2007): Organisation des Produktmanagement, in: Albers, S., Herrmann, A.: Handbuch Produktmanagement. Strategieentwicklung – Produktplanung – Organisation – Kontrolle, 3. überarb. und erw. Auflage, Wiesbaden, S. 741-762.

Kotler, Ph., Keller, K. L., Bliemel, F. (2007): Marketing-Management – Strategien für wertschaffendes Handeln, 12., akt. Aufl., Pearson Education, München.

Kreutzer, R.T. (2010): Praxisorientiertes Marketing. Grundlagen – Instrumente – Fallbeispiele, 3. Auflage, Wiesbaden.

Kroeber-Riel, W. (1993): Strategien und Technik der Werbung. Verhaltenswissenschaftliche Ansätze, 4. Auflage, Stuttgart u.a.

Kroeber-Riel, W., Weinberg, P., Gröppel-Klein, A. (2009): Konsumentenverhalten, 9. Aufl., München.

Macharzina, K., Wolf, J. (2008): Unternehmensführung: Das internationale Managementwissen. Konzepte – Methoden – Praxis, Wiesbaden.

McCarthy, J. (1964): Basic Marketing: A Managerial Approach, Homewood/Ill.

Meffert, H. (1986): Marketing – Grundlagen der Absatzpolitik, 7. Aufl., Wiesbaden.

Meffert, H. (1992): Marketingforschung und Käuferverhalten, 2., vollst. überarb. und erweiterte Auflage, Wiesbaden.

Meffert, H. (1994): Marketing-Management: Analyse – Strategie – Implementierung, Wiesbaden.

Meffert, H. (1997): Marketing Arbeitsbuch. Aufgaben – Fallstudien – Lösungen, 6. Auflage, Wiesbaden.

Meffert, H. (1998): Marketing. Grundlagen marktorientierter Unternehmensführung, Konzepte – Instrumente – Praxisbeispiele, 8., vollst. neubearb. und erw. Auflage, Wiesbaden.

Meffert, H. (Hrsg.) (1999): Marktorientierte Unternehmensführung im Wandel, Wiesbaden.

Meffert, H., Bolz, J. (1998): Internationales Marketing-Management, 3. überarb. und ergänzte Auflage, Stuttgart.

Meffert, H., Burmann, Ch. (1996): Identitätsorientierte Markenführung – Grundlagen für das Management von Markenportfolios, in: Meffert, H., Wagner, H., Backhaus, K. (Hrsg.), Arbeitspapier Nr. 100 der Wissenschaftlichen Gesellschaft für Marketing und Unternehmensführung e.V., Münster.

Meffert, H., Burmann, Ch., Kirchgeorg, M. (2009): Marketing Arbeitsbuch. Aufgaben – Fallstudien – Lösungen, 10., vollst. überarb. und erw. Aufl., Wiesbaden.

Meffert, H., Burmann, Ch., Kirchgeorg, M. (2012): Grundlagen marktorientierter Unternehmensführung, 11., überarb. und erweiterte Auflage, Wiesbaden.

Meffert, H., Burmann, Ch., Kirchgeorg, M. (Hrsg.) (2002): Markenmanagement – Grundfragen der identitätsorientierten Markenführung, Wiesbaden.

Monhemius, K. Ch. (1992): Umweltbewusstes Kaufverhalten von Konsumenten, Frankfurt a.M.

Raab-Steiner, E., Benesch, M. (2010): Der Fragebogen. Von der Forschungsidee zur SPSS/PASW-Auswertung, 2. akt. Auflage, Wien.

Raab, G., Unger, F. (2001): Marktpsychologie Grundlagen und Anwendung, Wiesbaden.

Rogers, E.M. (1983): Diffusion of Innovations, 3. Auflage, New York u.a.

Rosenstiel, L. von, Neumann, P. (2002): Marktpsychologie. Ein Handbuch für Studium und Praxis, Darmstadt.

Ruhfus, R. (1976): Kaufentscheidungen von Familien – Ansätze zur Analyse des kollektiven Entscheidungsverhaltens im privaten Haushalt, in: Meffert, H. (Hrsg.), Schriftenreihe Unternehmensführung und Marketing, Bd. 7, Wiesbaden.

Sander, M. (2004): Marketing-Management, Stuttgart.

Simon, H. (1995): Preismanagement kompakt – Probleme und Methoden des modernen Pricing, Wiesbaden.

Sinus Markt- und Sozialforschung (2011): Die aktualisierten Sinus-Milieus im Überblick, in: Werben & Verkaufen 13/2011, S. 64f.

Stender-Monhemius,K. (2006): Schlüsselqualifikationen – Zielplanung, Zeitmanage-ment, Kommunikation, Kreativität, München.

Thies, G. (1976): Vertikales Marketing, Berlin.

Trommsdorff, V. (1975): Die Messung von Produktimages für das Marketing, Grundlagen und Operationalisierung, Köln.

Trommsdorff, V. (2009): Konsumentenverhalten, 7., vollst. überarbeitete und erweiterte Auflage, Stuttgart.

Trommsdorff, V., Teichert, Th. (2011): Konsumentenverhalten, 8., vollst. überarbeitete und erweiterte Auflage, Stuttgart.

Ulrich, P., Fluri, E. (1992): Management, Bern/Stuttgart.

Webster, F.E., Wind, Y. (1972): Organizational Buying Behavior, Englewood Cliffs.

Wirtz, B.W. (2008): Multi-Channel-Marketing: Grundlagen – Instrumente – Prozesse, Wiesbaden.

Wiswede, G. (2007): Einführung in die Wirtschaftspsychologie, 4. überarb. und erw. Auflage, München u.a.

Wöllenstein, St. (1996): Betriebsprofilierungen in vertraglichen Vertriebssystemen. Eine Analyse von Einflussfaktoren und Erfolgswirkungen auf der Grundlage eines Vertragshändlersystems im Automobilhandel, Frankfurt a.M.

Rechtsvorschriften, Rechtsprechung, Schrifttum

Aus den Teilen des Buches, die sich mit den rechtlichen Fragestellungen des Marketing beschäftigen, lässt sich unschwer erkennen, dass „fast alles irgendwo" im **Gesetz** geregelt ist. Die Kenntnis gesetzlicher Regelungen ist deshalb unverzichtbare Basis für unternehmerisch korrektes Handeln.

Die Lektüre von Gesetzen ist (nicht nur für den Sprachästheten) häufig „trockenes Brot", manchmal sogar schwer verständlich. Jedoch bietet die kontinentaleuropäische Gesetzeskultur mit ihrer ausgeprägten und traditionsreichen Gesetzgebung (im Vergleich zum angloamerikanischen Rechtskreis mit dem dort vorherrschenden case law) nicht gering zu schätzende Vorteile:
• Bürger und Unternehmen als Subjekte der Rechtsordnung können sich in den weitaus meisten Situationen schnell und kostengünstig Kenntnis verschaffen, über das was "richtig" bzw. rechtmäßig ist, indem sie die entsprechenden Vorschriften (-sammlung) erwerben oder gar kostenlos aus dem Internet herunterladen.
• Darüber hinaus sind Rechtsvorschriften meist sehr präzise formuliert, so dass man genau erkennen kann, ob man mit seinem Verhalten mit dem Gesetz in Konflikt kommt oder nicht.

Für den Studierenden wie auch für den im Marketingbereich tätigen Praktiker wird deshalb vor allem die Anschaffung einer **Gesetzessammlung** "Wirtschaftsgesetze" o.ä. in aktueller Auflage empfohlen, wie sie von verschiedenen Verlagen (wie z.B. beck-dtv, nwb, Nomos) angeboten wird. Eine solche Sammlung enthält die angesprochenen wichtigen Gesetze (BGB, GeschmMG, MarkenG, HGB, BDSG).

Zudem bieten im **Internet** viele Webseiten Gesetzestexte zum Herunterladen an. Will man sicher gehen, die aktuelle Fassung mit korrektem Inhalt zu erhalten, sollte man den kostenlosen Dienst des Bundesministeriums für Justiz in Anspruch nehmen, welcher unter www.gesetze-im-internet.de alle geltenden Bundesgesetze bereithält. In Kraft getretene Gesetze werden bekanntlich im Bundesgesetzblatt veröffentlicht. Dieses können Sie kostenlos beim Bundesanzeiger-Verlag einsehen: www.bundesanzeiger-verlag.de/bundesgesetzblatt.
Das EU-Recht finden Sie auf der Website der Europäischen Union: europa.eu

Es ist noch hinzuweisen auf die Webseite des Deutschen Patent- und Markenamtes (www.dpma.de) mit seinen vielfältigen Angeboten wie den Informationsbroschüren zu den gewerblichen Schutzrechten (Patent, Gebrauchsmuster, Geschmacksmuster, Marke), den Möglichkeiten zur Schutzrechts-Recherche in verschiedenen Datenbanken und der elektronischen Anmeldung von Schutzrechten.

Die Auslegung und Anwendung von Gesetzen erfolgt durch die **Rechtsprechung** der Gerichte, für den Bereich des marketingrelevanten Rechts vor allem der Zivilgerichte. Der allgemeinen Zivilgerichtsbarkeit sind "von unten nach oben" die Amtsgerichte (AG), Landgerichte (LG), Oberlandesgerichte (OLG) sowie der Bundesgerichtshof (BGH) zuzuordnen. Häufig sind aktuelle Entscheidungen, vor allem solche des BGH, für den Praktiker wie auch für den Studierenden relevant. Wichtige Urteile des BGH sowie diesbezügliche Pressemitteilungen können auf der Webseite des BGH abgerufen werden (bundesgerichtshof.de). Im Übrigen werden wichtige Entscheidungen der Gerichte (häufig mit gewisser zeitlicher Verzögerung) in den einschlägigen Fachzeitschriften abgedruckt und in neuen Auflagen der Studien- und Praktikerliteratur berücksichtigt.

Das rechtliche **Schrifttum** setzt sich im Wesentlichen aus folgenden Quellenarten zusammen:
- **Kommentare**, die einzelne Gesetze in der Reihenfolge ihrer Paragraphen erläutern,
- Werke, die in **systematischer** Weise bestimmte Rechtsgebiete bzw. -themen abhandeln und sich an Studierende (Lehr- und Lernbücher) oder an Praktiker (Handbücher) wenden,
- (vereinzelt) Werke mit lexikalischer Gliederung, d.h. an alphabetisch sortierten **Stichworten** orientiert,
- **Formularbücher** mit Vertragsmustern und Erklärungen, Anträgen oder Schreiben an eine Behörde oder ein Gericht,
- periodisch erscheinende **Fachzeitschriften** für verschiedene Rechtsgebiete.

Im Folgenden werden für jedes im Buch behandelte Rechtsgebiet einige Literaturhinweise gegeben, wobei eine auch nur annähernd vollständige Darstellung der Schrifttumslage zweifellos den Rahmen der vorliegenden Schrift sprengen würde. Wer sich mit der Absicht trägt, rechtliche Literatur zu erwerben, sollte sich etwas Zeit nehmen, um in einer Buchhandlung mit größerem Angebot verschiedene Werke zu einem Thema parallel im Hinblick auf Inhalt oder Lesbarkeit zu prüfen.

Themenübergreifende Literatur, BGB

Hoffmann-Becking/Rawert (Hrsg.), Beck'sches Formularbuch, Bürgerliches, Handels- und Wirtschaftsrecht, 11. Aufl. 2013
Jauernig, Bürgerliches Gesetzbuch, 14. Aufl. 2011
Klunzinger, Einführung in das Bürgerliche Recht, 15. Aufl. 2011
Palandt, Bürgerliches Gesetzbuch, 72. Aufl. 2013 (BGB, EGBGB, UKlaG, ProdHaftG)

Produkthaftung, Rechte am Produkt

Bingener, Markenrecht, 2. Aufl. 2012
Büscher/Dittmer/Schiwy, Gewerblicher Rechtsschutz – Urheberrecht – Medienrecht, 2. Aufl. 2011
Eisenmann/Jautz, Grundriss gewerblicher Rechtsschutz und Urheberrecht, 8. Aufl., 2009
Ekey/Klippel/Bender, Markenrecht, Bd. 1, 2. Aufl. 2009
Fezer, Markenrecht, 4. Aufl. 2009
Foerste/Graf von Westphalen, Produkthaftungshandbuch, 3. Aufl. 2012
Götting/Meyer/Vormbrock, Gewerblicher Rechtsschutz und Wettbewerbsrecht, 2011
Ingerl/Rohnke, Markengesetz, 3. Aufl. 2010
Lenz, Produkthaftung, 2013
Nirk, Geschmacksmusterrecht, Urheberrecht, Designlaw, 2010

Recht der Allgemeinen Geschäftsbedingungen, Verbraucherschutz

Bülow/Artz, Verbraucherkreditrecht, 7. Aufl. 2011
Graf von Westphalen, Allgemeine Verkaufsbedingungen, 7. Aufl. 2012
Graf von Westphalen/Thüsing (Hrsg.), Vertragsrecht und AGB-Klauselwerke, 31. Aufl. 2012
Grunewald/Peifer, Verbraucherschutz im Zivilrecht, 2010
Tamm/Tonner, Verbraucherrecht, 2012
Wolf/Lindacher/Pfeiffer, AGB-Recht, 5. Aufl. 2009

Vertriebsrecht, HGB

Baumbach/Hopt, Handelsgesetzbuch, 34. Aufl. 2010
Giesler (Hrsg.), Praxishandbuch Vertriebsrecht, 2. Aufl. 2011
Küstner/Thume, Handbuch des gesamten Vertriebsrechts, Bd. 1, 4. Aufl. 2012
Martinek/Semler/Habermeier/Flohr, Handbuch des Vertriebsrechts, 3. Aufl. 2010
Pokrant/Gran, Transport- und Logistikrecht, 10. Aufl. 2013

Wettbewerbsrecht

Berlit, Wettbewerbsrecht, 8. Aufl. 2011
Ekey, Grundriss des Wettbewerbs- und Kartellrechts, 3. Aufl. 2009
Emmerich, Unlauterer Wettbewerb, 8. Aufl. 2009
Köhler/Bornkamm, Gesetz gegen den unlauteren Wettbewerb mit PAngV, UKlaG,
    DL-InfoV, 30. Aufl. 2012
Nordemann, Wettbewerbsrecht – Markenrecht, 11. Aufl. 2012

Datenschutzrecht

Däubler/Klebe/Wedde/Weichert, Bundesdatenschutzgesetz, 3. Aufl. 2010
Gola/Schomerus, BDSG, 11. Aufl. 2012
Kühling/Seidel/Sivridis, Datenschutzrecht, 2. Aufl. 2011
Simitis (Hrsg.), Bundesdatenschutzgesetz, 7. Aufl. 2011

Abkürzungsverzeichnis zu den rechtlichen Themen

Abs.	Absatz
AEUV	Vertrag über die Arbeitsweise der Europäischen Union
AGB	Allgemeine Geschäftsbedingungen
Art.	Artikel
BDSG	Bundesdatenschutzgesetz
BGB	Bürgerliches Gesetzbuch
BGB-InfoV	BGB-Informationspflichten-Verordnung
bzw.	bzw.
d.h.	das heißt
EGBGB	Einführungsgesetz zum Bürgerlichen Gesetzbuch
etc	et cetera
EU	Europäische Union
EUV	Vertrag über die europäische Union
EVN	Erhebung, Verarbeitung oder Nutzung
GebrMG	Gebrauchsmustergesetz
gem.	gemäß
GeschmMG	Geschmacksmustergesetz
GR-Charta	Charta der Grundrechte der Europäischen Union
grds.	grundsätzlich
HGB	Handelsgesetzbuch
InsO	Insolvenzordnung
ital.	italienisch
lat.	lateinisch
MarkenG	Markengesetz
PAngV	Preisangabenverordnung
PartGG	Partnerschaftsgesellschaftsgesetz
PatG	Patentgesetz
ProdHaftG	Produkthaftungsgesetz
TMG	Telemediengesetz

UKlaG   Unterlassungsklagengesetz
UrhG   Urheberrechtsgesetz
UWG   Gesetz gegen den unlauteren Wettbewerb

VVG   Versicherungsvertragsgesetz

z.B.   zum Beispiel
ZPO   Zivilprozessordnung